풍수조경

청동거울 학술총서 ❷

풍수조경

2003년 2월 20일 1판 1쇄 인쇄 / 2003년 2월 28일 1판 1쇄 발행

지은이 이대우 / 펴낸이 임은주
펴낸곳 도서출판 청동거울 / 출판등록 1998년 5월 14일 제13-532호
주소 (137-070) 서울 서초구 서초동 1360-28 익산빌딩 203호 / 전화 02)584-9886~7
팩스 02)584-9882 / 전자우편 cheong21@freechal.com

편집장 조태림 / 편집 조은정 하은애 / 북디자인 조태림 / 영업관리 정재훈

값 28,000원

잘못된 책은 바꾸어 드립니다.

FENG-SHUI LANDSCAPE ARCHITECTURE
BASED ON NATURE AND HUMAN RELATIONS MUTUALITY
writed by LHEE DAE WOO

First published in Korea in 2003
by CHEONGDONGKEOWOOL Publishing Co.
Printed in Korea.

ISBN 89-88286-94-4

風水造景

청동거울 학술총서 ❷

풍수조경

전통 생활풍수로 꾸미는 음택 · 주택 · 사주역학의 상생조경

FENG-SHUI LANDSCAPE ARCHITECTURE
BASED ON NATURE AND HUMAN RELATIONS MUTUALITY

李 大 雨 著
風水造景硏究所

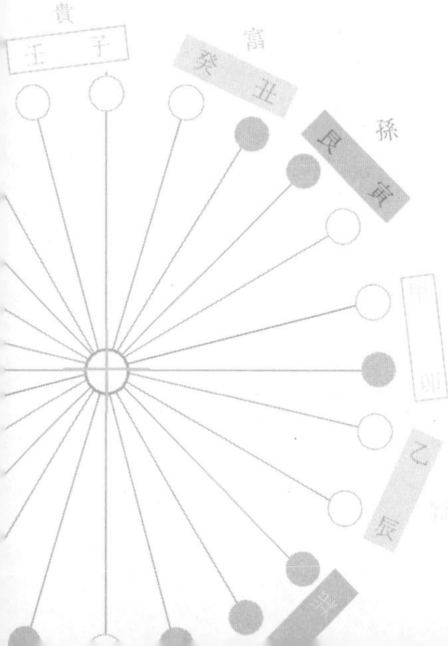

청동거울

사고향(思故鄕)

도연명(陶淵明)

동쪽 울타리 밑의 국화 한 송이를 꺾으며

採菊東籬下

불현듯 무심결에 남산을 바라본다

悠然見南山

윤제(胤齊) 노영준(盧永埈) 화백 작 「秋菊」

■ 해설

어느 노을진 가을 저녁 무렵, 동쪽 울 밑에 핀 국화 한 송이를 꺾어 들고 무심결에 남녘 남산을 바라보면서 산 저 너머의 고향을 그리워하는 심정을 읊은 5언절구(五言絶句) 시이다.

아! 저 너머의 내 고향에도 지금쯤은 예와 같이 국화가 피어 있겠고, 어머님께서도 지금 나와 같이 뜨락에 나와 이를 바라보시겠지.

국화의 절기는 가을이며 가을은 결실의 계절이고 또 인생에 있어서도 황혼이니 고향 떠난 나그네 시인의 쓸쓸함을 심사묵고(深思默考)하며 읊은 시이다.

추천사

근자에 와서 수많은 책을 탐독해 보았지만 이번에 이대우 선생이 집필한 『풍수조경(風水造景)』이라는 책은 역학인(易學人)의 한 사람으로서도 많은 것을 느끼고 생각하게 해주는 내용이었다.

인간은 자연(自然)을 떠나서 살 수가 없다. 자연에서 태어나 살다가 자연 속으로 되돌아가는 것이 인간사(人間事)이다. 하지만 얼마나, 어떻게, 어떠한 환경 속에서 살아야 하는지는 스스로 가꾸어야 할 일이다.

우주의 학문이라 불리는 음양오행설(陰陽五行說)은 모든 동양 학문의 기본 골격이다. 음양오행이란 우주(宇宙)와 만물(萬物)의 생성(生成) 원리와 그 현상을 이치적으로 밝힌 것이다. 모든 만물은 상생(相生)하면서 순행(順行)하게 되고, 그 조화 속에는 음(陰)과 양(陽)이 존재하며 음양 속에는 오행이 상생(相生)을 하면서 우리 인간과 자연이 생존하게 되는 것이다. 이렇게 자연과 사물에 대한 깊은 성찰에서 이루어진 음양오행사상을 습득하여 생활에 응용한다면 더욱더 윤택한 삶의 질을 영위할 수 있게 될 것이다.

우리의 고유 문화를 잘 지키고, 자연의 질서 속에서 순응하며 조화를 이루는 것이 잘 사는 길이라는 것을 널리 보급하는 데 기여하게 된 이대우 선생께 깊은 감사를 드리는 바이다. 곁들여 말한다면 이번에

이 선생이 집필한 책 속에 들어 있는 지식은 후학들이 보고 배워서 비단 나무 한 그루, 잔디 한 포기를 심더라도 본인에게 유익이 되고 생기(生氣)를 받는 조경(造景)이 되어 인간사에 큰 도움이 되었으면 하는 바람이다.

이 선생께서는 일찍이 서울대학교 환경대학원 환경조경학과를 졸업하고, 조경과 도시계획의 국토개발기술사 자격을 동시에 취득하였고, 문화재수리기술자 · APEC ENGINEER로도 등록이 되었으며, 조경업계에서 30여 년간 종사하는 동안 조경 발전에도 크게 기여한 바 많으며, 특히 역학(易學) · 풍수지리(風水地理) 분야의 유일한 사단법인체(社團法人體)인 한국자연지리협회(韓國自然地理協會) 풍수지리 · 역학분과에서 수 년간 수업을 하면서 자격증을 제1호로 취득하였다.

이로써 우리 나라 풍수지리 · 역학계에서도 명실공히 실력자로 인정을 받게 되었으며 아울러 타인이 염두에 두지 않던 풍수지리와 역학분야를 조경과 접목시켜 풍수조경(風水造景)이라는 개념을 최초로 정립하여 기술함으로써 풍수지리 · 역학이 조경 분야에도 크게 기여하게 될 것으로 기대해 본다.

2003년 2월

사단법인 한국자연지리협회

이사장 노영준

발간사

조경이 일반인에게 낯설지 않게 인식된 지도 어언 30여 년이 되고 있다. 조경은 간단히 정의하면, 인위적으로 조성한 자연적 사물에 대해 보고 이용하는 이들에게 편안함을 제공해 주는 문화예술이다. 그릇의 용도는 비어 있는 것을 무엇으로 채우느냐 하는 용체론에 따라 좌우된다. 조경도 그릇의 기능과 마찬가지로 심겨질 데 제대로 심겨지고, 놓여질 데 제대로 놓여져 어느 것 하나라도 생명력을 갖추도록 해야 한다. 나를 위한 조경이라기보다는 남을 위한 조경인 것이다.

조경은 독자적으로 인식되기보다는 인간의 정주 환경 속의 제반 시설들과 유기적 관계를 맺으며 인식되어, 그것이 때로는 건축문화를 이루기도 하고, 나아가서는 어느 주어진 공간의 특성을 대변하기도 한다. 유서 깊은 도시나 관광 명소, 유적지 등이 인상 깊게 우리에게 가까이 다가오고 있는 것은 엄청나게 투자비를 들여 거창하게 개발한 때문이 아니라 오랜 세월 공을 들이고 가꾸고 다듬고 하며 혼을 불어넣은 때문이다. 마구잡이로 자연환경을 파헤치고 인위적으로 꾸미고 해서 만들어지는 공간은 살아 있는 공간이 아니다. 물질이 지배하는 세계에서 철학과 정성이 결여된 채 무턱대고 나무나 심고 모양만 내는 것은 진정한 조경이 아니다.

요즘처럼 난개발이 세론의 도마 위에서 난도질당하고 있는 세태를 깊이 반성해, 두고두고 부끄러움이 없는 조경을 하도록 해야겠다. 당장 눈앞에 주어지는 이득보다는 지금은 손해보는 듯해도 제대로 꾸며 후대에도 계속 이용되고 즐길 수 있게끔 해주어야 된다. 뜬구름과 같은 유행이나 시류에 덩달아 휩쓸리지 말고, 참조경의 진정한 의미를 깨닫도록 해야 할 것이다. 현대적 감각의 잔재주나 기교에 더 이상 능해서는 안 되겠다. 조경의 참의미를 깨닫기 위해서는 무엇보다도 조경이 토목·건축 분야의 부대 분야라든가 이들 분야의 뒤치다거리쯤으로 여기는 편견에서부터 탈피해야 된다.

조경을 진정으로 이해하고자 한다면 환경 전체로서 느껴지는 조경의 내면적 가치와 혼을 보아야지 외형적 투자나 현시적 시설에 매달려 어느 한 부분으로 보고 이해해서는 곤란하다. 정성과 혼이 깃들여지는 참조경은 화려해 보이지는 않을지라도 투박하고 소박하며 진하다. 삶과 부의 상징이 외형적 거대함의 잣대로 매겨지는 세태 또한 시정되어야 한다. 우리의 전통적 조경관은 자연 순응이다. 한마디로 자연스러움이다. 차경을 이용한 주변 환경과의 자연스러운 조화와 연결, 직선보다는 곡선의 처리, 자연 구배를 이용한 배수 처리, 자연 소재의 활용, 자연과 어우러지는 풍류와 멋 등 어느 하나 자연 그 자체를 거역한 적이 없다. 나무나 돌을 심고 구조물을 세워도 음양오행에 따른 생기 감응적 상생조경을 했다.

3년 전 역사적 사건으로 기록될 남북정상회담이 열렸던 평양 시가지의 주변 조경은 의외였다. 의도적이고 계획적인 통제사회 도시의 일반적 특성인 높고, 크고, 넓고, 웅장한 도시 이미지를 보이고 있는 한켠에 덜 인위적으로 다소곳하게 보존되고 가꿔진 녹지 공간은 싱그러워 보이기까지 했다. 이는 어느 정도 난개발을 자제한 때문이다.

이제는 무턱대고 한 개발 지향성의 줄다리기에서 일시 쉬면서 숨을 고르고 상생조경에 바탕을 두는 자연친화적 조경을 모색할 때이다. 상생조경은 전통적인 우리 고유의 조경기법이다. 이는 생태적인 자연의 질서를 유지하며 모든 사물이 인간과 물정을 나누어 생기감응을 이루게끔 처리하는 것을 뜻한다. 주변의 지형·지세·지질·식생·수계·토양 조건·풍향·태양각(음영)·공해·미기후 등 기후 조건이나 음양오행 등을 고려하여 자연과의 연계를 기하고 최적의 환경 상태를 유지함으로써 생기가 왕성하도록 꾸미는 것이다. 나아가 개개인의 사주오행에 맞추어 조경을 함으로써 타고난 체질과 함께 오행의 기가 순행되도록 해야 될 것이다. 끝으로 하늘에서 지켜 보고 계실 상(商)자 학(學)자 선친(先親)과 어머님 영전에 고하고, 어려운 속에서도 힘이 되어 준 아내 정원, 그리고 굳건하게 자라 의젓한 대학생이 된 아들 준호에게도 고마움을 표한다. 또한, 풍수와 조경을 접목시키는 초기 단계에 머물러 아직 심화가 안 된 이 책의 모자람을 일깨워 주시고, 앞으로 풍수와 조경의 연접 분야에 대한 패러다임을 제대로 찾아내 정립하는 데 선두주자로서의 역할을 다할 것을 당부하시고 나아갈 방향을 일러주신 서울대 명예교수인 고주(古州) 노융희(盧隆熙) 은사님과 추천사를 흔쾌히 써주신 한국자연지리협회 윤제(胤齊) 노영준(盧永埈) 이사장님께 깊은 감사를 드린다. 아울러, 시기적절하게 출판되도록 마음을 모아 준 청동거울 식구들에게도 감사를 드린다.

2003년 2월

중곡동 우거(寓居)에서

서문書問 이대우

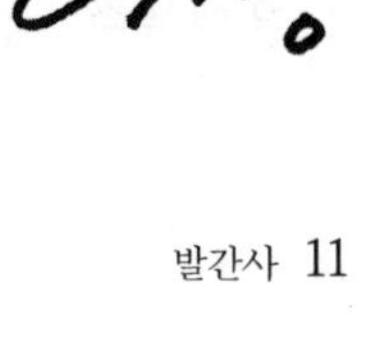

차례

제1부 생활풍수조경

제1장 생활풍수와 조경

제2장 음택풍수조경

제3장 양택풍수조경

제2부 상생풍수조경

제4장 전통문화의 이해와 조경

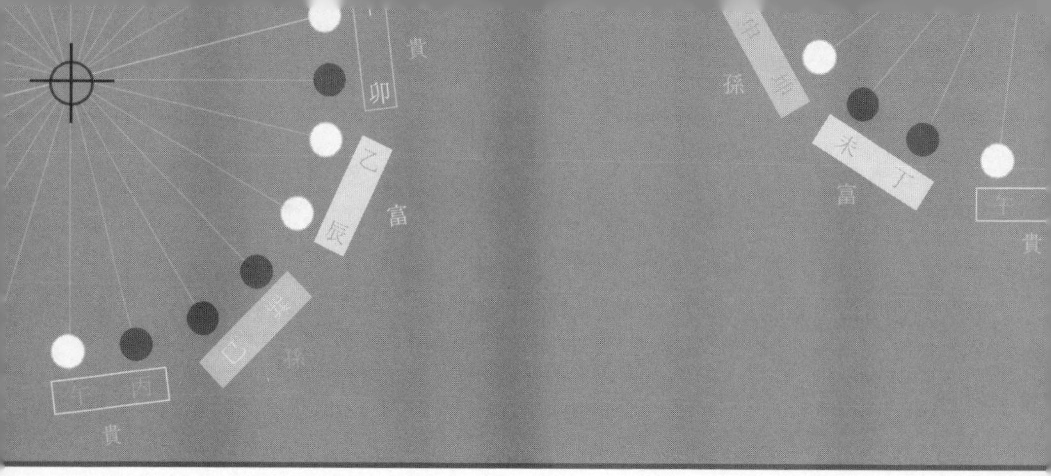

제5장 상생조경의 설계

■ 부록 및 후기

도표 차례

제1부 생활풍수조경

제1장
생활풍수와 조경

1. 생활풍수와 상생조경(相生造景)

우리 일상 생활에 뿌리 깊게 자리한 문화 습성의 한 형태요, 생활의 철학이면서도 미신적(迷信的)인 것으로 여겨져 외면하고 기피하고 내리보는 대상으로 백안시(白眼視)되어 온 것이 우리네 풍수지리설이다. 그러면서도 실상은 아예 미신으로 단정짓지도 못하고, 관심이 없는 체하다가도 귀가 솔깃하는 무리들이 종종 '허허 참' 하며 필요하구나 하며 내세우는 이유가 신앙(信仰) 때문이 아니면 무지(無知)함 때문이다.

물론 풍수지리설이 이렇게 '체나 연(然)'의 한 문화 범주로 자리하게 된 것도 과거 잇속에 눈이 먼 무리들에 의해 뭇 사람들이 맹신(盲信)함으로써 혹세무민(惑世誣民)의 술(術)로 호된 질타를 받은 역사의 질곡(桎梏)을 외면하기가 어렵다. 소위 남을 얼풍수니 반풍수니 해대며 풍수도사연(風水道士然)하는 자가 수를 헤아릴 수 없을 정도였다니 자승자박(自繩自縛)인 셈이다. 허나, 이는 빙산(氷山)의 일각(一角)이다. 제대로 알고 제대로 깨우치면 풍수지리야말로 생활의 지혜(智慧)이고, 삶의 길잡이인 것이다.

최근에 이르러 풍수지리설에 대한 관심이 서서히 일고 있어 다행스러운 노릇이기 하나 걸음발 타는 상황이다. 오히려 과학문명이 우수하다는 서구사회(西歐社會)에서 우리네보다 더 큰 관심을 보이고 있으니 아이러니이다. 물질문명(物質文明)에 대한 정신적 해갈(解渴)을 동양철학에서 채우려 하는 움직임도 예사롭지가 않다.

주역과 음양이론에 근거하고 있는 풍수지리설은 간단히 말해 산(山) · 수(水) · 방(方) 등의 자연지리적 요소를 합리적으로 평가하여 천지인(天地人)의 조화를 기하고자 하는 과학적 학문으로, 하늘과 땅의 우주자연섭리(宇宙自然攝理)에 인간이 순응하고 조화를 도모하여 삼여일체(三如一體)가 됨으로써 궁극적으로는 공동선(共同善)을 추구하고자 하는 사유적(思惟的)인 동양철학의 학문인 것이다. 어찌 보면 이 같은 성향의 풍수지리설은 현대의 조경학(造景學)과 매우 유사한 점이 많아 어느 의미에서는 고전조경학(古典造景學)이라고 일컬을 수도 있다.

오늘날 조경학의 근간정신(根幹精神)의 하나인 요체(要諦)가 자연의 질서에 순응하고, 조화를 도모한다는 법도자연정신(法道自然精神)이다. 풍수지리학도 마찬가지여서, 풍수지리를 통해 자연의 법도를 깨우치고 그에 순응하며 길흉(吉凶)을 예지(豫

知)하면서 자기 자신의 주체성을 확보하고, 인간 생활의 참도(道)를 터득하는 인생수양(人生修養)의 한 지침서(指針書)로 간주되어야 한다.

생활풍수(生活風水)라는 용어나 상생조경(相生造景)이라는 용어가 생소(生疎)하게 느껴지는 것이 사실이나, 의미를 그대로 해석·음미한다면 굳이 생소할 것까지는 없다.

생활풍수라는 것은 우리 일상생활에 풍수지리의 참뜻을 배게 함으로써 참된 삶의 지혜를 얻고자 함이요, 상생조경이라는 것은 건축이나 도시계획·토목 등 여타 분야와 마찬가지로 인간정주환경(人間定住環境)을 다루는 데 있어 인문지리(人文地理)나 환경생태학(環境生態學)에 근거해, 보다 환경친화적(環境親和的)이고 인간 중심의 인본주의적(人本主義的)인 생활환경을 음양오행에 맞추어 기(氣)의 순행(順行)을 이루고자 함이다.

전통적인 우리 문화는 지극히 사유적이다. 풀 한 포기, 꽃 한 송이, 나무 한 그루, 돌 한 점이라도 깊은 생각을 하고 주위 환경과 맞추었다. 또, 개인의 사주오행에도 맞추어 인간과 자연이 어우러져 공생(共生)의 도를 찾고자 하였다. 즉, 생활풍수에서 상생 조경이라 함은 한 마디로 정의하여 풍수지리 음양오행의 기본틀과 사주오행을 결부하여 생활풍수의 근본을 헤아리고, 공동선의 추구를 통한 참조경을 이루고자 함이다.

2. 생활풍수의 근본

생활풍수(生活風水)의 근본은 하늘과 땅과 인간이 하나가 되는 천지인삼재삼여일체사상(天地人三才三如一體思想)과 맥을 같이하고 있다. 천지인(天地人)은 각기 떨어져 존재할 수 없고 서로가 상호작용(相互作用)을 하며 공존하는 상생적(相生的) 관계에 있다.

즉, 생활풍수는 인간과 우주만물과의 음양오행(陰陽五行), 인간과 자연과의 산천정기(山川精氣), 인간과 인간과의 동기감응(同氣感應) 등이 상생(相生) 조화(調和)를 이루도록 하는 데 근본을 두고 있는 생활과학이요, 철학인 것이다.

1) 우주만물(宇宙萬物)과의 상생(相生)

고서(古書)에 의하면 천하만물은 음양오행이 아닌 것이 없다라고 하여, 만물이 있으면 만리(萬理)가 있고, 만리가 있으면 기가 있으니 그 기는 즉, 음기와 양기이다.

만물의 인과관계는 거의가 절(節) · 체(體) · 기(氣)로 연관되어 생장하는 것으로 보고 있다.

식물의 경우를 보게 되면 절과 절, 즉 마디와 마디가 연결되어 성장하고 있다. 뿌리와 줄기, 열매가 마디마디로 완전하게 연결이 되어 수분이 상통하며 성장하고 있는 것이다.

동물의 경우는 체와 체, 즉 모체와 자체가 연결되어 성장하고 있다. 모체와 자체는 떨어져 있기는 하나 수정과 잉태의 과정을 거쳐 상통하여 성장을 하고 있다.

인간은 기와 기, 즉 음기와 양기가 결합되어 생존하고 있다. 인간의 조상 영기(靈氣)와 자손 생기(生氣)가 단절되어 있는 듯 보이나 실은 정기가 상통하여 대대로 이어 가고 있는 것이다.

음양의 기는 서로 순환하고 무궁한 변화를 보이고 있다.

음양의 기운은 상충(相沖)하거나 어느 한쪽으로 모이게 되거나 하면 어느 계(界)의 질서이든 균형이 깨지나, 상생(相生)하거나 조화를 이루게 되면 균형이 잡히게 된다.

이기(理氣)의 동정(動靜)은 음정양동(陰靜陽動)의 변화이고, 일음일양(一陰一陽)의 순환이다. 그러므로 음이 변하여 양이 되고, 양이 변하여 음이 되는 것이다. 이러한 변화의 원리에 따라 세상 만물은 무형에서 유형으로, 유형에서 무형으로 순환 상생하는 것이다.

무형은 음기이니 아직 실체화되지 아니한 음의 모습이고, 유형은 양기이니 실체화된 양의 모습이다. 음기가 쇠진하면 양기가 시작되고, 양기가 쇠진하면 음기가 시작되니 이는 음양순환의 변화 이치이다.

양은 동이요, 음은 정이라 동이 다하면 정이 시작되고, 정이 다하면 동이 시작되는 것이 음양동정의 끊임없는 변화의 이치인 것이다. 태극(太極)의 정동에 음양이 생기고, 음양의 변화에 5행이 생기고, 5행의 조화에 만물이 생기니 우주의 모든 만물은 음양오행의 원리로 생성되었다고 할 수 있다. 그러므로 음양오행의 이치는 하늘에도 땅에도 만물에도 있는 것이다.

하늘(天)의 음양은 일월(日月)이고, 오행은 수·목·화·토·금

의 5행성을 나타낸다

땅(地)의 음양은 수륙(水陸)이고, 오행은 동·서·남·북과 중앙의 5행방이다.

만물의 음양은 자웅(雌雄)이고, 오행은 수·목·화·토·금의 5행물이다.

산에도 앞산은 양이요 뒷산은 음이고, 5형의 산이 있다. 이밖에도 오행의 이치에서 비롯된 오행을 의미하는 경우는 꽤 있다. 바람이나 물에도 5풍·5수에다 색에도 5색이요, 맛에도 5미가 있고, 복에도 5복이 있으며, 감정에도 5감 5관이 있다. 하룻밤을 지새워도 5경(五更)이고, 곡식을 총칭해도 5곡, 과일을 총칭해도 5과요 심지어는 화투판에도 5광이 있다. 이렇게 오행에서 비롯된 다섯 5가 우리 일상에 깊숙이 배어 있는 것은 다섯 5의 의미가 1차 우주계의 형성과 4방8방 만사형통의 의미를 품고 있기 때문이다.

음양오행에 관한 상세한 설명은 후술하겠지만, 이 학설은 중국 춘추전국시대부터 유행하여 한(漢)나라 때 절정을 보이고 있다. 한의 회남자(淮南子)는 오행의 기운을 오방신(五方神)으로 신격화해 숭상하고 있다. 즉, "북방은 물의 기운이 왕성한 곳으로, 전욱이라는 신과 보좌신인 현명이 저울추를 들고 겨울을 다스렸다. 동방은 나무의 기운이 왕성한 곳으로, 태호라는 신과 보좌신인 구망이 그림쇠를 들고 봄을 다스렸다. 남방은 불의 기운이 왕성한 곳으로, 염제라는 신과 보좌신인 축융이 저울을 들고 여름을 다스렸다. 서방은 쇠의 기운이 왕성한 곳으로, 소호라는 신과 보좌신인 육수가 곱자를 들고 가을을 다스렸다. 중앙은 흙의 기운이 왕성한 곳으로, 황제라는 신과 보좌신인 후토가 노끈을 쥐고 사방을 다스렸다."

동서남북 사방과 중앙의 신들의 직분과 기능이 정교하게 짜맞추어져 있고, 사용하는 도구들이 모두 사물을 측정하는 도구로서 일정한 무게의 쇳덩어리가 한쪽에 매달려 무게를 측정하고, 90° 모양의 ㄱ자 형태의 곡척(曲尺)으로 면적을 측정하며, 다른 도구들로는 직경이나 선의 거리와 범역을 측정한다는 사고방식은 당시로서는 상당한 수준의 정확성과 합리성을 상징적으로 내재하고 있다.

남북으로는 무게와 동서로는 거리를 측정하고, 중앙으로는 터전의 구획을 획정하는 기본 철학에 이들 5행의 변화무쌍함을 암묵적으로 예시하고 있는 것이다.

우주만물의 모든 기본과 현상은 음양(陰陽)을 바탕으로 하고 있으며, 이 두 힘의 역할에 따라 다섯 가지의 기운이 생성되어 상호작용과 조화를 통해 만물의 변화가 일어나고 있다. 다섯 가지의 기운, 즉 수(水)·목(木)·화(火)·토(土)·금(金)의 기운이 음(陰)·양(陽)의 상대적 힘과 작용하여 우주나 인간의 모든 현상을 생성하는 원리로 설명하는 것이 음양오행설(陰陽五行說)인 것이다. 이 음양오행이 상생의 기운으로 변화되고 조화를 이룰 때 우주만물과 인간과의 흐름은 바람직한 순(順)의 방향이 되는 것이다.

2) 자연(自然)과의 상생(相生)

자연에 대한 인간의 도전이 아무리 거세다고 해도 자연은 인간에게 있어서는 그래도 경외(敬畏)의 대상이다.

현대 과학문명의 첨단을 걷는 미국의 미국국립항공우주국(NASA)에서는 금요일에 인공위성 발사를 피하고 있다. 이는 동양의 주역 오행에 따르기 때문이다. 금요일은 태양과 달과 금성 사이의 대기권 압력이 가장 높아 우주선의 대기권 진입에 어려움이 있어, 밀물과 썰물의 시간대를 음력으로 파악해 굴뚝 연기가 곧바로 솟는 아침 시간과 썰물 시간 때 중 적정한 요일의 일시를 택해 우주선을 발사하고 있다. 미국의 항공모함이 음력을 사용한다든가 미 육군사관학교에 동양철학을 교양과목으로 개설해 운용하고 있는 것 또한 그런 예다.

인간이 태초(太初)에 가졌던 신앙은 정령신앙(精靈神仰)이다.

정령신앙은, 생물이든 무생물이든간에 자연계의 모든 사물은 영혼이 있다고 믿는 원시종교의 한 형태인 애니미즘(Animism)의 일종으로 정령의 관념이 매우 강하다. 일(日)·월(月)·성(星)·거화(巨火)·거풍(巨風)·거수(巨水)·거산(巨山)·거목(巨木)·거석(巨石) 등은 물론이고, 초목이나 무생물 등 갖가지 눈에 띄고 존재하는 유·무형의 것들에도 혼백이나 혼령이 붙어 있어 인간과 심적 교류를 하고 있다 믿었다.

정령은 원시 인간들에 있어서는 '생활력의 근원'이었던 것이다. 이는 원시 토속신앙을 미신(迷信)으로만 터부시할 수 없는 문화적 준거이기도 하다.

인류 역사 속에서 자연에 대한 도전은 쉬임없이 이어 오고 있어도, 풍수지리설은 자연 생태계의 질서 유지와 자연에의 순응(順應)과 조화(調和)를 꾸준히 추구하고 있다. 오히려, 인간이 자연에 의해 심성을 다스리고 자연에 닮으면서 자연에 동화되어 감을 이르고 있다. 이것이 서양문화와는 차이가 있는 동양문화의 틀인 것이다.

자연과 더불어 하는 동양의 문화는 사유성(思惟性)이 강하다. 지형에 따라 인물이 난다고 했다. "산은 산이요, 물은 물이로다"라고 설파한 어느 스님의 법어(法語)도 따지고 보면 자연의 정기를 이름한 것이다. 산을 보면 산을 닮고, 물을 보면 물을 닮듯이, 인간의 심성이 자연에 영향을 받아 인간 심연(深淵)에 자리한 그 본바탕 진리를 추구해야만 된다 하는 심어(心語)인 것이다. 산천정기(山川精氣)의 인간에의 유입인 것이다.

인간의 성격이나 인물됨을 형성하는 데 주변 산천의 자연환경 및 기후 풍토 등의 자연지리적 특성과 밝은 기가 영향을 주고 있다는 뜻이다. 현대 자연 지리학이나 조경학에서도 자연환경을 분석하여 그 특성을 계획이나 개발 행위에 참고하고 있다. 또한, 현대 형태심리학(形態心理學) 측면에서도, 지역적 지리 여건에 따라 성장 과정에서 인간의 성격 형성에 큰 차이가 있다는 연구 결과도 심심치 않게 눈에 띄고 있다. 산천초목 생긴 대로 어려서부터 닮는다는 것이다. 그렇게 자연을 다루면서도 허(虛)한 곳이 있으면 보(補)하고, 실(實)한 것이 있으면 보호(保護)하는 것이 인간의 도리이다. 고려 신종(神宗) 원년(1198년)에는 산천비보도감(山川裨補都監)이라는 관아(官衙)를 두어, 산천의 쇠약한 기운을 보익(補益)하고 기업(基業)을 연장시키는 일을 도맡아 하도록 했다는 역사의 기록도 있다. 이는 우리 나라의 자생풍수(自生風水)의 한 맥인 비보풍수(裨補風水)에 기인하고 있는 것이다.

풍수지리설에서는 자연 지리 즉, 산수지리자연(山水地理自然)은 생김생김의 형태에 따라 갖가지로 변해 가며 물은 산을 따라 흐르고 바람도 산을 따라 불고 한다고 본다. 백리부동풍(百里不同風)이니 신토불이(身土不二)니 하는 말도 이런 연유에서 비롯된 것이다. 만물이 성장하는 데 물은 만물의 생명을 낳고, 흙은 자라며, 바람이 있어 호흡을 하는 것이니 산세지리의 변화는 흙만으로 이루어지는 것이 아니고, 물이 있고 바람의 조화가 있어야만 된다는 뜻이다. 또, 봄이 오면 만물이 소생하고 여름에는 번성하고 가을에는 결실을 맺고 겨울에는 생명을 준비하고 하는 자연생태계의 질서가 순환 반복되는 것이다.

풍수지리에서는 음양오행의 무궁한 변화가 자연 환경에서 나타나고, 이러한 자연 환경은 인간의 성장과 성격 형성에도 그 영향을 미친다고 보아 길지(吉地)나 길국(吉局)을 찾는 노력을 꾸준히 하는 것이다.

요즈음 주택 가격 형성에 큰 영향을 미치고 있다는 산수경관 조망권(山水景觀 眺望權)의 부가가치(附加價値)가 새롭게 인식되어 경제적 비용 부담을 크게 강요받고 있는 것도, '지형 따라 인물 난다'는 앞서의 흐름과 크게 맥이 다르지는 않을 것이다.

그러면서 인간은 어느새 자연과 하나가 되는 것이다. 지금은 많이 사그라지기는 했으나, 우리 나라의 자연 지리적 특성을 감안해 서울 깍쟁이니, 강원도 감자바위니, 충청도 양반이니, 어떠니 등등 해가며 어느 한 사람의 인물됨을 깊게 평가하기에 앞서 지역 특성으로 개괄(槪括)하는 경향이 아직도 남아 있다.

이는 하루아침에 나온 평가들이 아니고, 오랜 세월 살아오며 다중(多重)에 의해 암묵적(暗默的)으로 이루어진 것이다. 이해를 돕기 위해 옛 선현(先賢)들이 간파(看破)하고 있는 우리 나라 산천의 특성에 대해 간단히 살펴보기로 한다. 선현들이 말하는 바에 의할 것 같으면, 우리 나라의 풍수지리적 형국은 3천리 강산의 작은 땅이기는 하나 세계에서 유일무이한 형국을 갖추고 있다. 북쪽으로는 지축(地軸)의 영맥(靈脈)으로 태백산(백두산)이 천장에 솟아 있고, 동쪽으로는 좌청룡으로 간도, 일본 열도의 연맥으로 이어져 후지산을 품고 구주(九州)까지 뻗어 태평양의 허허로움을 막아 주고 있으며, 서쪽으로는 중국 대륙이 만리장성처럼 우백호를 이루고 있고, 남쪽으로는 한라산이 수구(水口)에 우뚝 솟아 천하명지(天下明地)를 이루고 있다고 자부하고 있다.

우리 나라의 지형 지세를 안으로 들여다보면 셋으로 나눌 수 있다. 『지리진보(地理眞寶)』를 참고로 설명한다.

첫째, 기호(畿湖) · 관동(關東)지역인 중부지방은 험준한 산지가 많은 북부지방과 평지가 많은 남부지방 사이에 있어 대체로 고저의 차이가 순탄한 곳이 많다. 동·서의 차이가 현저해 동부산악지대와 서부평야지대로 나눌 수 있다. 동부는 금강산·설악산·오대산 등의 명산이 솟아 있는 태백산맥이 동남으로 뻗어 있고, 이로부터 광주산맥·차령산맥 등이 남쪽으로 뻗어 점점

낮아져 서해안은 낮은 구릉이나 평야로 되어 있다. 물줄기도 태백산맥을 중심으로 하여 동해 쪽은 해안의 거리가 짧아 큰 강이나 넓은 평야가 별로 없고, 서해 쪽은 임진강·한강 등 큰 강이 황해로 흐르고 있다. 기후도 북부지방의 대륙성 기후와 남부지방의 해양성 기후의 중간성을 보이고 있다.

둘째, 호남(湖南)·영남(嶺南)지역인 남부지방은 태백산맥에서 서남쪽으로 나뉘어진 차령산맥·소백산맥·노령산맥 등이 있다. 차령산맥은 충청북도와 경기도의 경계가 되고, 소백산맥은 북부에서는 경상북도와 충청북도의 경계를 이루고, 남부에서는 경상남도와 전라도의 경계를 이루면서 태백산·소백산·속리산·가야산·지리산 등 명산이 우뚝 자리하고 있다. 물줄기는 태백산맥과 소백산맥의 사이로 흐르는 낙동강과 소백산맥과 노령산맥 사이로 흐르는 영산강과 노령산맥 북쪽으로 만경강·동진강이 흐르고 있다. 기후도 삼면이 바다에 연접(連接)하여 난류(暖流)의 영향과 서북계절풍을 소백산맥이 막아 주는 영향을 받아 한서(寒暑)의 차이가 아주 적다.

셋째, 관북(關北)·관서(關西)지역인 북부지방은 낭림산맥을 중심으로 동·서로 나뉜다. 동부는 함경산맥과 부전령산맥이 북북동방으로 치닫고, 동남쪽으로 마천령산맥이 뻗어 있다. 서부는 묘향산맥·적유산맥·강남산맥 등이 있고, 남쪽으로 마식령산맥·언진산맥·멸악산맥 등이 내닫고 있다.

물줄기도 백두산(白頭山)을 중심으로 동서로 두만강과 압록강이 각각 흐르고, 마천령산맥과 낭림산맥 중간에 남북으로 부전강과 성천강이 흐르며, 묘향산맥과 적유산맥 중간에는 청천강

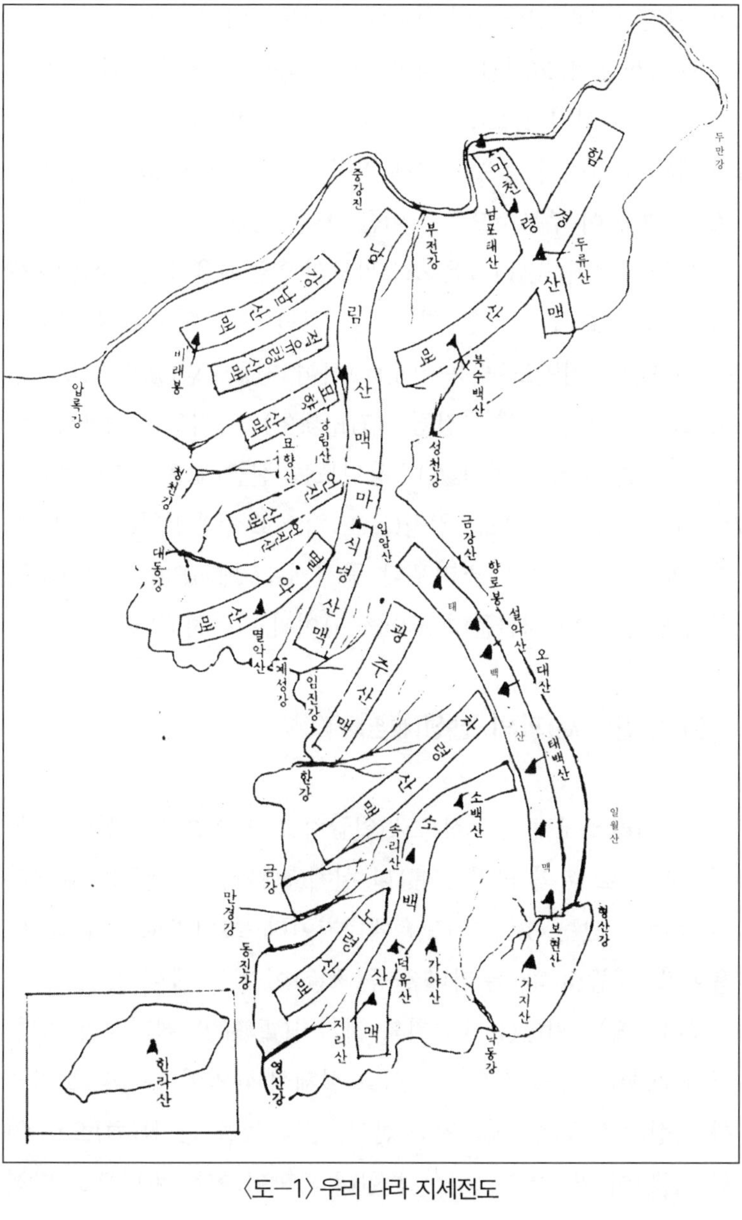
두만강
함경산맥
마천령
남포태산
두류산
부전강
중강진
낭림산맥
강남산맥
적유령산맥
묘향산맥
비래봉
압록강
묘향산
낭림산
청천강
언진산맥
대동강
멸악산맥
마식령산맥
입암산
북수백산
성천강
금강산
향로봉
설악산
오대산
태백산맥
태백산
광주산맥
멸악산
예성강
임진강
한강
차령산맥
소백산
소백산맥
속리산
금강
만경강
노령산맥
동진강
덕유산
가야산
지리산
영산강
낙동강
가지산
보현산
형산강
일월산
한라산

〈도—1〉 우리 나라 지세전도

이, 언진산맥과 멸악산맥 사이에는 대동강이 흐르고 있다. 기후도 북극한대성 고기압의 영향으로 대륙성 기후가 지배하고 있다. 이렇게 지역적으로 산세(山勢)·수세(水勢)·풍세(風勢) 등이 확연히 차이가 남으로 인해 언어나 풍습·생활 양식·의식 구조·문화 등이 부분적으로 차이를 보이고 있다.

따라서, 선현(先賢)들은 조선팔도의 인물평을 4언절구(四言絶句)로 남기고 있다. 즉, 함경도는 견인(堅忍)하므로 이전투구(泥田鬪狗), 평안도는 용맹(勇猛)하여 맹호출림(猛虎出林), 황해도는 근면(勤勉)해 석전경오(石田耕午), 경기도는 지혜(智慧)스러워 경중미인(鏡中美人), 강원도는 신중(愼重)하니 엄하노불(嚴下老佛), 충청도는 청정(淸正)하므로 청풍명월(淸風明月), 전라도는 이지(理智)스러우니 풍전세류(風前細柳), 경상도는 견지(堅志)하니 태산준령(泰山峻嶺)이라 비유하였다.

3) 인간(人間)과의 상생(相生)

풍수지리설에서 공통적으로 언급하고 있으면서도 현대 과학적 측면으로 이의 근거(根據)나 실체(實體)를 완전하게 규명하지 못하고 있는 것이 기(氣) 에너지이다. 그야말로 법조(法曹) 용어로 '심증(心證)은 가나 물증(物證)이 없는 셈'이다.

에너지에는 기(氣) 에너지와 전기적(電氣的) 에너지가 있다. 전자(前者)는 순간적으로 변하고 실체성 규명이 사실상 불가능한 형상적(形象的) 에너지인 반면, 후자(後者)는 힘(力)으로 치환(置換)이 가능하고, 사실상 현대 과학이 이를 바탕으로 발전되어 왔기 때문에 사실 규명이 가능한 것이다.

형상적 에너지인 풍수지리에서의 기(氣) 에너지는 왕왕 동기감응(同氣感應)으로 현상을 논하고 있다. 이렇기 때문에 풍수지리가 미신(迷信)으로 폄하(貶下)되는 수모(受侮)도 감수(甘受)하고 있는 것이다. 그렇지만 불가사의(不可思議)하다 할 현상은 주변에서 끊이질 않고 나타나니 미혹적(迷惑的)이라고 치부(置簿)할 수도 없다.

풍수지리사상의 근본 중 하나가 효(孝)사상이다. 효를 매개로 하는 조상과 후손간의 인간 관계가 혈연(血緣)의 동질성(同質性)을 강하게 추구하고 있다. 이렇기 때문에 중국에서 비롯된 풍수지리사상이 우리 나라에서는 음택풍수로, 일본에서는 양택풍수로 발전되었다고 본다.

아무리 유교문화적인 소산이기는 해도 우리 나라처럼 조상과 후손과의 유대 관계가 끈끈하고 질긴 나라도 드물 것이다. 지금은 가정의례간소화(家庭儀禮簡素化)에 따라 2대 봉사(二代奉祠)로 조상을 모시는 것이 보편화되었지만 전통적으로는 4대 봉사가 기본이다. 집안에 조상혼령이 4대에 이어 자손과 함께 하다가 그것도 모자라고 아쉬워 집 밖을 나서서는 산소에 영면(永眠)하면서 시제(時祭)나 시향제(時享祭)로 자손과 끈끈하게 유대를 지속하고 있으니, 이는 효사상이 밑바탕되지 않고서는 상상도 할 수 없는 노릇이다.

이러다 보니 우리 나라에서는 음택풍수가 풍수지리설의 전부인 듯이 인식되어 사회적 물의를 빚었던 것도 부인할 수가 없다. 인간과의 관계에서의 상생을 풍수지리에서는 동기감응, 또는 기운생동(氣運生動)으로 설명하고 있다.

풍수지리에서는 양택이든 음택이든 매한가지로 다루고 있으나, 주로 음택에서 강조되고 있는 동기감응은 조상과의 영기(靈氣)가 나와 교감(交感)을 갖는 것이라고 한다. 음(陰)인 조상의 영기가 밝으면 양(陽)인 나의 밝은 영기와 함께 어우러져 감응을 한다는 얘기인데, 이는 근자의 유전자 분석에서 볼 때 같은 혈계(血系)이면 동일 유전자 구조를 갖는다는 것이 밝혀짐으로써 신빙성을 보태어 주고 있다.

흔히들 잘되면 내 탓이요, 못 되면 조상 탓이라고 하며 묘자리 잘못 썼다라는 말을 자주 하나, 이는 동기감응에서 볼 때는 어느 정도 공감이 가지만 조상을 탓할 일은 결코 아니다. 이 생각의 근저에는 조상을 잘 모셔 후손에게 복덕을 잇겠다는 생각이 강한 것이다. 자손의 번영과 복덕을 바라는 것은 자연의 섭리이기도 하다. 이를 나무라거나 탓할 수는 없다. 하지만, 잘돼도 내 탓이요, 못 돼도 내 탓이다. 누구를 탓할 수는 없다. 다만 필자의 생각으로 본다면, 묘자리가 명혈지라 하게 되면 산소에 다녀와서도 마음이 한결 밝고 가볍게 되어 무엇이든 내 하는 일에 자신감과 의욕이 넘치고 생기가 충만하니 어찌 하는 일이 잘되지 아니하겠는가 싶다. 반대로 묘자리가 그렇지 아니하다면 산소에 다녀와서도 찌뿌둥하고 마음이 무거워 하는 일이 술술 뚫리지 않고 막히는 경우가 있을 수도 있으니 그러한 소리들이 나온 것 같다.

풍수에서는 옛부터 이르기를 조상의 심기(心氣)와 자손의 심기는 동심동기(同心同氣)라 심재지처(心在之處)에 기동(氣同)하고, 기재지처(氣在之處)에 심동(心同)으로 심기동행(心氣同行)이니 이는 이심상합지리(二心相合之理)요, 이기결합지리(二氣結合之理)라 하여 조손(祖孫)과의 동기감응론을 역설하고 있다.

좀더 설명하자면, 자손의 생령(生靈) 중에도 음령(陰靈)과 양령(陽靈)이 있으니 양령은 양기의 정(精)이요, 음령은 음기의 신(神)이라 곧 생령은 정신(精神)이 되는 것이다.

마찬가지로 조상의 사령(死靈) 중에도 음령과 양령이 있어 음령은 음기의 귀(鬼)요, 양령은 양기의 신(神)이라 곧 사령은 귀신(鬼神)인 것이다. 여기서 자손의 생령 음기인 신과 조상의 사령 양기인 신은 신신상합(神神相合)으로 동일하다고 보는 것이 조손(祖孫)간 동기감응론의 요체인 것이다. 자손의 생령인 정신은 심계(心界)의 정(精)과 영계(靈界)의 신(神)이 합친 것으로, 정은 만물이 생성하는 정기로서 동적(動的)이며 행동적이다. 신(神)은 사물을 감지하고 헤아리는 신기로서 신들렸다 하듯 정적(靜的)이며 사유적(思惟的)이다.

반면, 조상의 사령인 귀신은 혼계(魂界)에 머무르는 것으로, 나쁘고 무서운 유혼(遊魂)으로 떠도는 정령이 악기(惡氣)인 귀(鬼)요, 동적인 반면, 정적이며 하늘에서 받는 양의 정령은 신(神)인 것이다.

흔히들 혼백(魂魄)을 넋이나 혼령으로 지칭하고 있으나 혼백은 엄연히 구분이 된다. 혼은 사자(死者)의 육신에서 떠나 육탈(肉脫)이 된 혼으로 하늘에서 받는 양적 정신계의 신령을 일컫고, 백은 땅에서 받는 음적 육체계의 혼을 말한다. 따라서 혼백이라 함은 음택에서 흔히 얘기하는 육탈이나 탈골(脫骨)이 된 혼을 이름인데, 이 사령의 혼이 자손과 동기감응을 일으키고 있다.

내가 정성을 다해 매사에 임하는 것을 혼신의 힘을 다한다라고 한다든가, 넋이 빠져 나갈 정도로 놀란 경우에 혼비백산(魂飛魄散)했다고 함은 조손간의 감응을 나타내는 한 예다. 동기감응에 있어 우리가 알아야 할 것은 반드시 정령이 정령과 생기와만 감응이 되는 것은 아니라는 점이다. 악령이 악령이나 악기와도 감응이 될 수 있는데, 흉지에 모셔진 조상의 혼은 자손에게 나쁜 영향을 줄 수도 있다. 또, 조손간이 아니더라도 정령은 신령계에서 자리잡고 있으나, 악령은 제 자리를 못 잡고 구천(九天)에서 헤매고 있기 때문에 다른 생령에게도 해를 입힌다고 한다. 이는 과학적으로 원인이 분석되기도 하나 한 번 사고난 곳에서 유사한 사고가 거듭 나타나고 있는 것에 비추어 상관성을 유추해 볼 수가 있다.

풍수에서는 정령과 악령이 공존하고 있는데, 이들과의 감응이 항상 바른 정령과 이루어지게 되기를 바라는 사고방식이 유난히 강조가 된다. 다시 말해 양택에서도 양기가 충만한 곳을 찾고, 음택에서도 마찬가지이다. 음택에서 소위 명당 명혈을 찾는다 함은 길지에 망자를 모심으로써 망자의 육신은 해탈이 되어도 그 영혼은 정령이 되기를 바라는 마음에서 비롯된 것이다. 그 증좌로 우선 꼽는 것이 망자의 모습이 황골(黃骨)로 되어 있으면 그렇다 하는 것이 풍수의 요체인 것이다. 그래서 황골로 된 뼈를 모신 자손이라는 데서 유래해 '명문 가문의 뼈대 있는 자손'이라는 말이 생긴 것이다. 황골이 된 혈지는 정령이 충만해 자손들의 심기(心氣)도 밝고, 하는 일이 순조로와 음양의 조화가 상생

순행한다고 보고 있다.

기운생동(氣運生動)이라는 말이 있다. 이도 자세히 음미해 보면 동기감응을 전제로 하고 있다. 동기감응의 궁극적 목표인 선(善)에 이르는 하나의 과정으로 보고 있는 것이다. 즉, 기(氣)는 오행에서 하늘에 머물고 있는 천기(天氣)이고, 운(運)은 땅에 머물고 있는 움직이는 지기(地氣)이니 천지가 상통하고, 상생순행을 하게 되면 기운이 활달하고 살아 숨쉬는 것과 같다는 의미인 것이다. 기운이 왕성해 살아 움직이면 발전적이고 진취적인 것임은 자명한 노릇이다.

조손간의 동기감응을 이해하는 데 비교적 과학적인 논리로 도움을 줄 수 있는 분야가 요즈음 급속도로 진전을 보이고 있는 유전자 생명공학 분야이다. 유전자 감식, 유전자 염기 분석, 유전자 조작, 유전자 복제 등을 통해 가계(家系)의 혈통이나 유전적 질환, 가문, 가풍까지도 미루어 짐작할 수 있게 되었다.

이는 명문혈족(名門血族)일수록 최소한 한두 분 조상의 명당·명혈지를 갖추고 있다는 점에서도 비교가 될 수 있다. 이상의 내용을 간단히 표로 정리하면 다음과 같다.

하늘	조상	기(氣)	정령(精靈)	정신(精神)	형상(形象)	관념(觀念)	주관(主觀)	추상(抽象)	용(用)
땅	자손	운(運)	육신(肉身)	물질(物質)	형체(形體)	인식(認識)	객관(客觀)	구상(具象)	체(體)
천지조화(天地調和)	조손동기(祖孫同氣)	기운생동(氣運生動)	혼신일체(魂身一體)	순환(循環)	형이상하·유무·주객일체(形而上下·有無·主客一體)				용체(用體)

동기감응이니 기운생동이니 하는 상생적인 용어가 형상적이기는 하나 유독 음택풍수에 국한해 사용되는 것만은 아니다. 풍수에서 논하는 오행의 기는 순행하고 음양의 상생적인 조화가 음중양(陰中陽) 양중음(陽中陰)으로도 오묘하게 변화하며 만물에 적용되고 있기 때문에, 이는 인간의 생장노사(生長老死)의 전 과정에 영향을 미치는 것으로 볼 수 있다.

'뜻이 통하면 길이 열리고, 길이 열리면 앞이 트인다'고 했듯이, 인간과의 상생도 이와 같다 할 수 있다.

3. 생활풍수(生活風水)와 패철(佩鐵)

1) 패철(佩鐵)의 유래(由來)

패철(佩鐵)은 북극의 자기장(磁氣場)의 원리에 따라 지구의 남극과 자침(磁針)이 정확하게 남북을 가리키는 특성을 이용하여 만든 나침의(羅針儀, GYROCOMPASS)의 하나로서, 나침반(羅針盤)·나침판·지남침(指南針)·지남철(指南鐵) 등등으로도 불리우고 있다.

여러 명칭 가운데 비교적 자연스레 통칭되고 있는 것이 패철인데, 엄밀히 얘기하면 패철은 지관(地官)이나 풍수지리사(風水地理士)가 몸에 지니고 다니는 나경이나 지남철을 이르고 있다. 하지만, 이해(理解)의 증진과 보편성(普遍性)을 감안하여 패철로 지칭하고자 한다. 패철은 주역팔괘와 음양오행의 원리 및 60

갑자(六十甲子) 등을 근간으로 하여 24방 세상 우주의 진리를 함축시켜 놓은 우주의 축소판이라고 할 수 있으며, 이 때문에 척사(斥邪)의 도구로서 몸에 지니거나 집에 놓아 두면 잡귀가 물러난다는 옛말이 전해져 오고 있다.

패철은 방위를 측정하는 데 사용되는 것이기는 하나, 양택풍수에서는 택지의 좌향이나 출입문과 기두점을 측정하여 가상(家相)과 가족 구성원의 길흉을 예견(豫見)하고, 피흉추길(避凶趨吉)의 지혜를 알도록 도와주고 있다. 주로 이용되고 있는 음택풍수에서도 피흉추길의 지혜를 알도록 도와주고는 있으나 무엇보다도 망인(亡人)의 안식처(安息處)를 바르게 자리하도록 함

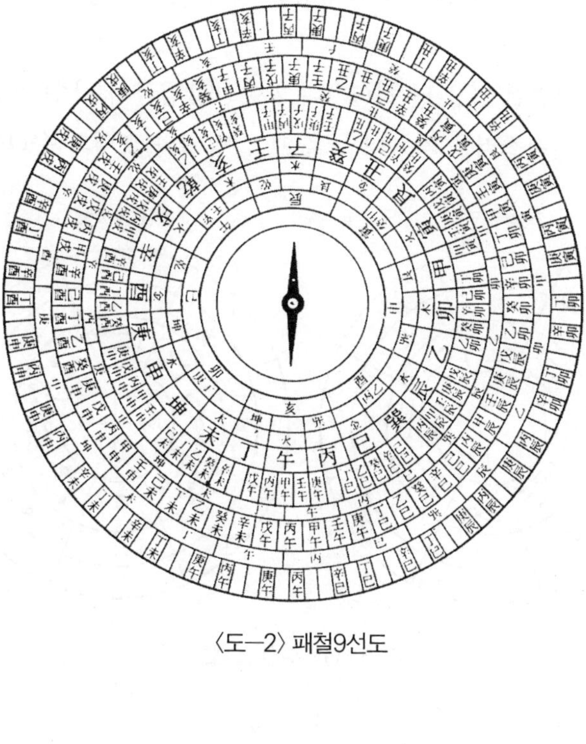

〈도-2〉 패철9선도

으로써 영혼이 구천(九天)에 떠돌지 아니하고 영생(永生)을 누리도록 함에 사용되고 있다.

패철은 36선(線)까지 표시되어 있거나 근자에는 72선까지 표시되어 있다고도 하지만 일반적으로는 9선까지 표시된 것을 사용하고 있다. 그러나, 실용적으로 사용되기는 6선까지이니 이에 대해서는 그 원리와 사용법을 충분히 숙지(熟知)해야 한다.

패철은 제작자와 제작 시기가 명확히 알려져 있지는 않으나 고서(古書)에 보면 사기요람(史記要鑑) 제왕편(帝王篇)에 태고복의씨(太古伏義氏)가 황하에서 나온 용마(龍馬)의 등을 보고 선천팔괘(先天八卦)의 하도(河圖)를 정하였고, 황제(黃帝) 헌원이 방위를 알기 위해 지남차(指南車)를 만들어 사용했다는 기록이 나오고 있다.

이어, 기원전 2205년 하(夏)나라 우(禹)임금이 낙수(洛水)에서 나온 신령스러운 거북이 등을 보고 방위와 오행의 수리를 이

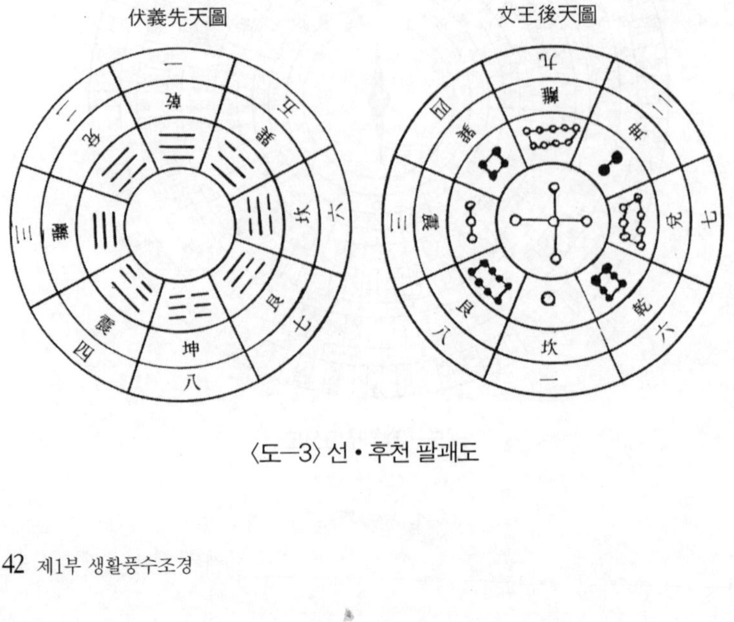

〈도—3〉 선 • 후천 팔괘도

용해 치산치수(治山治水)를 하였고, 기원전 1122년 주(周)나라 문(文)왕 때 주역의 후천팔괘(後天八卦)를 응용하여 지남차를 발전시키었고, 점차 당(唐)나라에 이르기까지 10천간 12지지(十天干十二地支)를 배정하고, 24방위를 배정해 지남차를 실용적으로 개조해 왔다.

오늘날 사용되고 있는 패철의 원형은 1683년 청(淸)나라 인황제(仁皇帝)가 지반정침(地盤正針) · 천반봉침(天盤縫針) · 인반중침(人盤中針)의 용처(用處)를 정하여 제작한 나침반으로 보고 있다.

2) 패철의 사용법

패철은 방위를 살피는 것을 주 기능으로 하고 있으나 점차 보완·발전되어 우주만물의 순행 이치를 축약(縮約)해 놓은 것으로 풍수지리에서는 필수적인 도구이다.

음택풍수에서 패철은 불가결한 것으로 결혈(結穴) 여부를 측정할 때 입수(入首)는 입수대로, 혈좌(穴坐)는 혈좌대로, 선익(蟬翼)은 선익대로 전순(氈脣)은 전순대로 각각 측정을 하여야 된다.

양택풍수에서는 좌향(坐向)과 양택3요(陽宅三要)를 가리는데 패철을 사용한다. 양택 측정에서 택좌(宅坐)는 택지의 중심에서, 건물(建物)만 있는 곳은 건물의 중심에서, 정원(庭苑)과 건물이 적절히 배분되어 있는 곳에서는 대지의 중심에서, 건물이 있다 해도 마당이 휑뎅그렁하게 되어 있는 곳은 마당의 중심에서 측정을 하여야 한다. 자세한 내용은 음택·양택풍수편을 참고하면 된다.

풍수에서는 패철의 4선을 기본적으로 중시하고 있는데, 이 4선의 24방을 양택에서는 8궁(八宮)으로, 음택에서는 12궁(十二宮)으로 나누어 기준하고 있다.

패철은 사용 목적과 용도에 따라 36선·72선까지 나와 정교함을 더해 가고 있기는 하나, 일반적으로는 9선까지 활용하며 실질적으로는 6선까지 활용하는 것이 대부분이다. 9선까지의 사용 방법을 간략하게 살펴보도록 한다.

〈도-4〉 양택·음택풍수 기본 궁도

양택8궁

제1선:황천수(黃泉水)—지지삼합(地支三合)

■ 묘혈(墓穴) 속으로 물(황천수)이 스며드나 아니 드나, 수맥(水脈)이 흐르나 아니 흐르나 여부를 측정한다.

■ 우선, 당판 중심에 패철을 고정시킨 뒤 해당 자좌(字坐)에 따라, 제1선에 표시된 진(辰)·인(寅)·해(亥)·묘(卯)·사(巳)·오(午)의 팔요황천수(八曜黃泉水) 방(方)을 살핀 뒤, 제1선에서 지시하는 황천수 방위에 해당되는 지지삼합(地支三合)의 방향을 제4선에서 찾아, 당판 중심에서 2~3m 이내를 내다보며, 황천수의 침입 흔적 여부를 살핀다.

■ 이 경우, 수맥이 지나가거나 황천수가 침입했다면 흉혈(凶

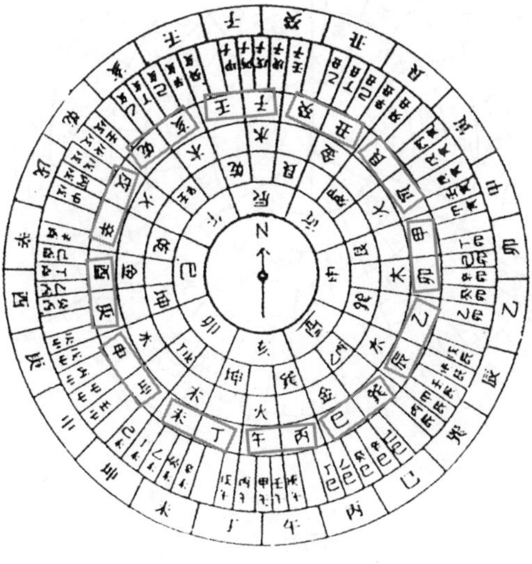

음택12궁

穴)로서 해당 방위의 묘지 하부가 깨어져 있거나 금이 가고 잔디가 고사(枯死)되었거나 무르고 이끼가 끼고 잡초가 무성하게 된다.

■ 황천수 지지삼합은 신(申)·자(子)·진(辰)은 수국(水局), 해(亥)·묘(卯)·미(未)는 목국(木局), 인(寅)·오(午)·술(戌)은 화국(火局), 사(巳)·유(酉)·축(丑)은 금국(金局)이다.

■ 예시:임자좌(壬子坐)나 갑묘좌(甲卯坐)의 경우.

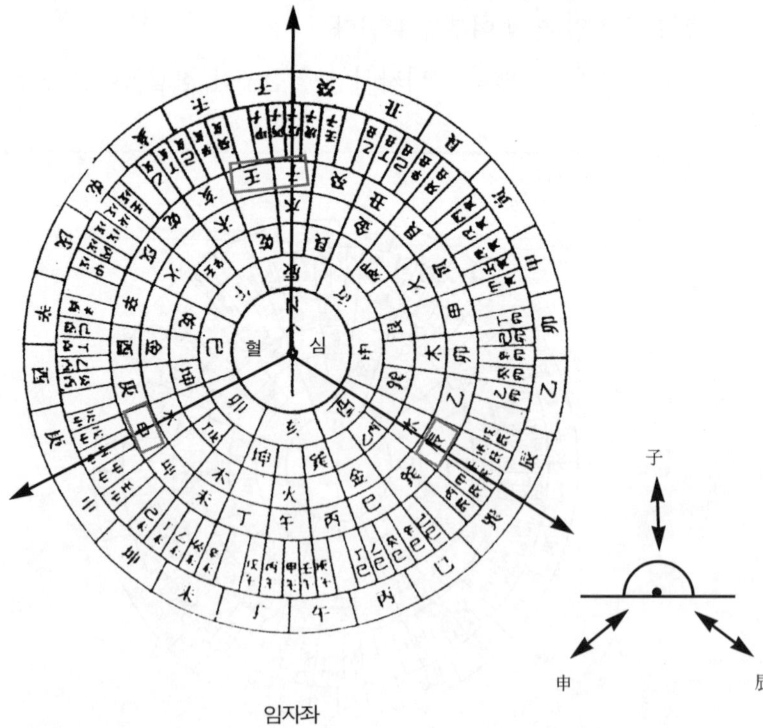

〈도-5〉 황천수출입방도(黃泉水出入方圖)

제2선:팔요풍(八曜風)-천간삼합(天干三合)

■ 묘혈(墓穴)에 직사직충(直射直沖)하는 바람 즉, 황천살풍(黃泉殺風)이 있나 없나 여부를 측정한다.

■ 제2선에 표시된 건(乾)·간(艮)·계갑(癸甲)·간(艮)·손(巽)·을병(乙丙)·손(巽)·곤(坤)·정경(丁庚)·곤(坤)·건(乾)·신임(辛壬)의 팔요16방(八曜十六方)을, 해당 자좌(字坐)에 따라 지시하는 팔요풍의 방위에 맞는 천간삼합(天干三合)의

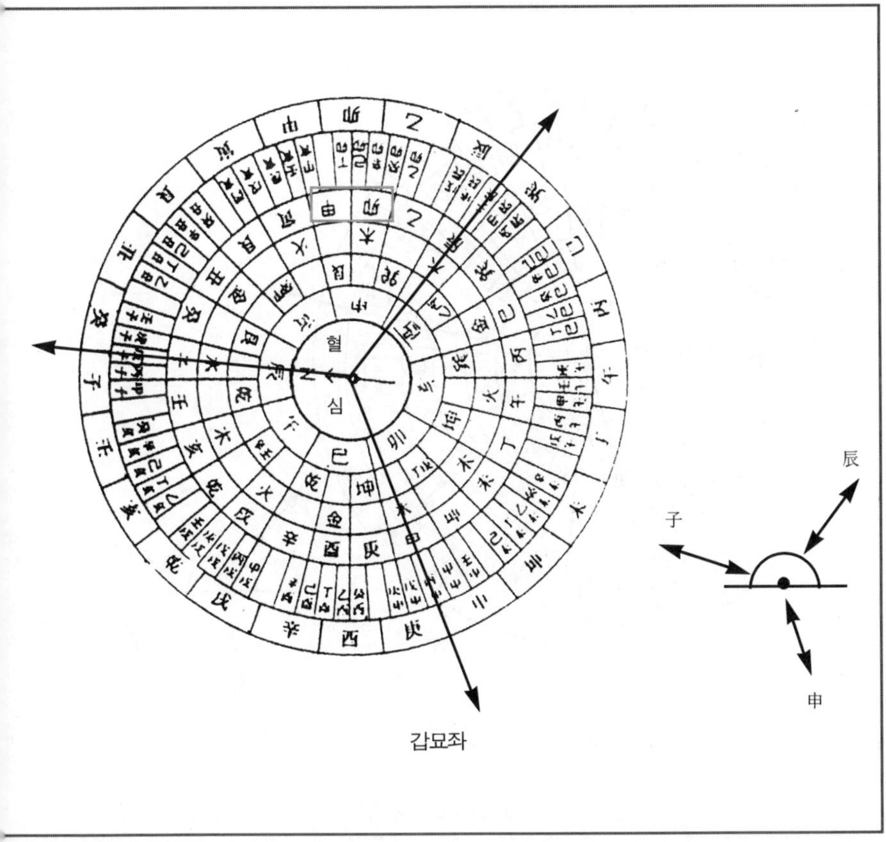

방향을 제4선에서 찾아, 풍살의 침입 여부를 살핀다. 황천수는 지하에 있기 때문에 지지삼합으로 맞추고, 팔요풍(팔로풍)은 지상에 있기 때문에 천간삼합으로 맞춘다. 상풍(上風) 하수(下水)인 것이다. 주의할 것은 제2선의 해당 지정 방향이 계갑(癸甲)과 같이 두 자로 되어 있는 경우는 제4선에서 계갑 방향을 찾는다.

■ 이 경우, 살풍을 맞았다면 풍·화렴(風·火炎)의 비혈(非穴)

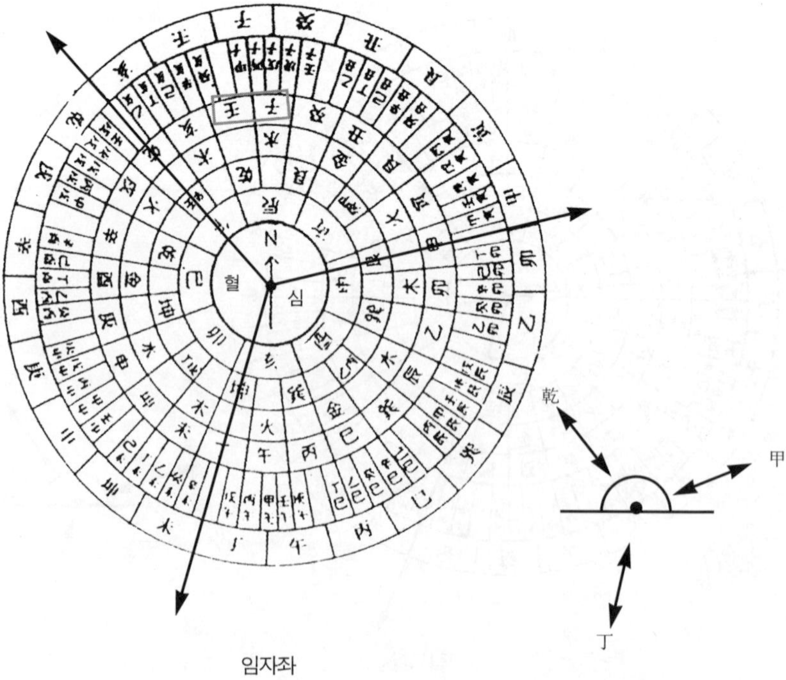

〈도-6〉 팔요황천살풍출입방도(八曜黃泉殺風出入方圖)

로서, 해당 방위의 지점에 묘토(墓土)가 흩어져 있거나 패이거나 하고 잔디가 아예 없는 황량함을 보인다.

■ 팔요풍 천간삼합은 건(乾)·갑(甲)·정(丁)은 해묘미 목국(木局), 간(艮)·병(丙)·신(辛)은 인오술 화국(火局), 손(巽)·경(庚)·계(癸)는 사유축 금국(金局), 곤(坤)·을(乙)·임(壬)은 신자진 수국(水局)이다.

■ 예시:임자좌(壬子坐)와 간인좌(艮寅坐)의 경우.

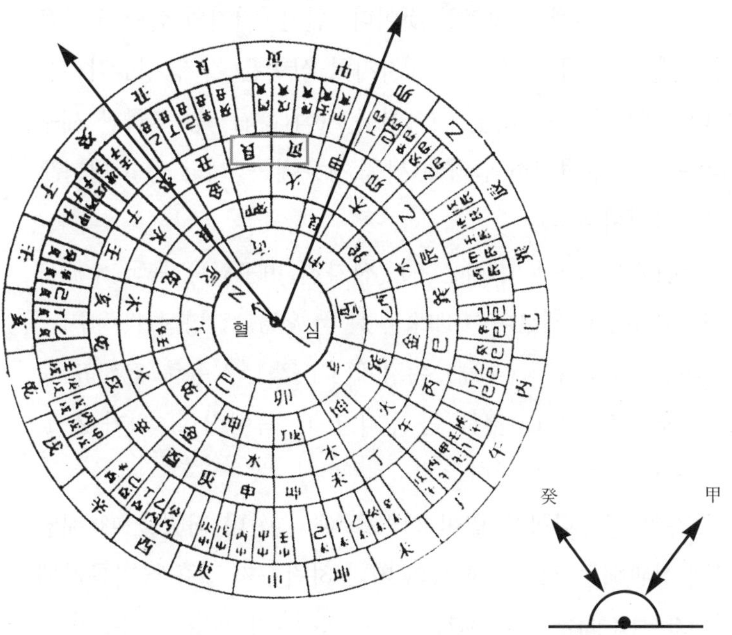

간인좌

제3선:간지삼합오행(干支三合五行)

■ 혈좌(穴坐)에 따른 길흉화복을 감정할 때 사용한다. 쌍산오행(雙山五行)이라고 하는데, 이는 음택풍수에서 혈좌를 논할 때 산을 다루면서 천간지지 2자 1계(二字一界)를 한 쌍으로 다루니 쌍산이라 하고, 지지에 삼합 해당 오행을 배속하여 삼합오행국을 이루고 있다.

■ 제3선에 표시된 수(水)·목(木)·화(火)·금(金)·중앙토(中央土)의 오행은 제4선 24방에 배속되어 있다. 토(土)는 하늘로 보아 제3선 오행에는 제외한 것이다. 천간·지지의 삼합이 같은 오행 국을 이루며, 이들 천간·지지의 삼합은 각기 정삼각형을 이룬다. 따라서 망주석(望柱石)이나 비석(碑石) 등 석물을 세우지 않는 것이 무난하나 만약에 세울 경우에는, 해당 삼합 방향으로 설치하여야 된다.

■ 수국(水局):곤을임(坤乙壬)·신자진(申子辰), 목국(木局):건갑정(乾甲丁)·해묘미(亥卯未), 화국(火局):간병신(艮丙辛)·인오술(寅午戌), 금국(金局):손경계(巽庚癸)·사유축(巳酉丑).

■ 각 국의 하락수(河洛數)는 수가 1·6, 목이 3·8, 화가 2·7, 금이 4·9, 토가 5·10이다.

■ 혈좌의 길흉화복은 혈이 되었을 때와 아니 되었을 때 해당 혈좌에 상관되는 해당 오행국의 띠나 하락수가 길흉을 가름하게 된다. 좌향(坐向)·용세(龍勢)·득수(得水)가 삼합을 이루거나, 좌우선익과 혈심(穴心) 또는 좌청룡 우백호의 끝과 혈이 정삼각형으로 이루어지면 아주 길한 것으로 여긴다. 이는 사람의 얼굴 모습과 유사하다. 얼굴은 당판으로, 이마는 입수로 볼 수 있고,

양쪽의 귀는 좌·우선익으로 볼 수 있으며, 코는 혈장으로, 입은 명당으로, 턱은 전순으로 볼 수가 있다. 그래서 옛부터 인물됨이 양명하면 이목구비(耳目口鼻)가 반듯하다고 하는 것이다.

■ 혈좌의 길흉화복 예시:임자좌(壬子坐)인 경우.

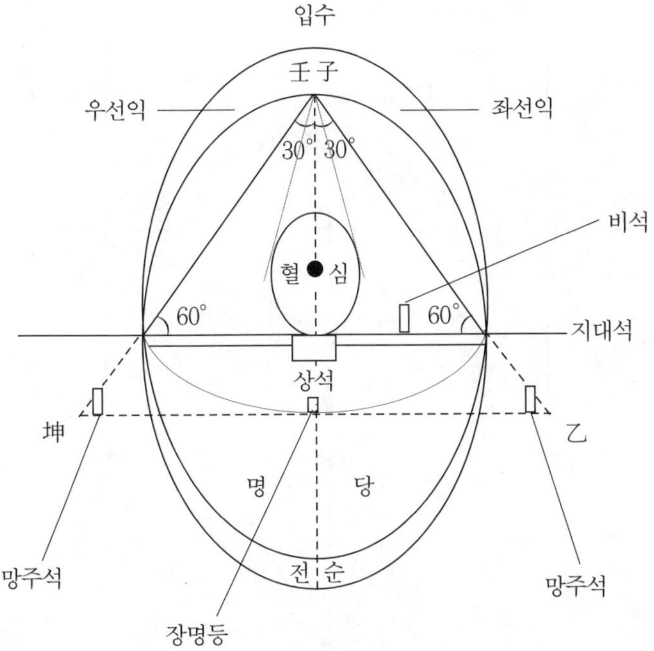

〈도-7〉 묘역삼합모식도(墓域三合模式圖)

제4선:지반정침(地盤正針)

■ 제4선은 천간지지의 배합으로 24방위를 결정해 음택에서는 혈의 좌향(坐向)이나 입수룡(入首龍)의 방위를, 양택에서는 좌

향이나 양택3요의 방향을 정하는 데 활용되고, 패철의 핵심이라고 할 수 있다.

■ 이 24방위는 천간십간(天干十干)과 지지십이지(地支十二支)를 태양을 중심으로 도는 행성과 지구의 자전(自轉)과 공전(公轉), 그리고 지구를 중심으로 하는 달의 자전 현상 등을 파악해, 주역의 후천팔괘를 응용하여 패철에 표시한 것인데, 천간에

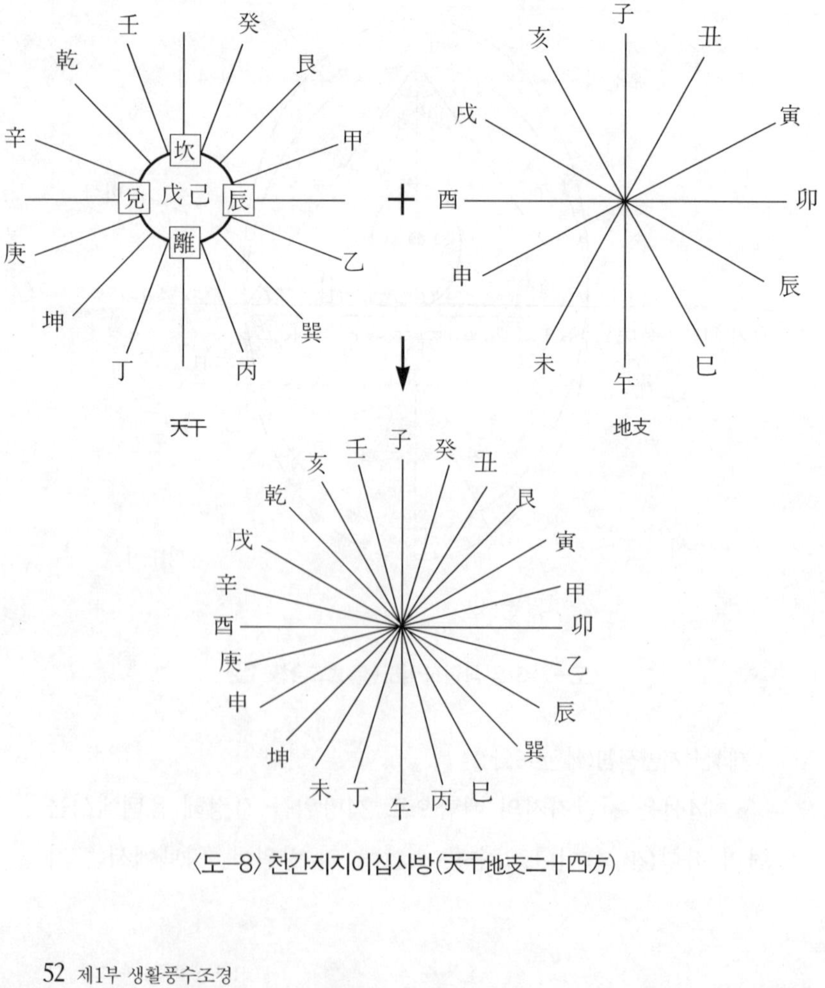

〈도-8〉 천간지지이십사방(天干地支二十四方)

서 중앙토(中央土)인 무(戊)와 기(己)는 하늘에는 땅이 있을 수 없다 해서 제외하고 대신 주역8괘 건(乾) · 간(艮) · 곤(坤) · 손(巽)의 사유방(四維方)을 입양해 12자를 맞추어 지지십이지와 함께 24방위를 배정한 것이다.

■ 제4선의 24방위는 양택풍수에 있어서는 주역8괘의 8궁(八宮)으로 양택팔요(陽宅八要)를 정해 이용한다. 즉, 감궁〔坎宮:임자계(壬子癸)〕 · 간궁〔艮宮:축간인(丑艮寅)〕 · 진궁〔震宮:갑묘을(甲卯乙)〕 · 손궁〔巽宮:진손사(辰巽巳)〕 · 리궁〔離宮:병오정(丙午丁)〕 · 곤궁〔坤宮:미곤신(未坤申)〕 · 태궁〔兌宮:경유신(庚酉辛)〕 · 건궁〔乾宮:술건해(戌乾亥)〕 등 8궁으로 나누는데, 이는 살아 있는 사람의 경우 부부와 자식이 있다고 보아 3자계(三字界) 1궁(一宮)으로 정한 것이다.

■ 음택풍수에서는 죽은 사람이니 부부의 혼령만 있다고 보아 2자계(二字界) 정양정음(靜陽靜陰)으로 1궁(一宮)을 삼아 12궁으로 정하고 있다. 즉, 임자(壬子) · 계축(癸丑) · 간인(艮寅) · 갑묘(甲卯) · 을진(乙辰) · 손사(巽巳) · 병오(丙午) · 정미(丁未) · 곤신(坤申) · 경유(庚酉) · 신술(辛戌) · 건해(乾亥) 등 12궁으로 나누었다. 이 12궁으로 좌향(坐向)을 정하고 재혈(裁穴)이나 분금(分金)을 할 때 기본을 삼는데, 좌향의 경우 일반적으로 예컨대 임좌병향(壬坐丙向)으로 일컫는 것은 잘못된 것으로 정확히는 2자1궁(二字一宮)이니 입수방(入首方)에 따라 임입수자좌(壬入首子坐) 또는 자입수임좌(子入首壬坐)로 표기하든가 아니면 임자좌(壬子坐)로 칭하는 것이 정확하다.

■ 음택풍수에서는 12궁혈(十二宮穴)을 귀격(貴格) · 부격(富

格)·손격(孫格)으로 나누고 있다.

귀격혈(貴格穴)은 양절(陽節)로 임자·병오·갑묘·경유좌를 이르고 귀한 인물이 출중하게 배출되고 관록(官祿)과 명예(名譽)가 따른다 하며 2자계 불배합 시는 손재(損災)가 따른다 했다. 부격혈(富格穴)은 을진·신술·계축·정미좌로 음절(陰節)이라 해 옛날에는 진술축미 방으로만 보고 기피했는데, 이는 토방(土方)이고 토는 재물을 의미해 천간 기가 함께 작용하니 기피할 이유는 없겠다. 지금도 큰 혈은 이들 궁에 많이 받아 있고, 재산과 명예가 따른다고 보고 있다. 불배합 시는 질병(疾病)에 시달리게 된다. 손격혈(孫格穴)은 간인·곤신·손사·건해좌로 자손이 번성하고 가문이 융성해진다고 보고 있다. 이 손격혈은 불배합이 되면 요절(夭折)을 당하는 수가 많다고 본다.

예를 들어 임자(壬子)·계축(癸丑)·간인좌(艮寅坐) 등을 정배합 정혈로 보고 있는데, 해임(亥壬)·자계(子癸)·축간좌(丑艮坐) 등과 같이 불배합 좌로 이루어진다면 자손에게 위해(危害)가 올 수 있다는 것이다.

■ 자계룡불배합혈(子癸龍不配合穴)을 설명한다.

역학에서는 천간은 하늘이니 남자이고, 지지는 땅이니 여자로 보고 있으며, 오행의 음양으로 10천간 12지지를 3분하고 있다. 그러나 정음정양법을 적용하는 음택에서는 갑·을 모두 정양(正陽)이 된다. 팔괘에 24방위를 배열하고 각 괘의 삼효(三爻)에서 가운데 효를 빼고 상·하의 효가 같으면 정양 남자로 보고, 효가 다르면 정음 여자로 본다. 2자 정배합이든 2자 불배합이든 들어오는 좌·우 선입수(左·右旋入首)에 따라 남·녀 해당 삼합 띠의 화복(禍福)을 논하게 된다. 좌·우선 입수에 따른 분금재혈 시 광중 윗부분에 해당하는 천간·지지의 정음정양을 따져 그에 맞는 띠의 삼합으로 남·녀를 구분한다. 다시 말해 계입수자좌(癸入首子坐)라면 좌선입수이고, 광중 머리 부분이 자좌(子坐)이니 신자진(申子辰) 삼합에 물이며, 자(子)는 정양임으로 남자가 해당된다. 또, 자입수계좌(子入首癸坐)라면 우선 입수이고 광중 머리 부분이 계좌(癸坐)이니, 간지삼합(干地三合)·손경계(巽庚癸)·사유축(巳酉丑)은 금(金)이며, 계좌 또한 정양이니 남자 사유축 띠가 해당된다. 즉, 계자좌의 화복은 다음과 같이 설명할 수 있다. 3자 불배합(三字不配合)혈도 원리는 2자 불배합과 같다. 자계좌(子癸坐)의 자계가 모두 정양이니 남자로 좌선(左旋)의 경우에는, 남자 신자진(申子辰) 띠가 1·6수(數) 해

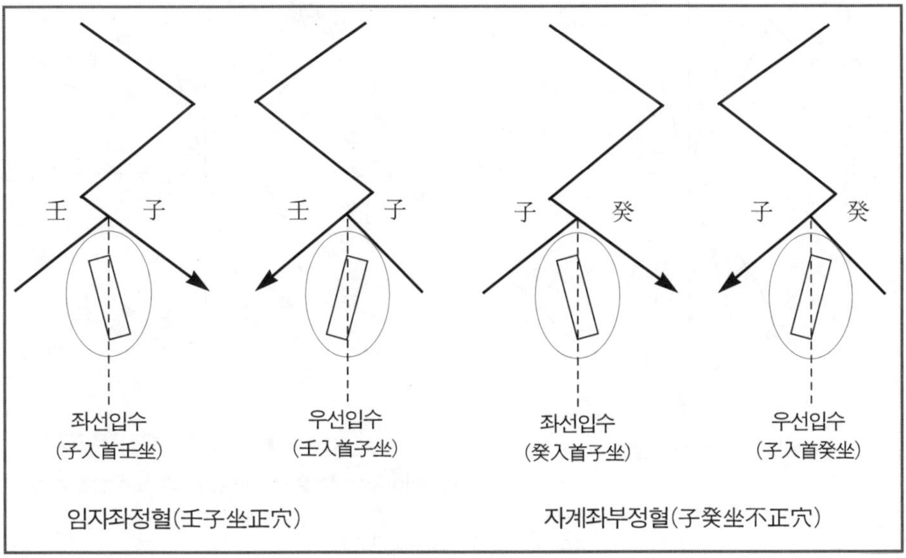

당년에 물로 인해 재해를 입게 된다. 수재를 당한다거나 술로 패가망신하는 수가 있다.

자계좌의 우선(右旋)인 경우는, 남자 사유축(巳酉丑) 띠가 4·9수(數) 해당년에 쇠붙이로 인해 재해를 입게 된다. 자동차 사고를 당한다거나 흉기로 인해 횡액을 당하는 수가 있다(앞의 그림 참조).

이와 같은 화복은 진혈인 경우에 정음정양법으로 엄히 나누어 하나, 사혈(死穴)인 경우에는 맥이 없으니 묘자리를 쓴 대로 좌선은 좌측좌로, 우선은 우측좌로 해당되는 삼합띠로 논하면 된다.

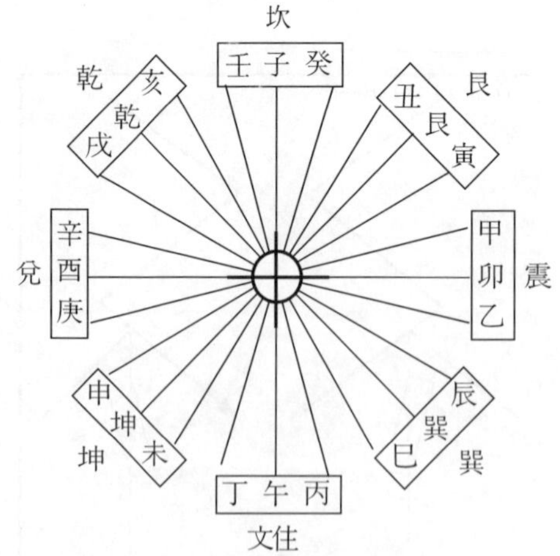

양택팔궁도(陽宅八宮圖)

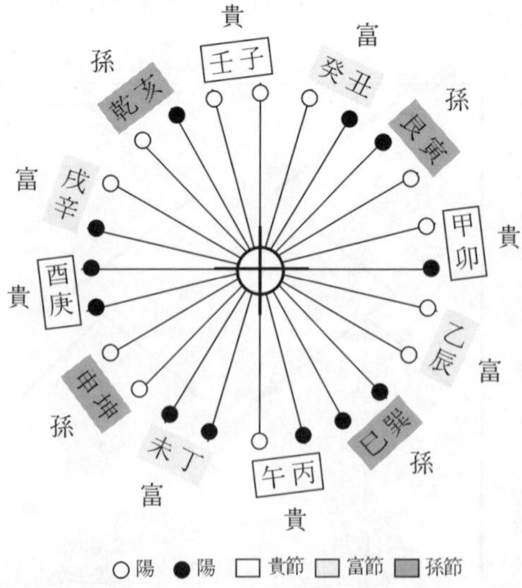

음택십이궁정배합절궁도(陰宅十二宮正配合節宮圖)

〈도-9〉 양택 · 음택 정배합도

제5선: 천산72룡(穿山七十二龍)

■ 제5선은 입수 뒤편 과협처(過峽處)의 길흉을 측정할 때 사용한다. 과협은 용세(龍勢), 즉 산맥의 기복(起伏)으로 봉우리가 솟았다 가라앉았다 하는 현상을 일컫는데, 솟아오른 것이 생룡(生龍)이고 길한 것이다.

■ 천산 72룡은 제4선의 천간지지 24방을, 천간 12방은 빈 칸으로 12룡을 삼고, 지지12방은 각각 5룡씩 60룡으로 삼아 72룡을 정하였다.

■ 제5선은 천광작업(穿壙作業)에 있어 재혈분금(栽穴分金) 시에 활용되는데, 천간 12칸은 천간좌(天干坐) 입수 시에는 분금으로 활용될 수 있으나, 지지좌(地支坐) 입수 시에는 활용될 수 없다. 또한, 지지좌 입수인 경우에도 지지 3칸 중 가운데 칸은 분금으로 활용될 수 없다. 이는 하늘을 중앙으로 보기 때문이다. 자세한 재혈분금 요령은 음택풍수편에서 설명하기로 한다.

제6선: 인반중침(人盤中針)

■ 제6선은 혈 주변 사격(砂格)의 길흉을 분별할 때 사용한다.

■ 사(砂)는 용맥(龍脈)이나 좌우룡호(左右龍虎)의 산세, 안산(案山) 등을 이르는데, 좌(坐)와 성수오행(星宿五行)의 생극(生剋) 관계를 따져 길흉을 논한다. 높고 유정(有情)하고 청명(淸明)하면 부귀영화복록이 뒤따른다고 보고 있다. 만약, 사격이 흉하다 하면 비보(裨補)를 행하기도 한다.

제7선: 투지60룡(透地六十龍)

■ 제7선은 입수(入首)에서부터 당판(堂板)의 관혈지맥(貫穴之脈)을 살펴 생기혈(生氣穴) 여부를 살펴본다.

■ 입수 지점에 패철을 놓고 혈심으로 흘러 내려가는 방위를 보아 60갑자(六十甲子)의 납음오행(納音五行)과 투지룡과 생극관계를 살펴 혈좌(穴坐)를 정하는 데 이용되고 있다.

제8선:천반봉침(天盤縫針)

■ 제8선은 득수(得水)와 파구(破口)를 측정하는 데 사용한다. 즉, 1선의 좌(坐)와 2선의 향(向)의 황천살 방을 자세히 헤아려 득수를 보기 위한 것이다.

제9선:지반정침분금(地盤正針分金)

■ 제9선은 제5선에서 실시한 시신의 좌향을 정확하게 맞추는 데 사용된다.

■ 제9선의 빈 칸은 사용하지 아니하니, 좌향의 분금이 빈 칸과 일치하지 않도록 하여야 정혈분금(正穴分金)이 된 것이다.

4. 생활풍수(生活風水)의 흐름

풍수지리설은 그 발생 기원에 대해 춘추전국시대부터 성행하였다든가, 한대(漢待)부터라든가 하여 여러 학설이 분분하나, 황하문명시대(黃河文明時代)에 치산치수(治山治水)를 인간생활의 근본으로 삼는 데서 발상(發祥), 전래되어 온 것 같다. 기록을 볼 때는 기원전 120년경 한(漢)의 회남자(淮南子)의 『지형훈(地形訓)』이 효시(嚆矢)가 아닌가 싶다.

『지형훈』은 천도(天道)인 감(堪)과 지도(地道)인 여(輿)가 자연지형적 요인에 따라 인간에게 길흉(吉凶)의 영향을 미친다는 내용을 담고 있다. 풍수지리를 감여(堪輿)라고 하거나 지술(地術)이라고 하는 유래를 알게 하는 기록이다.

이 책은 하늘과 땅의 기운은 인간에게 음양오행과 자연 조건에 따라 상생(相生)·상보(相補)·상충(相沖)하는 기운(氣運)이 상호작용을 하여 길흉화복(吉凶禍福)을 좌우하고 있으나, 풍수지리는 이의 흐름을 순행(順行)시킴으로써 사악(邪惡)한 것을 배척(排斥)하고 흉(凶)한 것을 피하며 길복(吉福)을 추구하는 척사피흉(斥邪避凶)·추구길복(追求吉福)을 근본으로 하는 지리사상임을 강조하고 있다.

이어, 진(秦)의 역리학자인 주선도(朱仙桃)가 명당명혈지를 찾는 『수산기(捜山記)』를 기술해 황실 전용의 황실비록(皇室秘錄)이 되는 것을 모태(母胎)로 하여 풍수지리설이 서서히 발전을 보게 되었다. 그러나 일반화된 것은 한참 세월이 흘러 당대(唐代)에 이르러서였으며, 그 이전에는 계속 황실의 비록으로 전해져 왔다.

삼황오제(三皇五帝) 시의 『황제택경(黃帝宅經)』이나 오늘날 최초의 풍수지리 저서라고 보는 후한(後漢)의 청오자(靑烏子)가 지은 『청오경(靑烏經)』, 『장경(葬經)』 등이 저술됨으로써 풍수지리음양오행과 기의 순행 등이 본격 연구를 보게 되었다.

『청오경』에서는 풍수를 '음양부합(陰陽符合), 천지교통(天地交通), 내기맹생(內氣萌生), 외기형성(外氣形成), 내외상승(內外相乘), 풍수자성(風水自成)'으로 설명하고 있는데, 즉 음양이 부합하고 천지가 서로 통하면 안으로 기가 생겨나고 밖으로 기는 형체나 모양을 이룬다. 이리하여 안과 밖의 기가 서로 어우러지면 풍수는 스스로 성립한다고 하고 있는 것이다. 음양오행의 천간지지 상생과 기운생동(氣運生動)을 함축하고 있으며, 후에 12세기 주자(朱者)의 「이기론(理氣論)」에 영향을 주고 있다. 주자의 「이기론」은 '형(形) 없는 기(氣)가 없고, 기(氣) 없는 형(形) 없다' 하는 것을 요체(要諦)로 삼고 있다.

역시 후한대의 장자방(長子房)이 『청랑정경(靑囊正經)』을 저술하였고, 진(晋)나라 지리학자인 상서(尙書) 곽경순(郭景純)의 장서(葬書)가 보급되기 시작했으나 황제가 비단주머니에 싸 황실 대대로 전수하였다는 『금랑경(錦囊經)』과 더불어 황실 전용의 비록으로만 취급이 되었다.

『금랑경』과 유사하기는 하나 당대(唐代)에 이르러서 증문산(曾文汕)의 용수경(龍水經)인 『청랑경(靑囊經)』과 유청산(劉靑山)이 비술(秘術)만 간추린 『피간로담』 등이 널리 전파되어 일반에게 보급되기 시작해 전성기를 보이게 되었다. 이밖에도 『해동비록(海東秘錄)』 『감여집(堪輿集)』 『산천비보도감(山川裨補圖鑑)』 『청오룡경(靑烏龍經)』 『청오지리론(靑烏地理論)』 『주자답산가(朱子踏山歌)』 등이 기술되었고, 이것들이 우리 나라에 유입되면서 풍수지리설이 우리 나라에도 전파되기 시작했다.

신라 말기의 도선국사(道詵國師)가 풍수지리설을 전래했다고 하는데, 그가 지은 『도선비기(道詵秘記)』는 집터나 왕궁터, 사찰터를 잡는 양택풍수에 비중을 크게 두고 있다.

도선은 한국적 자생풍수(自生風水)인 비보풍수(裨補風水)를 발전시켰다. 비보풍수는 '기(氣)가 과(過)한 곳은 사(瀉)해 주고 기(氣)가 허(虛)한 곳은 보(補)해 준다'는 침뜸술의 기본 원리를 응용한 것으로, 오늘날 사상의학(四象醫學)과 사주용신(四柱用神)의 근간인 과사허보사상(過瀉虛補思想)과 맥을 같이하고 있다.

이는 자연적으로 이루어진 형국의 결함을 인위적으로 처리해 홍수나 바람, 흉살기(凶殺氣) 등을 예방함으로써 길국(吉局)으로 작용토록 한다는 것이다. 예컨대, 진호(鎭護)를 위한 비보사탑(裨補寺塔), 수구(水口)가 터져 보이는 허한 곳이나 살풍(殺風)이 드는 곳의 보처(補處)를 위한 조산(造山), 방살(防殺)을 위한 염승물(厭勝物)의 설치, 지기보강(地氣補强)을 위한 개명(改名) 등을 들 수 있다. 실제로 배〔舟〕형인 해인사 터를 보호하기 위해 쇠말뚝을 설치한 것이라든가, 마을의 보처를 위해 조산을 한 경북 안동 하회마을의 만송정(萬松亭), 안동 비봉산(飛鳳山) 옆의 죽방산(竹防山), 예천의 금당숲이나 관악산의 화기를 진정시키기 위해 경복궁에 해태상이나 연못을 시설한 것이라든지 동대문의 동방 기운인 목기(木氣)를 보강하기 위해 흥인문(興仁門)을 흥인지문(興仁之門)으로 지자(之字)를 넣어 개명한 것 등은 비보풍수에서 비롯된 사례들이다.

도선의 풍수지리사상은 고려 통치의 기본 강령이라 할 수 있는 왕건태조(王建太祖)의 훈요십조(訓要十條) 제2항에서도 엿

보인다. 즉, 제2항에서 "모든 사원(寺院)은 도선국사가 산수(山水)의 순역(順逆)을 살펴 개창(開創)한 것이니 국사가 점지한 곳 이외에 다른 곳에는 함부로 사원을 지어 지기(地氣)를 그르치게 하지 말라"고 적시하고 있다.

실제로 도선이 정한 곳의 대부분 사찰은 지금까지도 명찰(名刹)로 명성을 이어 오고 있다.

도선에 이은 묘청(妙淸), 나학천(羅鶴天), 나옹대사(懶翁大師), 이씨조선 초기 무학대사(無學大師), 정도전(鄭道傳), 서산(西山), 사명대사(泗溟大師), 이중환 등에 이르기까지 풍수지리는 동양철학으로 큰 명맥을 이어 오다가 유교사상의 조상숭배(祖上崇拜)와 효(孝)사상과 결부되어 음택풍수 쪽으로만 맹신에 가까울 정도로 치우치자 숙종대에 들어 철퇴를 맞게 되었다.

이로 인해 이후 풍수지리설은 학문적 침체기를 계속 맞이해 정통의 맥이 이어지질 아니하고 난맥상을 보이며 오늘에 이르고 있다. 그러나, 근자에 이르면서 물질문명의 발달이 한계에 이른 서구사회(西歐社會)에서 오히려 정신문화의 조갈(燥渴)을 주역과 풍수지리오행 등을 근간으로 하는 동양철학에서 찾아 해갈(解渴)하려는 성향이 두드러지게 나타나고 있다

근착(近着) 외신 보도에 따르면, 건축학자·교육학자·환경심리학자들이 학교 건물의 외적 환경인 채광(採光)·통기(通氣)·색상(色相)·구조(構造)·사물 배치(事物配置) 등이 학업 성취도에 크게 영향을 끼친다는 연구 결과를 발표하였다. 이는 동양에서 이야기하는 풍수지리음양오행을 기초로 하고 있는 것이다. 풍수 인테리어가 각광을 받고 있음도 물론이다.

비단 이뿐이 아니고 중국에서도 천안문사태(天安門事態) 이후 금기시(禁忌視)했던 풍수지리설에 대한 관심이 서구 자본주의를 유입하면서 동도서기(東道西器)의 입장에서 다시 일기 시작했고, 일본의 경우는 13개 종합대학이 정규 과목으로 개설해 지속적인 연구를 해오고 있다. 이러한 시대적 변화를 우리나라도 받아들여 국내 지방대학에 풍수지리학과가 근자에 개설되어 학문적 발전을 승계하기 시작했다는 사실은 뒤늦은 감이 없지는 않으나 다행스러운 노릇이다.

더욱이 환경에 대한 우려와 각성(覺醒)이 증대되고 있는 요즈음에 조경(造景)·도시계획(都市計劃)·건축(建築)·토목(土木)·환경과학(環境科學)·의학(醫學)·문화예술(文化藝術) 등 제 분야에서 관심을 갖고 풍수지리설을 활용함으로써 환경적(環境的)·생태적(生態的) 측면에서 인간 위주의 환경을 조성하고 인간성을 회복하여 자연과의 공존을 유지하도록 노력해야 한다. 이 시점에서 더 나아가 풍수지리음양오행에 담긴 원리와 정신을 제대로 이해하고, 해석하고 응용하여 미신적(迷信的) 잡학(雜學)으로 더 이상 매도(罵倒)당하지 않고, 전통적(傳統的) 동양학문(東洋學門)으로 자리매김하기 위한 부단한 노력과 자성(自省) 및 사회적·학문적 토양의 견실화(堅實化)가 절실히 요구되고 있다.

제2장

음택풍수조경

1. 음택의 기본과 주산 오형

1) 음택의 기본적 특성

음택풍수에 관해 거론하는 대부분의 부류들을 크게 나누면 이기론자·형상론자·형기론자의 세 유형이 있다. 이들의 논거(論據)는 우주만물을 음양(陰陽)의 이원(二元)으로 구분하는 공통성을 보이고 있으나 사유적(思惟的)인 입장에 따라 완연한 차이를 보이고 있다.

이기론(理氣論)은 중국 송(宋)나라 유림(儒林)들에 의해 파생된 것으로 한학(漢學)을 주로 다루는 선비들이 주장하고 있다. 우주를 이루는 근본인 태극의 이(理)와 태극에서 나온 음양의 기(氣)를 음택풍수(양택풍수나 역학에도 마찬가지임)에 적용해 구궁법

(九宮法) · 12포태법(十二胞胎法) · 오산년운법(五山年運法) 등 음미하는 데도 난해하기 이를 데 없는 장경서적(葬經書籍) 등에 근거하는 학리적(學理的)인 해석에 그 비중을 두고 있다.

형상론(形象論)은 형국론(形局論)과도 비슷한 것으로 산천경계(山川景界) 관산풍월(觀山風月)을 읊는 따위의 자연지리적 형상이나 형국을 동·식물이나 글자·사람 등 물형(物形)에 빗대어 사격(砂格) · 작국(作局) · 혈국(穴局) 등을 해석하는 데 그 비중을 두고 있고, 대부분의 풍속들이 애용하고 있는 논조이다.

이 형상론은 객관성을 띠고 있다기보다는 보는 이의 주관성이 다분히 개입되고, 결혈(結穴)의 진위(眞僞) 여부를 소홀히 할 수가 있어 신중해야 한다. 속말로 '소경 코끼리 만지듯', '소경 단풍 구경하듯', '붕어빵에 붕어가 없듯' 하듯이 실체를 못 찾고 겉돌 수가 있다.

형상론의 본뜻은 천(天) · 지(地) · 인(人)의 삼위일체(三位一體)를 통한 참 진(眞)을 형국을 관산하면서 찾아보기 위함이지, 천자천(天自天) · 지자지(地自地) · 인자인(人自人) · 산자산(山自山) · 수자수(水自水) 식으로 외형만을 보는 데 있는 것은 아닌 만큼 뭇인들은 그러한 것에 현혹되어서도 아니 된다.

형상론으로 드물기는 하나 명당국세(明堂局勢)와 명혈지지(明穴之地)를 취할 수는 있겠으나 자칫하면 명혈지를 놓칠 수가 있다. 사람으로 비유할 때도 눈·코·귀·입의 일면지상(一面之相)과 손·발·머리·몸의 사용지상(四容之相)을 더해 전신지상(全身之相)을 논하듯 명당명혈의 일혈지형(一穴之形)인 입(入) · 득(得) · 좌(坐) · 파(破)와 사국지형(四局之形)인 룡(龍) · 혈(穴) · 사

(砂)·수(水) 등을 종합해 전산진국(全山眞局)의 혈국(穴局)을 설명할 수 있어야 한다.

형기론(形氣論)은 혈기론(穴氣論)이라고도 한다.

오늘날 제대로 된 풍수지리사(風水地理士)라면 당연히 형기론에 비중을 두어야 한다. 형기론은 위의 두 주장을 도외시(度外視)하지는 않으면서 기(氣)의 결혈(結穴)이나 응혈(凝穴)의 형성 여부에 보다 큰 비중을 우선적으로 두고 있다.

이에 따르면 진혈(眞穴)이 되면 형국(形局)이나 격국(格局)이 제대로 되어 있다고 보고는 있으나, 그렇지 않고 응혈만이 되어 있는 경우라도 소홀히 하지는 않는다. 이는 내 몸이 튼튼하고 내가 기운이 왕성하고 건강하고 부강해야 되는 것이 우선이지, 주변의 형국이니 보국이니 하는 것은 차선이라는 얘기이다.

인간의 빈부격차나 호사남루(豪奢襤褸)·신분고하(身分高下)·부귀귀천 등이 차이가 남은 틀림없으나 이는 겉치장에 불과하다. 실제로 목욕탕에서는 알몸으로 모두 같아 보인다. 알몸인 내 몸의 본체가 참이냐 아니냐 하는 것이 무엇보다 중요하다. 그리고 나서 겉인 것이다.

어느 논거(論據)로 하든 명당명혈지를 찾는다는 것은 심마니가 산삼(山蔘)을 찾는 것과 매한가지로 지난(至難)한 노릇이다.

하늘과 땅은 살아서 숨쉬고 있는 생명체인 것이다. 우주만물의 생성소멸(生成消滅)이 일정한 궤적(軌跡)을 그리며 순환·반복하고 있다. 하늘과 땅 사이의 만물은 나고 자라는 힘의 근원이 가득히 차서 생동(生動)하고 있기 때문에 아무리 사소한 것이라도 소홀히 할 수 없는 것이 인간의 도리인 것이다.

더구나 땅의 숨쉼과 기의 흐름을 찾아 그 맥을 짚고자 하는 풍수지리에 있어서는 천박한 마음과 경솔한 마음, 그리고 게걸스럽고 탐욕스러운 마음으로는 참다움을 찾을 수 없다. 옛부터 명당명혈은 인간의 마음속에 있다고 했다.

'좋은 터의 주인은 따로 있다'라는 말은 '임자는 하늘이 점지한다'는 뜻이다. 내 자신이 아무리 돈이 많고 권력이 강하다 해도 내 마음으로 하늘과 땅을 어찌하지는 못한다는 뜻일 게다. 고래로 삼대에 걸친 공덕(功德)과 적선(積善)을 쌓아야 명당명혈이 눈에 보이고 점지된다고 했으니, 범인(凡人)으로는 감당하기 어려운 노릇이고 하물며 얕은 잔재주로는 더욱 쉬운 일이 아니다. 그래서 땅을 보는 사람도 그만한 적덕(積德)을 해야 되고, 마음을 비워야 눈이 떠져 지안(地眼)이나 도안(道眼)이 된다고 하는 것이다.

이렇게 천기(天氣)와 지기(地氣)를 헤아리기가 쉽지만은 않은 것인데 겉으로 보고 쉽게 헤아리고 판단하기가 어찌 수월하다 하겠는가. 항상 자신을 갈고 닦고 수양을 꾸준히 해야 된다.

필자는 형기론(形氣論)의 입장을 존중하면서 음택풍수를 다룰 것이며 우선 조경가(造景家)의 입장에서 음택의 특성을 경관적·환경생태적·공간적 이렇게 세 가지의 특성으로 살펴보고자 한다.

(1) 경관적 특성(景觀的 特性)

경관적 특성으로는 수직적인 경관 특성과 수평적 경관 특성으로 나눌 수가 있다.

묘제(墓制)의 발달은 인류문화의 발전과 그 흐름을 같이하고 있다. 원시시대에는 노장(路葬)이라 하여 조장(鳥葬)을 하거나 그대로 평지에다 평장(平葬)을 하던 것이 민족의 특성이나 종파(宗派)의 성격에 따라 점차 매장(埋葬)이나 화장(火葬)의 풍습으로 변하게 되었다.

화장은 주로 내세(來世)를 믿는 종교적 신앙에 의해 불가에서 주로 행하여졌고, 매장은 육신의 부활을 믿는 기독교나 조상을 숭배하는 유교국 등에서 주로 행하여졌고, 점차 씨족(氏族)의 개념이 확고히 되면서 그 격식과 규모가 변화하게 되었다.

고대 사회에서는 부족의 우두머리나 그 일족의 무덤이 고인돌·축석묘(築石墓)·봉분묘(封墳墓) 등으로 변화되고 그것이 역사가 흐르면서 세속화(世俗化)되었고, 지금은 인구의 증가와 토지 자원의 한정으로 화장이나 납골묘(納骨墓) 등이 보급되고 있는 형편이다.

묘역의 위치도 초기의 논·밭이나 들판에서 벗어나 산 중턱으로 옮겨 가게 되었고, 크기도 점차 축소되고 있다. 산중으로 묘역이 이동되면서 명당명혈지를 찾고자 하는 풍수지리의 발달이 현저하게 이루어져 오늘에 이르고 있다. 산소(山所)라는 말도 실은 산중에 묘소가 위치하게 됨으로써 생겨난 것이다.

이렇듯 산지가 묘역으로 활용되고 용세(龍勢)와 용맥(龍脈)의 생기혈처를 찾다 보니 경관적인 특성이 몇 나타나고 있다.

즉, 묘혈을 7부능선 이상이나 경사가 적어도 20° 이상에는 명혈이 거의 없다고 보아도 타당하게 되었고, 그 이하에서 보여지는 명당명혈지는 나름대로의 보국을 명확히 갖추고 있다는 점이 인식되었다. 혹시 그 이상이라도 괴혈(怪穴)이라 하여 금시발복혈(今時發福穴)의 길지가 간혹 있을 수 있으나 극히 드물어 보편성을 띄기는 어렵다.

경관적으로 볼 때 수직적 경관의 특성은 조산(祖山 : 태조산·중조산·소조산)에서 흘러오는 용맥이 구조적으로 조(祖 : 배산)—태(胎 : 주산)—식(息 : 취기맥)—잉(孕 : 입수처)—육(育 : 혈)의 순으로 혈지에 머물기까지 산세의 흐름을 일컬을 수 있겠고, 수평적 경관 특성으로는 혈지에서 바라다보이는 안산(案山)과 그 주변의 조산(朝山)·명당수(明堂水) 등 산과 물의 요소가 수평적으로 조화를 이루어 일종의 보국세(保局勢)를 형성하는 것을 일컬을 수 있겠다.

수직적 산세의 흐름도 웅장하고 생동감이 있어야 하지만, 수평적 주변 산세의 조망(眺望)도 좌우가 겹겹이 교세(交勢)를 이루며 힘차고 수려단정(秀麗端正)하게 껴안으며 배알(拜謁)하듯 조아리고 일정한 조망각(眺望角)을 유지하면서 펼쳐진다면 더 바랄 게 없다.

시각구조적(視覺構造的) 측면에서 가장 바람직한 시각 조망의 범위는 올려다보는 앙각(仰角)이든 내리 굽어보는 부각(俯角)이든 대개 15~27° 범위로 보고 있다. 이는 건축이나 조경학에서 논하는 물체의 높이(H)와 물체와 시각 거리(D)에 따른 조망각의 공간인지범역(空間認知範域)에 대한 법칙을 원용(援用)하여 설명할 수 있다.

이 법칙에 따르면 높이와 거리가 같을 경우 D=H의 조망각은

45°로 공간적 폐쇄감을 느끼며 물체(건축물) 내부의 세부 경관을 파악할 수 있다. D〉H인 경우는 거의 완전에 가까운 공간적 폐쇄감과 압박감을 느끼게 된다. D=2H인 경우는 조망각은 30°로 적당한 폐쇄(위요)감을느끼고, D=3H인 경우는 조망각이 18°로 물체의 일부를 파악하게 되며, D=4H인 경우에는 조망각이 14°로 완전히 물체가 시각적으로 개방되어 주변과 물체의 균형 여부가 판단이 된다. D〈4H인 경우에는 시각적·공간적 인식의 통제가 불가능해 아주 산만하게 된다.

이 법칙을 따르면 물체의 자체적 인식은 15~30° 정도의 시각 범위가 인간적 척도(人間的 尺度)에 적당하다. 인간적인 척도는 편안함·안락함·친근감·공간적 위요감·조화감·안정감·자연스러움 등의 공간 인지를 느낄 수 있는 크기와 범역에서 가능하게 된다.

음택에서의 경관적 구조나 특성도 인간적인 척도의 범역내에서 이루어져야 되는 것이다. 용맥의 흘러옴이 급박하거나 불안정하게 조망이 전개된다면 이는 경관적인 장애가 되는 것은 물론 배수가 불안정한 것으로 토사태(土砂汰)의 위험성도 있게 된다.

이렇게 볼 때 이상적인 묘혈 주변의 경관적 구조는 배산임수(背山臨水)와 앞 조망(眺望)의 트임이 요구되고 있다. 거리로 본다면 수직적으로는 혈 중심에서 가까운 주산(소조산)과의 거리는 200~300m 내외가 무난하겠고, 혈 중심에서 앞쪽의 안산까지는 0.5~0.75km 정도, 그리고 조산(朝山) 등과의 거리는 2km 내외 정도가 무난하다. 하지만 이는 어디까지나 하나의 예시일 뿐 지기(地氣)가 맺히는 결혈(結穴)의 정도가 중요하기 때문에 보다 복합적이고 사유적인 해석이 뒤따라야 할 것이다.

음택풍수에서 간룡(看龍)·장풍(藏風)·득수(得水)·정혈(正穴)·좌향(坐向)·형국(形局) 등을 감정하면서 뒤따르고 있는 음택의 경관구조적 특성에 따른 공간인지범역도와 명당보국도(明堂保局圖) 등을 예시하면 다음과 같다.

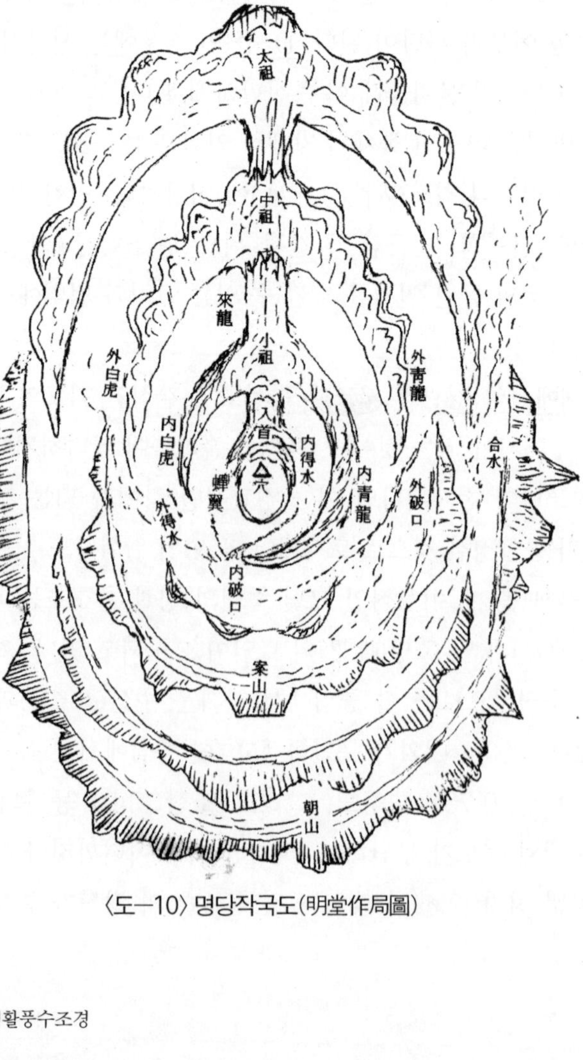

〈도-10〉 명당작국도(明堂作局圖)

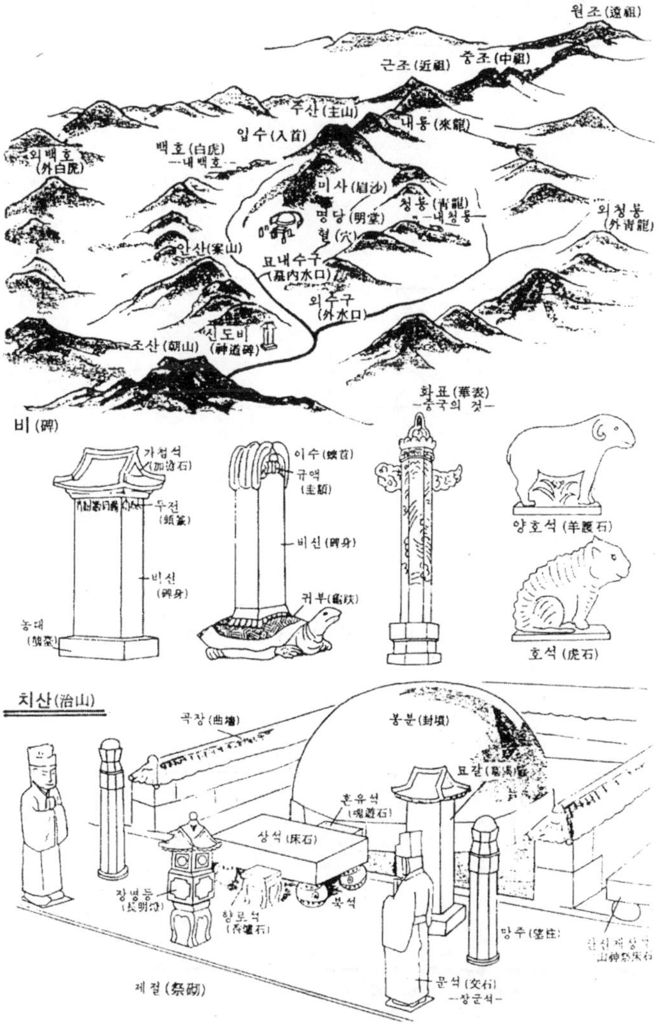

〈도-11〉 명당산세도와 묘의구(墓儀具)

〈도-12〉 음택 경관 특성에 따른 공간인지범역 모식도

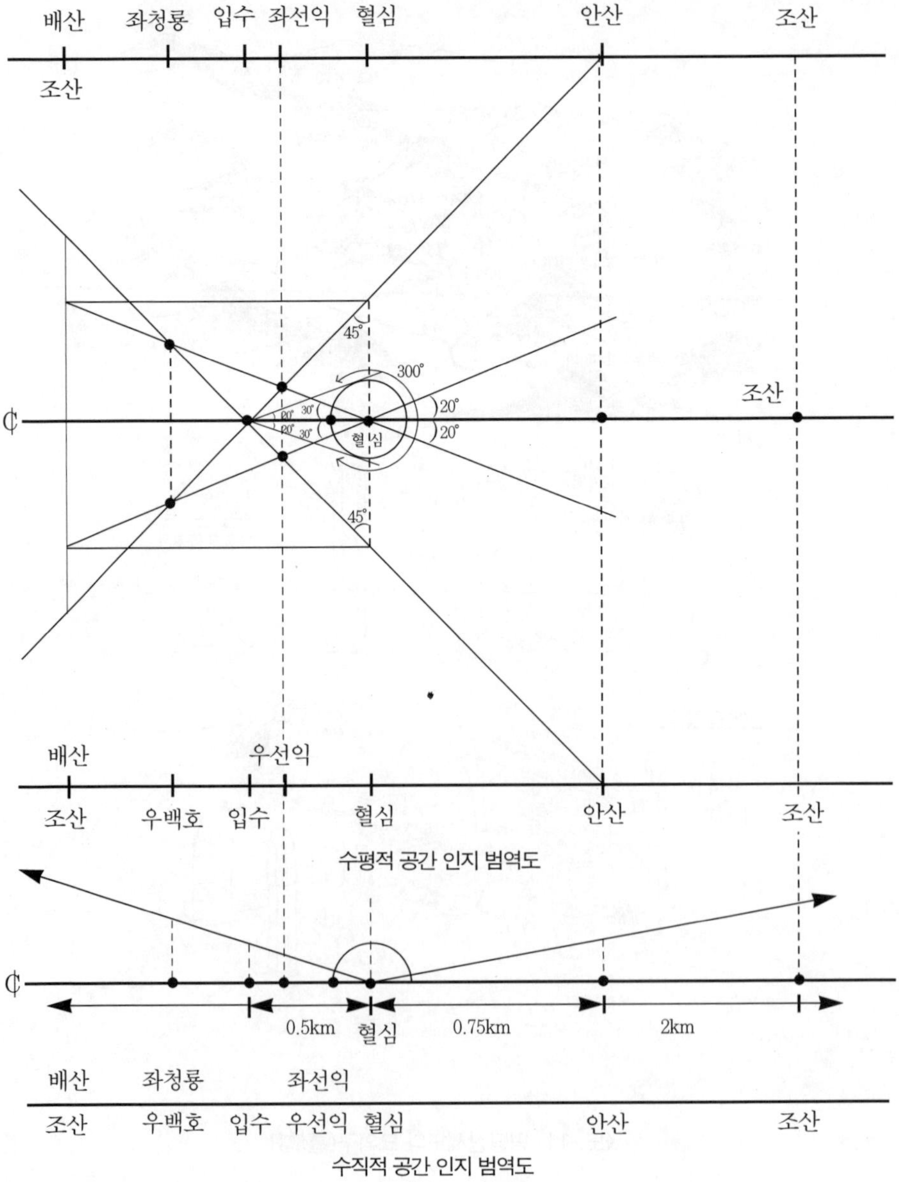

(2) 환경생태적 특성(環境生態的 特性)

환경생태적 특성으로는 음택풍수가 기본적으로 나아갈 방향으로 설명이 되겠다.

기본적으로 풍수지리의 본질은 자연과 인간의 조화이다. 우주만물의 원리를 순응하고 자연의 이치를 따르며 하늘과 땅, 땅과 사람, 사람과 사람 간의 순리를 추구하고 있다. 삼라만상(森羅萬象)의 기운(氣運)이 생동하고 인간이 그에 동화되어 우여일치(宇如一致)를 이루고자 하는 뜻이 있다. 순행하는 모든 자연의 흐름을 중시하고, 그 흐름의 방향을 살펴 따르고자 하는 것이 풍수지리사상이다. 하늘의 흐름, 산의 흐름, 바람의 흐름, 물의 흐름의 기맥(氣脈)을 찾아 그것을 요해(了解)하고 따르려 하는 것이 풍수지리의 요체(要諦)가 되는 것이다. 그러하기 때문에 자연생태계(自然生態界)의 질서를 존중하고 그 질서에 순응해 이로움을 얻으려 하는 것이다.

이러한 관점에서 볼 때 음택풍수가 인위적(人爲的)인 환경(環境)을 조성한다고 해도 비난의 대상으로만 여길 수는 없다.

일부 계층의 지나친 부(富)와 권위(權威)의 과시적 욕심에서 비롯된 분에 넘치는 치장과 격식, 그리고 무분별한 집중 개발 등이 문제이지 자연에 순응하고자 하는 소박(素朴)한 심성(心性)까지 비난을 받아서는 아니 된다.

묘역을 조성하는 사람들이 생태계의 유지를 위해 다음과 같은 몇 가지를 유의하면 큰 무리는 없을 것이다.

우선 마음을 크게 비우고, 7부능선이나 경사 20° 이상 되는 지역 중에서 급경사지나 천연림, 우량식생림, 보전림 등은 최대한 보존토록 하고, 설령 명혈길지가 있다손 치더라도 주변의 훼손을 최소화하도록 하여야 한다. 산림은 크게 훼손되면 복구되기까지 오랜 시간을 요한다.

묘역을 쓰느라 부득이하게 훼손한 부위는 잡목을 제거하고 잔디나 소나무, 화·관목류 등을 식재해 식생을 보완토록 한다.

또한 화장이 권장되고 있는 시대적 흐름에 부응해 화장을 원하거나 절손(絶孫)·요절(夭折)·횡액사(橫厄死)·객사(客死) 또는 흉지(凶地)에 모셔져 있다든가 연고가 없는 무연묘(無緣墓), 그리고 국가·사회의 기존 질서에 반해 패륜과 악행을 일삼은 인면수심(人面獸心)의 반국가사회윤리사범(反國家社會倫理事犯) 등은 가급적 화장토록 권유하는 것이 바람직하다.

한편, 화장을 하여 납골(納骨)로 모셔지기를 원하거나 매장을 원하는 경우, 흉지에는 아예 쓰질 말고 명당명혈의 최소 기준인 무해지지(無害之地) 이상인 터에 납골묘나 분묘를 쓰되, 단정하게 꾸며 가족 단위로 여러 분을 함께 모시는 방향으로 의식구조의 개선이 중요할 듯하다. 매장의 경우도 스스로 원하는 사람이나 가문(家門)·문중(門中)·국가사회공헌자 등에서도 원하는 사람들에게 한하도록 함이 좋다. 집단적 납골묘역이나 공·사설 묘역의 경우, 제한적이고 엄격한 기준에 의한 설립 인·허가 실시라든가, 공원적 성격으로 조성하여 이들 시설에 대한 지나친 혐오감(嫌惡感) 등을 배제하도록 모두의 힘과 지혜를 모아야 된다.

하나의 묘혈지에 여러 분을 모셔도 된다고 하는 일련의 사람들의 주장은 납골묘에서는 이해가 가나 일반적 봉분묘(封墳墓)에서는 세속의 속설과 배치되어 이해하기 곤란한 면도 있을 수 있다.

이들의 주장은 지기(地氣)가 뭉쳐 응결된 명당명혈지의 혈판(穴板)내에는 생기(生基)이든 파묘(破墓)한 곳이든 간에 명혈기(明穴氣)가 고루 감돌고 있어 여럿을 품(品)자 형으로 모셔도 된다는 것이다.

세속(世俗)에 전하기를 파묘한 곳에는 다시 묘를 쓰지 않는다고 하는데, 이를 자세히 음미하면 흉지이니까 파묘했을 것이고, 흉지이기 때문에 다시 묘를 쓸 수 없다는 데서 유래한 것이 아닌가 싶다. 게다가 옛부터 명당에 모시면 모두 황골(黃骨)이 된다 하여 남의 명당명혈에 암장(暗葬)을 서슴치 않고 행했다는 사례도 분분히 전해 오고 있다.

살아 있는 사람들의 거처인 양택길지(陽宅吉地)도 몇 수대 함께 살고 있는 경우도 있고, 함께 이사 가고 새로 오고 하는 경우가 다반사인 것을 감안하면, 음택명혈지(陰宅明穴地)도 명혈기가 계속 감돌고 있기 때문에 여럿이 함께 새로 써도 무관하고 썼던 곳에 다시 함께 써도 무관하다는 주장에 수긍이 가는 면도 있기는 하다.

산지 묘역 조성을 필요에 따라 흉지가 아닌 적지적소(適地適所)에만 한다면 자연 지세에 순응하는 것이 되고 부분적이나마 우점식생(優占植生)도 강화하게 된다. 또한 야생동물의 이동 통로로도 용이한 기능을 수행할 수 있고, 무연묘에 대한 식생 복원도 기할 수 있는 한편 우리의 고유한 문화적 특성이나 전통적 의

식구조에 따른 독특한 한국적 산악문화경관(山岳文化景觀)도 창출될 수 있을 것이다.

(3) 공간적 특성(空間的 特性)

음택의 공간적 특성으로는 장소성(場所性)과 사유성(思惟性)을 들 수가 있다.

고향(故鄕)을 두고 타관에 나와 사는 많은 사람들에게서 '이 다음에 나 죽게 되면 고향 마을 뒷동산 양지 바른 곳에 묻히었으면 좋겠다'라는 말을 흔히 듣곤 한다. 또, 인간은 '빈손으로 태어나 빈손으로 돌아간다(空手來空手去)'라든가 '자연에서 태어나 자연으로 돌아간다'든지 '흙에서 태어나 흙으로 돌아간다'거나 하는 말에서 볼 때 한국 민족은 '산에서 태어난 산의 자손'이라는 말도 나올 법하다.

이러한 몇 소절의 말에서 우리는 음택의 장소성과 사유성을 강하게 유추할 수가 있다. 장소적으로 음택은 망자(亡者)의 영원한 안식처(安息處)인 것이다. 아주 보편적으로, 또는 무의식적으로 음택을 일컫는 단어가 명당(明堂)이다.

'명당'이라는 단어를 국어사전의 정의를 빌리면, '임금이 조현(朝見)을 받는 정전(正殿)'이나 '무덤 아래에 있는 혈(穴)의 바로 앞의 평지'라고 되어 있다. '명당 자리'라 함은 '썩 좋은 장소나 지위의 비유', '풍수학에서 나온 말로, 그 자리에 뫼를 쓰면 후손이 부귀영화를 누린다는 자리, 명당'이라고 하였다. 여기서도 알 수 있는 것은 명당과 뫼(穴)는 분명히 구분이 된다는 점이다.

그럼에도 산소를 명당이니 아니니 하면서 구분 없이 사용하는 것은 그릇된 것이다.

'명당'은 오히려 '명지(明地)'와 유사한 개념으로 광의적(廣義的) 공간 특성의 의미를 나타낸다. 혈을 포함해 어느 정도의 기본적인 사격(砂格)을 갖춘 특수한 형태의 공간을 한정해 이르는 말이다.

가령, 서울(옛 한양)이 명당·명지라고 본다면 경복궁은 분명 명당 속의 명혈지(明穴地)임에 틀림없다. 따라서 경복궁은 서울 명당지에 자리한 명혈의 지기맥(地氣脈)이 응결된 자리에 자리잡은 명기택(明氣宅)이라 함이 옳은 표현이다.

음택혈에 있어서도 마찬가지다.

혈을 명당이라 표현함은 협의적(狹意的) 공간개념으로 인식되나 명당이라기보다는 명혈기처(明穴氣處)가 옳다. 명혈지는 어느 특정한 장소에 영적(靈的) 힘이 모인 것과 같은 지기(地氣)가 응결된 곳이다. 따라서 명혈은 명당 자리에 자리잡은 결기(結氣)터이다.

크게 보아 명당을 보는 안목은 보는 사람의 관점과 사고에 따라 천차만별이다. 자칭 지관(地官)이라 하는 사람 치고 자신이 '당대의 최고'라 생각하지 않는 사람은 별로 없다. 그렇게 생각하는 사람이 잡아 준 자리는 대개가 명당이고, 이를 믿고 조상을 모신 자손들은 그곳이 천하명당(天下明堂)이라고 여긴다.

그렇게 믿었으면 그 믿음이 흔들리지 말아야 되는데 혹자(或者)는 이 사람 저 사람에게 귀동냥해 가며 이곳이 정말 명당이냐 아니냐 해가며 촐싹거리다 이리저리 이장하느라 가산도 탕진하고, 결국 무해지지에도 못 미치는 곳에 모시어 패가망신하는 경우를 종종 본 적이 있다. 차라리 모르고 믿고 지나가는 것이 약인 것이다. '곡자아의(曲者我意)에 곡재아(曲在我)'란 말이 있다. 마음이 곧지 아니한 자가 모든 일을 제멋대로 휘두르는 것을 따른 뒤의 잘못은 내게 있다는 뜻이다. 새겨 이를 말이다.

지관이 명지관이냐 아니면 얼풍수냐 반풍수냐 하는 것은 지관의 자질이 어떠하냐에 따라 구별이 된다.

최소한 지관 소리를 들으려면 명당형국만을 볼 것이 아니라 명당 속에 기가 뭉친 명혈지를 찾을 수 있어야 된다. 그러한 안목을 갖추고 있느냐 없느냐에 의해 명지관이냐 아니냐의 판별 기준이 되어야 한다.

장소적 특성으로 볼 때 음택명당은 '결혈오악(結穴五嶽)'의 조건을 갖춘 응혈지가 있어야 되고, 혈을 중심으로 배산임수(背山臨水)와 사격(沙格)을 고루 갖추고 안팎의 너른 평지(內外明堂)를 확보한 공간으로, 양지(陽地)가 바르고, 앞의 조망이 트여 편안하게 감싸여 아늑하고 안온(安穩)한 위요감(圍繞感)을 주고 있는 곳이어야 한다.

그러나 현대에 있어서는 명당의 개념이 다소 이완(弛緩)이 되어 현대의 시대적 특성인 3S 즉, 신속(迅速:SPEED) · 간결(簡潔:SMART) · 간단명료(簡單明瞭:SHORT)한 의식구조에 걸맞게 우선 '좌택시 우버스라고 하듯이 소위 교통 수단으로의 접근이 가장 용이한 곳에 자리하고, 앞이 트이고 안온한 분위기를 주는 곳'을 최고의 길지로 생각하는 경향이 있으나, 이 또한 어디까지나 흉지의 조건을 갖추지 아니하고 명혈의 최소한의 기준인 무해지지(無害之地)는 되어야만 한다.

풍수지리사상이 궁극적으로 추구하는 정신은 자연회귀사상(自然回歸思想)과 모태사상(母胎思想), 그리고 숭조효경사상(崇祖孝敬思想)이다.

대지는 어머니의 품속과 같아 늘 자연으로 돌아가고 싶고, 자연과 벗하고 싶은 것이 인간의 고유하면서도 본연의 심성이다. '있는 그대로'의 상태에서 자연의 모든 법도를 따르고 그에 순응하고자 하는 본성은 '흙으로 돌아간다', '자연으로 돌아간다', '빈손으로 간다' 하는 표현에 그대로 배어나고 있다. 어느 영화에서 본, 사형 집행을 앞둔 사형수가 가장 소망하는 것이 '어릴 적처럼 어머니의 품 안에 안겨 젖을 물어 보았으면 한다' 하는 장면같이 어머니의 품속만큼 안온하고 푸근한 곳은 이 세상 어느 곳에도 없다. 그래서 모성(母性)은 천성(天性)이라고 한다.

어머니의 태(胎) 안은 생명이 생성되는 곳으로 인간의 형이상학적 고향이기도 하다. 넓게 보면 어머니 그 자체는 생명을 잉태하는 땅이고, 자연이고, 고향이고, 우주인 것이다.

그렇기 때문에 풍수지리사상은 자연을 존중하고 소중하게 여기며 바람을 막고 물을 얻어 만물의 기를 모아 산 사람이든, 죽은 사람이든 인간이 머무는 곳을 어머니의 품과 비슷한 곳으로 찾고자 하는 것을 본질로 삼고 있다.

풍수지리에서 사용되는 조(祖:태조산, 중조산, 조산)·태(胎:주산)·식(息:취기맥)·잉(孕:입수처)·육(育:혈)의 용어 구분이라든가 좌청룡·우백호·수구(水口)·안산·조산(朝山) 등의 사격용어(砂格用語)들이 나타내는 함의(含意)는 시사하는 바가 매우 크다. 이는 양택풍수이든, 음택풍수이든 간에 공히 적용되고 있다. 음택풍수에서의 사유성(思惟性)은 이러한 데서 유추할 수 있다.

풍수지리 형국이 상징적으로 묘사하고 있는 것이 어머니의 모습이다. 산의 생기맥이 흘러와 혈기처에 머무는 곳이 어머니의 자궁(子宮)인 태(胎)요, 거기서 생명이 자라고 있음을 나타낸다.

풍수사격에서 강조하고 있는 형국 또한 어머니의 품속 같은 곳을 명당길격(明堂吉格)으로 보고 있다.

좌청룡·우백호가 아기를 품에 안고 누워 있듯이 교세(敎勢)하며 감싸고, 품 안에 안긴 아기가 앞을 바라볼 때 시원스레 조망이 트이고, 뭇 사람들이 귀여운 옥동자를 경건하게 우러러보는 형상을 상상한다면 그러한 곳이 명당명혈지가 아니고 무엇이겠는가?

이러한 곳에 명당수(明堂水)의 최길(最吉)로 보는 것이, 들어옴이 보일 듯 말 듯하고 멈추어 맴돌았다가 흘러 나가는 것이 보이는 형국이다. 이는 작위적(作爲的)이기는 하나 남녀간 방중성사(房中性事)의 행위를 극형상화(極形象化)한 것으로 생각할 수 있다. 게다가 땅이 걸고 기름지며 윤택하고 생기가 흐르면 거기서 생산되는 작물의 품질이 풍요롭고 우량하듯이, 대대손손 명당명혈지를 찾아 선대 조상들을 좋은 곳에 편안히 잘 모시고 흠앙(欽仰)하여 오는 것이 우리의 전통미속(傳統美俗)이었다. 조상을 잘 모시고 효를 다하면 복록이 따르게 되는 것이다.

이러한 풍수지리사상의 근간이 음택을 소홀히 할 수 없는 연유(緣由)이기도 하다.

포천군 선산에 모신 필자의 先妣 晋州 鄭氏 묘역인 '崇慶墓'.

공간적 사유성에 덧붙여 어머니 품으로 돌아가겠다는 본성은 억지로 강제해서 되지 아니하고, 오히려 마음을 비울 적에 훨씬 수월하게 이루어지고, 그러한 명당명혈의 어머니의 몸체와 같은 곳이 점지되게 된다는 점을 강조한다.

2) 주산 오형(主山 五形)

음택의 형상론(形象論)을 거론할 때 경관 구조적 차원에서 보다 중요한 역할을 하는 것이 주변의 산형(山形)이다.

이는 주산(主山)인 태조산(太祖山), 중조산(中祖山), 소조산(小祖山)과 안산(案山), 조산(朝山), 그리고 좌청룡·우백호 산맥 등을 통틀어 말하고 있다.

산형은 오행의 원리에 따라 수·목·화·토·금 오형으로 구분하는데, 실제로는 단순한 형태로 인식되기보다는 복합 형태로 인식되고 있다.

산형의 흐름에 있어 특히 주산의 흐름이 순(順)하든 역(逆)하든 상생(相生)으로 연속되는 것을 음택에서는 길한 것으로 여기고 있다. 물론 순생(順生)이 으뜸이다.

예컨대, 수—목—화—토—금의 순이나 금—토—화—목—수의 순으로 흘러 내려와야 된다.

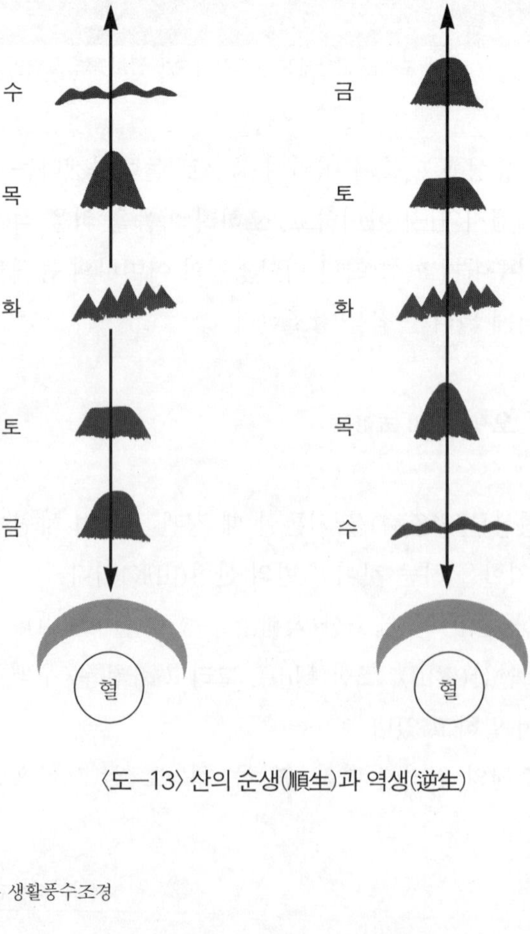

〈도—13〉 산의 순생(順生)과 역생(逆生)

(1) 수형산(水形山)

가) 특징

외형이 유(柔)해 한쪽이 높으면서 물 흐르듯이 아래로 구불구불 흘러 움직이고 있는데, 높은 산의 수형은 물거품처럼 크게 굽고 옆으로 폭이 넓게 뻗으나 보통 산의 경우는 낮은 구릉으로 연결되어 이어 나가고, 평지의 수형은 새끼줄 이어지는 형상으로 흘러 끝자락 밭으로 이어지는 형태이다.

수형산의 경우, 큰 고저와 굴곡이 없이 물결 흐름과 같이 산세가 부드럽기 때문에 산 끝자락 부분인 산진수회처(山盡水回處)에 명혈(明穴)이 잘 맺힌다.

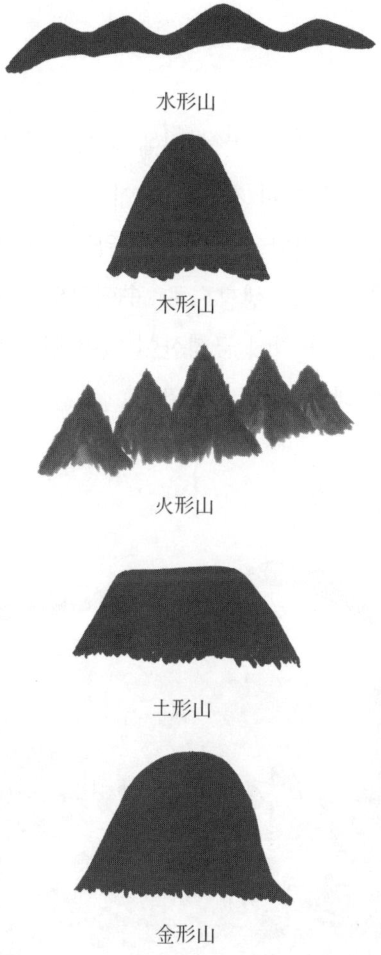

〈도-14〉 오행산형도

보는 시점 안산 격에 수형산이 보이면 수의 기운을 받기 때문에 재물이나 자손 번영이 어렵다.

그렇지만 수형산의 방위는 북방이고 겨울 절기이며 태양을 따라 화복을 행함으로, 수형산의 혈이 안산에서는 목형산이 보이고 주산 격에 금형산이 있어 혈을 받쳐 준다면 재록과 학문을 크게 해주는 귀격이 된다.

나) 형상

수형산의 사룡(死龍).

(2) 목형산(木形山)

가) 특징

목체(木體)는 금형산의 노적봉이나 종(種)과는 달리 곧고 높이 솟고 가지가 많이 퍼져 있으며, 나무의 줄기와 마디처럼 볼록볼록하게 생겨 몸체가 모나지 않고 성품이 순해서 선비의 기질을 갖추고 있다. 목은 드러나게 솟아 있어 문필(文筆)을 나타내고 기울거나 옆으로 튀어나오지도 않는다.

목은 동방이고 만물이 소생하고 자라는 봄 절기이기 때문에, 목이 곱고 둥글며 기둥처럼 높이 솟아 있고 청(淸)하면 문복(文福)과 문리(文理)에 길하여 문명과 명예를 널리 떨치며, 탁(濁)하면 재물을 잃는 상이 된다.

목형산 자락에는 혈이 잘 맺질 아니하나 맺혔다면 대명혈(大明穴)이 된다. 산 중턱 굴곡지나 산 정상 부근에 맺히기도 하는데, 이 경우의 혈은 드물게 혹처럼 북향(北向) 고지대에 맺혔다해서 촛대설혈이니 연소혈 혹은 등잔설혈 등으로 불리는 매우 큰 혈이 맺힌다. 이 혈은 높은 곳에 드물고 크게 맺혀 천귀혈(天貴穴)이라고도 한다.

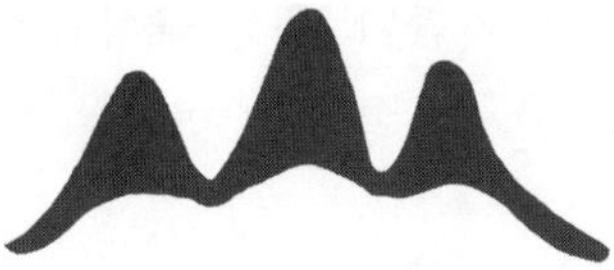

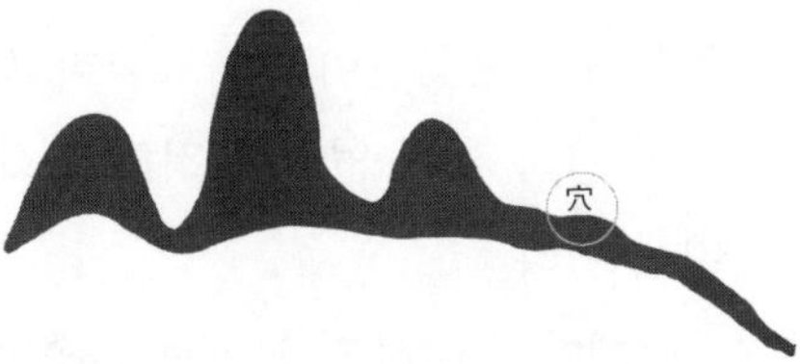

나) 형상

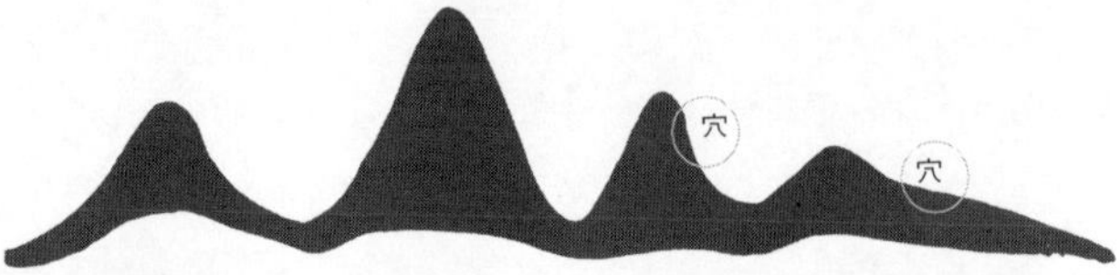

목형산의 안산(案山).

(3) 화형산(火形山)

가) 특징

화형산은 남방을 뜻하고 성질이 불같고 급해 조급(燥急)하며 봉우리가 불꽃같이 뾰족뾰족하고 높고 날카롭다. 화는 속성속패하여 남과 정이 없고 냉정하며 화복이 일시에 발하고 멸하는 성질이 있다.

형세가 수려하고 뾰족하게 솟아 공중으로 불꽃이 움직이며 튀는 형국이면 길하나 대부분 메마르고 깡마른 바위산으로 기가 없는 것이 상례이다. 안산으로 화형산이 보이거나, 마을에서 바라보이거나 하면 불이 잦다고 한다. 서울의 관악산, 청계산 등이 대표적인 예로 이 화기(火氣)를 다스리려 도성 사방에 물을 상징하는 해태상을 설치하였다.

화형산에는 혈이 거의 맺히질 아니한다. 어쩌다 상부에 혹간 뭉쳐 솟아 모여 있는 곳에 혈지가 생길 수도 있으나 매우 드물다. 안산이나 주변 산세에 화형산을 마주보고 응기하여 혈을 맺게 되면 기(技)·예(藝)·문(文)에 능한 자손이 태어날 수도 있다.

나) 형상

화형산의 조산(朝山).

(4) 토형산(土形山)

가) 특징

토형산은 산 흐름 정상 부근에 평탄하게 보이는 능선으로 청(淸)함보다는 탁(濁)함이 많으나, 모나고 평온하고 중후한 한편 높고 낮은 것이 별로 없어 성정은 바르고 고요하다.

토형이 청함은 단단해 보이고 험하게 보이지 아니하여야 하며 정갈해 보여야 하고, 색상은 고상해 보여야 한다.

토형은 일자문성(一字文星)이라고도 하고 방위로는 중앙을 의미해 제왕을 뜻하기도 하며, 여성을 의미하여 왕후를 상징하기도 한다. 일자문성이 너무 길어 힘이 빠져 있으면 곤란하나 궤짝하나 놓여 있는 것처럼 어느 정도 단단하고 힘이 있으면 관록으로는 최소한 정승·판서는 발복한다.

또한 재화와 전답이 풍부한 부(富)를 뜻하기도 해 혈이나 마을 앞에서 보이면 길상으로 여긴다. 명당명혈이 크고 일자문성이 기품이 있고 왕관처럼 보이면 왕기가 서렸다고 본다. 다만, 보이는 자리에서 토형산이 있다고 해도 괴기석이 보여 충(沖)을 하게 되면 흉상으로 본다.

혈은 평탄한 정상 부위에 간혹 있기도 하나 대부분 평지 비슷하게 내려온 산자락의 불룩 튀어나온 곳에 맺히며, 거개가 유혈(乳穴)로 나타난다.

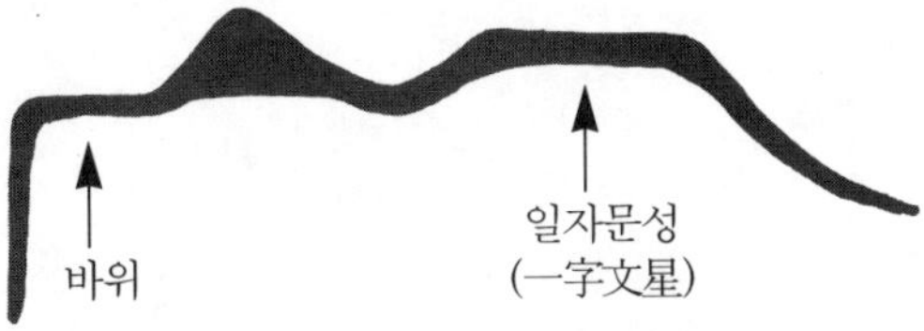

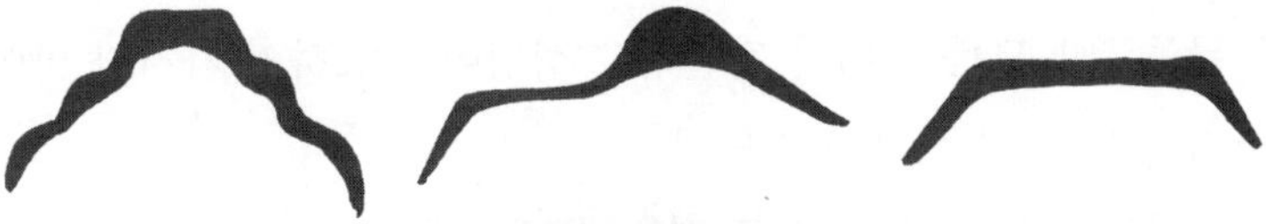

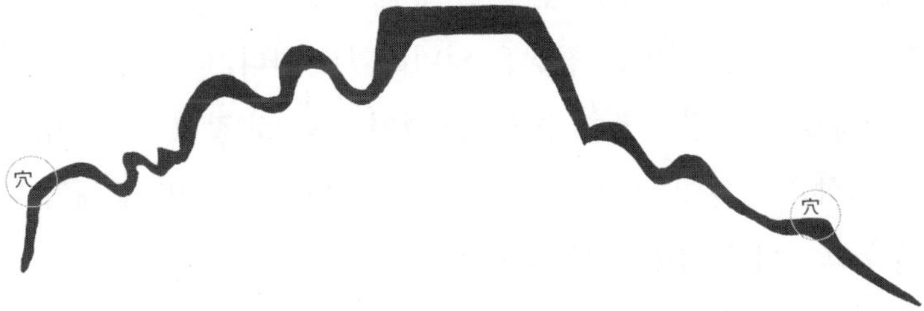

나) 형상

토형산의 조산(朝山).

(5) 금형산(金形山)

가) 특징

금형산은 외형이 이도저도 아니며 밋밋하게 흘러내려가면서, 둥글둥글게 모든 주위가 정결하고 성정이 고요하며 가지가 많이 퍼져 있는 형상을 보이고 있다.

금형산은 관성(官星)으로 관록과 재록을 상징하며, 서방을 뜻하는 한편 가을 절기로 결실을 의미하기도 한다.

산세가 높은 경우에는 종(鐘)을 엎어 놓은 것 같거나 가마솥이나 노적봉을 쌓아 놓은 것같이 둥글고 후덕스러우며 광채가 나고 풍요스러운 형상을 보이고 있다.

보통 산세의 경우에는 말(馬)과 같기도 하고, 소반과 같거나 초가지붕과 같으며, 평지에는 만두·찐빵과 같은 모습으로 보이는데 어느 경우든 살찌고 윤택하면 왕릉으로도 손색이 없이 길하다.

금형산에서는 맥이 내려온 산 귀퉁이 움푹한 자락에 명혈이 맺힌다. 금형산의 혈이 맺히고 안산이나 주변에 금형산이 보이면 큰 부자가 난다. 실제로, 경주 남산 네 귀퉁이에 양택을 갖춘

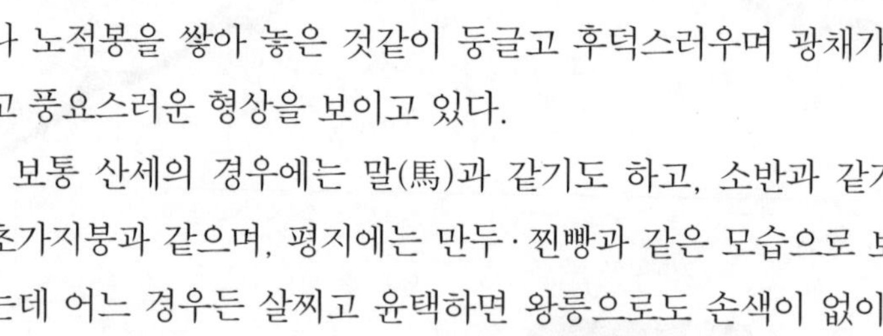

가문에서는 역대 만석지기가 태어났다고 하기도 한다.

나) 형상

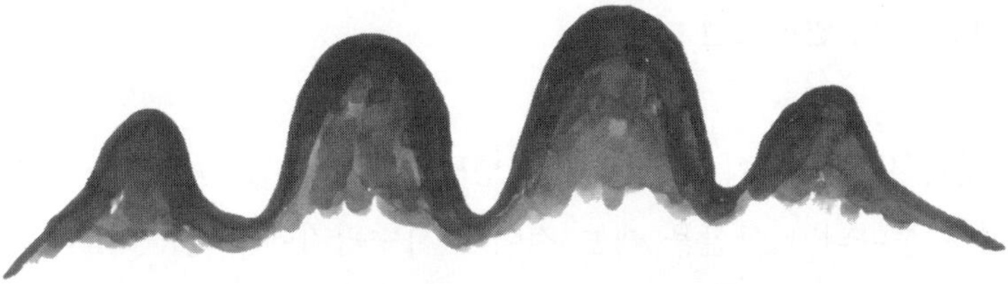

노적봉 세 무더기가 모인 듯한 금형산의 안산(案山)과 화형산의 조산(朝山).

2. 결혈오악과 혈의 일반적 특성

1) 결혈오악

(1) 혈의 입지조건

풍수지리 학문이 태동한 이래 명당명혈(明堂明穴)을 찾는다는 것은 심마니가 산삼을 캐는 것이나 사주팔자에서 용신(用神)을 잡는 것만큼이나 어려운 노릇이라고 한다.

혈의 입지적 조건을 살피는 옛말로 근칠원삼(近七遠三)이라는 말이 있다. 즉, 가까운 곳에서 일곱 번 보고 먼 곳에서 세 번 보며 입지를 파악한다는 말이다.

가) 형국의 구비

① 주산(主山)

주산은 혈의 주인이 되는 산이다. 주산은 태조산(太祖山)에서 가지를 이어받아 기복과 변화를 주어 중조산(中祖山), 소조산(小

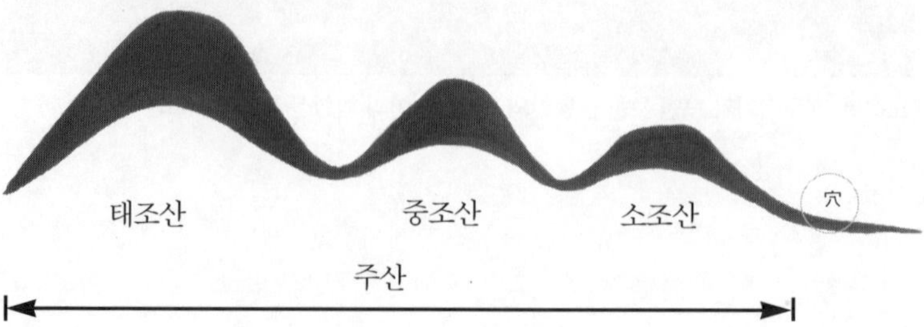

祖山)을 만들고 유정(有情)하고 아름답게 혈을 받쳐 주는 산을 말한다. 혈까지의 거리가 3~5km 정도로 좌향은 명산을 등 뒤로 하거나 드물게는 바라보게 위치된다. 주산을 이어 받쳐 주는 큰 조산이 왕(旺)하고 오행순생으로 잇게 되었다면 아주 길한 형국으로 보나 그렇지 아니한 경우도 있다.

소조산이 혈 뒤에서 언덕을 형성해 받쳐 주는 경우도 있고, 입수(入首)가 볼록 튀어나와 주산 역할을 하는 경우도 있다. 명당명혈은 주산이 3조산(三祖山)을 갖추어 이룬 것을 상등혈이라 하고 그렇지 않은 것도 형국에 따라 등급이 정해지게 된다.

② 용세(龍勢)

용세(龍勢)는 태조산에서 비롯되는 혈까지의 흐름, 즉 과협(過峽)의 변화를 일컫는다. 용세의 흐름이 튼튼하고 힘차게 뻗어 나올수록 길하다고 보며, 생룡(生龍)·득룡(得龍)·편룡(片龍)·병룡(病龍) 등으로 크게 구분된다.

민족의 영산 백두산 천지(天池)의 위용.

생룡은 산맥이 정배합(正配合)되어 산천정기의 흐름이 살아 움직이는 것 같고, 양명(陽明) 후덕(厚德)하여 부귀(富貴) 겸전함을 보여주는 것 같다. 득룡(得龍)은 산맥이 길게 뻗어 나가다가도 변화하지 못하다가 정기(精氣)의 힘이 끝에 와 크게 뭉치면서 혈상(穴象)을 보이는데, 이는 극히 드물며 대개 국세가 산란해 사룡(死龍)이 되는 것이 많다.

사룡(死龍)은 산맥의 흐름이 불규칙하고 불배합(不配合)으로 혼합되어 토질이 검고 무르고 음습하게 흘러 무력하게 느껴지는 맥을 말하며, 편룡은 산의 맥이 둥글둥글하지 못하고 산을 반으로 쪼개 놓은 것처럼 보이면서 산맥이 비정상으로 흐르고 경사가 급하게 흐른 것으로 혈이 거의 맺히지 못한다.

이밖의 병룡도 산맥의 흐름이 역순으로 배합되어 결혈이 거의 불가한 흐름이다. 따라서 명당명혈은 생룡이나 득룡에서 찾아봄이 무난하다.

③ 청룡(靑龍)과 백호(白虎)의 좌우룡(左右龍)

청룡과 백호라 함은 혈의 좌우를 바람으로부터 기가 흐트러지는 것을 보호하고 있는 산맥으로, 혈 주위에 있는 모든 산인 사(砂)의 일종이고, 혈에서 앞을 바라볼 때 좌측은 청룡이고 우측은 백호이다.

좌우룡은 양명순행(陽明順行)하고, 혈을 둥글게 감싸며 용호(龍虎)의 사격이 여러 겹으로 감싸듯이 교세(交勢)되어 응기(應氣)가 힘차면 대길(大吉)하다. 단, 용호 산세가 어지럽고 잡석이나 덩굴이 많고 음습한 악산이라면 결혈이 불가하다.

좌청룡은 자계(子系)의 인물이나 친자손을 뜻하고, 우백호는 여계(女系)의 재물이나 딸·며느리·외손을 뜻하고 있다.

좌우룡은 혈처(穴處)에 이르러 양 팔로 감싸듯 감아 주며 대문처럼 물이 모여 나가는 문 격인 파구를 이루도록 하여야 된다.

④ 혈상(穴象)과 결혈(結穴)

혈이 맺히려면 용맥의 흐름이 멈춘 곳을 살펴야 된다.

주산 용맥의 봉우리가 솟았다 주저앉았다 하는 과협현상(過峽現象)의 기복(起伏)은 끊어질 듯 이어질 듯하며 길게 흘러서 가늘고 곱게 떨다가 결혈처를 만나게 된다.

용맥의 과협이 드나드는 흐름을 여덟 팔자에 비유해 내팔거팔(來八去八)의 모습을 보이는 형상에는 그 중앙이 왕(旺)해 명혈이 맺힐 수 있다.

혈상은 맥이 그치고 응기(應氣)가 모여 있는 곳에 나타난다.

혈이 맺힐 수 있는 조짐과 명당결혈(明堂結穴)의 조건은 별도로 설명하겠다.

⑤ 명당(明堂)

명당은 혈 앞에 전개되는 너른 논과 밭으로 밝은 터이다. 명당은 명지(明地)로 밝고 생기가 돌며 환히 트이는 곳이며 음택에서 애기하는 명혈과는 엄격히 구분이 된다. 그럼에도 통칭적으로 명혈을 명당이라 칭하고 있으니, 명당은 명당이고 혈은 명혈이나 명당명혈로 부르면 무난할 것이다.

⑥ 안산(案山)과 조산(朝山)

안산은 혈의 앞이나 좌우 가까운 곳에 위치한 산이나 단정원교(端正圓巧)하면서 유정(有情)한 모습으로, 혈을 향해 응기(應氣)하며 조아리듯 다소곳이 놓여 있는 산을 말한다.

안산은 부부로서 혼례하는 모습과 같아 처가 남편을 대하듯 유정한 모습이거나, 주산과 안산은 주인과 손님으로 유정한 모습을 보이면 길하다.

조산은 혈 전면 주위의 보국(保局)을 이루고 있는 산으로 좌청룡·우백호·안산 외에 나열된 제상(諸山)으로 혈과 응기하고 있는 산을 말한다.

조산은 낮은 자세로 혈을 향해 조아리듯 놓여 회포유정(回抱有情)하게 응기하고 있으면 길하다. 마치 군신이 조회할 때 만조백관이 군왕에게 조응(朝應)하고 있는 모습이어야 한다.

안산과 조산은 구분되어 있는 경우가 대부분이지만 혈 앞의 조산과 함께 하는 경우도 있어 혈 앞의 주위의 모든 산은 안산·조산 구분 없이 조산으로 보는 것도 무난하다.

안산과 조산은 혈 앞에 확 트여 있어 조망을 확보할 수 있어야 길한데, 혈과의 거리가 너무 멀리 있으면 혈기(穴氣)를 바람이 흐트러뜨리는 것이 되어 좋지 못하다. 혈과의 거리가 답답하지도, 허전하지도 않은 것이 무난한데 안산은 0.5~0.75km 정도, 조산은 2km 내외 정도가 무난하다.

⑦ 수구(水口)와 파구(破口)

명당명혈은 산세가 준덕(俊德)하고 골이 깊고 물이 맑은 곳에 자리하고 있으며, 명국사상(明局四相)인 용세(龍勢)·결혈(結穴)·사격(沙格)·수격(水格)을 온전히 갖추고 있는 형국을 이른다.

수(水)는 땅에 있는 기(氣)를 모아 주기도 하기 때문에 풍수에서는 득수로 중요하게 여기고 있다. 물은 오고 가고, 모이고 합치고, 나누어지고 흩어지고, 돌아가고 나가고 하는 여러 모양의 수세(水勢)를 이룬다.

음택풍수에서 득수처는 입수가 정상적인 굴곡 변화를 이루며

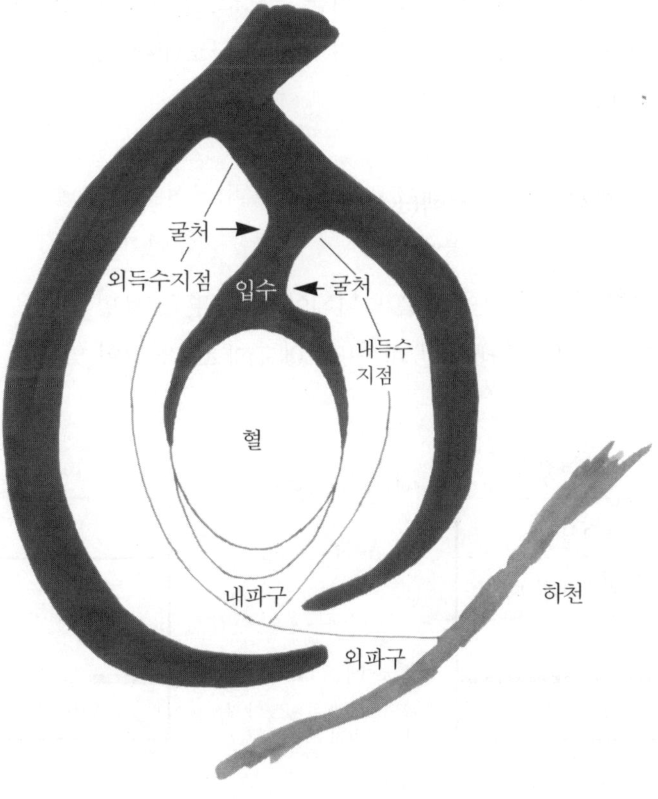

〈도-15〉 득수파구도

들어오고 있을 때에 혈 좌우룡호의 사국(砂局)에서 처음 구부러지는 굴처(屈處)를 말하는데, 수구처(水口處)라고도 한다. 혈에서 보아 처음으로 물이 흐르거나 솟거나 하는 골짜기의 계곡·개울의 지점을 말한다. 가장 가까운 용호의 굴처가 내득수(內得水) 지점이 되고, 내득수 지점 위에 굴처가 있는 외곽이 외득수(外得水) 지점이 된다.

파구(破口)는 좌청룡이나 우백호의 끝이 대부분인데 물이 합쳐져 나가는 것이 끝으로 보이는 곳으로, 명당에서 바람과 물이 출입하는 곳으로 여길 수 있다. 득수파구도(得水破口圖)는 다음과 같다.

나) 토질(土質)과 토색(土色)

입혈처(入穴處)의 흙은 넉넉해야 된다. 흔히 묘혈의 흙은 돌도 아니고 흙도 아닌 듯한 비석비토(非石非土)가 되어 있어야 한다

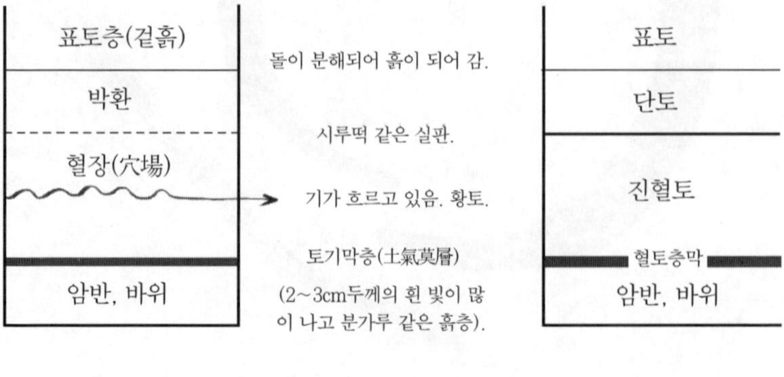

〈도-16〉 혈지의 토질과 토색

고 얘기한다.

비석비토는 암석산이 험한 껍질을 벗고 부드러운 산으로 변하면서 흙으로 되어 가는 박환(剝換) 현상이 이루어진 때에 나타나는 흙이다. 박(剝)은 큰 것이 작게 되어 따르는 것이요, 환(換)은 스스로 추한 탈을 벗어 가늘게 변하여 곱게 됨을 말한다.

맥이 급한 것은 완만하게 변하고 큰 것은 작게 되며 거친 것은 부드럽게 길하게 되어 가는 과정에서 비석비토가 되며, 이 박환의 과정이 없는 용맥에서는 혈이 없다고 보아도 무난하다.

혈토는 중성(5.7~7pH) 토양으로 무기질토가 바람직하다. 산성(5.7pH 이하)과 알칼리성(7pH 이상)은 뼈를 빨리 삭혀서 좋지가 않다. 혈토는 대개 식물 생육이 정지된 토질로서 표토를 걷어내고 풍수한서(風水寒署)의 영향을 받은 단토를 걷어내면 황토색의 비석비토인 진혈토가 나온다.

진혈토를 파내다 보면 2~3cm 정도 두께의 진혈기(眞穴氣)를 보호하고 있는 흰 빛이 많이 도는 시루떡 같은 실판의 토기막층(土氣膜層)을 만나는데, 그 이상은 기가 없어 의미가 없다. 이 막은 절대 벗어나지 않도록 해야 된다.

토색은 오행색으로 나뉘어지나 황·적·백·흑·청색이 고루 배합된 5색 황토로 밝고 윤기나는 것이 혈토로서는 최상이다.

다) 자연환경

혈이 맺혀 있을 가능성이 어느 정도 있다고 해도 경사가 급하거나 산정(山頂)에 혈을 기대하기는 어렵다. 경사도가 20° 이상이라면 사태의 위험도 있고, 산정 부위라면 불안정해 혈기가 없을 수가 있다. 일반적 경사도는 적어도 7~20° 범위가 무난하며, 능선도 산정은 물론(드물게 목형산에서 연소혈, 촛대설, 등잔설형 등으로 해 나타나는 경우가 있음) 최소한 7부능선 이상은 피하는 것이 바람직하다.

(2) 혈증(穴證)과 불가증(不可證)

혈이 맺힐 만한 곳을 찾는 방법으로 보편적인 것이 산세의 흐름을 유심히 살펴보는 것이다. 우선, 주변에 높고 아름다운 산이 있으면 그 산의 주력의 흐름을 파악해 어디로 향해 멎고 있는지를 보아서 밑부분에 가 살펴본다. 주산의 생김이 길면 혈지는 먼 곳에 맺고, 둥글고 두툼하면 흘러오는 용맥이 뭉쳐 있고 튀어나오면서 포위된 곳을 찾아 살펴본다.

다음으로, 흘러오는 용맥을 보고 혈지를 살펴본다.

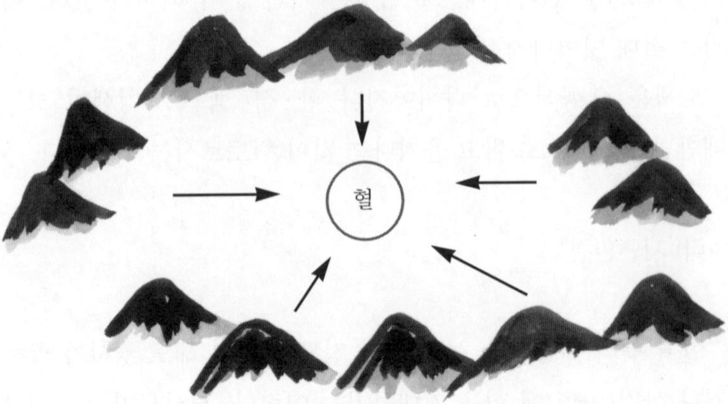

용맥이 주룡(主龍)으로 흘러오든 지룡(枝龍)으로 흘러오든 간에 청룡이나 백호가 보호하는 보룡(保龍)이 되어야 생룡(生龍)이 된다. 이러한 생룡에서 굴곡이 잦으면 혈지는 가까운 데 맺힐 수 있고, 굴곡이 없이 밋밋하면 혈지가 멀리에 맺힐 수가 있다.

또한, 수려(秀麗) 장대(莊大)하고 유정(有情)하며 명활(明活)한 물이 있는 곳은 혈지를 보호하고 있다는 것이니, 이러한 곳을 찾아 주산과 내룡을 보아 산진수진처(山盡水盡處)에 혈상(穴象)을 찾아보도록 한다. 명혈지가 있는 명산은 골짜기가 깊고 330m 이상의 해발 고도가 유지되며, 쪽빛 같은 짙은 파랑색이 양명하고 윤택하게 비치고 있는 곳이 대부분이다. 그리고 주위 산의 응기(應氣)가 모여 초점을 이루는 곳은 큰 형세든 작은 형세든 유심히 살피도록 한다.

다음과 같은 경우는 혈이 맺히기 어려운 상태이다.

산세가 조급(躁急)하고 난삽(難澁)하여 어지럽고 메마르고 허하며 쇠퇴해 보이는 경우라든가, 습하거나 광기가 있거나, 변화 기복이 없고 밋밋하게 무력해 보이거나, 잡초가 무성하고 음울

황천수의 침범이 된 묘역을 감정하는 필자.

해 보인다든가, 맥의 흐름이 역(逆)해 균형이 맞질 않는다든가, 흉석이 있고 좌우 어깨가 잘려 있거나, 등을 돌리고 있거나 넘보는 형국의 격국(格局)에는 거의가 혈이 맺히기 어렵다고 보면 무난하다. 또한, 너무 뾰족하고 음냉하고 땅이 꺼진 듯 패이고 들어간 곳이라든가 풍수의 침범이 있는 곳 등도 혈을 기대하기는 어렵다.

(3) 혈의 성립(結穴五條件, 結穴五嶽, 穴象五嶽)

우리가 흔히들 '혈이 맺혔다' '결혈(結穴)이 되었다' '혈이 되었다'라고 하는 것은 마치 꽃나무나 과실 나무에 꽃이나 열매가 맺히는 이치와 같아, 뿌리 부근에는 잘 맺히질 않고 중간 가지에 어쩌다 맺히거나 대부분은 끝부분에서 많이 맺힌다.

하지만 산천의 정기가 상부에 모이면 상부에, 중부에 모이면 중부에, 하부에 모이면 하부에 혈이 맺히는 것이 자연 이치이다.

그러나 혈은 맺히게 되면 꼭지에 달리게 되는 것이 순리이기 때문에 옛말에도 '천리내룡(千里來龍) 보지 말고 석 자 앞의 입수(入首)를 잘 보라'고 했듯이 아무리 흘러오는 용맥이 준수하다 하여도, 입수가 되어 있질 않다면 아무런 의미가 없다.

혈이 맺힌 것같이 보이는 것을 혈상(穴象)이라 하는데, 혈상은 토질이 유해야 되고 윤곽이 강해야 되며, 그 기상은 서기(瑞氣)와 광채가 나는 것이어야 한다.

혈상을 꽃나무나 과실나무에도 비유하나 수박이나 호박 등 박(朴)에 비유하기도 한다. 박의 꼭지는 입수(入首), 꼭지 좌우 부위의 후덕한 꽃받침 같은 곳은 선익(蟬翼), 씨가 간직된 곳은 혈심(穴心), 그리고 그 주위의 씨방은 혈판(穴板), 혈상이 결응(結凝)되는 둘레 흔적인 꽃술 같은 앞쪽의 둥글둥글한 곳은 전순(氈脣)으로 논하는데, 이 입수, 좌·우 선익, 혈판, 전순의 다섯 가지를 혈상오악론(穴象五嶽論)이라 하여 결혈 5조건 5악이라 한다. 형기론(形氣論)론에서는 혈 주변의 형국도 물론 중요시하지만 그보다는 혈증이라든가 결혈(結穴)이 되는 조건, 즉 혈상오

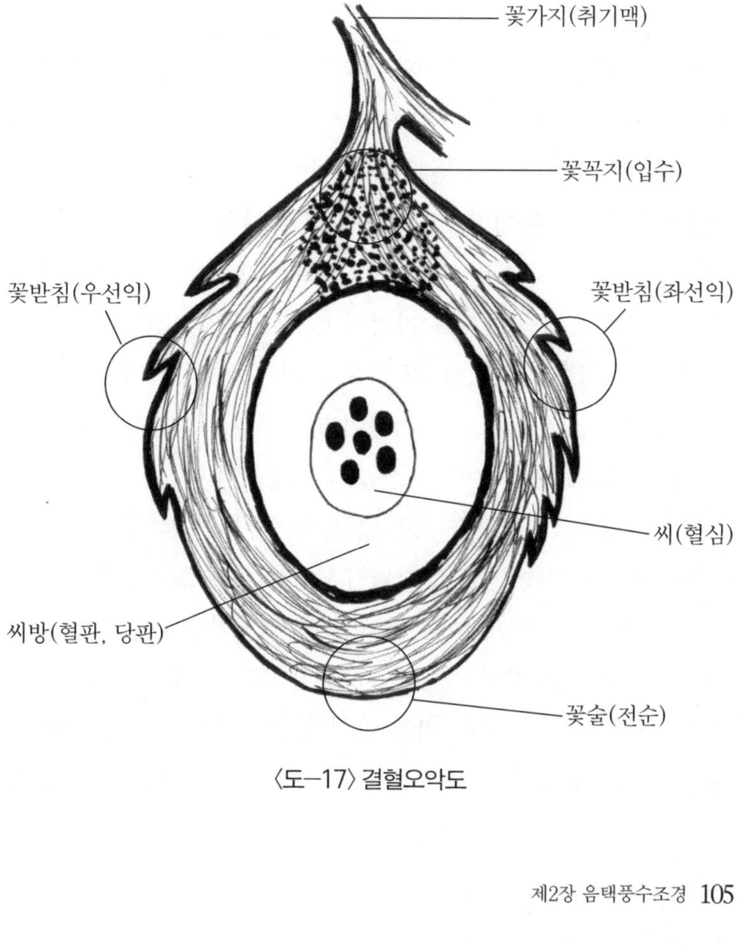

〈도-17〉 결혈오악도

악론을 보다 더 중요시하고 있다. 보편화되어 있는 형상론으로는 자칫하면 응기된 결혈오악을 소홀히 할 수가 있다.

가) 입수(入首)

입수란 용맥이 흘러 들어오다 혈을 맺히기 위해 기를 뭉쳐 취기(聚氣)가 사람의 이마 모양처럼 봉긋 솟으며 결응(結凝)된 곳을 말하며, 갈지자로 흘러 들어와 2~3절로 취기하여 결혈이 되고 있는 것이 통상례이다.

입수는 모든 열매의 꼭지와 같은 부위로 수액이 모여 꽃봉오리가 되어 가는 곳으로 비유할 수 있는데, 혈상에서처럼 토질이 윤택하고 광채가 나며 잡초가 없는 것이 특징이다.

입수를 나타내는 지점으로 다가오며 흘러온 취기맥이 개미 허리나 꿩이 등을 구부린 것같이 볼록하게 요동을 치며 돌기하며 변화해 혈에 응기되는 것을 가장 길한 것으로 여기고 있다.

이는 취기입수(聚氣入首)의 경우로 정기(精氣)의 역량이 풍부한 정돌취기(正突聚氣)로서 색상이 밝고 서기(瑞氣)가 서린다.

또한, 학의 무릎과 같이 목을 조이듯 정기가 꼭 묶여 결응되는 속기입수(束氣入首)의 경우도 있고, 입수 부위에 귀암(貴岩)이 돌출되어 결혈되는 암석입수(岩石入首)의 경우도 있다. 드물게는 취기맥이 흐릿하게 없는 듯이 들어오다 입수에서 크게 취기해 왕입수로 맺는 것이 있는데, 이 또한 드문 명혈을 본다.

여기서 유심히 볼 것은 비록 암석 입수라 하더라도 암석이 쌀가마보다 크다거나 험하게 보이면 비혈(非穴)로 보나 정돌취기에 귀한 형태로 암석이 비추면 명혈대지(明穴大地)로 보게 된다. 그래서 옛부터 입수 석 자 지점을 중요시하고 있다. '좌청룡 우백호로 논하지 말고 천리내룡 좋다 말고 석 자(三尺) 앞 입수를 잘 보라'고 했듯이 입수 지점에서 세 발자국 물러서서 주변 형국을 잘 살피라는 선현들의 가르침이다.

입수는 소켓의 전구를 켜는 꼭지나 물을 트는 수도 꼭지와도 같은 것으로 우선(右旋)으로 들어오는 사람 인(人)자형 입수와 좌선(左旋)으로 들어오는 들 입(入)자형 입수가 있는데, 이는 취기맥의 흐름과 방향으로 구분하며, 혈의 재혈(裁穴)이나 분금(分金)시 중요한 역할을 한다.

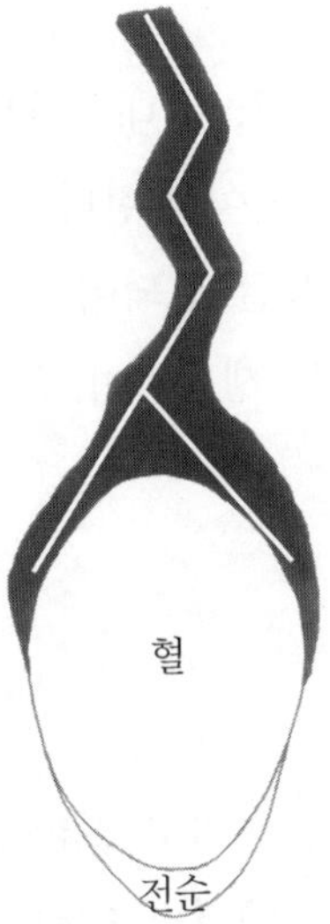

우선인자형 입수

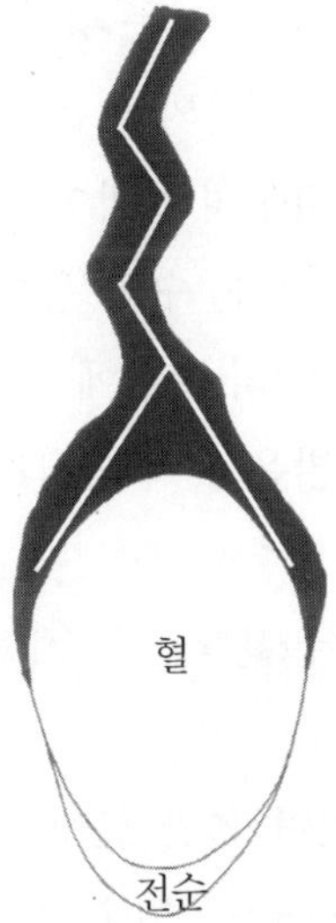

좌선입자형 입수

나) 좌·우 선익(左右蟬翼)

선익이란 혈판의 좌우를 볼록하게 감싸며 들어와 바람을 막아 주는 역할을 하게 된다. 고서에 이르는 대로 선익의 모양은 꽃받침이거나 소뿔과 같아 안으로 굽으면서 점차로 가늘어지는 형세라든가 자라 뚜껑같이 되어 있다면 그 혈은 대혈이 되었다고 본다. 선익은 일반 묘혈의 활개와 같고, 사람의 두 귀와 같은 것으로 해석되기도 한다.

다) 혈판(穴板)

혈판은 당판(堂板)이라고도 하며, 이는 혈심(穴心)이 맺혀져 묘혈을 쓸 수 있는 평평한 곳을 말한다.

혈판은 계란의 좁은 쪽을 위로 하여 뉘어 놓고 내려다보는 형상으로 좌우의 윤곽이 모나지 않고 바르게 되어야 한다.

참외, 사과, 수박 등의 과일 열매처럼 둥글게 되어 비석비토(非石非土)의 토질에다 강하고 윤기가 나는 생토이며, 양명하여 색상이 밝은 곳이 명혈지다.

라) 전순(氈脣)

전순이란 혈판 앞에 남은 기를 꼬리처럼 감싸고 있는 곳으로 새 주둥아리나 입술 같다 하여 전순(氈脣, 塼脣)·조순(鳥脣)이라고 부른다.

전순은 일반적으로 통칭해 부르고 있으나 엄밀히 볼 때는 혈의 크기와 맺는 모양에 따라 전과 순을 구분하기도 한다.

전(氈)은 결혈이 큰 경우 혈판 밑에 둥그스름한 도래방석을 펴 놓은 것 같고, 순(脣)은 작은 결혈에 있어 새 주둥아리나 입술같이 혈판 밑에 바짝 붙어 있는 것을 말한다.

전순은 유혈(乳穴)이나 돌혈(突穴)에 생기고, 와혈(窩穴)이나 겸혈(鉗穴)에는 축대 같은 대(台)로 나타난다.

전순은 혈판의 기를 새어 나가지 않게 떠받치고 있는 곳이기 때문에 그 징후로 돌이 받쳐 있거나 차돌 같은 띠가 감싸 있기도 한다. 때문에 전순이 없으면 혈이 맺히지 아니했다고 본다. 더욱이 혈판 밑에 능선이 소 혓바닥같이 너무 길게 뻗어 기가 새어 나간 듯 설기(洩氣)한 상태가 되었거나 난삽해 보이면, 이는 전순을 대신하지 않기 때문에 결혈이 되었다고 볼 수는 없다. 그렇지만 태조 이성계 대왕(太祖李成桂大王) 같은 명당대혈의 전순은 반듯한 것이 20여 미터나 되는 것도 있다.

주의할 점은 전순이나 선익에는 혈기가 새어 나가는 것을 막고 있기 때문에, 전순이나 선익을 건드리면 뭉친 기가 흩어져 실익(實益)이 없으니 광중(壙中)으로 절대 써서는 아니 된다.

입수처에서 내려다본 안빈(安嬪) 경주이씨의 묘소.

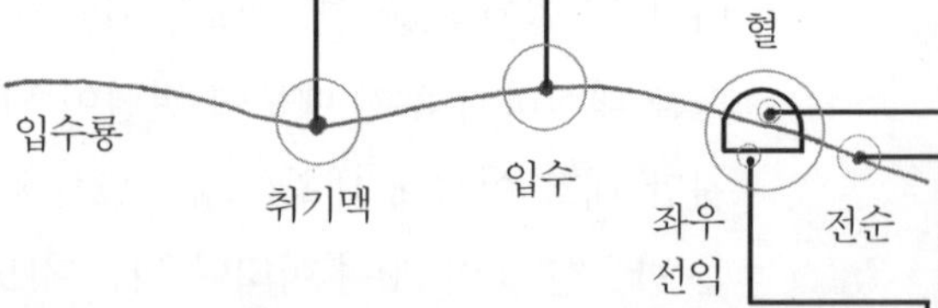

서울 인근 남양주군 진건면 송릉2리에 자리한 조선 제17대 효종의 후궁 안빈 경주이씨(1623~1693)의 묘소는 사적 제366호로 지정되어 있고, 결혈오악의 기본을 두루 갖춘 교과서적인 명당명혈지이다. 이러한 명당명혈지에다 사적지이기도 한 안빈 묘소의 입수취기처 부근에 명당 기를 받겠다고 사진에서 보는 것처럼 P모씨가 멋대로 초소형의 녹색 간이가설물을 시설해 놓은 것이 눈에 거슬리고 있다. 이는 관할 행정당국의 문화재 관리 소홀을 떠나 묘 주인에 대한 결례이고, 문화재 보호정신에도 위배되는 것이니 마땅히 철거되어야만 한다. 당국의 조속한 시정과 당사자의 대오 각성이 요구되고 있다.

좌선입수(左旋入首)에 유혈(乳穴)로 결혈된 안빈 묘소.

2) 혈의 일반적 특성

형상론에 근거해 여러 물형(物形)으로 혈을 얘기하나 크기에 차이는 있지만 어느 혈이든 음양요철(陰陽凹凸)을 기준으로 하는 와(窩) · 겸(鉗) · 유(乳) · 돌(突)의 네 가지 기본 사상혈(四象穴)을 벗어나는 것이 없다.

음혈이나 요혈은 와혈과 겸혈이고, 양혈이나 철혈은 유혈과 돌혈이 대부분이다.

(1) 와혈(窩穴)

와혈(窩穴)은 소쿠리나 제비집 · 닭둥지 같은 형상으로 혈을 끌어안고 있는 모습이다. 와혈은 둘레가 활굽과 같이 능선이 고르게 되어 있거나 단정하면 길하다.

와혈은 목형산의 높은 곳에서도 보이는데, 연소혈은 그 대표적인 것으로 만석지기터로 알려지고 있다. 연소혈은 실제로 제비집 같아 보이고 혈판 앞에 마치 제비의 배설물을 뿌린 것 같은

태조 이성계 대왕(필자의 21대 조)의 묘역인 동구릉의 건원릉(健元陵).

백색의 띠가 둘러쳐져 있기도 하다.

(2) 겸혈(鉗穴)

겸혈(鉗穴)은 엄지와 곤지 양 손가락을 펴거나 두 다리를 벌린 모습의 합곡(合谷) 같은 곳에서 보이며 좌우 양맥이 소뿔처럼 되어 혈상을 감싸면 길하다.

겸혈은 생김새가 삼태기나 여자의 국부(局部)와 같은 형상으로 축대를 쌓은 듯한 전순이 있어야 진혈(眞穴)로 간주될 수 있다.

겸혈이 유돌혈(乳突穴)과 마주 보이게 되면 음양의 조화가 신묘하여 아주 길한 것으로 판단한다. 강원도 삼척군 치자리와 동산리에 소재하고 있는 이씨조선 태조 이성계 대왕의 5대 조부모 묘소가 이에 해당하고 있다.

이태조 5대 조부 양무장군 비 이씨묘(永慶墓, 강원도 삼척군 미로면 동산리 소재).

(3) 유혈(乳穴)

이태조 5대 조부 양무(陽茂) 장군묘(濬慶墓, 강원도 삼척군 치자리 소재).

유혈(乳穴)은 처녀의 유방(乳房)과 같다거나 처녀가 잉태한 모습이라든가 또는 바가지를 엎어 놓거나 뱀이 개구리를 잡아먹은 모습에 비유되고 있으며, 대부분의 혈이 이에 속하고 있다.

유혈은 둥글게 솟은 모습이고 양혈(陽穴)이기 때문에 결혈오악(結穴五嶽)을 갖춘 명혈이 되었다면 아주 귀격으로, 만대영화지지(萬代榮華之地)의 양명(陽明)함과 후덕(厚德)함이 겸전한 것으로 여긴다.

(4) 돌혈(突穴)

돌혈(突穴)은 높은 정상이나 평지에서 바늘같이 쭉 뻗어 나오

가묘(假墓) 상태로 조성된 공주군 정안면 소재의 혈지.

다 평평한 곳에 이르러 가운데 기가 뭉쳐 처녀의 젖꼭지처럼 우뚝 솟아난 곳으로, 괴혈(怪穴)이 많고 또한 드물며, 속발발복지(速發發福地)로 알려져 있다. 대단한 부귀를 누리게 된다.

돌혈은 자라등이나 거북등, 용의 턱 아래에 있는 여의주(如意珠), 염통, 엎어 놓은 무쇠솥과 같은 형상을 하고 있다. 드물게 얼핏 보면 유혈에 가까운 듯하나 십자형(十子形)과 내팔거팔(來八去八) 혈맥으로 이어지고, 산세가 요동치며 흘러오다 산정에 젖꼭지처럼 툭 튀어올라와 있는 듯한 형상을 보이고 있다. 북산(北山)에 드물게 나타난다.

사진은 연소혈과 같은 백색 띠가 혈판을 감싸고, 결혈오악을 갖추었다고 일컬어지는 충남 공주군 정안면 소재의 혈지이다.

3) 물형(物形)

물형(物形)은 양택지나 혈 주위의 산세 흐름이나 작국(作局)의 형상을 보고 동물이나 식물, 물체, 인물, 문자 등에 비유하여

'어떤 형'이다라고 말하는 것으로 다분히 간자(看者)의 주관이 강하게 작용하고 있다.

물형론은 대부분 풍수고서(風水古書)인 『설심부(雪心賦)』에 이른 바 있는 '산세는 인물이나 짐승, 식물 등의 형태로 미루어 헤아릴 수 있고, 혈(穴)은 그 형태의 핵심 부위에서 찾을 수 있다' 하는 물형규국론(物形規局論)에 근거하고 있으나, 실은 오늘날의 경관구조적 해석(景觀構造的解析)으로 볼 수가 있다. 물형을 상징적으로 의미화(意味化)함으로써 기호학적(記號學的) 경관 해석으로 간주될 수 있다. 그렇지만 형상론의 혈의 응기(凝氣)된 상태나 결혈오악(結穴五嶽) 등 명혈지지(明穴之地)에 대해서는 소홀히 한 경향이 없지 않다.

풍수지리를 논하는 많은 식자(識者)들 가운데서도 물형은 보는 이의 시각적·감각적 관점에 따라 해석이 분분하므로 특별히 큰 의미를 부여하기에는 다소의 문제점이 있다고 주장한다.

형상에 의한 해석은 무슨무슨 형이라면 어디가 제일 급소(急所)이고 혈심(穴心)이니 그곳에 혈을 써야 한다는 주장을 많이 펴고 있으나, 이는 결혈지(結穴地)가 아니 된 곳을 간과(看過)할 수 있는 오류(誤謬)를 범할 우려가 있다.

명당의 입지적(立地的) 개연성(蓋然性)이 확실히 높은 길지의 경우, 대개는 결혈된 명혈이 은장(隱藏)되어 있는 상태라고 보고는 있으나, 작국의 형상으로만 볼 때는 명당대지의 형세가 완연한데 명당은 될지언정 명혈은 응기되지 않아 명당명혈(明堂明穴)의 완전함을 보이지 않는 경우도 혹간 있다.

형상으로만 따질 경우, 갈마음수형(渴馬飮水形)에서는 목마른

말이 물을 마시는 형국이므로, 혈장(穴場)은 머리 부분이고 이 부분에서 물을 마실 수 있는 곳인 연못이나 저수지가 있어야 되며, 와우형(臥牛形)에는 소가 드러누워 쉬면서 음식을 소화하기 위해 되새김질을 하는 형국이니 혈장은 입 부위에 있는 구처(口處)를 찾아 혈을 써야 한다고 한다. 또, 옥녀형(玉女形)은 여성의 국부가 혈처이고, 봉황비상형(鳳凰飛上形)은 봉황이 날아오르려고 하는 형국이니 발톱 부위에 혈처가 있으며 날아오르려는 기상을 억누르지 않기 위해 석물(石物)을 써서는 아니 된다고 한다.

이러한 주장들은 듣고 해석하기에 따라서는 일견(一見) 그럴싸해 보이나, 취기용세(聚氣龍勢)의 흐름과 결혈의 상태를 함께 고려해야지 형상에만 지나치게 의존해 명당이니 아니니 하고 얘기하는 것은 온전(穩全)한 풍수지리사(風水地理士)로서의 자질을 갖추었다고 볼 수 없다. 이는 개안(開眼)이나 도안(道眼)을 하여야만 가능한 것이다.

물형의 혈 종류는 다양하나 그 중 몇 가지 예를 들어 보고자 한다.

동물형으로는 누운 소 같다는 와우형(臥牛形)·갈마음수형(渴馬飮水形)·지네형(蜈蚣形)·맹호출림형(猛虎出林形)·금닭이 알을 품고 있는 금계포란형(金鷄抱卵形)·거북이 뭍으로 오르는 금구형(金龜形)·학형(鶴形)·용이 승천하는 비룡형(飛龍上天形)·봉황(鳳凰形)·솔개형·독수리형·게형·기러기가 내려앉는다는 평사낙안형(平沙落雁形)·봉황이나 학 같은 새들이 둥지인 집으로 돌아오는 듯하다는 귀소형(歸巢形)이나 학려귀형(鶴唳

歸形)·뱀이 먹이를 찾아 나선다는 생사출림형(生蛇出林形) 등이 있다.

물체형으로는 반달형·초승달형·출항하는 배 모양의 행주형(行舟形)·황금소반형(金盤形)·조리형·소쿠리형·삼태기형·북형(鼓形)·촛대형·제비집 같다는 연소형(燕巢形)·초가형(草家形)·소나 말의 먹이를 담아 주는 구유형·금가락지형·가마솥형·노적가리형 등이 있다.

식물형으로는 매화꽃이 떨어진 듯하다는 매화낙지형(梅花落地形)·물 위에 떠 있는 연꽃 같다는 연화부수형(蓮花浮水形) 등이 있고, 사람형으로는 신선형·장기나 바둑을 두는 신선위기대국형(神仙圍棋對局形)·선인독서형(仙人讀書形)·장군대좌형(將軍大座形)·여성을 비유하는 옥녀개화형(玉女開花形)·옥녀단장형(玉女丹粧形)·옥녀탄금형(玉女彈琴形) 등이 있다.

이밖에 글자에 비유하여 어조사 야자형(也字形)·용자형(用字形)·일자형(日字形)·말 물자형(勿字形)·공자형(工字形)·품자형(品字形)·천지인형(天地人形) 등 형체와 물체를 비유하면서 거론되는 물형은 그 수를 이루 헤아리기도 어렵다.

참고로, 천하명택지로 알려지며 뭇인의 관심이 한층 고조된 경남 진영읍 봉화리 소재 노무현(盧武鉉) 대통령 생가의 풍수지리적 상황을 살펴본다.

대통령 내외의 생가와 본가터의 주변 형국은 형상론으로 볼 때는 금계포란형(金鷄抱卵形)으로 일컫기보다는 오히려 금관의대정제형(金冠衣帶整齊形)으로 보는 편이 적절하겠다.

형기론의 입장에서 볼 때, 생가터는 간기두입수취기(艮起頭入

首聚氣)로 응기되었고, 주산(主山)은 금형산의 쌍산연봉(雙山連峰)으로 이어져 금관을 연상케 하며, 대통령 내외의 생가와 본가 터에서 앞으로 보이는 안산(案山)은 일자문성(一字文星)의 토형산이다.

또한, 생가터의 기맥을 단단히 보호하면서 외청룡 용맥에 붙어 있는 귀석(貴石)은 달마대사의 형상이라기보다는 금계(金鷄)가 매달려 있는 모습이다.

이렇게 정기(精氣)가 토생금(土生金) 순행으로 뭉친 길국의 자연 환경에서 그 정기를 받고 태어나는 사람은 대통령이 아니더라도 상당히 귀한 인물이 될 운기를 타고났다고 볼 수가 있다.

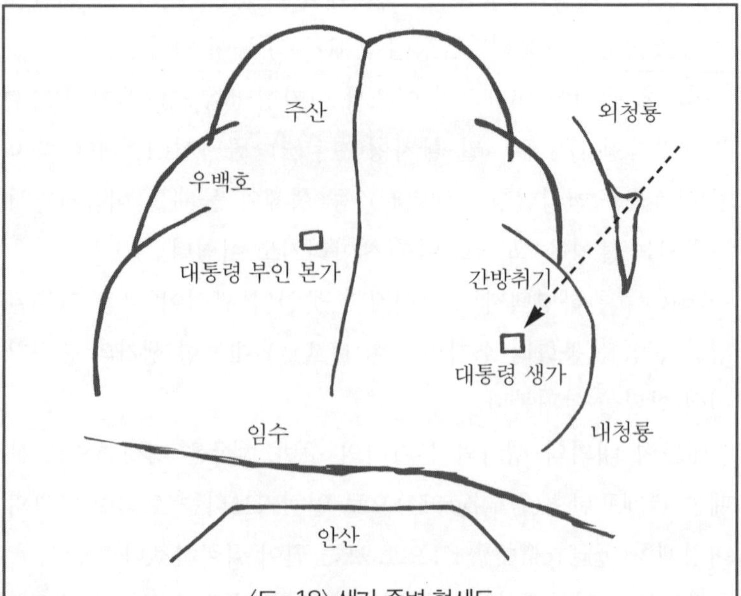

〈도-18〉 생가 주변 형세도

▶금형산의 쌍산연봉으로 금관을 연상케 하는 주산의 전경.

▶▼생가터에서 앞으로 보이는 일자문성의 안산인 토산(바로 앞은 눈에 덮힌 산자락의 과수밭).

▼생가터에서 보이는 내청룡의 기를 보호하고 감싸 주는 외청룡맥의 금계형 귀석과 금계가 보호되고 있다는 안내문.

4) 각종 흉렴(凶炎)

일탈(逸脫)이라는 말이 있다. 정상(正常)에서 벗어나 빗나간 상태를 두고 이름이다.

혈지에 나타나는 나쁜 현상인 흉렴(凶炎)은 대체로 제대로 혈이 맺지 못한 데서 흔히 발생한다. 자연의 이치는 음양의 조화와 오행의 순행, 풍수의 변화가 일정하게 순환되는데 부조화와 역행이 일게 되면 그릇된 현상이 나타나 혼란을 초래하게 된다.

혈에 나타나는 각종 흉렴은 일종의 일탈 현상으로 볼 수 있는데 땅 밑 광중 속을 꿰뚫어 보아 수시로 파내 볼 수도 없는 것이고 어느 정도 시간이 흐르면(대략 묘혈을 쓰고 7~10년 정도) 조짐이 나타나게 된다. 이는 매장된 시신이 육탈(肉脫)하는 기간이 대략 7~10년이라고 보기 때문이다.

길지에 혈(穴)을 썼다고 하나 봉분의 잔디가 고사되거나 마르거나 쑥이나 억새, 잡초 등이 무성하거나 또는 봉분에 균열이 나타나거나 주저앉는다든지 설치한 비석이나 상석 등 석물이 기울어지고 있거나 하는 현상 등이 눈에 띄게 나타난다면 일단은 흉렴으로 생각을 해보아야 한다.

명당작국의 명혈지에는 이러한 현상이 나타나지 않고 오랜 세월이 흐르더라도 잔디나 봉분의 온전한 상태가 유지되어 정기(精氣)가 감돌고 있으나, 흉지에는 그렇지가 않다. 잔디는 풀의 일종이기는 하나 명혈토는 기를 모으고 물을 흡수하고 뱉는 자정작용을 하기 때문에 그로 인해 균일한 생육을 지속할 수가 있다.

화복(禍福)을 논하는 경우에 이러한 흉지에 시신이 매장되어 있으면 자손들에게 나쁜 영향을 미쳐 재패(財敗)·인패(人敗)·병패(病敗) 등이 뒤따른다고 하는데, 필자는 실제로 그러한 경우를 확인한 바도 있다. 재패는 가산을 탕진하거나 기울어 파탄이 나는 경우이고, 인패는 사람이 크게 다치거나 요절하거나 나아가 원한 관계가 되거나 집안에 급작스러운 변고가 생기게 되는 경우이며, 병패는 각종 질병 즉, 암이라든가 고질병·중풍·폐병·정신병·혈압 등이 나타나게 되는 경우이다.

흉렴은 여러 가지가 있는데, 대략 다음과 같다.

목렴(木炎)은 묘혈 광중(墓穴廣中)에 나무 뿌리가 가득 차 온통 뿌리로 휘감겨져 있는 상태이다. 목렴은 기가 빠져 허기(虛氣)가 든 땅이나 땅의 온도차가 심한 음습한 땅, 그리고 박환이 덜 되어 돌과 흙이 반반 정도인 사토(死土)로 된 곳에서 많이 나타난다. 목렴에 속한다고 볼 수 있는 모근(毛根)은 짐승의 털이나 거미줄 같은 하얀 실뿌리가 휘감겨져 있는 상태이다. 이외에 광중에 대나무 죽순 같은 것이 보이는 경우도 간혹 나타나고 있다.

화렴(火炎)은 풍열(風熱)이 극심해 시신이 불에 탄 듯 숯덩어리처럼 까맣게 되어 있는 상태이다. 주로 화렴은 좌우 산세의 기복이 심한 곳이거나 험악한 곳에 팔요풍(八曜風, 風殺)이 침입하는 때문이다.

수렴(水炎)은 광중에 황천수(黃泉水)가 침투해 물이 들어 있는 상태로 생수렴(生水炎)과 온수렴(溫水炎)의 두 가지가 있다.

생수렴은 찬물인 생수가 밑에서 솟아오르는 경우로 육탈되지 아니한 시신이 그대로 있거나 칠성판에 묶인 채로 엎어져 있는 복시(伏屍) 현상도 나타난다. 바지락이나 조개류가 보이기도 한다.

온수렴은 땅 위의 물인 천수(天水)가 스며들어 광중에 물이 고여 있는 것으로 혼탁한 빛깔의 악취를 풍기고, 시신이 녹아 없어지기도 한다.

수렴은 지하 황천수맥(黃泉水脈)이 흐르고 토석(土石)의 강유(强柔) 차이가 심한 곳이나 무덤 윗쪽 입수가 바위와 흙으로 나뉘어진 무맥무기지(無脈無氣地)인 곳에서 흔히 나타난다. 필자는 수렴의 경우를 직접 경험한 바 있어 혈장의 수맥(水脈) 여부는 반드시 검증을 하고 있다.

수렴(水炎)의 결정적인 피해는 수맥(水脈)에 기인한다. 풍수에서 물은 기를 모으기도 하지만 해를 주기도 한다. 수맥은 물줄기를 공급받기 위해 자체 운동에 의해 상대적 파괴 운동을 계속함으로서 그 영향을 인간이나 사물이 받게 되면 해로울 수가 있기 때문에 최소한의 수맥이라도 피해야 한다는 것이 필자의 경험이다.

지구의 고유 주파수는 7.83㎐로서 인체에 해롭지는 않지만, 수맥파는 전자파의 간섭에 의하여 변조된 극저주파인 7.83㎐±α의 전자파로 인체에 전자기 유도(쌍극자 분리) 과정을 거쳐 혈액순환 등의 장애를 일으킨다는 연구 결과도 있다. 수맥이 지나가는 자리거나 물이 나고 고이는 자리는 시신이 탈골되지 아니하고 물에 잠겨 있거나 유골이 검게 변색되어 있다거나 심지어는 복시 현상(覆屍現象)도 보이고 있음을 필자는 수 차례 목도하였다.

그러나 수맥이 혈에 지나간다 해도 3각이나 4각 혹은 6각으로 혈심(穴心)을 둘러싸고 있는 곳은 명혈장(明穴場)으로 볼 수가 있다. 이는 수맥의 포위된 파장이 서로 견제를 하여 혈의 생기가 빠져 나가는 것을 막아 주기 때문이다. 6각형의 벌집이나 삼각형의 피라미드가 공간적으로 우수하다는 사실이 이를 설명해 주고 있다.

혈장에 개미집이 보인다면 그 밑으로 6자 정도에는 수맥이 흐를 가능성이 있으므로 유의해서 살펴보도록 한다.

풍렴(風炎)은 팔요풍, 특히 곤신풍(坤申風)이 몰아쳐 주위의 나무 뿌리가 속살을 드러내는가 하면, 봉분이 심히 패이기도 하는 경우로 바람을 맞은 상태이다. 대개 혈의 좌우 형세가 끊겼거나 산세가 한 쪽으로 기울었다든지, 등돌린 곳에 많이 나타난다. 이 경우에 시신은 전체가 까맣게 되거나 부분적으로 까맣게 되는 경향이 있다.

팔요풍의 침범을 받은 묘소.

충렴(蟲炎)은 광중 속에 온갖 벌레나 곤충류 심지어는 쥐나 뱀·지네·개구리·거미 등이 들어 있는 경우이다. 충렴이 드는 곳은 무기맥음습지(無氣脈陰濕地)나 음풍(陰風)이 상충(相沖)해 통기 순환(通氣循環)이 제대로 되지 않는 곳이거나 험곡음지(險谷陰地)인 경우다.

이렇게 각종 흉렴이 드는 혈지는 풍수고서인 『청오경(靑烏經)』에 개장(開葬)을 해야 되는 곳으로 적시하고 있으나, 명혈지를 찾아 이장을 하기가 어려우면 차라리 무해무득(無害無得)한 화장을 하는 것이 바람직하다. 지금은 그 사례를 거의 보기 어렵지만 구한말(舊韓末)까지도 일부 지방에서는 무덤을 옮기고 다시 장사 지내는 이장(移葬)인 면례(緬禮) 풍습이 있었다. 이 면례 풍습이 '밀래장사'라고 변형되어 흔히들 이장을 이르는 말로 된 것이다.

면례와 관련해 중요한 말이 소위 '뼈대 있는 집안'이라는 말이다. 이는 옛부터 조상을 좋은 명혈지에 모시면, 영혼은 뼈와 함께 혈 속에 머물러 하늘에 통하고 육체는 땅에 진토되어 육탈을 한다 믿었다. 이때 혈에 머물고 있는 뼈는 기름기가 있고 노란색을 띠는 황골(黃骨)로 되어야만 진혈(眞穴)에 모셔졌고, 이로 인해 동기감응(同氣感應)이 되어 후손들이 조상의 발복을 받는다고 생각한 것이다.

조상을 잘 모신 가문은 이렇듯 대대손손 융성하고 번창하니, 조상의 뼈대가 노랗게 남아 있는 집안이라 하여 '뼈대 있는 집안'이라는 말이 생겨난 것이다.

이러한 사고방식에 의해 예전 명문 사대부 대가나 있는 집에서는 처음 시신을 가매장해 놓았다가 육탈이 시작되는 3~6년이 지나 개장하여, 뼈가 황골로 남아 있으면 그 자리에 봉분을 제대로 하고 본장(本葬)을 하였으며, 시신이 각종 흉렴에 들어 있다 하면 길지를 찾아 새로 옮겨 모시는 면례 풍습이 성행했던 것이다.

지금도 이장을 하는 경우가 있기는 한데, 혹간 묘를 팔 때 상서로운 조짐이 보이면 이장을 하지 않는 것이 바람직하다. 예컨대, 나무 뿌리가 광중을 뚫지 못하고 주위에 얽혀 있다거나 혈 가운데에 안개 같은 김이 서려 있거나 황골로 되어 있거나 하면, 개발 예정지에 편입되었다거나 매각 등 만부득이한 경우가 아니고서는 그 자리를 잘 손질하여 불순물을 거두고 다시 안장을 하도록 해야 한다.

3. 작국(作局)과 재혈(栽穴:分金)

1) 작국

풍수지리에서 사격(砂格)을 논할 적에는 혈처를 등지고 좌우(左右)를 판단한다. 혈을 등지고 좌측(왼쪽)이 좌청룡이고, 우측(오른쪽)이 우백호이다.

용세의 기복(起伏)인 과협(過峽) 현상이 변화를 거쳐 용맥(龍脈)을 이어 와 좌·우 두 갈래로 갈라지면서 응혈(凝穴)이 되는데 소위 내·외룡호(內外龍虎)로 구분이 된다. 혈상(穴象)을 돌아 지맥이 되어 혈 덩어리를 둘러싸게 된다. 이렇게 형국이 되는 것을 작국(作局)이라고 한다.

용호(龍虎)의 작국은 결혈의 근본이 되는 것으로 음양의 이치로써 이루이진다.

주맥의 갈래는 좌우 어느 한 쪽이 혈전(穴前)을 돌아 거수(去水)하면 다른 한 쪽은 본신(本身)에 붙어 혈전을 돌아온 쪽을 가지런히 감싸안아야 된다. 이를 균형이 맞은 작국이라고 한다.

지맥의 좌우갈래는 여러 겹으로 중첩이 되어 교세(敎勢)할수록 응기(應氣)가 풍부해 명당명혈지(明堂明穴地)가 될 확률이 높다.

혈을 바로 감싸는 주갈래, 즉 내룡호(內龍虎)가 좌청룡이 길게 뻗어 혈을 안고 있으면 청룡작국(靑龍作局)으로 결혈이 되었다 하고, 그 반대로 안고 결혈이 이루어진 것을 백호작국(白虎作局)이라 한다. 또, 좌선입수는 들 입(入)자인 입자형입수(入字形入首)라 하고 백호작국으로 되는 경우가 많고, 우선입수는 사람 인(人)자인 인자형 입수(人字形入首)라고도 하며, 청룡작국으로 결혈되는 경우가 많다.

좌·우 작국도를 예시하면 〈도—19〉와 같다.

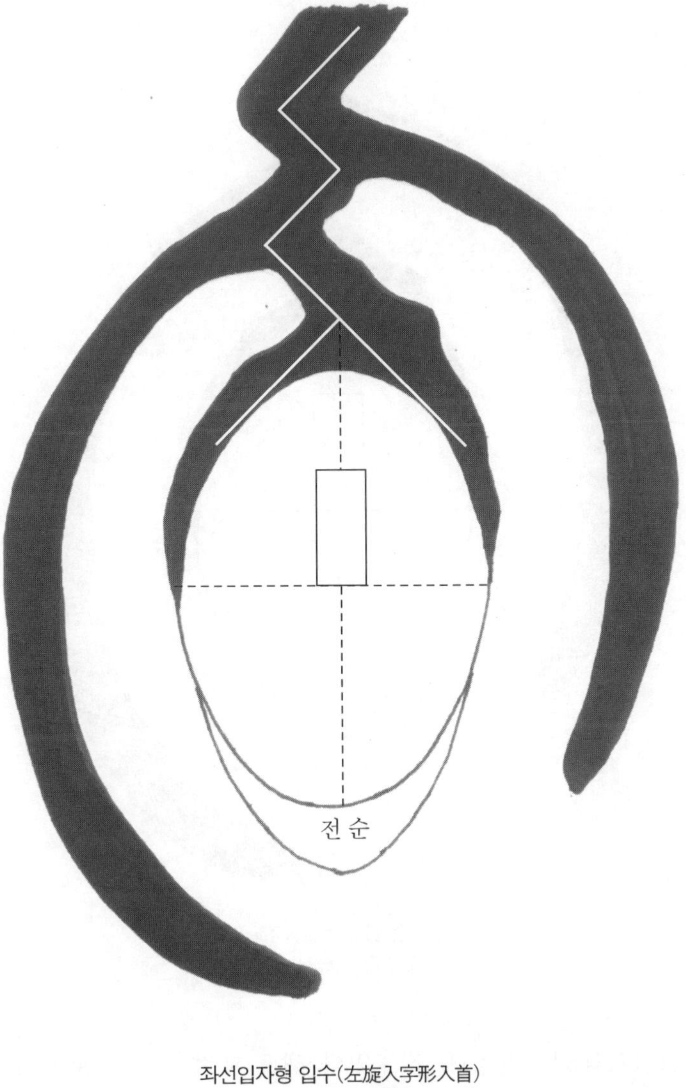

좌선입자형 입수(左旋入字形入首)
백호작국도(白虎作局圖)

〈도-19〉 용호작국도(龍虎作局圖)

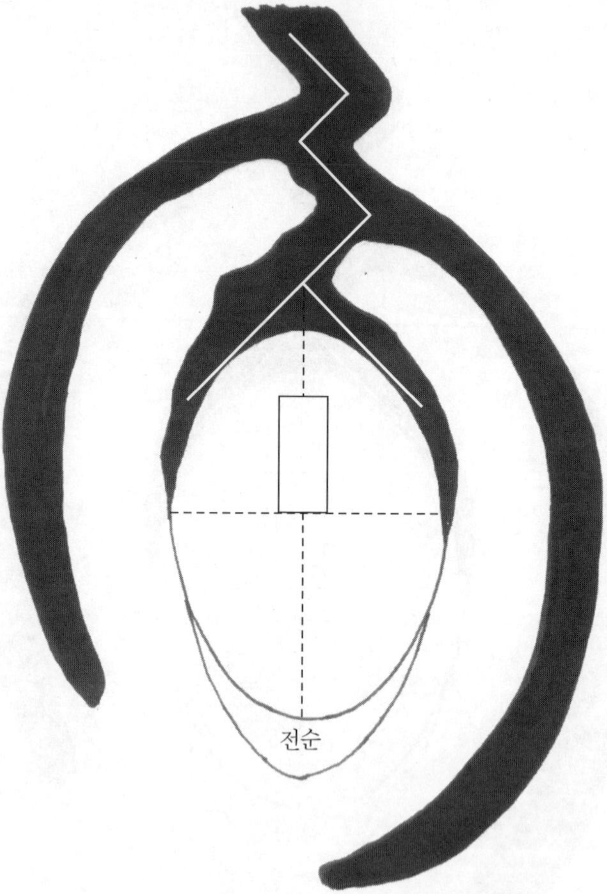

우선인자형 입수(右旋人字形入首)
청룡작국도(靑龍作局圖)

결혈오악(結穴五嶽)을 갖추었다 해도 패철을 놓고 보아 취기맥(聚氣脈)·입수(入首)·선익(蟬翼)·전순(氈脣) 등이 정방정좌(正方正坐)에 정배합(正配合)으로 자리하고 있어야 정혈(正穴),

진혈(眞穴)이라고 해 명혈지(明穴地)가 된다.

정혈의 측정은 우선 혈을 보고 오르면서 선익의 중심이 혈심(穴心)과 입수점과 일치하는지를 감정하고, 혈심을 중심으로 입수와 좌·우 선익의 진행 방향을 보고 과협(過狹)의 변화 방향과 취기처(聚氣處)에서의 입수 방향을 살펴 제대로 되어 있는지 살핀다. 입수 정혈의 정배합방위 범위는 좌·우 선익이 시작되는 굴처(屈處)와 돌처(突處) 지점 거리이다. 돌처는 혹처럼 튀어나온 곳으로 후장(後樟)이라고 해 입수 취기점(聚氣点)이 아니고 정기(精氣)를 당판으로 끌고 들어가는 역할을 하는 곳이다.

정혈측정도(正穴測定圖)를 예시하면 다음과 같다(임자좌와 갑묘좌의 경우).

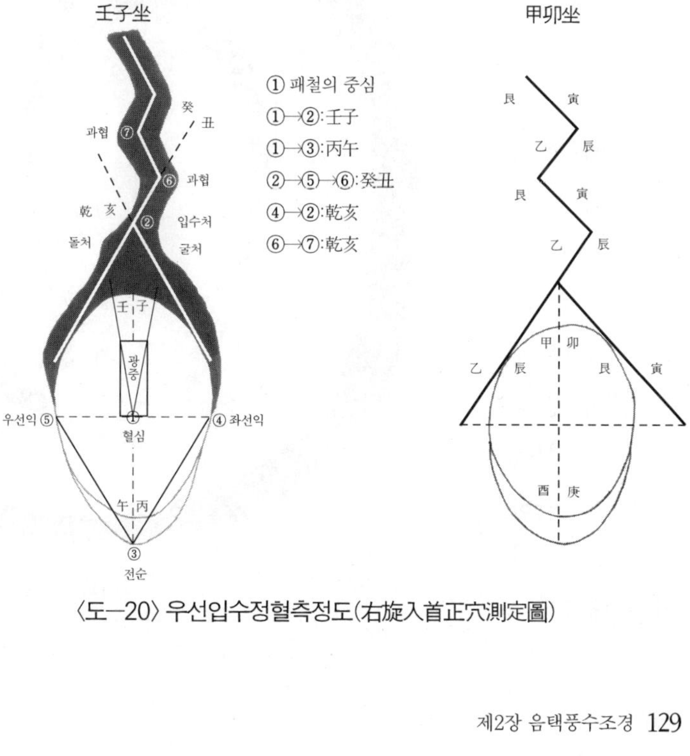

〈도-20〉 우선입수정혈측정도(右旋入首正穴測定圖)

2) 재혈(栽穴)

재혈(栽穴)은 일명 분금(分金)이라고 한다.

재혈이란 혈심(穴心)을 바로 찾아 입수취기(入首聚氣)의 강한 부분인 정기발초지처(精氣發初之處)까지 금정(金井)틀을 정확하게 닿도록 놓아 혈에 응기된 기가 시신에 모두 흡수되도록 천광작업(穿壙作業)을 하게끔 하는 것이다. 결응(結凝)이 적을 때는 가급적 입수 부위 가까이에 재혈토록 하고, 클 경우에는 혈심 중앙 광중의 중심을 잡아도 무난하나 전순 가까이 아래쪽까지

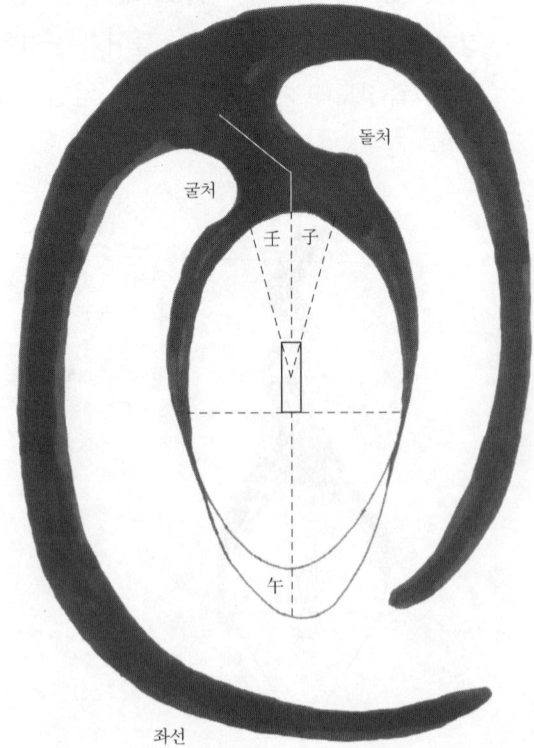

〈도-21〉 좌선(左旋)·우선입수(右旋入首)의 천광작업도

는 가지 않도록 유의해야 한다.

천광작업을 하면서 무슨 좌 무슨 향에는 그 깊이는 몇 자 몇 자가 되어야 한다는 얘기가 있으나 어렵게 생각하지 말고 현실적인 감각으로 이해해야 한다. 깊이에 대해 보편적으로 어느 정도로 해야 하느냐는 논란이 있으나 어느 정도의 깊이라고 정하

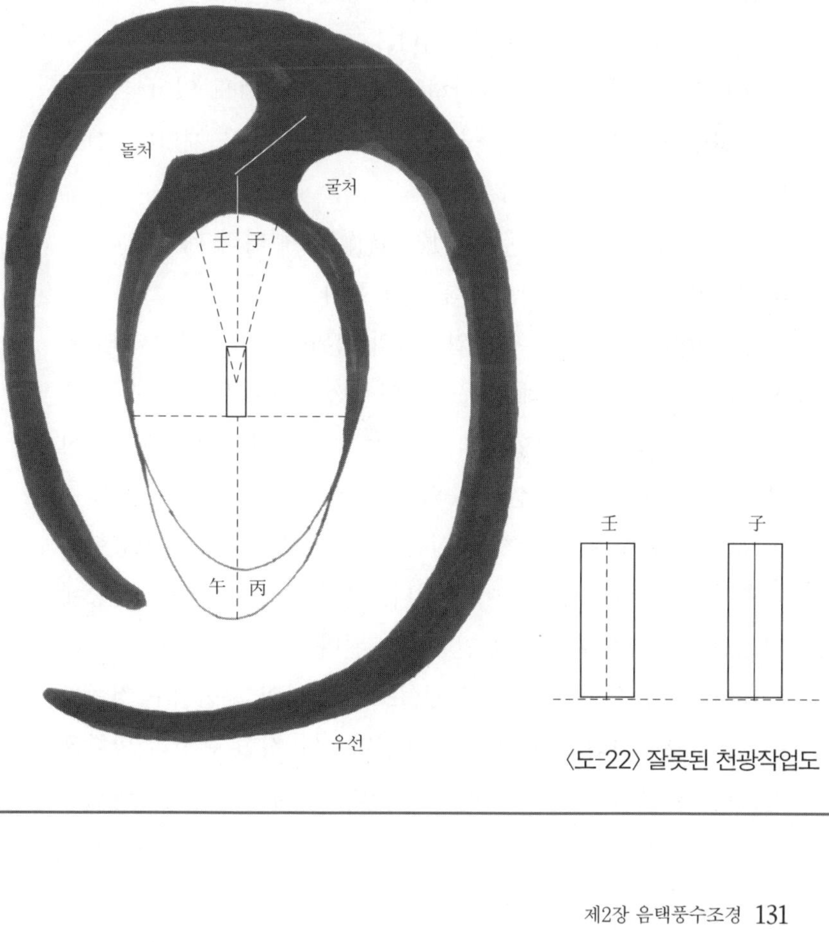

〈도-22〉 잘못된 천광작업도

여진 것은 없다.

필자의 경험으로서는 대체로 3~10자 정도 깊이로 나무 뿌리가 뻗질 않는 선에서 1~2자 깊이까지가 무난하며, 더 이상의 깊이로 한다 해도 광중 속의 상온(常溫)인 13℃ 내외가 유지되며 진혈기(眞穴氣)를 보호하고 있는 토기막층(土氣膜層)을 벗어나서는 아니 된다. 이는 이 층을 벗어나면 혈기가 새어 혈로서의 기능을 상실하게 되는데, 이는 생기를 접해 육탈이 쉬 진행되고 각종 염(炎)의 예방을 위해 생물이 생육하는 유기질 층보다는 무기질 층에 모셔야 되기 때문이다.

재혈은 재단사가 옷을 재단하듯 한 치의 오차도 있어서는 아니 된다. 옛말에도 '3년을 구산(求山)하여 10년을 재혈(裁穴)한다'는 말이 있을 정도이다.

재혈은 좌우선입수작국(左右旋入首作局)에 따라 패철의 4선·5선을 이용해 정확히 맞추도록 해야 한다.

광중(壙中)은 흘러들어온 입수맥의 정위치에서 전순까지의 횡선(橫線)을 중앙으로 해 좌우선익의 종선(縱線)과 혈심(穴心)을 맞추어 적절하게 정좌향(正坐向)으로 반듯하게 조성하고, 시신을 안치할 때는 좌·우선 입수의 입수 형국에 따라 패철에 맞추어 분금토록 한다. 분금시 시신은 혈의 응기(凝氣) 순환 방향에 맞추어 약간 기울게 맞추어야 된다. 이렇게 해야만 나중 광중에 정해진 정좌향으로 바르게 안치되게 된다.

좌·우선 입수 형국에 따른 재혈도는 앞서의 우선입수 정혈도를 참조하면 된다. 좌선입수는 우선입수와 정혈 측정의 방향은 같으나, 분금시는 서로 상반되고 있다. 임자좌(壬子坐) 병오향

(丙午向)의 분금 요령을 예를 들어 설명한다. 이 요령은 다른 방향의 좌향에도 동일하게 적용된다.

먼저 입수맥에 따른 천광(穿壙) 작업을 2자계정좌(二字界正坐)로 실시하는데, 패철을 좌·우선익과 혈심선에 맞추어 놓고 입수맥의 굴처와 돌처를 파악한 뒤 방향을 잘 맞추어야 한다. 주의할 것은 입수맥과 천간·지지 단좌(單坐)로 맞추어 천광작업을 해서는 아니 된다.

분금(分金)은 하관시 관의 위치를 여하히 제대로 놓는가를 확인하는 수단으로서 결혈처에 양의 기운과 음의 기운이 서로 합기(合氣)되도록 하는 것이며, 결국은 음양의 상호 결합을 정확히 취하는 것이다. 임자정합혈(壬子正合穴)인 경우, 우선(右旋)에는 임입수자좌(壬入首子坐)가 되고, 좌선(左旋)에는 자입수임좌(子入首壬坐)가 되는 것이다.

우선의 경우, 분금은 5선 병자임오식(丙子壬午式)으로 패철을 관의 중심선에 고정시켜 제4선 자오선(子午線)에 맞추어 두고, 제5선에 표시된 병자(丙子)와 임오(壬午)로 연결되는 중심직선과 관의 중심에 상하로 연결되는 직선을 서로 일직선이 되게 하여 그 선에 관을 정확히 자리하도록 하면 된다.

좌선인 경우에는 분금을 5선 갑자경오식(甲子庚午式)으로 하는데, 제4선에 표시된 임병선(壬丙線)에 관의 중심선을 맞추어 두고, 제5선에 표시된 갑자(甲子)와 경오(庚午)로 연결되는 중심직선과 관의 중심에 상하로 연결되는 직선을 서로 일직선되게 하여 관을 좌정시키면 된다.

임자좌(壬子坐) 정혈의 경우 외에 나머지 정좌혈(正坐穴)도 이

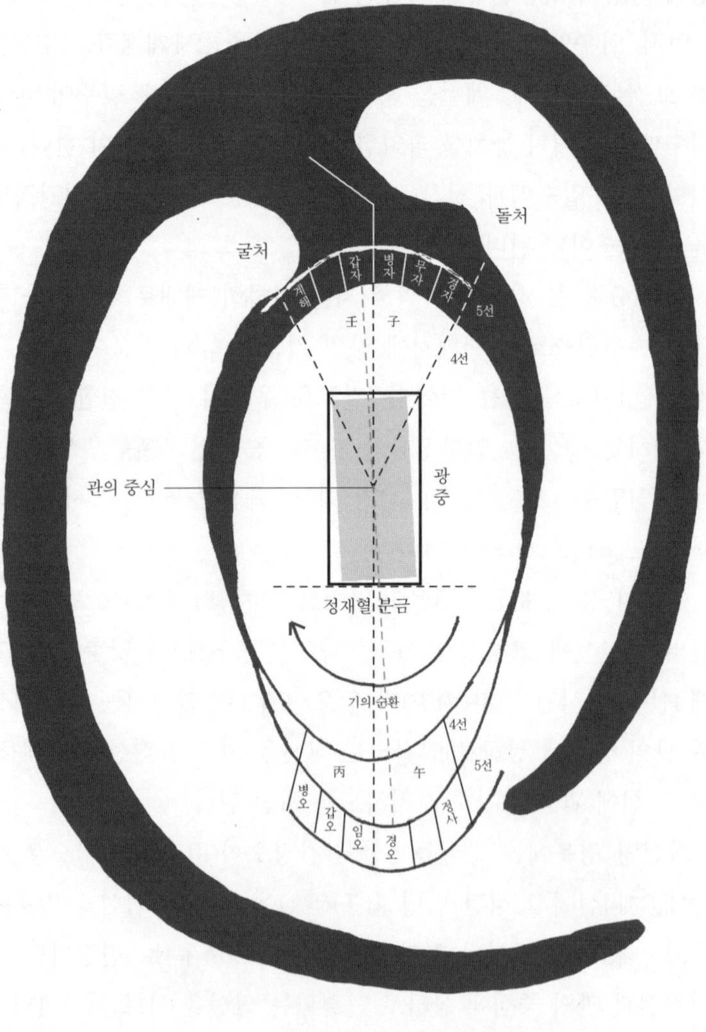

좌선(갑자—경오식) 분금

〈도—23〉 좌선(左旋)·우선(右旋) 분금재혈도(分金裁穴圖)

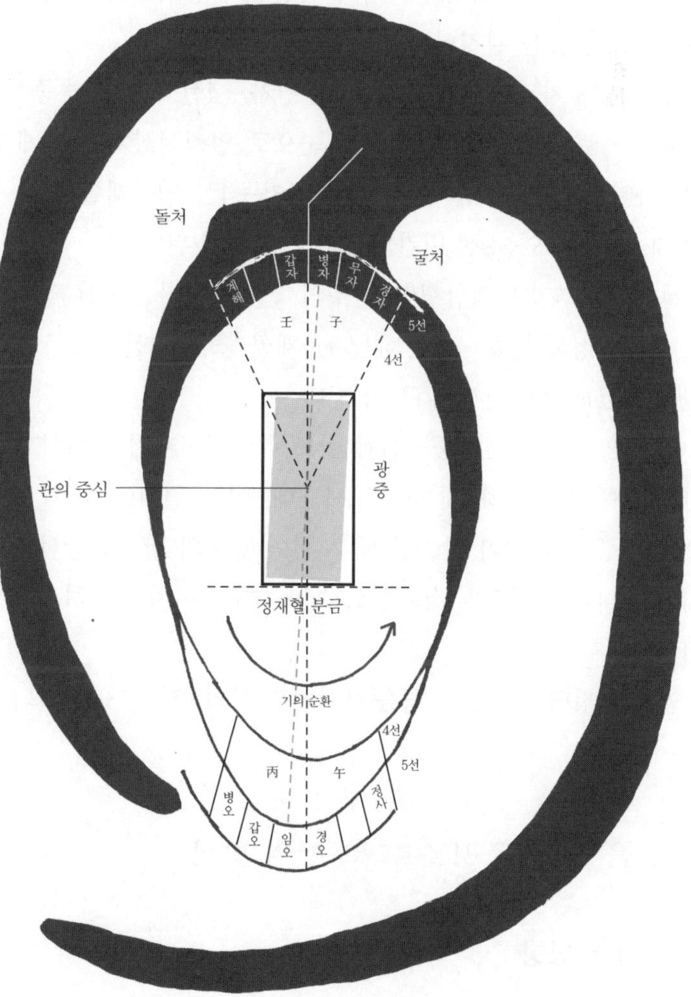
돌처
굴처
계해
갑자
병자
무자
경자
壬
子
5선
4선
관의 중심
광중
정재혈 분금
기의 순환
4선
5선
丙
午
병오
갑오
임오
경오
정사

우선(병자—임오식) 분금

와 같은 방법으로 분금을 실시하고, 제9선에 맞추어 보아 같은 천간이나 빈 칸으로 대칭되어 일직선상에 놓여 있는지를 최종 확인하여 분금을 결정한다.

즉, 임입수자좌는 9선 병자—5선 병자—4선 자—재혈 중심—4선 오—5선 임오—9선 병오의 순으로 일직선상에 놓이게 되고, 자입수임좌는 9선 빈칸—5선 갑자—4선 임—재혈 중심—4선 자—5선 경오—9선 빈칸의 순으로 놓이게 된다.

건해좌(乾亥坐) 정합혈인 경우의 건입수해좌는 9선 정해(丁亥)—5선 정해(丁亥)—4선 해(亥)—재혈 중심—4선 사(巳)—5선 신사(辛巳)—9선 정사(丁巳)가 된다.

분금은 광중의 남북중앙선과 반드시 일치시키지 아니하고 약간 비스듬히 실시해 시신을 모시는데, 이는 혈기(穴氣)의 순환으로 나중에 육신이 탈골할 때 시신이 광중의 남북중앙선과 일치되어 나란히 정위치 정좌향으로 바르게 놓여지도록 하기 위해서이다.

임자좌 정혈의 분금 요령을 예시하면 앞의 〈도—23〉과 같다.

4. 음택풍수조경(陰宅風水造景)의 방향

1) 기본 방향

음택풍수조경으로 딱히 이렇다 할 원칙이 정해진 것은 없다. 대상이 음택이기 때문에 조경의 범주에서 벗어나 있었던 때문이다.

사회통념적으로 호화 분묘나 과도한 묘역의 치장이 세인의 입방아에 오르내리고, 근자에 지나친 집단 묘지 개발이 무분별하게 진행되어 산림이 훼손되고 국토가 잠식되어 간다는 우려가 높아 화장·납골문화의 정착 여론이 비등해지고 있는 현실이다. 음택에 있어서도 치산치수(治山治水)가 매우 중요하다.

양택의 경우와 마찬가지로 최소한의 구배와 어느 정도의 등고·경사·생태적 특성 등은 감안하여 이루어져야 한다. 무턱대고 형국의 조건만을 강조해 무리하게 입지하다 보면 산림의 훼손은 불을 보듯 뻔하다. 음택조경의 기본 방향은 다음과 같은 조건이 전제되어야 된다.

첫째, 산림 생태계나 산림환경 자원을 최대한 보존토록 한다. 경관 자원이 빼어나다거나 우점적(優占的) 식생 구조나 특정 자원이 보호되어야 하는 특수 지역은 엄격히 통제되어야 한다.

둘째, 자연 재해에 대한 안전을 우선해야 된다. 급경사나 급배수 지역은 아무리 형국이 우수하다 해도 자연지리적 여건을 가급적 존중해 묘혈 조성을 자제토록 해야 된다. 무리하게 인위적 행위를 해 자연에 역하도록 하는 것은 금해야 된다.

셋째, 묘혈의 조성이나 치장은 자연적인 상태에서 행하도록 하고 훼손은 최소화하도록 한다. 지나치게 과시적이거나 호화롭게 치장해 주위 경관이나 식생에 영향을 주어서는 곤란하다. 자연스럽게 조성하고 최소화함으로서 자연 산림 속에 포근히 안겨 있는 상태를 유지하도록 주변 식생이나 경관을 보호하고, 묘역은 잔디나 조림으로 단정히 조성토록 한다. 아무래도 묘혈에 뿌리가 깊게 뻗지 못하도록 묘혈 가까이에는 심근성(深根性)의 교목과 수기(水氣)를 강하게 요구하는 느티·모과·대추나무 등은 피하고, 화·관목 위주로 식재하여 간결히 하고, 시설은 과다하지 않도록 설치한다.

넷째, 흩어진 묘역을 가급적 한 곳으로 모아 산림자원의 보호와 관리의 편리성을 도모토록 해야 된다. 의식구조나 생활습성·패턴이 다양화되고 가속화되는 현대에는 변화에 대한 적응이 빠르게 요구되고 있기 때문에 과거에 비해 묘역 관리의 효율성을 높여야 된다.

과거의 대가족제도 위주의 사고방식으로 현대 다핵 소가족제도의 사고방식을 통제하기는 어려운 노릇이다. 묘역은 한 곳에 모음으로써 숭조사상(崇祖思想)을 더욱 돈독히 하고, 형제간·친척간·혈족간 우애도 견고하게 될 수가 있다. 다만, 화장하여 납골묘(納骨墓)로 한데 모으거나 이장묘로 한 곳에 모으더라도 가급적 흉지(凶地)는 피하도록 하고, 최소한 무해지지(無害之地)는 취하도록 한다.

다섯째, 전국에 산재한 무연묘(無緣墓)를 일제 단속·정비하여 식생 상태를 주변과 연계시킴으로서 산림 복원에 힘쓰도록 한다. 일정한 기간의 공고를 하고 가능한 한 연락을 취할 수 있을 때까지 취하되 연고가 없는 것이 확인되면 과감한 조치를 취하도록 한다.

여섯째, 집단 묘역은 공원화 개념으로 개발되어야 한다. 시대의 변화는 복합적인 것을 요구하고 있다. 단순한 참배(參拜)나 성묘(省墓)의 개념으로는 집단화의 의미가 없다. 가족묘역이든 문중묘역이든 공·사설 묘역이든 퓨전 기능을 갖도록 해야 한다. 묘역도 단위 규모를 최소화하여 다중(多衆)의 욕구를 폭넓게 수용토록 공간 특성에 맞추도록 하고, 환경친화적으로 해서 혐오스러운 인식을 벗어나게 한다. 묘역이라 하더라도 공원의 기능인 주차·광장·휴게·편익·위락·숙박·교화·교양·사색 등의 기능을 갖추게 되면 한정된 토지공간 자원을 효율적으로 이용할 수 있게 된다.

일곱째, 지속적인 묘역의 관리로 항상 양질의 시각 경관과 조망이 확보·유지되도록 하여야 된다. 아무리 묘역에 대한 거부감과 비난이 일부 호사(豪奢)스레 치장한 졸부들이나 몰지각한 자들에 의해 파생된다고는 하나, 묘역 주변의 청결과 꾸준한 녹화 등을 실시해 정갈해 보이도록 해야 한다. 이는 산악 경관의 한 문화자원 요소로도 우리 문화의 정체성(正體性)을 나타내는 부분이기도 하다.

여덟째, 각각의 분묘의 소유·이용 권리가 있는 묘주들의 자발적인 녹화·헌수 등을 권유해 치산녹화에 적극 임하도록 한다. 봄·한식·가을·추석에 성묘할 때나 각종 기념일 등에 기념적 식수와 보식을 권장토록 해 친효사상(親孝思想)과 조상의 음덕과 뿌리를 깨우치도록 하여야 한다.

2) 음택풍수조경의 특성
—릉(陵)·원(園)의 경우를 중심으로

일반적으로 릉이라고 하는 것은 추존되었거나 실제로 등극했던 왕과 왕비의 무덤을 일컫고, 그보다 낮은 단계인 원(園)은 원소(園所)라고도 하며 왕세자·왕세자 빈과 왕의 사친(私親)등의 무덤이고, 묘소(墓所)나 묘(墓)는 군이나 비빈·왕족의 무덤을 일컫는다.

왕릉의 치산(治山)에 전범(典範)이 되고 있는 것이 동구릉(東九陵)에 자리하고 있는 이씨 조선 태조 이성계 대왕의 건원릉(健元陵)이다.

일반적으로 왕릉에는 홍살문이 있고 신령의 침전인 정자각(丁字閣)이 릉 앞에 시설되어 있으며, 그 옆으로 제실이라든가 평소의 공적을 기록한 신도비 등이 있다. 홍살문에서 정자각에 이르는 돌길을 신도(神道)와 어도(御道)라 부르는데, 중앙 경계선을 중심으로 오른편 높은 쪽이 무덤의 주인인 신령이 다니는 신도라 하여 왕을 포함한 살아 있는 사람들의 통행을 억제하였으며 왼편 얕은 쪽이 임금이 다니는 어도로 통행로이다.

정자각으로 오르는 계단도 유심히 살펴보면 오른쪽은 두 개, 그 반대쪽은 한 개다. 동쪽에서 올라가는 두 개의 계단 중 하나는 신의 계단으로 화려하게 장식했고, 하나는 임금과 신하들이 오르는 계단이다. 또, 서쪽으로 내려가는 계단은 임금과 집사자들이 제례를 마치고 망례위에서 지방을 태우러 내려오는 계단이다. 이는 신은 정자각으로 들어가 뒷문으로 해 자기 안식처로 올라가기 때문이다. 신령은 릉 앞 혼유석(魂遊石)에서 감음(酣飮)을 한다.

정자각은 중국에서 볼 때 조선이 정남에서 약간 빗나간 정방향(丁方向)에 있고 형제국 국왕이기 때문에 정(丁)자 형태의 정자각을 세웠으나, 고종·순종이 대한제국의 황제로 등극한 뒤에는 당사자의 릉에는 황제를 뜻하는 일자각(日字閣)으로 바뀌었다.

왕릉에서는 정자각이나 제례를 모시는데 그 전에 백성들이 산신제(山神祭)를 지

▶▲▲건원릉 입수취기처에서 바라다본 용호교세(龍虎交勢)의 작국(作局)과 조산(朝山).

▶▲태조 이성계 대왕의 묘역인 健元陵 전경으로 현존 명당명혈의 대표적인 전범(典範)이다.

▶전형적인 왕릉 묘제를 갖춘 건원릉의 위용.

내는 것과는 달리 임금이 땅의 최고 일인자이라 제례가 모두 끝난 뒤 릉 오른쪽 밑에서 산신제를 지낸다.

그리고 나서 왕릉을 두루 살펴보며 제행(祭行)을 마치는데, 이를 성묘(省墓)라 했다. 왕릉의 공간은 홍살문에서 정자각에 이르는 참배 공간, 정자각 주위의 제례 공간, 릉을 중심으로 하는 능역 공간으로 크게 나뉜다.

능역은 혈에 있어서는 결혈오악을 갖추었으며, 능혈 주위에는 12간지석(十二干支石)으로 테를 두르고 토담의 곡장(曲墻)으로 릉을 보호한 뒤, 장대석으로 앞의 세 공간을 구획하고 있다.

릉 앞으로 혼유석과 망주석·장명등(長明燈) 등이 위치하고, 중간에는 문인석과 돌말(石馬)·돌호랑이(石虎)가 위치하며, 셋째 계단에 무인석과 역시 돌말들이 자리하고 있다.

조경배식에 있어서도 왕릉이나 원소의 경우, 배산이 되는 주산의 산림과 형세는 크게 훼손하지 않고 취기맥과 입수처 부근에는 송림(松林)을 조성했으며, 릉 앞은 조망을 최대한 확보하고 안산 안쪽 파구 부위에는 오리나무류를 군식하고 있다.

소나무는 충절과 정조·기개를 나타내고 오리나무류는 풍요·녹음(綠陰)·통기(通氣)·어느 정도의 수기취합(水氣聚合) 등의 의도를 상징화한 듯하다. 물론 소나무류나 오리나무류의 군식은 계절적으로 부는 살풍(殺風)을 억제하기 위함도 있다.

좌향(坐向)은 용세의 맥과 결혈의 조건 등을 감안해 잡았으나 대부분 임자좌(壬子坐) 병오향(丙午向)이 많다. 이는 가묘(家墓)인 사당(祠堂)에도 영향을 미쳤다.

사당의 경우, 양택풍수의 좌향과 궁궐이나 왕릉의 격식인 삼문(三門)이라든가 신도(神道) 같은 것은 원용하고 있다. 사당 정문의 중앙은 신문(神門)이라 하여 출입을 통제하고 좌측으로 돌아 들어가 안의 좌측길로 사당에 참례한 뒤 다시 우측길과 우측 문으로 나오도록 하는 것이 그 예이다.

▲ 경기도 하남시 덕풍동에 자리한 파시조 宣城君(定宗大王 第四詞王子, 필자의 19대조)의 묘역.

▲▼ 서산시 운산면 여미리에 소재한 신축 宣靖廟 전경.

다만, 주의할 것은 배수 처리에 있어서 양택의 경우는 살아 있는 사람의 기거공간이니 서출동류수(西出東流水)로 처리하나, 사당은 망자의 신위를 모신 공간이니 살아

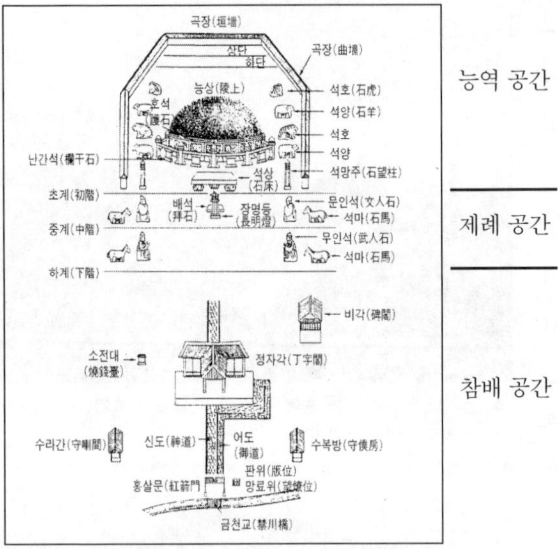

있는 사람과 반대인 동출서류수(東出西流水)로 처리하도록 해야 된다. 집터 내에 시설할 경우는 동북방이 대체로 많고, 집터 밖인 경우는 양택삼요결의 원칙과 음택 풍수지리의 결혈 조건·작국·음양오행·사신사상 등에 근거해 좌향을 정하고 자리하고 있다. 대체로 조경배식은 왕릉과 비슷하게 상록은 충절·절개·기개를, 낙엽은 통기나 녹음과 풍요를, 화·관목은 가문의 번영과 화복을 상징하는 나무들로 선정해 처리하고 있다. 불천위(不遷位)와 같은 국가 공신인 경우의 사당은 궁전이나 사찰 대웅전 등과 같이 단청을 허락하였다. 왕릉의 일반적인 구조는 위의 그림과 같다.

제3장

양택풍수조경

1. 양택(陽宅)의 입지조건(立地條件)과 공간적 특성

1) 양택의 입지조건

양택은 글자 그대로 살아 있는 사람들이 대를 이어 살아가는 생활 공간이요, 터전이다.

풍수에서는 양택을 엄격하게 구분하며 양기(陽基), 즉 밝은 터와 양택(陽宅), 밝은 집자리로 나눌 수 있는데, 땅의 생기(生氣)를 넓게 받는 터인 양기는 도읍이나 취락지를 조성할 때 사용하고, 개개인의 집을 지을 자리는 양택으로 구분하여 사용하는 것이 정한 이치라고 이야기한다.

생기를 받는 공간이 넓으면 도읍이요, 그보다 작은 것은 취락이요, 또 그보다 작은 것은 집터요, 또 그보다 작은 것은 혈장(穴

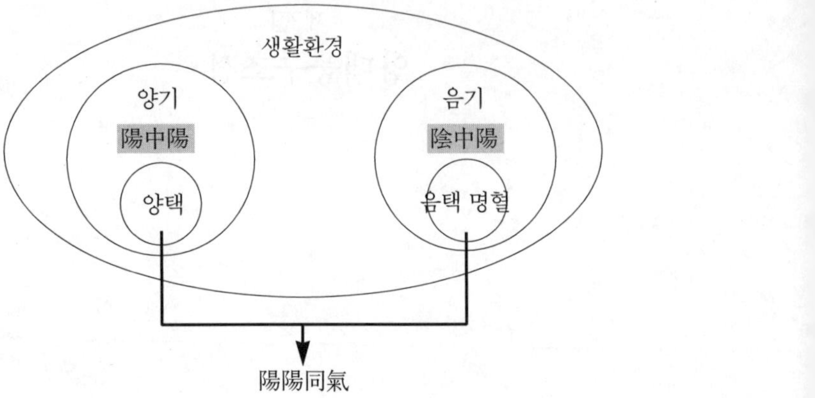

場)이라고 한다.

이런 주장이라면 서울은 명당대지(明堂大地)의 커다란 밝은 터〔양기(陽基)〕인 것이다. 그렇기는 하나 양기이든 양택이든 살아 있는 사람들이 기거하는 생활공간은 양택으로 뭉뚱그려 얘기하는 것이 일반적이다.

조선 영조 때의 실학자로 최초의 과학적 지리서인 『택리지(擇里志)』를 저술한 이중환(李重煥, 1690~1756)은 지리학과 사회학에 지대한 공헌을 한 인물이다.

그의 저술에 의하면, 「사민총론(四民總論)」에서 사(士)·농(農)·공(工)·상(商) 4계층의 발생과 형성을 거론하고 이들 계층의 평등권을 강조한 반면, 「팔도총론(八道總論)」에서는 국토의 지리환경적 개관을 설명하고, 자연환경과 인간 생활과의 관계를 적시하고 있다.

이어 양택에서 중요시하고 있는 인문지리적 측면을 「복거총론(卜居總論)」에서 기술하고 있다.

「복거총론」은 지리(地理)·생리(生利)·인심(人心)·산수(山水) 네 장(章)으로 나뉘어 있는바, 지리론에서 풍수지리와 음양오행에 근거한 마을 입지에 대해 논하고 있다. 즉, 취락 입지의 기본과 수구(水口)·산형(山形)·토색(土色)·수리(水理)·조산(朝山)·조수(朝水) 등을 설파하고 있다.

「생리론」에서는 경제적 입지조건·토지 생산성·물량 유통·의식주 등을 기술하고, 「인심론」에서는 사회환경의 중요성을, 「산수론」에서는 지형과 인간 생활과의 관계 즉, 산·산형·해산(海山)·명산·명찰(名刹)·도서·해안·하천 등의 산수와 인간과의 상생조화를 모색하고 있다.

『택리지』는 현대적 의미로 해석할 때, 생태적(生態的)·인본적(人本的) 조경계획(造景計劃)을 근거로 삼아 자연환경과 인문환경과의 순응(順應)·조화(調和)를 강조하고 있다고 보겠다.

사람이 살기 좋은 곳은 흔히 양지바르고 앞이 트여 시원하고 안온(安穩)한 곳을 일컫고 있다.

이는 동물도 마찬가지이다. 조류도 자신의 안전과 종족 보존이 수월한 곳에 둥지를 트고 있다. 외부로부터의 방어는 물론이고 외부의 사정을 파악하기 용이하고, 나아가 안온한 거처가 될 수 있는 곳에 자리를 잡는다. 생명을 지닌 동물은 거의가 유사하다. 하물며 만물의 영장이라는 사람들이야 말할 필요가 없다.

풍수의 입장에서도 양지바르고 바람을 가두고 물을 얻어 기를 모으고, 앞이 트여 답답함이 없으며, 대지의 안정감이 있어 편안한 마음으로 기거할 수 있으며, 더욱이 외부의 침입을 방어할 수 있는 곳이라면 한눈에 보아도 명지인 것이다. 게다가 교통이 편리하고, 도로에서 가깝고, 주변 생활환경에 편익시설들이 충분하고 청정(淸靜) 환경인 것 등이 양택 입지의 우선 조건들이다.

양택 입지 분석에 있어 고려되는 사항으로, 자연환경은 지형·지질·지세·경사·풍향·기후·수계(水界)·토양·식생·일조량·야생동물 서식 여부 등이고, 인문환경은 토지이용 현황·소유 관계·범역·접근성·교통체계·개발 밀도·공급시설 체계·역사·전통·관습·사상·종교, 민속 등이며, 심미적 환경은 자연적 요소·공간적 패턴(흐름)·시각조망 범위·시각축·시계(視界) 연속성 등이다.

1970년대 후반 들어 우리 주거 문화가 핵가족화의 가속 현상에 맞추어 아파트 중심의 집단주거 문화로 변화하여 양택의 개념이 많이 희박해졌으나, 그럴수록 더 양택풍수에 신경을 써야만 했다. 설계에서 좌향, 배합에 이르기까지 세심한 주의와 노력을 경주하지 아니하고 단순함과 기능성과 편리성을 지나치게 강조한 나머지 도판(圖版) 찍어내듯 천편일률적인 기형 주거문화를 파생시키고 말았다.

이는 일본과는 비교도 안 된다. 중국에서 유입되어 우리를 거쳐 파급된 풍수지리설이 일본에서는 섬이라는 지리적·기후적 조건으로 음택풍수는 퇴조한 반면, 양택풍수는 꾸준히 연구개발되어 왔다. 우리는 거꾸로 양택풍수는 무시되고 음택풍수는 발달하다 그나마 퇴조해 가고 있는 실정이다. 풍수관련학과가 13개 종합대학에 개설되어 있는 것도 우리와는 엄청난 차이를 보인다.

근자에 들어 외부 생활환경의 질적 수준 정도에 관심을 갖고,

그것이 아파트 가격 형성에도 작용한다고 하는 것을 보면 다소 진전된 느낌이다.

주거입지 선호도에 작용하고 있는 인자들은 주거 쾌적성, 접근성, 주차공간 확보율, 대중교통 연계성, 일조권 확보 정도, 교육시설·근린생활 편익시설·문화복지시설·의료시설 적정 구비, 방범망 확보, 대기질·수질·소음·오염 정도, 녹지율, 경관 조망성, 개발 가능성, 주변 역세권, 지가 등으로 이를 종합적으로 판단 검토해 선호 여부를 정하고 있다.

1970년대 말 통치적 차원에서 한때 신중히 검토·추진하였던 행정수도시 건설계획에도 적정 입지를 선정하는 기준에 재래적 지리사상인 풍수지리적 요인을 고려한 바 있다.

당시의 행정수도시 건설은 안보적 요인은 물론 서울의 비대·팽창을 억제하고, 인구를 분산시키는 경제·사회적 요인도 감안했다. 당시 행정수도시의 건설 필요성을 조사하면서 실시한 한 여론 조사에서 '왜 대도시로 인구가 유입되느냐' 하는 설문에 가장 많은 답을 준 것이 양택 입지 선정조건에 부합하고 있다. 즉, 농촌보다 생활환경의 질적 수준이 높다, 교육 여건·의료 여건·취업 여건 등이 수월하고, 사방으로의 연계 수단이 용이하며, 물류 수단의 집적이 농촌 지역보다는 우수하기 때문이라는 순의 답변이었다.

필자는 행정수도건설기획단의 조경담당 책임자로서 '행정수도 건설을 위한 백지계획' 수립의 조경 분야를 계획하였다. 이 행정수도 건설계획은 1979년 10월 26일 당시 최고 통치자였던 박정희 대통령의 급서(急逝)로 인해 계획 추진이 중단된 채 흐지부지되어 지금도 안타까움을 금할 수가 없다. 그러나, 2002년 12월 19일 대선에 출마해 제16대 대통령으로 당선된 노무현 후보가 당시 선거 공약으로 행정수도 건설 문제를 거론해 세인의 관심이 다시 일고 있으니 만감이 교차한다. 수도 서울의 과밀 해소와 경기부양(景氣浮揚)의 측면에서 심도 있게 검토되었으면 한다. 아울러, 당시 박 대통령에게 보고했던 '행정수도 건설을 위한 백지계획' 보고서에 수록된 입지평가 관련 부분을 발췌 수록하고자 한다(보고서 45~55쪽). 이는 오늘날의 대규모 택지 조성을 위한 입지 선정 업무에도 도움이 되리라고 생각한다.

2) 행정수도 후보지의 선정

(1) 후보지 선정 과정

행정수도 입지 선정의 과정은 크게 4단계로 나누어 검토하였다. 행정수도 건설의 이념과 목표에 입각하여 범역(範域)을 설정하고, 범역내에서 후보지를 선정하며, 선정된 후보지에 대한 평가를 시행하되 제1차 평가와 제2차 평가로 나누었다.

1단계는 국토의 중심성과 지역적 중립성·방위성·개발권역상(開發圈域上)의 잠재력 등을 고려하여 범역을 설정하고, 2단계는 지형 및 면적, 기존 도시와의 관계, 중요 개발사업과의 상충성 등을 고려하여 입지 가능한 모든 후보지를 선정하며, 3단계는 선정된 후보지들의 위치·개발 가능성·지세·교통 등 9가지 기본 항목과 30가지의 세부 평가 항목을 기존 자료와 현지 답사에 의하여 1차 평가하였다. 4단계는 1차 평가 결과 상위권에 속하는 후보지를 11가지의 기본 항목과 59개의 세부 항목으로 상세도 및 현지 정밀조사를 통하여 2차 평가하였다.

(2) 범역의 설정

가) 방위성

국가안보상의 위기 요소를 원천적으로 제거할 수 있는 입지

후보지 선정 과정

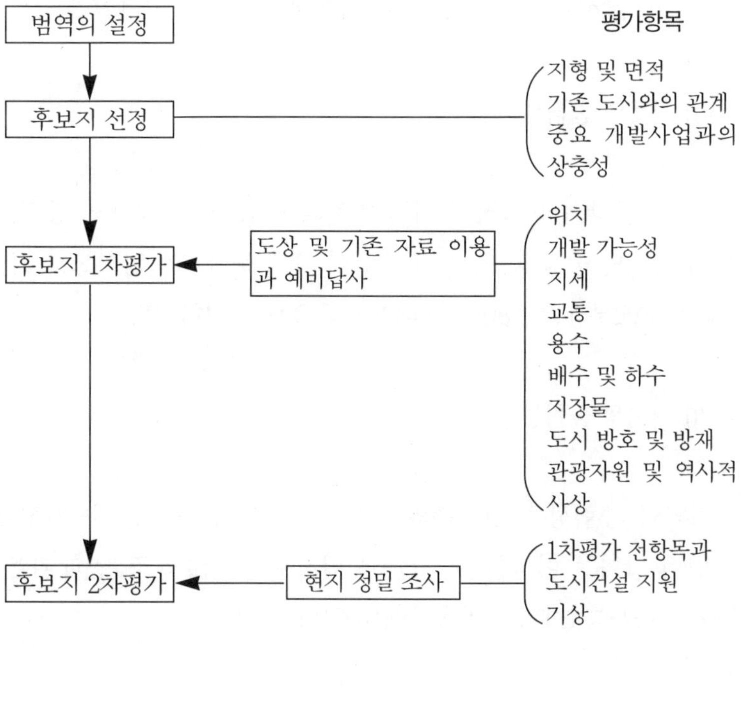

조건이 제1의적(第一義的)으로 다루어져야 하므로, 적(敵)의 지상·해상·공중에서의 포화사정거리(砲火射程距離) 및 자연지형에 따른 방호(防護) 등 방위적 측면을 충분히 고려하여 "휴전선에서 70km 이상, 해안선에서 40km 이상 떨어진 지역"으로 설정하였다.

나) 서울과의 거리

서울과 기존 교통수단으로 2시간, 최신 교통수단(초고속철도 등)으로 1시간에 연결될 수 있는 거리를 기준으로 하였다. 즉 서울로부터 너무 멀리 떨어져 있지 않고, 또한 너무 가까이 있으므로 인해 기존 서울 세력권 속에 흡수되는 것을 방지하기 위한 기준으로 "서울에서 140km±60km 이내인 지역"으로 설정하였다.

다) 국토의 중심성

국토공간상의 중심적 위치는 면적의 중심, 인구 분포의 중심, 산업 분포의 중심 등 세 가지 중심이 크게 분산되지 않으므로 이 "세 중심으로부터 반경 80km 권내의 지역"으로 설정하였다.

라) 지역적 중립성

지역적 중립성은 지역주의적 편견으로부터 초월할 수 있고, 국민적 합의를 이룩할 수 있는 중립지로서 "국토의 중심성과 관련하여 충청남·북도내의 지역"을 상정하였다.

마) 개발권역상의 잠재력

국토 공간의 균형 있는 발전을 위하여 "독립적 권역을 형성할 수 있는 지역"으로 상정하였다.

(3) 후보지 선정

가) 선정기준

첫째:지형(地形) 및 면적

기준지반고(基準地盤高)로부터 표고차(標高差) 50m 이하인 지역이 반경 10㎞ 권내에 60㎢ 이상인 지역.

둘째:기존 도시와의 관계

인구 5만 이상 도시의 기존 시가화 구역 외곽선으로부터 5㎞권을 제외한다.

셋째:국가 중요 정책사업과의 상충성

건설중인 청주비행장 소음권 및 대덕전문연구단지는 제외한다. (현재는 건설되어 있음.)

나) 후보지 선정

상기 사항들을 고려하여 평가기준에 따라 100만 인구의 수용이 가능한 수도입지(首都立地)를 검토한 결과, 천원(天原)·진천(鎭川)·중원(中原)·공주(公州)·대평(大平)·부강(芙江)·보은(報

恩) · 논산(論山) · 옥천(沃川) · 금산(錦山)의 10개 지구가 1차 후보지로 선정되었다. 2차적으로는 천원 · 논산지구와 · 수정보완된 공주지구의 3개 지구가 선정되었으며, 최종적으로는 공주지구를 보강한 장기지구(長岐地區)가 선정 · 보고되었다.

(4) 후보지 평가기준

가) 평가등급

행정수도 입지 선정에 고려되어야 할 입지적 조건에 대하여 각 항목별로 평가등급을 정하였다.

A(양호) : 입지적 조건이 이상적이라고 생각되는 바람직한 수준
B(보통) : 바람직한 수준에는 미달하지만 일정 범위 수준내라면 그다지 구애받지 않고 개발할 수 있는 수준
C(불량) : 행정수도 미래상 구현을 위해서 이 수준 이하로 낮추어서는 아니 되겠다고 생각되는 최저 수준
D(불가) : 수도입지의 필수적 요소라고 생각되는 개발가능 면적 및 배산 등의 항목 중 하나라도 최저 수준에 미달하여 입지로서 불가한 수준

나) 평가항목

행정수도 입지 선정에 고려되어야 할 입지적 조건에 대하여 1

차 평가는 9개 기본 항목과 30개 세부 항목, 2차 평가는 11개 기본 항목과 59개 세부 항목의 기준을 설정하였다.

(5) 후보지 조사평가

가) 평가 방법

도시입지의 선정에는 ①가중치방법(加重値方法) ②임계분석방법(臨界分析方法) ③벌점선별법(罰点選別法) 및 ④'델파이' 방법 등이 적용될 수 있으나 각각의 특성을 지니고 있다.

가중치방법이나 벌점선별법은 가중치나 벌점을 객관성 있게 설정할 수 있다면 새 도시의 입지 선정에 유효하게 적용될 수 있겠으나 입지를 선정하는 데 적용해야 할 기준에는 계량화(計量化)하기 힘든 것이 있어서 전문가의 직관과 사고에 의존해야 할 경우가 생긴다.

'델파이' 방법은 관계 전문가들의 의견을 설문조사하여 집약하는 것으로, 직관과 사고에 기반을 두어 계량화하기 힘든 문제에 유효하게 적용할 수 있으므로, 가중치방법이나 벌점선별법의 단점을 보완할 수 있으리라 생각된다.

임계분석방법은 도시를 확장하는 경우에 유효하게 적용될 수 있는 것으로 경제적인 최적 조건을 초기 단계로부터 중요한 인자로 고려하는 것이어서, 주후보지의 개발 위치와 관련하여 자세한 자료가 소요되므로 선정된 2~3개의 후보지 중에서 경제적인 입지를 결정하는 경우에 유효하게 적용할 수 있다.

행정수도의 입지 선정에 있어서는 이상 4가지 방법을 우리의 실정에 맞도록 수정하여 적용하되, 후보지로서 적합한 조건의 충족도(充足度)에 따라 A·B·C의 순으로 평가하고 개발가능 면적 배산 등 필수적 요소가 최저기준에 미달되는 경우는 D로 평가하여 C와 D가 많은 것부터 탈락시키거나 A와 B가 많은 것부터 서열화한다.

그 다음 2차 평가에서는 1차에서 조사평가된 후보지를 탈락 또는 서열화하여 2차 조사대상 후보지를 추출하고 2차 평가기준에 의하여 조사평가한다.

나) 평가기준

행정수도의 입지 선정을 위하여 설정된 범역내에서 10개의 후보지를 선정하고, 행정수도 입지에 고려되어야 할 입지기준을 30개 항목으로 세분하여 각 후보지에 대한 도상분석(圖上分析) 및 현지 답사를 통한 평가를 하였다.

〈표—1〉 1차 평가기준

평가항목		평가기준	평가순위	비고
기본항	세부항			
1. 위치	1) 국토의 중심성	중심에서 반경 30㎞ 미만 〃 30~60㎞ 〃 60㎞ 이상	A B C	면적·인구·산업을 기준으로 한 각 중심(重心)의 중심(中心)
	2) 서울과의 거리	서울에서 140±20㎞ 권내 〃 140±20~140±40㎞ 〃 100㎞ 미만 또는 180㎞ 이상	A B C	서울과의 거리: 현 교통수단으로 2시간대(대전권, 직선거리: 140㎞)

평가항목			평가기준	평가순위	비고
기본항	세부항				
	3) 개발권역상의 잠재력		중권 정도의 중심이 가능 소권 정도의 중심이 가능 소권 형성도 힘들다	A B C	
2. 개발가능성	1) 지형적 기준	가) 표고차	10,000ha 이상 8,000~10,000ha 6,000~8,000ha	A B C	반경 10㎞ 이내에 표고차 50m 이하인 지역
		나) 기복량	8,000ha 이상 6,000~8,000ha 4000~6,000ha 4,000ha 미만	A B C D	반경 10㎞ 이내에 기복량 30m 이하인 지역
		다) 경사도	10,000ha 이상 8,000~10,000ha 6,000~8,000ha 6,000ha 미만	A B C D	반경 10㎞ 이내에 경사도 10% 이하인 지역
	2) 장래확장가능성		상위 30% 이내 중위 40% 이내 하위 30% 이내	A B C	도심반경 10~15㎞내의 표고차 70m 이내, 기복량 30m 이하인 지역의 면적 순위
3. 지세	1) 자연경관	가) 주변 산세	상위 30% 이내 중위 40% 이내 하위 30% 이내	A B C	형태·질감·색채를 평가한 순위
		나) 식생	상위 30% 이내 중위 40% 이내 하위 30% 이내	A B C	수림 분포 및 식생 상태를 평가한 순위
	2) 배산임수	가) 배산	배산이 좋다 배산이 보통이다 배산이 나쁘다 배산이 없다	A B C D	배산반경 10㎞내에 표고 300m 이상의 북산
		나) 임수	임수가 좋다 임수가 보통이거나 조성가능성이 있다 임수의 조성가능성이 없다	A B C	임수:반경 10㎞내에 하폭(河幅) 200m 이상인 남천
	3) 입지전통성		양호하다 보통이다 불량하다	A B C	주산(북)·백호(서·청룡(동)·안산(남)·조산(남)·수구(남) 등 6개
4. 교통	1) 철도	가) 접근성	10㎞ 이하 10~20㎞ 20㎞ 이상	A B C	도시 중심부와 기존 철도와의 직선거리
		나) 전국과의 연결성	연결성이 양호하다 연결성이 보통이다 연결성이 불량하다	A B C	전국 각 권역과의 연결성

평가항목			평가기준	평가순위	비고
기본항	세부항				
	2) 고속 철도	가) 접근성	10㎞ 이하 10~20㎞ 20㎞ 이상	A B C	도시 중심부와 기존 고속도로와의 직선거리
		나) 전국과의 연결성	연결성이 양호하다 〃 보통이다 〃 불량하다	A B C	전국 각 권역과의 연결성
	3) 항만		40~60㎞ 60~100㎞ 100㎞ 이상	A B C	국제항 또는 국제항 설치 가능지와의 직선거리
	4) 공항		15~30㎞ 30~40㎞ 40㎞ 이상, 15㎞ 이하	A B C	국제공항 또는 국제공항 설치 가능지와의 직선거리
5. 용수	1) 수량		표류수 및 기존댐만으로 취수가능 새로운 댐 건설로 취수가 가능 취수형태가 2가지 이상으로만 가능	A B C	계획이 확정된 댐은 기존 댐으로 간주
	2) 수질		상류지역에 오염원이 없는 수질 보통 정도의 정수처리로서 식수 가능한 수질 고도의 정수처리를 요하는 수질	A B C	—
	3) 수원(水源)과의 거리		20㎞ 이내 20~40㎞ 40㎞ 이상	A B C	600,000MTD를 취수할 수 있는 지점과의 직선거리
6. 배수 및 하수	1) 수질오염적 측면		상수도수원을 오염시키지 않는 위치 상수도수원을 오염시키나 하수배출지점으로부터 20㎞권내에 상수도수원을 갖는 경우 상수도수원을 오염시키거나 하수배출지점으로부터 20㎞권내에 상수도수원을 갖는 경우	A B C	—
	2) 지형적 측면		침수면적이 전면적의 2% 미만 〃 〃 2~4% 〃 〃 4% 이상	A B C	침수지역:기존 최대 홍수 범람지역
7. 지장물 및 보상	1) 취락		하위 30% 이내 중위 40% 이내 상위 30% 이내	A B C	—
	2) 농경지		우량 농경지 비율 8% 미만 〃 8~15% 〃 15% 이상	A B C	반경 10㎞내 전면적에 대한 답(畓)면적의 비율
	3) 지하자원		국가적 차원에서 경제성이 없다 〃 〃 낮다 〃 〃 높다	A B C	반경 10㎞내 지하자원 개발 가능성

평가항목		평가기준	평가순위	비고
기본항	세부항			
		〃 〃 대단히 높다	D	—
8. 도시 방호 및 방재	1) 주변지형	세 조건을 모두 갖춘 지역 두 조건만 갖춘 지역 한 조건 이하를 갖춘 지역	A B C	① 배산임수 ② 개활지(開豁地) ③ 도시진입로 통제가 용이한 지형 등 3가지 조건 중
	2) 항로와의 관계	10km 이상 외부 5~10km 5km 이내	A B C	항로 방향 중심에서의 거리
9. 관광 자원	1) 문화재 및 사적지	상위 30% 이내 중위 40% 이내 하위 30% 이내	A B C	반경 10km내 문화재, 사적지·천연기념물·사찰 등을 평가한 순위
	2) 관광자원	상위 30% 이내 중위 40% 이내 하위 30% 이내	A B C	반경 40km내의 주요 관광자원을 평가한 순위

〈표—2〉 2차 평가기준

평가항목			평가기준	평가순위	비고
기본항	세부항				
1. 위치	1) 국토의 중심성		—		1차 평가기준과 동일
	2) 서울과의 거리		—		
	3) 개발권역상의 잠재력		—		
2. 개발 가능성	1) 지형적 기준	가) 표고차	5,000ha 이상 4,000~5,000ha 3,000~4,000ha 3,000ha 미만	A B C D	반경 5km 이내에 표고차 50m 이하인 면적
		나) 기복량	3,300ha 이상 2,500~3,300ha 2,500ha 미만	A B C	반경 5km 이내에 기복량 30m 이하인 면적
		다) 경사도	2,500ha 이상 1,500~2,500ha 1,500ha 미만	A B C	반경 5km 이내에 경사도 5% 이하인 면적
		라) 토지 이용 가능성	2,500ha 이상 1,500~2,500ha 1,000~1,500ha 1,000ha 미만	A B C D	상기 사항을 동시에 충족시킬 수 있는 면적
		마) 장래 확장 가능성	—		1차 평가기준과 동일

평가항목			평가기준	평가순위	비고
기본항	세부항				
		바) 북사면율(北斜面率)	하위 30% 이내 중위 40% 이내 상위 30% 이내	A B C	북사면:동북~서북사면중 경사도 5% 이상의 사면적(斜面積) 순위
		사) 대지조성 용이도	하위 30% 이내 중위 40% 이내 상위 30% 이내	A B C	암분포(岩分布) 면적의 순위
		아) 지하구조물 구축 용이도	8m 이상 5~8m 5m 미만	A B C	평균 암분포 심도에 의한 평가 순위
		자) 토양	상위 30% 이내 중위 40% 이내 하위 30% 이내	A B C	식양토(埴壤土)의 분포면적 순위
		차) 가용지의 분포형태	상위 30% 이내 중위 40% 이내 하위 30% 이내	A B C	일단화된 면적의 전체 면적에 대한 순위
3. 지세	1) 자연 경관	가) 주변산세	—		1차 평가기준과 동일
		나) 식생	—		
	2) 배산 임수	가) 배산	—		
		나) 임수	—		
	3) 입지 전통성		—		
4. 교통	1) 철도	가) 접근성	—		1차 평가기준과 동일
		나) 연결성	—		
	2) 고속 도로	가) 접근성	—		
		나) 연결성	—		
	3) 항만		—		
	4) 공항		—		
5. 용수	1) 수량		—		1차 평가기준과 동일
	2) 수질		—		
	3) 수원과의 거리		—		
	4) 수위고저차		자연유수가 가능한 지역 부분 가압(加壓)하여 송수할 수 있는 지역 전시설용량을 가압송수하여야 할 지역	A B C	—
	5) 지하수		대수층(帶水層)이 발달된 지역 대수층이 부분적으로 발달된 지역 대수층이 전혀 발달되지 않은 지역	A B C	—
6. 배수 및	1) 수질오염적 측면		—		1차 평가기준과 동일
	2) 지형적 측면		—		

평가항목			평가기준	평가순위	비고
기본항	세부항				
하수	3) 토질적 측면		하위 30% 이내 중위 40% 이내 상위 30% 이내	A B C	배수 양호 토양면적의 순위
	4) 처리 방법		1차 처리로 가능 2차 〃 3차 〃	A B C	—
7. 지장물 및 보상	1) 보상물	가) 취락			1차 평가기준과 동일
		나) 대규모 시설물	하위 30% 이내 중위 40% 이내 상위 30% 이내	A B C	대규모 시설물의 재산평가치 순위
		다) 묘지	하위 30% 이내 중위 40% 이내 상위 30% 이내	A B C	묘지의 다소에 따른 순위
		라) 지가(地價)	하위 30% 이내 중위 40% 이내 상위 30% 이내	A B C	개발가능면적의 단위면적당 지가의 순위
		마) 소유형태	하위 30% 이내 중위 40% 이내 상위 30% 이내	A B C	계획구역내의 개발가능면적에 대한 국·공유지의 면적비율 순위
	2) 농경지		하위 30% 이내 중위 40% 이내 상위 30% 이내	A B C	반경 5㎞내의 전면적에 대한 답면적의 순위
	3) 지하자원				1차 평가기준과 동일
8. 도시방호 및 방재	1) 주변지형				1차 평가기준과 동일
	2) 엄폐도(掩蔽度)		상위 30% 이내 중위 40% 이내 하위 30% 이내	A B C	(1) 지형의 기복(60) (2) 임상(40)으로 평가한 순위
	3) 항로와의 관계				1차 평가기준과 동일
	4) 자연재해		상위 30% 이내 중위 40% 이내 하위 30% 이내	A B C	(1) 강수로 인한 청수, 산사태(70) (2) 지진, 돌풍 유무(15) (3) 농무(濃霧)의 시계제한(15)
9. 관광자원 및 역사적 유래	1) 문화재 및 사적지		—		1차 평가기준과 동일
	2) 관광자원		—		
	3) 역사적 유래		중·고등학교 국사교과서에 소개되는 자랑스러운 지역 향토사정도에 기록된 자랑스러운 지역 중·고등학교 국사교과서나 향토사정도에 기록된 수치스러운 지역	A B C	—

평가항목			평가기준	평가순위	비고
기본항	세부항				
10. 도시 건설 지원	1) 노동력		상위 30% 이내 중위 40% 이내 하위 30% 이내	A B C	30㎞ 권내 생산연령(20~60세)의 인구수에 따른 순위
	2) 서비스		상위 30% 이내 중위 40% 이내 하위 30% 이내	A B C	30㎞ 권내 서비스 인구수에 따른 순위
	3) 골재원		골재원이 반경 20㎞내에 위치 〃 30㎞내에 위치 〃 30㎞ 이상에 위치	A B C	—
	4) 동력 공급		10㎞ 이내 10~20㎞ 20㎞ 이상	A B C	154㎸ 이상 동력선의 접근도
11. 기상	1)풍향		1방향이다 2 〃 2 〃	A B C	탁월한 주풍향
	2) 대기순환		1방향에 있다 2 〃 3 〃	A B C	대기이동의 장애물이 있다
	3) 강수		600~650㎜ 650~700㎜ 700㎜ 이상	A B C	7 · 8 · 9월의 집중 호우량
	4) 기온	동(冬)	100일 이하 100~105일 105일 이상	A B C	연중 진동(眞冬) 일수(0℃ 이하)
		하(夏)	40일 이하 40~45일 45일 이상	A B C	연중 진하(眞夏) 일수(30℃ 이상)
	5) 안개		20일 이하 20~40일 40일 이상	A B C	연중 안개 일수
	6) 일조시간		2,425시간 이상 2,400~2,425시간 2,400시간 이하	A B C	연중 일조시간
	7) 청천(晴天) 일수		150일 이상 100~150일 100일 이하	A B C	연중 청천 일수

3) 양택의 공간적 기본 특성

옛부터 한 나라의 도읍지를 조성하거나 마을이 형성되는 때는 물론이고 궁궐이라든가 관아(官衙), 민가(民家) 그리고 사찰(寺刹), 서원(書院) 또는 별서(別墅: 집 밖 가까이 경치 좋고 한적한 들과 산천에 요즈음 별장같이 지은 집), 루(樓), 정(亭) 등을 조성할 경우에도 철저하게 풍수사상과 오행 등에 기초해 공간지할(空間地割)과 특성(特性)이 설정되었다.

풍수지리에서 거론하고 있는 형국은, 혈이나 택이 사자(死者)와 산자[生者]의 거처라는 점만을 구분하고는, 양택이나 음택에서도 거의 동일하게 적용되고 있다.

공간적 범위가 큰 도읍지나 마을은 풍수적 해석을 광범위하게 적용하고, 범역이 작은 택우(宅宇:집터)나 택조(宅兆:묏자리)인 경우에도 풍수사상은 물론이고 최소한 사신사상, 다시 말해 좌청룡·우백호·남주작(南朱雀)·북현무(北玄武)를 원용하고 있다. 이러한 사상적 배경을 기초로 하고, 양택 조성에서 가장 널리 적용된 기본 원칙을 양택3요결(陽宅三要訣)에서 밝히고 있다. 조구봉의 『지리요결』에 나오는 양택3요결은 배산임수(背山臨水)·전저후고(前低後高)·전착후관(前窄後寬)이다. 이러한 조건을 갖추고 주위가 낮으며 가운데가 높고 평평한 대지로 장방형이나 정방형의 택지는 최고의 길지(吉地)로 여기었다.

배산임수는 산을 등지고 낮은 곳으로 향하도록 하고, 정원이 도로보다 높게 되어야 배수가 원활해져 물 고임이 없고 침수를 방지할 수 있다.

전저후고는 앞은 낮고 뒤는 높아야 한다. 즉, 앞의 정원과 행랑채는 낮고 주 건물은 높아야 된다. 또, 부속건물과 담장이 주건물을 보호하도록 설계되어야 하고, 대문의 높이가 담장보다 낮아서는 아니 된다.

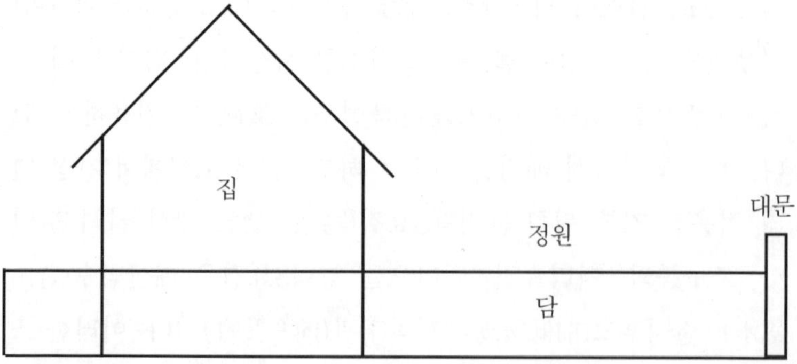

전착후관은 앞이 좁고 뒤가 넓어야 한다는 뜻으로, 출입하는 곳이 좁으면서 정원에 들어서면 건물에 비해 정원이 넓어 안정감이 들도록 해야 된다. 이는 집 주위의 공기 순환을 원활히 하여 땅의 정기가 흩어지지 않게 하기 위함이다.

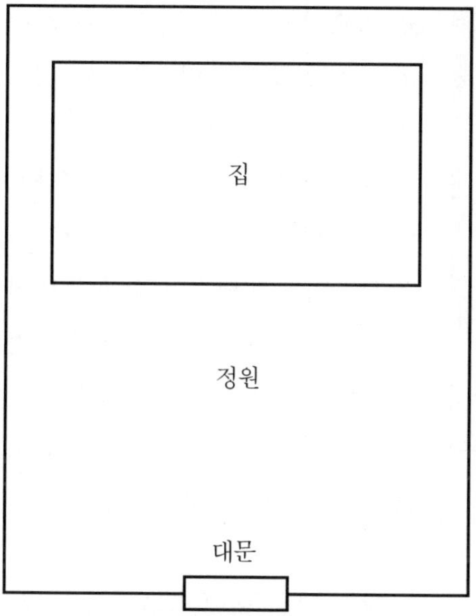

양택3요결에서 말하는 3가지 요건을 충족시키는 좋은 집터는 조망이 트이고 15% 이내의 경사지로서, 남향이며, 동절기의 일조량도 8시간 이상 충분히 확보될 수 있고, 홍수 때 침식이 되질 아니하며, 잔디나 수목이 적합하게 생육될 수 있는 황토의 생기터이어야 한다. 또한, 건물군이 들어서 있지 않고, 주도로로부터 500m 이내에 입지한 곳이 길터이다. 이는 요즘 각광을 받는 이상적인 전원주택 입지조건이기도 하다.

이제, 위와 같은 사상적 배경을 근거로 해 조성된 양택으로 크게 궁궐과 도읍지·사찰·민가 등의 공간적 구조와 특성을 간단하게 살펴보고자 한다.

(1) 궁궐(宮闕)과 도읍지(都邑地)

한양은 풍수지리적 측면과 천문사신사상(天文四神思想)에서 보면 안으로, 주산 북악은 소조산의 북현무, 낙산은 좌청룡, 인왕산은 우백호, 남산은 안산 남주작으로, 청계천은 내명당수로 보

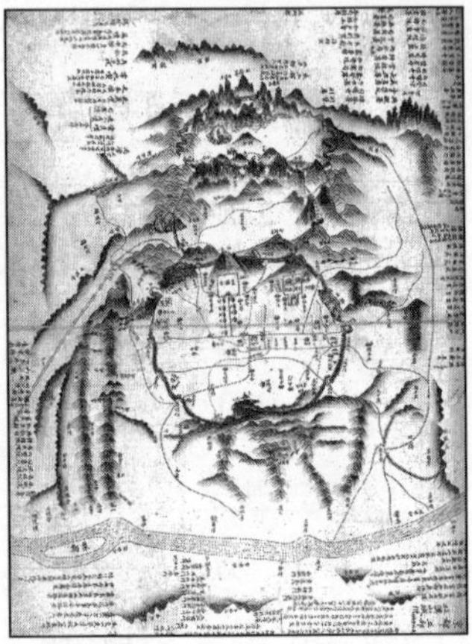

한양옛지도

고 있으며, 정전인 경복궁은 좌청룡·우백호를 거느린 명당정혈지로 보고 있다.

바깥으로는 북한산을 중조산격으로 조산(朝山)을 관악산으로 하고 한강의 외명당수가 길게 흐르며 이루어진 명지(明地)로, 천혜의 자연조건과 국방 및 4통8달(四通八達)의 물류교역 적지의 자연요새적 조건을 갖춘 세계적으로도 우수한 전원도시적 분지의 입지이다.

명당명지에는 수류(水流)가 필수적인데 한양의 득수(得水)는 내명당수인 청계천이 서북에서 동남으로 돌아 흐르고, 외명당수인 객수(客水) 한강이 동북에서 남서로 남산을 돌아 도성을 안고 흘러, 서출동류수(西出東流水)와 동출서류수(東出西流水)가 엇갈려 흐르며 만나는, 이른바 역수현상(逆水現象)을 보이고 있는데 이를 풍수지리에서는 매우 대길한 것으로 여기고 있다.

한양은 태조 이성계가 1392년 도읍을 천도하기로 결정하고 1394년 한양 도읍지의 좌향을 확정 개토(開土)를 시작, 1396년 9월 정도(定都)를 하였다. 한양 입지 구획시 왕사인 무학대사와 권신인 정도전과 주산의 위치를 놓고 상당한 논란을 빚었으나 무학대사의 주장대로 현재의 위치로 확정되었다.

중국에서 비롯된 고대 도시계획수법인 정전법(井田法)에 근거하여 남북자오선(南北子午線)에 따른 주축(主軸), 동서묘유선

(東西卯酉線)에 따른 부축(副軸)이 우선 설정되었다. 이 정전법은 남북 주축과 동서 부축을 가르고 도시 내부를 구획하는 서양의 격자도시형설계(格子都市型設計)와 일맥이 상통하고 있다.

연후에, 주축로 우측에다 사직단을, 좌측에는 종묘를 우선 배치하고, 부축로 북동측 간방(艮方)에 성균관을 사당성격으로 배치하였다. 행정관청은 궁궐 전면 주축로 좌우에 배열되고, 부축로 동측 좌우로 상가가 조성되었으며, 동남쪽으로 주거단지가 형성되었다. 도심내로는 명당수인 청계천이 흐르며, 주·부축대로 외곽에 성곽과 4대문이 생기고, 그 사이에 4소문을 배치함으로써 한양(漢陽)의 도성(都城) 설계가 이루어졌다.

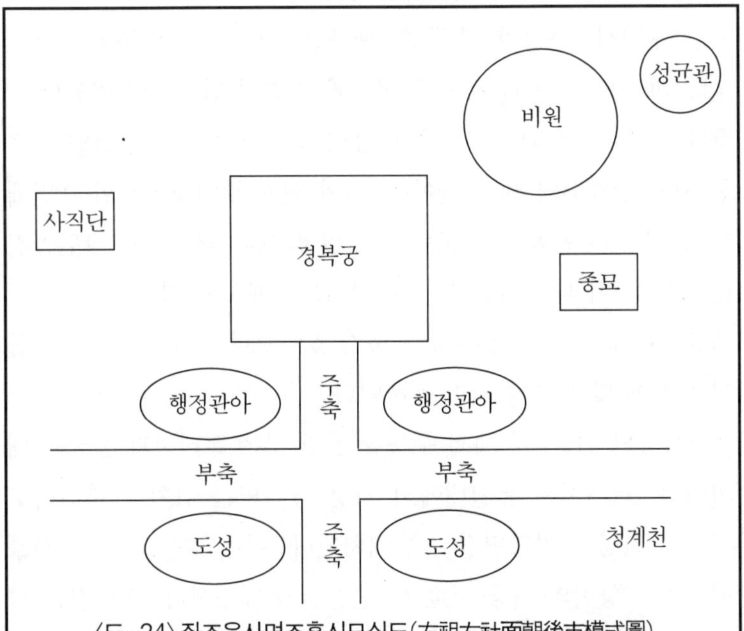

〈도-24〉 좌조우사면조후시모식도(左祖右社面朝後市模式圖)

이어 1396년 종묘(宗廟)도 같이 창건되었는데, 이는 중국 주대(周代)로부터 내려오는 도읍지 조성 기본틀인 좌조우사면조후시(左祖右社面朝後市)의 제도를 참작한 것이다.

이 도읍지 조성 기본틀에 의해 궁궐인 경복궁도 이 제도에 있는 3문3조(三門三朝), 4문4신(四門四神) 원칙을 따르고 있다. 경복궁의 정전인 근정전을 중심으로 수직축으로 살펴보면 3문(三門)인 광화문·홍례문·근정문을 지나 근정전에 이르도록 하고 그 축에 연이어 뒤로 근정전·강녕전·교태전의 3전(三殿)을 배치하고 있으며, 이를 3조(三朝)와 상원(上苑)의 공간으로 구획하고 있다.

3조는 궁문인 광화문을 들어서면 경비대·승지·신하가 근무하는 수직사, 승정원, 홍문관, 예문관 등이 있는 외조공간(外朝空間)과 왕이 정치를 하는 근정전과 편전이 있는 치조공간(治朝空間), 그리고 왕과 왕비, 대비 등이 생활하는 사적 공간인 연조공간(燕朝空間)의 세 공간이며, 이와 연계해 연조공간의 후면에는 휴식하고 연회하는 궁원과 조원공간(造苑空間)인 상원공간(上苑空間)이 배치되었다. 이러한 공간 배치에 따른 조경은 국정을 다스리는 치조공간에는 하지 않았으나, 여타 공간에는 공간 특성에 맞게 조경 처리를 하였다.

경복궁의 건물배치에서 주목할 만한 것은 교태전과 동궁의 배치이다. 교태전은 궁궐내에서 가장 중심되는 위치에 자리하고 있으며 최상의 명당명혈지에 배치된다. 이는 대를 이을 왕자를 생산하는 왕비의 지중(至重)한 침전이기 때문이다. 교태전은 하늘과 땅의 양과 음의 정기가 화합해 만물이 생성되기를 기원하

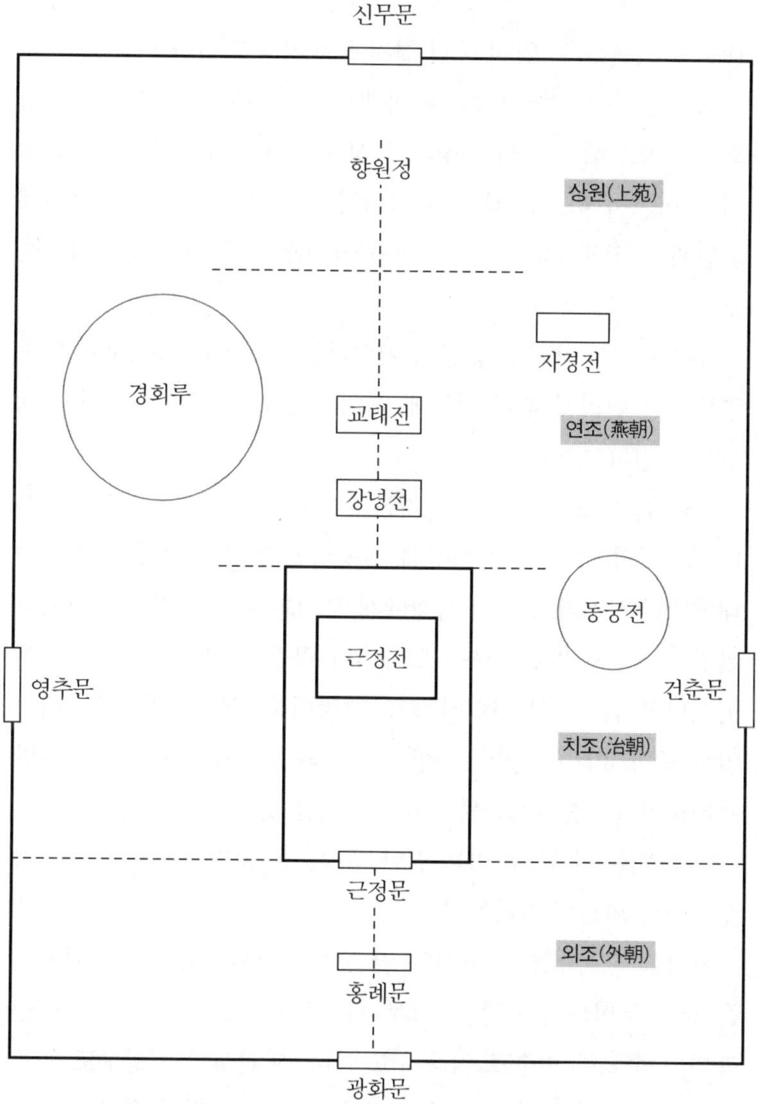

〈도－25〉 삼문삼조모식도(三門三朝模式圖)

고 있다. 같은 개념으로 창경궁의 통명전(通明殿)과 창덕궁의 대조전(大造殿)도 역시 중심 혈지에 위치하고 있다.

교태전 후원에는 아미산과 화계를 조성하고, 방지(方池)에 경회루를 조성해 왕비의 덕성과 심성을 곧게 하도록 하였다. 교태전을 비켜서 뒤로는 대비가 거처하는 침전인 자경전을 배치해 꽃담과 십장생굴뚝을 쌓고, 향원지(香遠池)를 마련하여 편안한 노후를 즐기도록 하였다.

왕위를 이을 세자인 동궁이 거처하는 동궁전은 음양오행과 주역팔괘의 원리에 따라 정동에 배치하였다. 동쪽은 장자이고 태양을 상징하고 있다.

이와 같은 도읍지 조성의 기본 원칙은 나아가 각 고을의 관아나 읍·성의 마을 골격 형성에 결정적인 영향을 미쳤다. 농경시대에 계급사회가 엄존한 상황에서 오행의 원리에 따라 궁궐이나 관청의 동·서 방향으로는 왕족이나 양반 권력층인 상류계층이 최상명당지를 찾아 자리하였고, 남방에는 몰락한 양반계층이나 일부 중상(重商)계층이, 북방 언저리와 동·서방 사이에는 일반 관리층이나 중인(中人)들이 무해지지를 찾아 자리하였다.

민초(民草)라 할 수 있는 일반 백성들은 천민층과 함께 농경지 부근이나 외곽에 자리하였다.

이러한 도시구조는 현재와 같은 다변화사회와 평등사회에서는 모두 부합되지는 않고, 그보다는 오히려 도시 기능의 효율성 측면이 주요한 변수로 작용하고 있다. 미완성의 행정수도시 조성계획에는 이를 잘 반영하고 있다. 참고로 과거 사회와 행정수도시의 도시공간 개념을 모식화하여 본다. 행정수도시는 비상

〈도-26〉 읍·성 마을의 도시 공간 구조

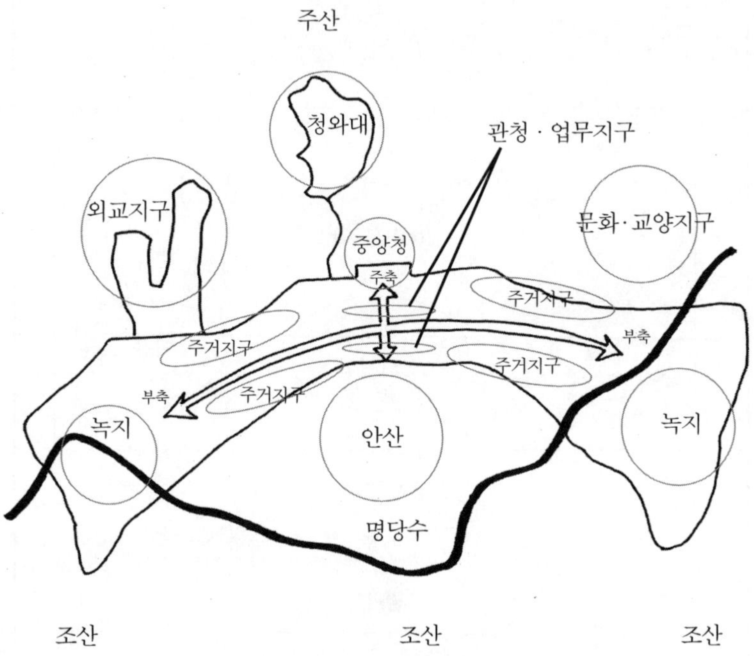

〈도-27〉 행정수도시 건설계획(안)의 도시 공간 구조

(飛翔)하는 봉황(鳳凰)의 형국이다.

(2) 사찰(寺刹)

풍수지리적 영향을 아무래도 많이 받을 수밖에 없는 경우가 사찰의 입지 선정이나 건립이다. 우리 나라 풍수지리의 시조라고 일컫는 사람이 신라 말의 도선국사(道詵國師, 827~898)이다. 도선국사는 전남 영암에서 출생해 호를 옥룡자(玉龍子)라 하였고, 고려 태조 왕건의 탄생과 고려 건국을 예언하였다. 도선국사는 중국의 일행선사(一行禪師)에게서 풍수지리설을 배워 한국의 자생풍수(自生風水)를 확립한 선인이다. 도선국사가 저술했다는 『도선비기(道詵秘記)』는 고려의 건국은 물론, 이후 고려의 정치·사회 전반에 막대한 영향을 끼친 바 있다. 이어 조선 초기, 한양 천도에 결정적 기여를 한 왕사(王師) 무학대사(無學大師)에 이르기까지 풍수지리설의 위력은 대단했다.

현재까지 존립되어 오는 명찰(名刹)들은 거의가 도선국사가 점지했다고 할 만큼 실로 명당지에 건립되었다. 현재에도 그 형태가 엿보이기는 하나 전에는 사찰이 도성 안에 존재했었지만 조선시대의 억불숭유(抑佛崇儒) 정책에 따라 도성을 떠나 거개가 도선국사가 점지했다는 산사(山寺)로 자리하고 있다.

사찰은 현세와 속세의 두 세계를 매개(媒介)하는 공간으로 속

경북 예천 의성포의 장안사.

세의 번뇌를 잊고 현세의 자기 성찰을 통해 견성(見成)함으로 자기 본연의 천성을 깨닫도록 하는 도량(道場)의 기능이 강하다. 따라서 시설물의 배치도, 일주문(一柱門)에서 본전(本殿)에 이르는 공간을 정신적 기승전결(起承轉結)의 변화감과 상승적 공간감의 기대를 부여하기 위해 계획하며 배치하고 있다. 사찰에서 가장 중히 여기는 중심 혈지에 부처를 대신하는 진신사리탑(眞身舍利塔)이 세워지는 것과 사찰 입구나 주변에 부도(浮屠) 등이 세워지는 것도 주목할 만하다.

이러한 기본적인 공간배치 개념에 따라 사찰이 입지한 지리적 특성을 살펴보면, 평지에 위치한 사찰의 경우는 어느 한 축(軸)을 따라 건물이 정연하게 배치되는가 하면, 평지와 산지의 중간인 구릉지에 위치한 경우는 축대를 쌓아 사찰 부지를 확보했고, 산 중의 완만한 경사지에 자리한 경우에 있어서는 산 중턱을 진입공간으로 활용하고, 건물은 중정식(中庭式)의 배치를 하고 있는 것이 보편적이다. 산사승 가람마의 도량은 대개 진입 공간·주공간·부공간·승화 공간의 네 공간으로 나뉘어진다.

진입 공간은 입구에서 대웅전까지의 진입 과정이며, 가장 낮은 지형이나 완만한 경사지가 주로 이용된다. 주공간은 대웅전 앞의 크고 넓은 공간이며 사찰 공간의 전이적(轉移的) 공간이기도 하고 공간감의 정점(頂点)을 주는 공간이다. 부공간은 대웅전에 부속된 주변 소공간으로서, 주공간보다 다소 높은 곳에 자리하거나 지형 변화에 따라 낮은 곳에 자리하게 된다.

승화 공간은 사찰내에서 가장 내밀(內密)한 공간으로 자연에 몰입하는 정적(靜的) 공간이며, 외부와 차단하고 출입을 통제하고 있는 것이 보통이다. 일반적으로 궁궐이나 민가의 후원(後苑)·별원(別苑)·비원(秘苑)·사원(祠苑) 등을 연상하면 된다.

여느 사물이나 마찬가지이지만 건축물에도 위계가 있게 된다. 제일 높은 건축물이 궁궐의 궐(闕)이라면 다음에 전(殿)—당(堂)—합(閤)—각(閣)—사(寺)—루(樓)—제(齊)—옥(屋)의 순으로 위계가 매겨진다. 이러한 기준에 따라 대개 사찰에 지어지는 건물은 전, 당, 각, 사, 제 등의 이름이 지어졌다. 사찰의 공간적 변화에 따른 시설물의 배치는 규모가 큰 경우에 다음과 같은 공통점이 있다.

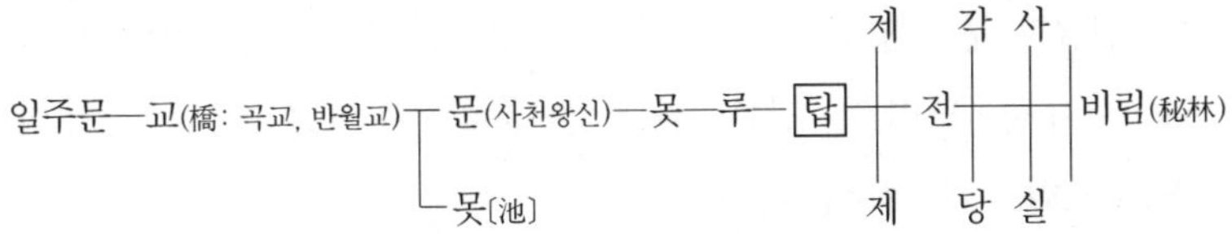

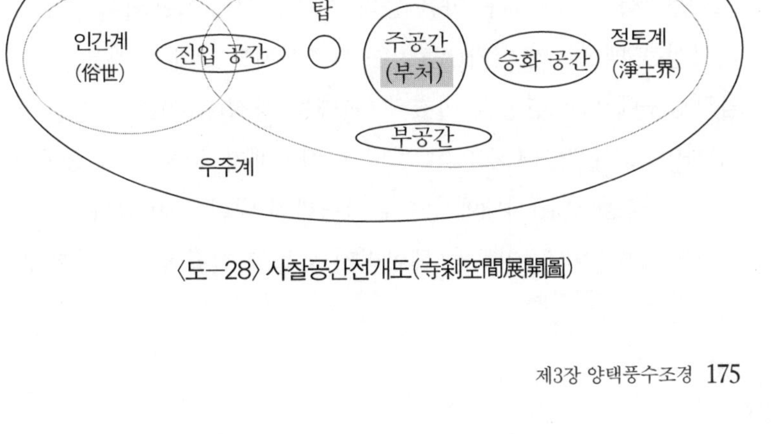

〈도—28〉 사찰공간전개도(寺刹空間展開圖)

사찰의 조경은 특이하게 조성하지 아니하고 자연 상태에 가급적 순응하면서 기도 도량으로서의 정적(靜的) 분위기를 연출하고 있다.

대웅전과 건물 주변에 화계(花階)라든가 화단을 소담하게 조성하여 점경(点景) 위주의 식재를 하고, 석물(石物)도 세심석(洗心石)이나 석련지(石蓮池)·돌확 정도를 배치하였다. 사찰에서 식재되는 대표적 조경수로는 불도(佛道)와 관계된 것이 많은데 수국·배롱나무〔紫微花〕·연꽃·불두화·벚나무·은행·느티나무·팽나무·회화나무·산사나무·보리수·동백·모란·백당화·석류·단풍·소나무 등과 관목류로서 영춘화·수수꽃다리·매화·산초나무·개나리·영산홍·무궁화 등이 있고, 냉이·고사리·꽃다지·도라지·잔대·제비꽃·분꽃·봉선화·백일홍 등의 초본 초화류가 대부분이다.

(3) 민가(民家)

가) 공간입지적 특성

도읍지나 궁궐·관아·마을 등의 입지 조성에 적용되던 풍수지리사상은 백성들의 민가(民家) 주택 조성에도 크게 영향을 주고, 음택풍수에까지 영향을 끼쳤다. 한때는 광적(狂的)으로 맹신(盲信)하여 묘지쟁송(墓地爭訟) 등의 사회문제가 극에 달해 300여 년 전인 숙종(肅宗)시대에 풍수금지령까지 내린 적이 있다.

이는 풍수지리의 참뜻을 헤아리지 못하고 길흉화복의 점복(占

卜) 정도로 치부하다 보니, 본질과는 어긋난 폐해(弊害)가 심했기 때문이다.

더욱이 조선 당시 지배 계층이던 사대부가(士大夫家)의 양반층과 중상중농(重商重農)의 부호계층 등에서 이를 중시했고, 점차 일반 백성들 사이에서도 본받듯이 따르게 되었다.

민가의 조성에도 일반 사대부 가문의 조영(造營)을 기준으로 그 특성을 살펴보면 몇 가지 공통성이 보이고 있다. 입지적 좌향은 양택3요결에 근거해 주역 8궤의 자좌(子坐:壬子癸) 오향(午向:丙午丁)을 대개가 선호했

▶▲▲ 입춘축을 써 붙이고 만복이 깃들기를 기원하는 일반 서민층의 민가 대문.
▶▲ 초가삼간 가옥 본채.
▶ 터주신을 함께 모시면서 신성시하고 있는 민가의 장독대 공간.

고 가상(家相)에 따른 길흉화복도 점지할 수 있는 동·서사택(東·西舍宅) 이론에 부합하도록 힘썼다.

민가에서도 궁궐과 마찬가지로 가택의 중심은 안주인이 기거하게 되는 안채의 안방이 되었다. 자손 생산과 가문 번성이 주요 목적이기 때문에 그 장소를 신성히 여겨 합궁처(合宮處)로 삼고, 가장 정기가 모여 있는 길지에 위치하였으며 집의 다른 부속 건물보다도 매우 크고 높게 우아하게 시설하였다.

또한, 엄격한 유교적 사상에 바탕을 두고 좌조우사(左朝右社)의 원칙에 준용하여 사랑채 뒤 동북방 간방(艮方:丑艮寅)에 가문을 수호하는 조상신이 머무는 상징 공간으로 가묘(家廟) 격인 사당과 그 부속 시설들이 자리하였다. 바깥주인이 기거하는 사랑채는 동방(震方:甲卯乙)이나 동남방(巽方:辰巽巳)에 자리했다. 대를 이을 아들은 동쪽에 거처가 마련된다. 즉, 가택조영의 공간배분 대원칙은 서방(兌方:庚酉辛)이나 서북방(乾方:戌乾亥)으로는 음(陰)으로써 생산과 결실을 의미하는 상징 공간으로 안주인이 기거하는 안채와 부속 시설들이 자리하였다.

집이 주인인 가주(家主)의 생활 공간은 사랑채로 양(陽)으로 밝음·부활·생명·생동을 의미하는 동방이나 동남방에 유교의 남녀유별 원칙에 의거, 안채와 엄격히 구분하여 시설하였다.

공간적으로 볼 때는 민가에 있어 집의 주인은 바깥주인인 남성이고, 집안의 주인은 안주인인 여성이며, 가문의 어른은 돌아가신 조상인 가신(家神)으로 엄격히 구분하고 있다. 이렇게 볼 때 전통적인 양택조경에 있어서는 산 사람인 경우, 여성을 상당히 존중하고 있는 외형적 특성을 보이고 있다. 사당과 안채, 사랑채의 입지가 정해지면 그에 따라 대문의 위치를 정하여 양택3요결의 원칙을 따르고 있다.

양택3요결에 따르면 동서사택(東西舍宅)의 8택가상에 맞추어 대문·안방 또는 안채(主)·부엌(조:竈, 주:廚)·화장실(뒷간)·곡간(광:庫間, 穀間, 倉庫, 桴京) 즉, 문·주·조·측·고(門主竈廁庫)의 위치를 제대로 자리하게 해야 길상택(吉相宅)으로 여겼다.

다섯 가지가 모두 맞게끔 배치한다는 것이 어렵기는 하나, 가급적이면 맞추려 했다. 옛날처럼 내외가 엄격히 구분되어 여러 공간으로 나뉘어 제각각의 기능을 하던 집의 구조나 형태가 요즈음은 한 곳으로 안으로 모아 들어와 기능하고 있다. 아파트

▶ 양반가의 솟을대문.
▶▼ 전북 정읍 산외면 오공리 명당택지의 김동수 씨 고택.
▼ 김씨 고택의 굴뚝 장식.

문화로 상징되는 요즈음의 현대사회에서는 위의 다섯 가지 조건을 충족한다는 것은 거의 불가능하고 문·주·조의 세 가지만이라도 우선 맞게 하는 것으로 이해하고 있으나 이 또한 수월치는 않다(동서사택론에서 후술).

주택지의 입지 선정에서부터 좌향이나 건축물의 공간적 배치, 대문의 방향 등이 풍수지리·오행 등으로 어느 정도의 구상이 되고 나면, 바로 조영에 들어가는데 역사(役事)를 시작하기 전부터 끝날 때까지 길일길시(吉日吉時)를 택하여 조신하게 몸가짐을 경건히 하고 전래되어 오는 민속에 따라 행하게 된다. 구전되고 있는 민속자료에 의하면 선현(先賢)들은 집을 작은 우주로 생각하고, 집과 관련된 여러 토속신(土俗神)들을 정성스럽게 모셨다. 가령, 성주신(家神)·터주신(土神)·부엌 조왕신(竈王神)·우물 용신(龍神)·재왕신(財王神)·뒷간신(廁神)·아기의 삼신(三神)·조상신(祖上神) 등에 정성을 들였다.

이는 유라시아 유목 민족의 전형적 문화유산인 천손강림신화(天孫降臨神話)에 기인하고 있다.

성주신은 건물 가옥의 수호신으로 상량신(上粱神)이 변신을 한 신이다. 집이 완공되고 나면 입택식(入宅式)으로 성주굿맞이의 제례를 올린다. 요즘 말로 집들이 행사인 셈이다. 성주는 안방에 쌀단지를 만들어 상량식에 쓰였던 쌀을 담아 신체(神體)로 여기고 모셔 둔다.

터주신은 집터의 수호신으로 집을 지을 착공식(기공식)부터 소중히 여긴다. 집을 짓기 시작하는 첫삽을 뜨기 전에 텃고사로 집터 가운데에다 흙을 적당히 모은 다음, 왼 새끼를 둘러치고 동서남북 사방신(四方神)에게 술을 조금 부어 바친다. 터주신은 대개 볏짚으로 신체를 만들어 좌조우사의 원칙에 따라 대개 서북방(乾方:戌乾亥) 후원 뜰에 모셔 둔다. 주위에 아무런 치장도 하지 않았다.

첫삽은 가주인 주인의 사주오행운에 따라 용신운(用神運)에 맞는 특정 오행 방향의 흙을 주인이 한 삽 먼저 뜬다. 성주운과 맞춰 보는 경우도 있으나, 대개 성주운은 자좌오향(子坐午向)의 좌향에서 남방오향과 관련해 화기(火氣)를 우선함으로 화운(火運)과 가주운을 맞추는 예가 많다. 이어, 좌향을 제대로 맞추는 상벽꽂기로 좌향말뚝을 박고 실을 띄운다.

어느 정도 공사가 진행되어 골격을 갖추면, 초석(礎石)기둥에 보를 걸고 나서 그 위에 마룻대를 올리게 되는데, 이 마룻대를 올리는 의식이 상량식이다. 마룻대는 가지가 달렸던 부분을 집안 쪽으로 향하게 하고, 준비한 쌀과 북어나 명주 실타래, 돈 등을 무명지에 싸서 뿌리 부분에 걸어 놓고 길운을 비는 상량고사를 지낸다.

상량식은 상량신에게 제(祭)를 올림으로 이루어지는데, 이때 고유문(告由文)은 낭독하지 않고 가주(家主)가 세 번 절하고 헌작(獻爵)을 하면 된다. 마룻대에는 상량문(上梁文)을 써 올리는데, 대개 모년 모월 모일 모시에 가주 아무개 공(公)이 모좌모향으로 집을 지었으니 천상의 일(日)·월(月)·성(星) 3광(三光)과 인간의 5복이 집에 그득하게 해달라는 내용으로 쓴다.

상량문식에는 거북이 구(龜)와 용(龍)의 글자를 함께 쓰는데, 이는 거북이와 용이 물의 신(水神)이므로 화재(火災)를 예방케

해달라는 상징적 의미를 갖는다. 기호(畿湖)지방의 상량문식(上梁文式)의 예를 들어 본다. 상량신은 공사가 끝나 입택식(入宅式)을 하게 될 때 성주신으로 변한다.

龜 某年某月某日某時某年生某官某公成造某坐某向上梁 備 應天之三光 / 人間之五福 龍

부엌은 자연 현상을 축소한 소우주라 여기고 가솔의 건강과 생육을 담당하는 신성한 곳으로 믿어 물로 상징하는 조왕신을 항상 모셔 두었다. 오행에서도 물〔水〕은 생명의 잉태로 상징해 오행의 첫 순번을 차지하고 있다. 부뚜막을 우주 생성의 원천으로 여겨 평균적으로 길이는 7척 9촌으로 북두칠성과 9성(九星: 태양계의 9개 행성)을 상징하며, 넓이 4척은 춘하추동 사시사철을, 높이 3척은 천지인 삼재를, 1척 2촌의 아궁이 길이는 12시간을, 부뚜막의 솥 두 개는 일월을, 고래 길이 8촌은 패철론에서 얘기하는 팔요풍(八曜風)을 상징해, 우주만물의 기운이 부뚜막을 통해 부엌으로 드나들어 불꽃처럼 활활 쉼없이 타오르기를 염원하고 있다.

지붕의 형태도 기와의 경우 가급적 태양고도와 맞추어 지붕 처마선을 설정했는데, 대개 27° 정도의 처마각을 유지해 하늘 위로 비스듬히 향하도록 했다. 이는 천문(天文)의 이로움을 얻고 하늘의 뜻을 존중하는 순천성(順天性)에 기인하고 있는 것이다.

우물도 생명의 원천수를 공급하는 곳으로 매우 중요하게 여겼는데 자좌옥(子坐屋)은 반드시 서출동류수를 길한 것으로 보아 서쪽에서 샘솟아 동쪽으로 흐르는 맥을 찾아 서쪽에 우물을 삼았다. 연못을 시설해도 마찬가지였다. 이는 오행에서 서쪽은 금(金)이고, 동쪽은 목(木)이니 금생수(金生水) 수생목(水生木)의 오행순행

▶▲ 김씨 고택의 담장과 조경수.
▶ 자연 지형을 그대로 활용해 조성한 창경궁의 화계.
▼ 창덕궁 후원의 연경당(演慶堂) 양반 가옥과 담장.

을 쫓았기 때문이다.

재왕신은 재록(財祿)을 다스리는 신으로 여겼으며 따로 짓거나 헛간에 붙여 짓는 곳간에 주로 모셨고, 뒷간신은 화장실을 다스리는 신으로 여겨 생활공간과 다소 떨어진 곳에 남녀용으로 구분해 별도로 모셔졌고, 조상신은 4대조 조상(부모·조부모·증조부모·고조부모)의 신위를 가묘(家廟)인 사당에 모시었다.

아기의 생산을 점지하는 삼신은 단군신화의 삼신인 환인(桓人)·환웅(桓雄)·환검(桓檢)을 모태로 하여 모시는 신으로 간혹 부호의 집에서는 지기(地氣)가 가장 많이 모인 곳에 산방[산실(産室)]을 따로 마련하는 경우가 있어 삼신을 별도로 모시기도 하나, 대개의 경우 아이가 생산될 때마다 삼신제를 올리는 것으로 대신했다. 사찰에는 삼신당(三神堂)이 자리하기도 한다. 아이가 출생하면 왼 새끼줄(왼쪽으로 비벼 꼰 새끼줄)의 좌우 끝을 자르지 않고 금줄을 3·7일(21일)까지 대문에 걸어 두는데, 금줄에는 남아는 붉은 고추 3개·숯 3개를, 여아는 청솔가지 3개·숯 3개를 바꿔 가며 끼워 놓는다. 이는 다산(多産)·장수(長壽)·정절(貞節)을 비는 것과 함께 잡귀의 집안 출입을 엄히 막는 의미를 갖는다. 아이가 태어난 지 3일째 되는 날에야 비로소 삼신상을 차려 아이의 수명장수를 기원하는 삼신제를 올리게 된다.

양택의 입지나 규모도 신분과 품계에 따라 엄히 통제가 되었다.

풍수오행에 따라 주거입지도 구분이 되었는데 이는 앞절에서 언급한 바 있다. 주택의 크기도 기록이 전하는 것에 따르면 요즈음의 건평 기준(1평≒3,3057㎡)으로 볼 때, 칸[間]의 기준도 달리해 일반 백성은 16평, 중인은 38평, 양반 권력층은 180평, 왕족인 군(君)이나 공주는 265평, 대군(大君)은 372평 정도를 한도로 정하였으나, 특수하게 중인의 부상부호나 권력세도가 등 특권계층이 마련했던 소위 99칸 대저택은 375평~615평 정도의 범위를 갖추었다. 일반 백성의 99칸인 경우라면 158평 정도가 된다.

초가삼간 두옥(斗屋)이라면 대략 5평 정도가 되니, 이 기준은 최소한 1인이 생활할 수 있는 공간으로서 예나 지금이나 비슷한 기준이다. 참고로 양택조성에 있어 길일길시로 여기던 천간지지를 살펴보면 다음과 같으나, 이는 어디까지나 참고로 할 뿐 가주의 운세와 사주오행과 용신 삼합을 맞추어 택하는 것이 보다 바람직하다.

길일길시간지(吉日吉時干支)의 예(例)

甲子·甲午·甲申·甲戌, 乙丑·乙卯·乙巳, 丙子·丙申·丙戌, 丁卯·丁巳·丁未·丁酉, 戊子·戊寅·戊辰·戊戌, 己巳·己未·己酉·己亥, 庚子·庚寅·庚辰·庚午·庚申, 辛丑·辛未·辛酉·辛亥, 壬午·壬申, 癸丑·癸卯·癸亥 등

나) 공간구조적 특성

제법 규모를 갖춘 농가나 반상부호(班上富豪)·권문세도가의 가옥 등의 양택공간 전개는 규모나 크기의 차이는 있을지언정,

앞절에서 기술한 바와 같이 택지가 마련되면 좌향이나 문·주·조·측·고(門主竈廁庫)의 위치, 그리고 안채, 사당, 사랑채 등 중요한 공간의 배치에 관한 구상에 따른 공간 특성이나 기본적인 틀은 크게 다를 바 없다.

농가의 양택 공간은 논·밭이나 주위 야산의 자연환경 공간에서 비롯되어 집 앞·텃밭이나 채소밭·마당의 바깥공간, 그리고 안채·사랑채·뒷뜰의 공간으로 전개되는 것이 일반적이다.

반상부호의 상류주택은 대개가 기와집으로 조성되며 크게는 99칸의 고대광실(高臺廣室)까지 다양하다. 대부분 자좌오향으로 자리하고 본채와 부속채를 갖춘 전통 한옥의 공간구조를 이루게 된다. 공간의 기능상으로 공적(公的) 공간은 사랑채나 부속 행랑채의 공간이 주로 되고, 사적(私的) 공간은 안채와 부속공간이 되며, 신적(神的) 공간은 사당으로 성소(聖所)가 된다.

각각의 공간 특성을 간략히 살펴본다.

대문 밖의 공간은 바깥마당과 텃밭·채소밭 등이 있고 간단한 조경 처리와 간혹 우물을 서쪽에, 연못은 동쪽에 시설하는 경우가 있다. 공간의 연결은 담과 문과 채로 이루어지는데 담은 공간을 구획하고, 문은 방향을 제시하며, 채는 마당을 구성하게 된다.

안으로 들어오면서 남자 주인이 기거하는 사랑채와 사랑마당이 있고, 중문(中門)에 연하여 남녀 하인이나 권솔(眷率)들이 기거하는 행랑채와 행랑마당이 있게 된다. 사랑채를 중심으로 하는 사랑마당은 대개 가주의 취향에 따라 엄숙함과 무게감을 주고 충·효·절(節)·기개·군자지도(君子之道)를 상징하는 공간으로 임천형(林泉形)의 정원을 꾸미기도 한다. 자좌오향의 가택인 경우 대부분 동쪽 방향에 자리하는데, 이는 밝음·부활·생명 등을 상징한다. 사랑채의 윗공간은 아들들이 기거하기도 한다.

행랑마당은 바깥마당과도 긴밀히 연계되어 곡식 타작이나 마당질·너름질 등을 하는 기능을 수행하고 있다. 이어, 집의 안주인이 생활하는 본채격인 안채로 들어오면서는 여성적이며 화사단아(華奢端雅)한 장식 치장이나 부귀영화나 풍요·생산·결실·번영 등을 상징하는 화관목·초화류(草花類)·기화요초(琪花瑤草) 위주의 조경 처리를 밝은 계통으로 하고 있다. 대개 자좌오향택인 경우 서쪽 방향에 위치한다.

유교의 엄한 법도 아래 안채와 사랑채는 중문에 연계해서 내외벽(內外壁)을 시설해 안팎의 시선을 차단하고 남녀의 구분을 엄히 하였으나, 내외벽을 대신해서는 관목류로 경계식재(境界植栽) 처리해 녹지띠를 두르기도 했다. 조선 후기의 여성들은 친정에서 혼행(婚行)길을 나서 이 안채에 들어오면 3개월 정도 지난 신혼 초에 친정을 찾는 재행(再行)길과 1년 정도 지날 무렵에 부모를 찾는 근친(覲親)길, 그리고 친정부모 사망시의 조상길과 나중에 본인이 죽어 저승으로 가는 저승길 외에는 평생을 바깥 구경하기가 어려웠다.

그래서 여인들이 기거하는 옆이나 뒤켠 뒷마당 공간에 화계(花階) 등을 조성해 일상의 단조로움을 피하고 유유자적한 생활을 즐기게 하였다. 이 공간은 가택에서 가장 수려한 시설 공간이기는 하나 비개방 공간으로 여인들의 토속신앙 공간이기도 하다.

햇볕이 잘 드는 뒤켠 울 안 뒤란에 장독대를 놓거나 우물을 두거나 터주신〔지주신(地主神)〕을 모시기도 한다. 정화수를 떠놓고 칠성님께 기원하는 장소이기도 하다.

별당(別堂)은 본채의 곁이나 뒤에 따로 지어 딸이나 후실(後室) 등이 기거하게 하였다.

집의 사랑채 뒤의 동북 방향으로는 사당을 두는 경우가 있다.

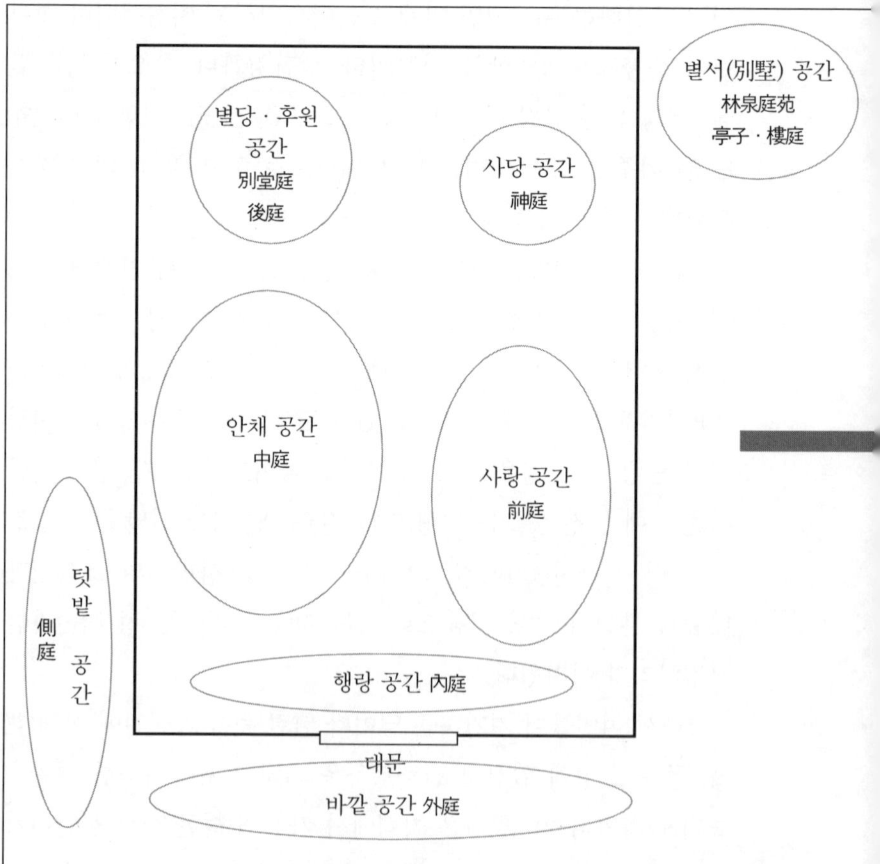

〈도-29〉 양택공간 개념도(陽宅空間槪念圖)

이는 배산에 흘러들어오는 정기를 제일 먼저 받으려 한 뜻도 있고, 좌조우사(左祖右社)의 원칙을 따르려 한 것이다.

사당은 조상 숭배와 가문 융성을 기원하는 신성한 공간이기 때문에 신원(神苑)의 성격을 갖는 장엄하고 엄숙한 분위기로 조경 처리를 하고 있다. 전통한옥의 조경 특성은 후술하겠지만 자

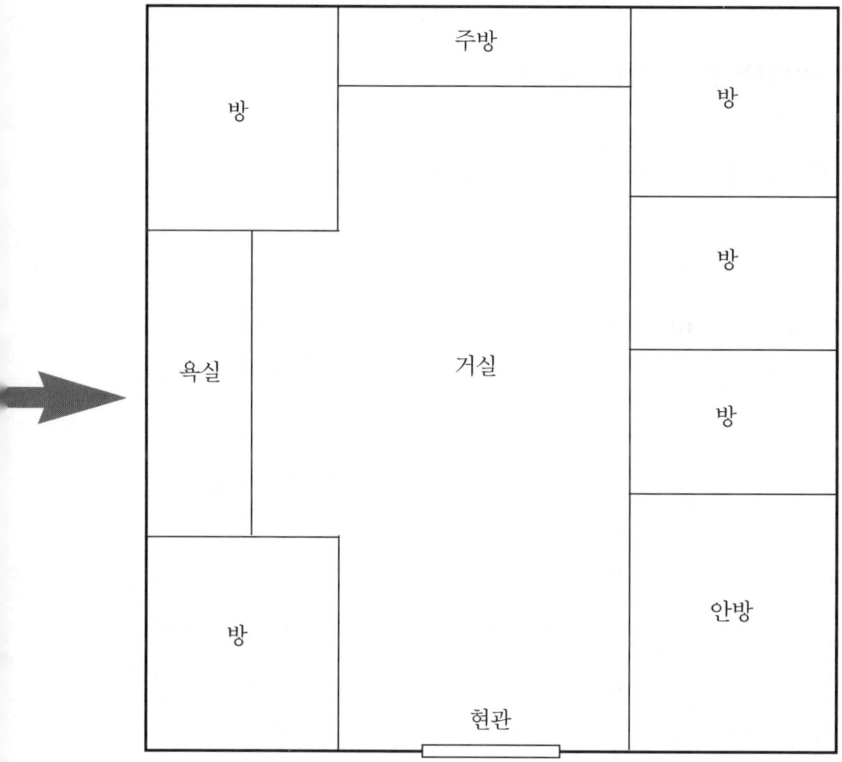

현대식 아파트 주거 공간(예)

연주의의 원칙에 따라 축정(築庭)을 하였고, 집안의 기를 순행하고자 했으며, 채광과 통풍을 중시해 교목(喬木)이나 거목(巨木) 등은 자제하였다.

2. 양택 팔택 가상론(陽宅八宅家相論)

1) 양택택지의 조건과 분할

고서(古書)인 조구봉의 『지리오결(地理五決)』에 나오는 양택3요결이나 팔택가상, 그리고 『황제택경(黃帝宅經)』, 만허선사(萬虛禪師)의 『산서요집(山書要集)』에 나오는 양택론, 그리고 이중환(李重煥)의 『택리지(擇里志)』에 보이는 복거총론(卜居總論)이나 홍만선(洪萬選)의 『산림경제(山林經濟)』 중 복거편(卜居編) 택지론(宅地論) 등을 살펴보면, 한결같이 주역(周易)의 음양오행·팔괘, 풍수지리 등을 모태로 하고 있으며 『지리오결』의 논지를 따르고 있다. 대체로 양택지는 공간적으로 볼 때, 산을 등지고 물에 면한 터에 양지바르고, 후방과 양 측방은 산으로 둘러싸여 있되 주위보다 약간 높으면서 앞의 시각적 조망이 확보된 곳으로 본다. 국소적(局所的)인 입지 여건으로 볼 때는, 토양은 비옥하고 물맛이 좋은 터에, 반듯한 자리로서 평탄지이고, 동쪽산은 약간 높고 서쪽 산은 낮으며, 북측이 약간 길고 동서가 좁거나 동쪽이 길고 넓은 터를 길택지로 보고 있다.

집터의 공간 분할도 마당과 앞은 낮고 주건물은 높은 데 자리하고, 대문을 들어서면 마당이 어느 정도 넓은 곳이어야 된다고 했다. 대지가 부정형(不定形)으로 앞이 좁고 뒤가 넓거나 그 반대인 사다리꼴이나 삼각형 또는 여러 모형의 택지는 예각(銳角)끼리 충(沖)을 받아 흉가의 가상이 되고, 반듯한 택지라 해도 앞이 높고 뒤가 낮으면 이 또한 흉가상으로 보고 있다.

그리고 절터 뒤쪽·사당이나 신사(神社)의 앞쪽·제단터·폐허지·흉가·폐가·폐사(廢寺)·묘터·탑터·민둥산·성문 앞이나 옥문(獄門) 앞 등에는 가상이 안 맞았거나 살기(煞氣)나 악기(惡氣), 또는 신령기(神靈氣)가 드센 곳으로 집터로는 부적절한 곳으로 여긴다.

이는 오늘날 1000년이 넘게 존립해 오고 있는 명찰명사(名刹名寺)라든가 십수 대 이어 오는 명가택(名家宅) 등을 보면 길지의 윤곽을 어림짐작할 수가 있다. 일단은 위의 기술한 바와 같은 공간·입지적 호조건(好條件)을 갖추고, 두부모처럼 정방(正方)이나 장방(長方)의 네모 반듯한 터가 길택지로 볼 수가 있겠다. 그러나 정사각형의 택지보다는 직사각형의 네모난 터가 가장 좋다.

택지에서 건물과 마당의 공간 분할은 황금비에 기초를 두고 행하는 것이 좋다. 황금비는 $\sqrt{2}$, $\sqrt{3}$, $\sqrt{5}$, 1.6:1 등인데, 지금 공인되어 통용되고 있는 우편엽서 규격비와 같이 마당과 건물의 비가 대략 4:3 기준으로 분할되는 것을 길하게 여긴다. 이는 시각적인 안정성은 물론이고, 공기의 원활한 순환과 오행의 순행을 위한 통기성(通氣性)까지 고려한 것이다.

이렇게 공간 분할이 이루어지면 택지의 기를 보호하기 위해 사람 가슴 높이 정도의 담장을 시설하는 것이 바람직하다. 분할

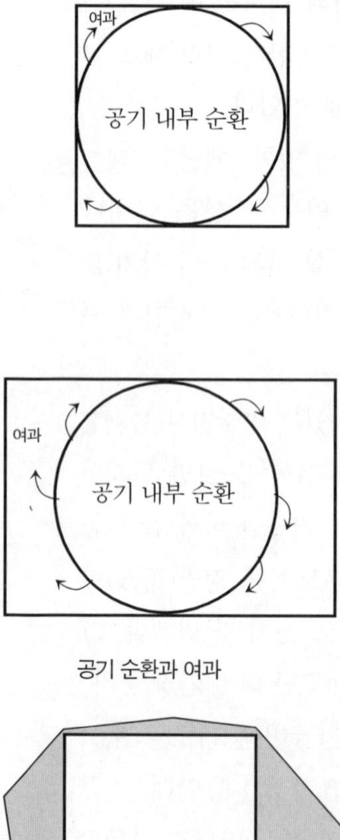

공기 순환과 여과

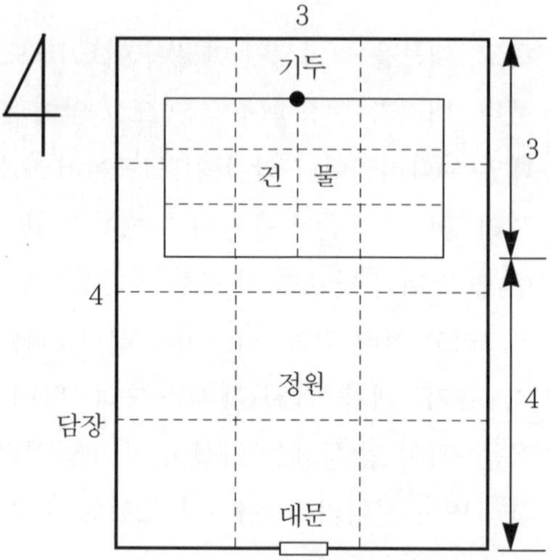

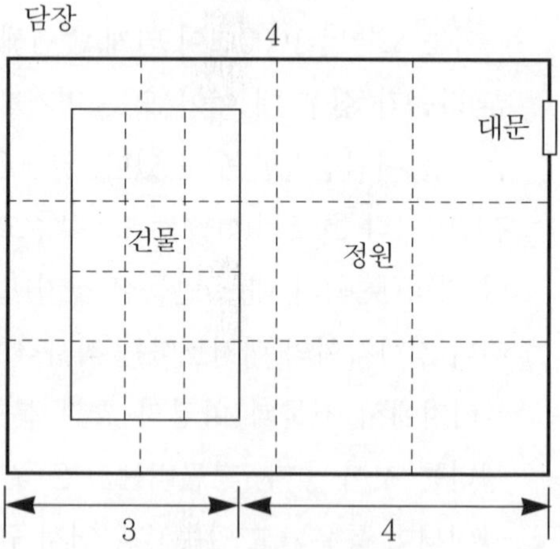

장방형 택지(長方形宅地)

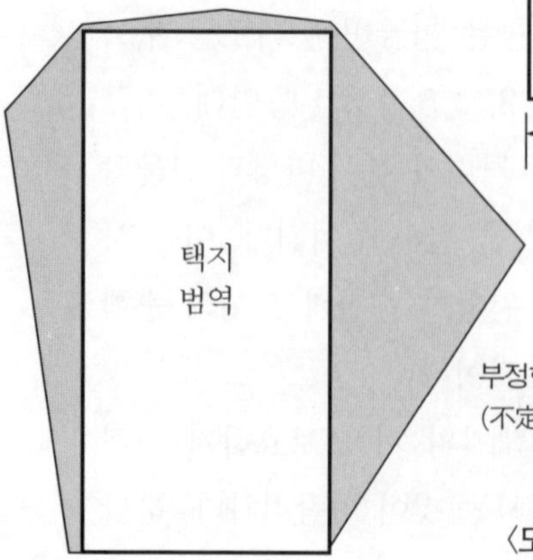

부정형 택지
(不定形宅地)

〈도—30〉 택지분할예시도(宅地分割例示圖)

이 어느 정도 구상되면 좌향이나 동서 팔택가상에 따라 양택5악(陽宅五嶽:門主竈廁庫)의 위치를 정확히 맞추도록 한다.

간혹, 위의 기술한 조건에 맞는 길지인데 부정형 택지라면 최대한 네모 반듯한 공간을 확보하고 분할하는 것이 바람직하다. 적정한 택지분할도를 예시하면 옆의 도표와 같다.

2) 동·서사택론(東·西舍宅論)

가택에서 얘기하는 팔택(八宅)은 주역의 8괘를 기본으로 하고 있다.

팔택은 일반적으로 동사택(東舍宅)·서사택(西舍宅)으로 구분하는데, 동사택은 양사택·서사택은 음사택으로 달리 나누어 부르기도 한다. 이는 우주의 기와 지구의 기, 그리고 절기 순환 등을 고려해 양기와 음기로 나누어 이르는 것으로 동사택인 양사택은 해가 돋는 동쪽 방향에 위치하여 양(陽)에 속하고 귀격(貴格)이라 하여 영화롭고 귀한 일이 생기고, 서사택인 음사택은 해가 지는 곳에 위치했다 하여 음(陰)에 배치해 부격(富格)으로 삼아 재록이 풍부하게 쌓인다고 보고 있다. 아울러 동서사택의 팔궁운(八宮運)은 주역 8괘의 음양오행에 따라 나누어 풀이하고 있다.

양택에서 다루고 있는 팔괘의 24방은 패철의 4선에 표시되어 있으며, 제1장에서도 언급했듯이 양택에서는 3개 방씩, 음택에서는 2개 방씩 한 단위로 하여 양택은 8궁·음택은 12궁으로 나누고 있다.

경(經)에는 '지유사세(地有四勢) 기종팔방(氣從八方)'이라 이르고 있는데, 이는 땅에서는 동서남북 외에 인신(寅申)·사해(巳亥)·진술(辰戌)·축미(丑未) 방향의 네 세력을 함께 갖추고 있으며, 하늘의 기운은 동서남북을 포함한 사정방(四正方)과 사우방(四隅方)의 팔 방위에 따라 작용한다는 의미이다. 즉, 임자계(壬子癸)·축간인(丑艮人)·갑묘을(甲卯乙) 등 3방을 1조로 8궁방으로 나누어도 자(子)·간(艮)·묘(卯) 등 사정사우(四正四隅) 8방의 기(氣)가 강하다는 뜻이다. 양택에서는 팔택을 편의상 사정방인 감리진태(坎離震兌) 혹은 자오묘유(子午卯酉), 사우방(四隅方)인 건간곤손(乾艮坤巽)의 팔궁방(八宮方)으로 흔히 표기하고 있다.

팔궁팔택은 각기 나름대로의 해석을 갖고 있다.

즉, **건(乾:☰)**은 술건해(戌乾亥)방(方)으로, 서북을 가리키고, 상징 오행으로는 노부금(老父金)을 나타내며, 수리(數理)로는 4·9를 나타낸다. 노부금은 하늘·황제·왕·대통령·총리·장관·사장·기관장·할아버지·아버지·남편·남자·연장자 등을 나타내고, 권위와 명성, 그리고 강건함과 진취적인 기상을 나타낸다.

진(震:☳)은 갑묘을방으로, 동을 가리키고, 장남목(長男木)을 이르며, 수리로는 3·8을 나타낸다. 장남목은 맏아들(長子長孫)·맏사위·차상위자·핵심간부 등을 이른다.

감(坎:☵)은 임자계방으로, 북을 가리키고, 중남수(中男水)를 이르고, 수리는 1·6을 나타낸다. 중남수는 차남·둘째사위·중상위자·중견간부 등을 이른다.

간(艮:☶)은 축간인방으로, 동북을 가리키고 소남토(少男土)를 이르고, 수리는 5·0을 나타낸다. 소남토는 막내아들·막내사위·일반 하위자 등을 이른다.

곤(坤:☷)은 미곤신(未坤申)방으로, 서남을 가리키고, 상징오행으로는 노모토(老母土)를 나타내며, 수리로는 5·0을 나타낸다. 노모토는 땅·대지·황후·왕비·영부인·부총리·차관·부사장·부기관장·할머니·어머니·아내·여자 등을 나타내고, 만물의 터전으로 유순함과 덕성스러움을 나타낸다.

손(巽:☴)은 진손사(辰巽巳)방으로, 동남을 가리키고, 장녀목(長女木)을 이르며, 수리는 3·8을 나타낸다. 장녀목은 맏딸·맏며느리·맏언니 등을 이른다.

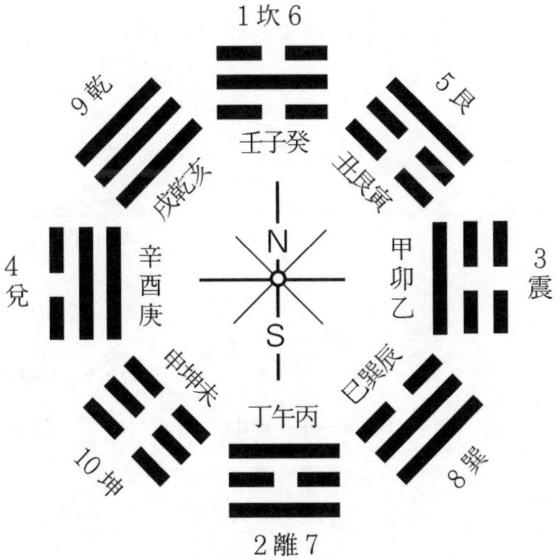

〈도-31〉 주역팔괘팔궁팔택도(周易八掛八宮八宅圖)

리(離:☲)는 병오정(丙午丁)방으로, 남(南)을 가리키고, 중녀화(中女火)를 이르며, 수리로는 2·7을 나타낸다. 중녀화는 둘째 딸·둘째 며느리·둘째 언니 등을 이른다.

태(兌:☱)는 경유신(庚酉辛)방으로, 서(西)를 가리키고, 소녀금(少女金)을 이르며, 수리로는 4·9를 나타낸다. 소녀금은 막내 딸· 막내 며느리·일반 막내 여인·소실 등을 이른다.

이를 도시(圖示)하면 앞의 도표와 같다.

이 팔궁팔택을 기준으로 양사택인 동사택(東舍宅)은 감(坎)·진(震)·손(巽)·리(離)의 4궁방으로 임자계·갑묘을·진손사·병오정을 이르고, 음사택(陰舍宅)인 서사택은 간·곤·태·건의 4궁방으로 축간인·미곤신·경유신·술건해를 이른다.

동·서사택의 구분을 표시하면 다음과 같다.

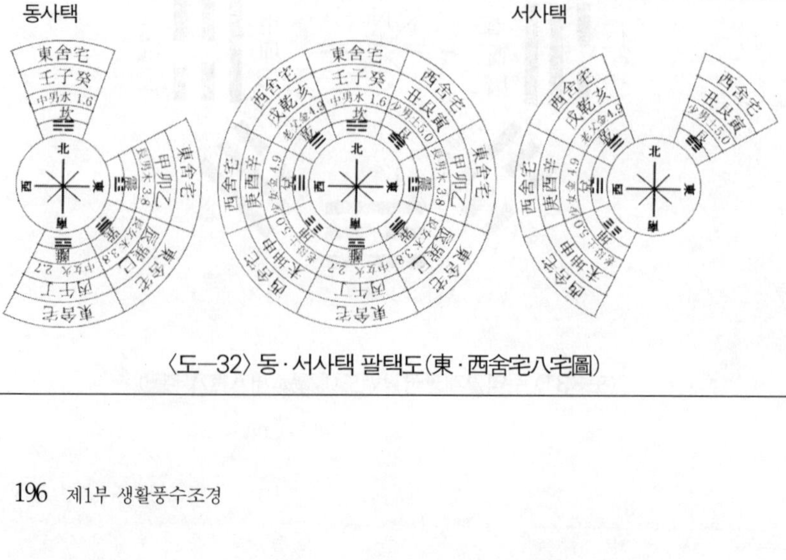

〈도—32〉 동·서사택 팔택도(東·西舍宅八宅圖)

3. 가상(家相)의 길흉화복

1) 가상 5실 5허(家相五實五虛)

옛 지리고서인 『지리오결』 『황제택경』 『택리지』 『산림경제』 등에 한결같이 언급되고 있는 길택의 내용은 거의 유사한 면이 많다.

고서에 따르면 가상의 부유빈곤(富裕貧困)이나 길흉을 외형적으로 볼 때 5실 5허로 설명하고 있는데, 이는 자연스러움과 인간적인 것에 바탕을 두고 있다. 즉, 5실 5허에는 생활하는 사람들에 비해 집이 너무 크지 말아야 함을 첫째로 꼽고 있다. 옛부터 식솔에 비해 집이 너무 커 휑뎅그렁하게 보이면 집에 눌리어 사람이 치인다고 했다. 또, 소담한 곳에서 장사를 잘하다가 더 늘리겠다는 생각으로 크게 새로 꾸리면 망한다고도 했다. 사람 사는 집은 너무 커도 너무 작아도 문제이니, 요즈음 100여 평 아파트에 식솔이 별로 없는 가상이란 결국 뒤에 가서는 사람을 상하게 마련이다. 유지 관리하는 데 체력 소모가 더해, 부귀보다도 허망함이 곧 뒤따를 것이니 무턱대고 넓은 것만 추구할 노릇이 아니다.

다음으로는 안채(안방)가 크고 푸짐하며 단아하되 출입문이 너무 커서는 안 된다. 방은 작은데 출입문이 너무 크면, 그런 집에 사는 주인은 허례허식이나 허풍이 센 사람으로 신용이 떨어지게 된다. 지금도 그 흔적이 남아 있으니 강남이나 평창동·압구정동·이태원 등의 단독 주택지에는 대문이 분에 넘게 위용을 부리는 곳이 많다. 대문의 크기나 장식으로 부(富)의 척도를 가름하던 시대적 유물이다.

주택이 풍요롭고 음전해 보이면 그 안에 생활하는 사람들도 심성이 넉넉하게 된다. 이러한 가상에서는 택지의 기를 보호하기 위해 사람 가슴 높이 정도의 담장을 가급적이면 단정하게 꾸미도록 한다. 담장이 소홀하거나 어수선하게 되면 기껏 모여 있던 양기가 흩어지게 된다.

현대식 대량 주택이 양산되는 현재의 시대적 감각에는 안 맞겠지만, 우물과 부엌은 제대로 된 위치에 만들고 제대로 기능을 해야만 길하다고 했다. 이는 우물과 부엌은 식솔들의 생명의 원천이요, 생장의 공급처이기 때문이다. 물은 서출동류를 생기순행하는 길국으로 보기 때문에 서쪽 샘 솟는 곳에는 우물을, 동쪽에는 유수나 배수가 흘러나가게 되도록 하였다. 지형에 따라 동방에 혹간 연못을 꾸민다고 해도 고이게 하지 말고 서쪽에서 흘러 들어와 동쪽으로 나가게끔 계획해야 된다.

너새기와로 지붕을 올려 지은 포천군 소재 구 한옥으로 담장이 상당히 노후되어 있다.

또한, 대지나 정원이 턱없이 넓고 빈 터·빈 구석이 많은데 주택은 초라하고 작으면 음기가 세어져 여인들이 문란하거나 득세하게 된다 하여 곤란하게 보고 있다. 어느 정도의 비례감이 유지되고 인간적인 분할이 이루어져야 된다. 집은 양택풍수에서 양으로 보고 마당은 음으로 보기 때문에 음양의 조화가 어느 정도는 이루어져야 길하게 여기는 것이다.

이밖에도 옛 사람들은 집이 크지 않아도 집에서 기르는 여섯 가축(六畜:소·돼지·말·닭·양·개)이 많으면 풍성하다 했다. 잘되는 집에는 개도 잘된다는 말도 있듯이 인간과 동물이 함께 어우러져 지낸다면 집의 생기는 더할 것이다. 나아가 환경적·생태적으로 고려할 때, 막다른 골목집이라든가 대지가 도로보다 낮은 집, 매립지에 허술히 지은 집, 울 안에 거목이 자라고 있는 집, 망해서 나간 집, 두 집을 터 한 집으로 사용하는 집, 안방이나 부엌이 문에서 바로 보이는 집, 벽에 금이 가거나 담장이 깨져 있는 집, 어둡고 그늘진 느낌을 주는 집 등은 길택으로 보고 있지 않다.

이상에서도 보듯 길상의 주택은 양기가 충만하고, 양택 3요결의 조건을 충실히 담고 있음을 살피게 된다.

2) 삼요일기(三要一氣)

양택을 논하면서 좌향, 팔택가상, 양택오악 등 어느 것 하나 소홀히 다룰 수가 없음을 살필 수 있었다. 좌향은 외형적으로 볼 때 주택의 몸틀에 비유할 수 있겠고, 팔택가상은 내형적으로 볼 때 몸의 실질적인 본체(本體)로 볼 수가 있다. 이 둘은 머리와 다리가 바르고 얼굴과 오장육부가 제대로 갖추어 제 기능을 하고 있느냐를 살피는 기본이라 할 수 있겠고, 몸의 허약과 병듬과 건강 등을 살펴 길흉을 감별하고 예방토록 하는 것이 가상학(家相學)의 기본인 것이다.

이 중에서도 삼요일기라 하여 양택오악의 문·주·조·측·고 중에서 문·주·조의 3가지가 동사택이든 서사택이든 동일사택에 바르게 배합되어 같은 기가 한데 모여 순행을 해야만, 동사택은 부귀영화로움을 서사택은 풍요로움을 가져다 주는 길택가상으로 여기고 있다.

길상택이 되기 위해서는 좌향과 삼요가 동일 사택에 배열되는 것이 올바른데, 특히 좌향의 경우로는 자오간(子午間)이나 간곤간(艮坤間)에 있어서는 삼요와 함께 해결이 용이하나, 다른 방간(方間)은 좌나 향으로 맞추기보다는 주와 문으로 맞추고 삼요와 맞추도록 하는 것이 타당할 것이다.

삼요일기는 양택 3요결의 핵심이라고 할 수 있는데, 이에 따르면 화장실인 측간은 길하기보다는 흉한 것으로 보아 해당 사택의 반대 방향에 건물과 적당히 떨어지게 하거나 문 밖에 위치토록 했다. 측간과 처갓집은 멀수록 좋다는 말은 이런 연유에서 비롯된 것이다.

곡간은 일종의 재물과 곡식의 창고이니 어느 방향에도 무난하다 했다. 대개 서남방을 택하는데, 이는 서남방이 양택오행으로 보면 노모토 방으로 재물을 나타내는 곳이기도 한 때문일 것이다. 그러나 현대 가옥에서는 곡간이 거의 없으니 화장실, 창고,

다용도실은 반대 방향에 놓도록 한다.

가상의 길흉화복도 팔택에 따라 해석이 되는데 거듭 강조하지만 양택오악이라 할 수 있는 문·주·조·측·고가 제대로 된 방위에 배치되어야 길성(吉星)이 작용한다고 본다. 이를 정배합사택이라 하고, 그렇지 아니한 경우를 불배합사택, 혹은 혼합사택이라고 한다. 과거 대가족 중심 사회에서의 가택 구조에서는 내외가 엄격하고 공간별 특성이 나누어져 있어 양택오악의 구분이 명확했으나, 현대와 같은 소가족 중심 사회에서, 특히 아파트 중심의 사회에서는 주택의 모든 기능이 한 곳으로 모여 들어와 안으로 기능하고 있으니 과거와 같은 양택오악보다는 문(門:대문, 현관)·주(主:안방)·조(竈:부엌, 주방) 3악을 더 중시하고 있다. 그러나, 현재와 같은 공간 구조에서 이 세 가지를 모두 맞추기란 퍼즐게임만큼이나 까다로워 그 중에서도 문과 주를 우선하여 맞는지 여부를 파악해 가상의 길흉을 살피고 있다.

문과 주는 서로 상관관계에 놓여 있다. 문은 가상학에서는 귀격으로 보아 집안으로 드나드는 기나 재물의 출입구로 여기고 있다. 문은 주에 비해 객체이고 손님이며, 남자인 양으로 보고 있으며 인체로는 입으로 보고 있다. 따라서 대문은 번듯하고 의젓하며 단정하게 너무 크지도 너무 작지도 않게 위용을 갖추어 시설하여야 된다.

지금과 달리 옛날의 목조문화(木造文化)에서 대문과 대들보에 쓰이는 나무는 아주 소중히 여기고 신령(神靈)스레 여겼다. 대표적인 것이 소나무로, 충절을 의미하는 으뜸 나무로 여긴다. 이런 소중한 재목에 백의(白蟻:흰 개미)가 생기지 않도록 껍질을 벗기고 물에 오래 담가 두어 사용한다. 소나무 외에 잣나무, 악한 기를 물리친다는 척사목(斥邪木)으로 밤나무·서나무·상수리나무·느티나무 등을 쓰기도 했다.

참고로 목재 사용에 있어서 몇 가지 금기(禁忌)를 소개한다.

헌 집의 재목과 다른 헌 집의 재목을 함께 사용하는 것은 불가(不可)하나, 헌 집의 재목을 새로운 재목과 함께 사용하는 것은 무난하다. 헌 집의 재목과 새로운 재목의 마룻대〔棟木〕는 무난하다. 안채의 나무로 강등(降等)하여 행랑채 건재목으로 사용하는 것은 불가능하나 행랑채 목을 승격하여 안채목으로 사용하는 것은 가능하다는 것 등인데, 이를 보더라도 목재 사용의 조신함과 용도에 따라 목재의 위계(位階)를 엄히 구분하고 있음을 알 수가 있다.

또한, 어느 경우든 목매어 죽은 원혼목(寃魂木)이라든가 선박의 퇴재목(退材木), 선산의 나무, 사찰이나 묘당(廟堂)의 퇴목, 고사목(枯死木), 병해목 그리고 벼락 맞은 나무와 수기(水氣)가 깃든 모과나무·대추나무·단풍나무 등은 기피목(忌避木)으로 사용하지 않았다.

대문은 사람의 첫인상인 관상과도 같아 대문을 보면 그 집 주인을 알 수가 있고 인품을 알 수가 있으며, 나아가서는 가족 구성원의 면모도 읽을 수 있다고 한다. 대문은 터나 건물에 비해 안정적 비례감을 갖추어야 되는데, 대문이 터에 비해 턱없이 작으면 그곳에 기거하는 사람들은 옹졸하고 운이 들어오다가도 멈칫하게 된다고 가상학에 이르고 있다. 대문이 깨끗하고 단정하면 심성도 맑고 깨끗하고 후덕스럽게 된다. 인심이라든가 빈부의 정도·가운(家運) 등을 가름할 수 있는 부귀화락국처(富貴和樂局處)가 대문인 것이다.

주(主)는 가상학적으로는 집의 주체이고 주인이며, 여자인 음(陰)으로 보고 인체로는 머리로, 재물로는 복록(福錄)의 창고로 여긴다. 주는 대개가 착좌(着坐)나 건물의 중심이 되는 안채(안방) 등으로 과거부터 여겨 오고 있으나, 현대에 들어서서는 안방이 아니더라도 그 집의 주된 큰 방으로 삼고 있다. 주는 집의 중심점이 되는 기두(起頭)와 동일 개념으로 파악하고 있으며, 오늘날에서는 좌(坐)와 동일시하고 있는 실정이다. 이 기두는 좌(坐)와 일치하는 경우도 있고, 그렇지 않은 경우 건물의 중심점이 될 수가 있다. 다행히 좌와 일치하면 예로 정남방에 문이 있는 경우, 자좌기두오문(子坐起頭午門)으로 명기하고, 자좌이면서도 건물의 중심이 서북 건(乾)방에 있다면 건기두오문(乾起頭午門) 또는 건좌오문(乾坐午門)으로 명기한다. 이는 좌는 건물의 앉음새를 살펴보는 외형적 의미를 갖고, 건물의 실질적인 좌는 기두가 된다고 보기 때문이다.

건물의 주가 되는 기두는 고(高)·광(廣)·력(力)의 특성을 지니고 있다. 즉, 건물에서 가장 높고(高), 가장 넓고(廣), 가장 힘을 많이 받고(力) 있는 곳을 이야기한다.

과거의 주는 건물의 중심이 되는 안채의 안방이었겠으나, 현대에 와서는 안방의 기능을 갖는 큰 방으로 대체로 무게가 쏠려 있는 중심점(重心点)을 의미하고 있다. 즉, 기두는 주인이 반드시 기거해야만 되는 곳을 의미하지는 않는다. 힘이 모여 있다 해도 부엌이나 화장실 등은 기두점이 될 수가 없다.

기두점은 심마니가 산삼을 캐는 것만큼이나 어려운 노릇이라고 한다. 그러나, 고·광·력의 위치를 차례로 검토해 종합적으로 가장 중력(重力)이 모여 있는 점을 찾아내면 된다. 고(高)란 가상에서 가장 높은 곳을 이르는데, 실(實)한 곳을 찾아야 되므

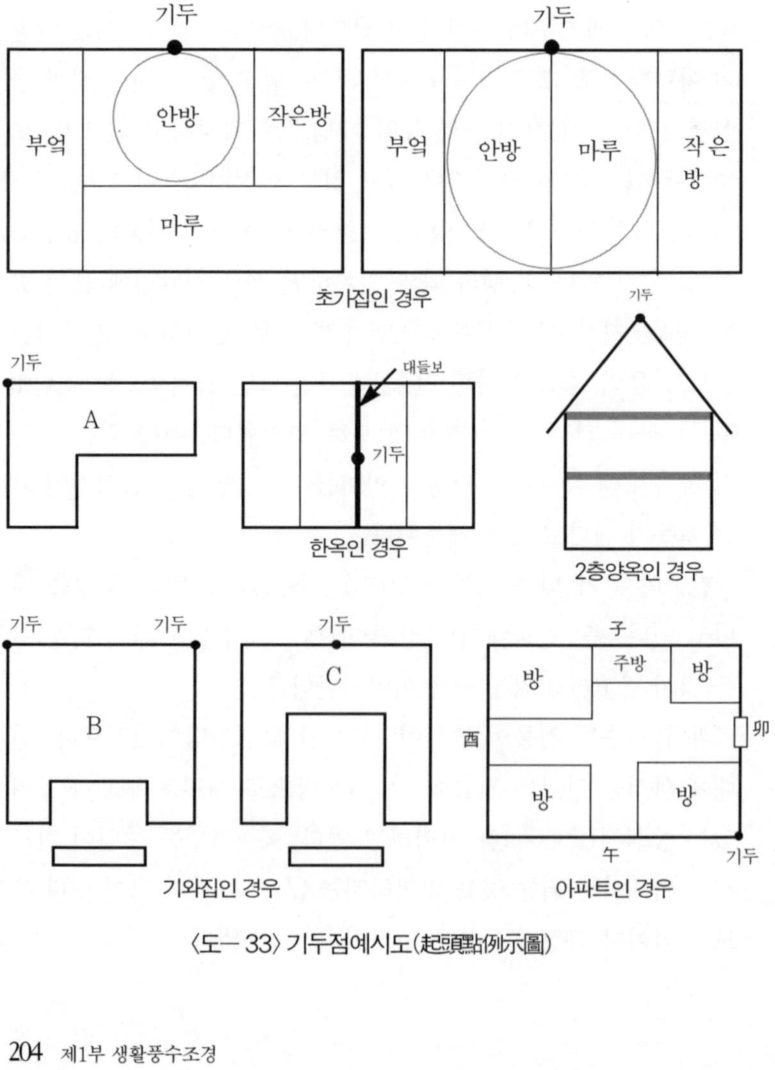

〈도-33〉 기두점예시도(起頭點例示圖)

로 단독 주택의 옥탑의 경우는 방으로 되어 있지 않으면 해당이 되질 않는다.

다음으로, 가장 넓은 곳인 광(廣)을 찾고 이어, 건물에서 가장 힘이 모여 있으며 중요히 쓰이는 곳인 력(力)을 찾아 종합 판단하는 것이다. 고·광·력의 중심점인 기두점을 찾아 좌(坐)와 문(門)과 부엌(竈)와 함께 사택배합(舍宅配合)을 검토하고, 삼요일기 여부에 따라 팔택의 기운과 오행역·순행 및 수리와 음양을 바탕으로 가상의 길흉은 물론 가족 구성원의 길흉 및 가운의 길흉 지속 기간 등을 판별하는 것이다. 기두점을 찾고 나서는 패철로 가택지의 중심점을 잡아 그 지점에서 사방팔방을 식별해야 한다.

참고로, 기두점을 찾는 방법을 〈도—33〉에 예시한다.

3) 패철(佩鐵)의 측정 위치

패철은 건물이나 가옥 또는 대지의 중심에 놓고 측정하는 것이 원칙이다. 대지는 건물과 마당(정원)으로 구성이 된다. 일반적으로 대지 면적 중 건물과 마당의 평면적비(平面積比)가 대략 1:1.8 정도가 가장 무난한 배분이라고 보고 있다.

이 비율을 기준으로 해 마당이 아주 없거나, 있다 해도 극히 좁거나 소소한 경우에는 양(陽)인 건물의 기운이 우세하다고 보아 건물 내부의 중심에다 패철을 고정시켜 측정을 한다. 마당이 건물 평수보다 작거나 1.8배 이하의 범위에서 어느 정도 있고 앞·뒤·옆으로 나타나 있는 경우에는 총 대지의 대각 교차점에 패철을 고정시킨다.

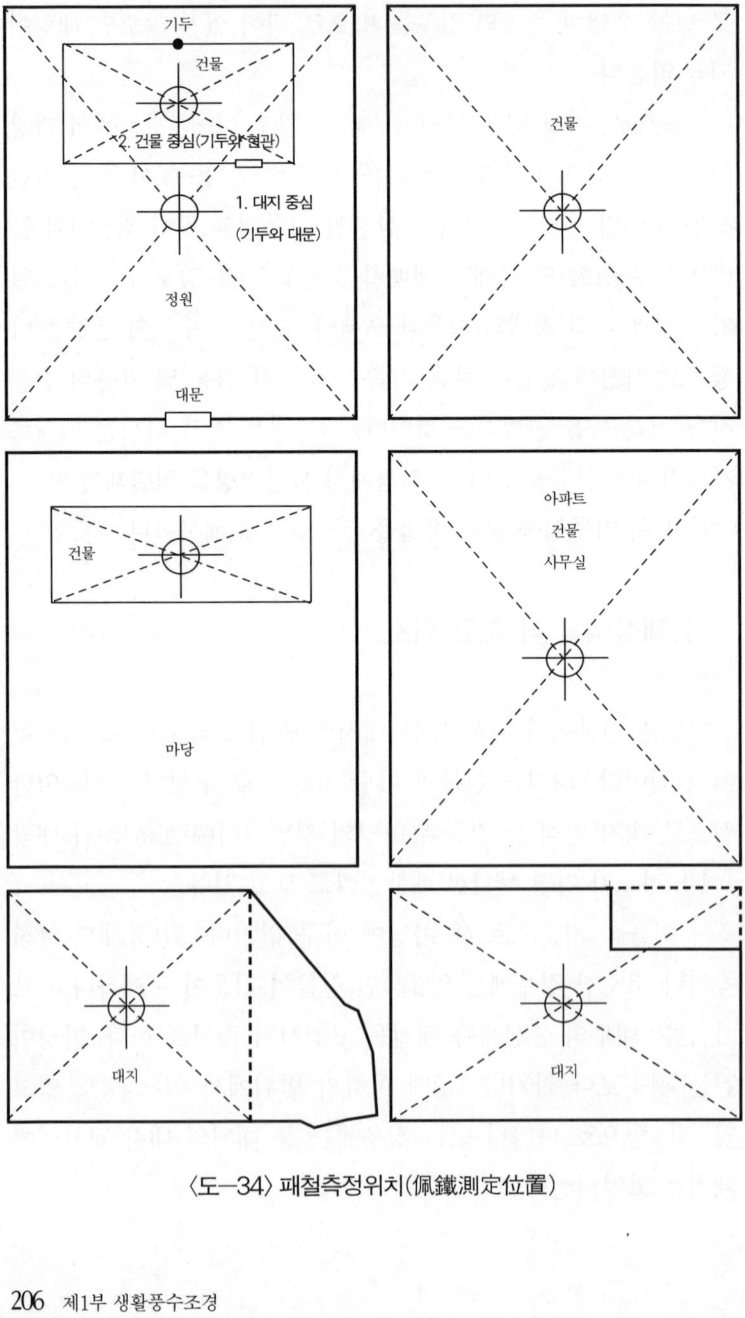

〈도-34〉 패철측정위치(佩鐵測定位置)

마당이 1.8배 내외로 알맞게 구성되었으면서 정사각형처럼 반듯하게 된 경우에는 마당과 건물의 음양기운이 균형을 이룬다고 보아, 우선 마당 중심점에 패철을 고정시키고 나아가 건물 내부 중심에서 패철을 고정시켜 측정을 한다.

한편, 마당이 1.8배 이상으로 건물에 비해 점점 널찍해지거나 장·궁(莊宮)과 같이 건물에 비해 더할 수 없이 매우 넓은 경우는 마당의 음기가 허해 기가 흩어져 있는 상태이기 때문에 아예 마당이 없다고 보고 건물 내부에다 패철을 고정시킨다.

그리고, 아파트나 사무실·점포 등은 본인이 사용하는 공간 중심점에서 패철을 고정시켜 측정을 하면 된다. 〈도—34〉에 예시한 패철 측정 위치도를 참고하기 바란다.

4) 길택가상(吉宅家相)과 흉택가상(凶宅家相)의 길흉화복

길택의 가상은 네 귀가 반듯하고 좌향이나 기두·문·부엌 등이 동·서사택 팔택방에서 동궁사택(同宮舍宅)으로 음양이 조화롭고 정배합을 이룰 때를 이르고, 그렇지 아니한 경우는 일단 흉택가상으로 보고 있다.

가상의 길흉화복은 주역 팔궤의 8택방과 그에 따른 양택3요의 위치와 동·서사택 사방궁의 조합을, 자리하는 방에 따라 감안한다면 최소한 4096가지의 길흉화복수(吉凶禍福數)가 나온다.

이를 일일이 열거해 길흉화복을 설명하기에는 제약이 있어, 본 책에서는 기본적인 몇 가지 사례만 예시한다. 이를 보다 자상히 이해하고자 한다면 한국자연지리협회에서 발간한 양택 관련

서적이나 김서경이 편저한 『가상의 과학』 등을 참고하기 바란다. 나아가 상세한 길흉화복의 감정은 추후 개별적으로 상담할 기회나 강연·강좌 등의 기회를 통해 설명하게 될 것이다. 길택의 가상은 독립적 가택인 경우, 건물과 마당(정원)의 평면비가 3:4 정도가 될 때 무난하다고 보는 것은 공기의 1/5 정도인 산소(O_2)의 내부 순환과 통기의 원활성이 순행으로 이루어지기 때문이다. 게다가 동궁사택에 양택3요가 맞고 이용 가족들의 음양에 맞추어 배열이 되고 한다면 더할 나위 없는 길상으로 여기게 된다.

또한, 가택지 내부의 기를 모으기 위해서는 적정한 담장이 필요하다. 이는 양택3요에서 배산임수로 살풍을 피해 아늑한 공기를 가두어 얻고 생존을 위한 물을 어느 정도 얻어야 하는 풍수지리의 장풍득수 이치와 다름없다. 음택풍수에서는 형국으로는 장풍득수의 원리를 쫓으나 혈지에서는 팔요풍의 살풍을 막고 드나드는 황천수의 물도 막아야만 된다.

요즈음 세간에 심심찮게 회자(膾炙)되고 있는 청와대 자리의 풍수가상(風水家相)은 그다지 길상은 아닌 것 같다. 풍수지리적 좌향으로 볼 때 임자계좌병오정향(壬子癸坐丙午丁向)의 정자좌오향(正子坐午向)격인 감기두리문(坎起頭離門)으로 볼 수 있다.

경복궁은 감좌가 아니고 건좌에 가까운데 이는 형국적으로 볼 때, 감좌인 경우에는 안산 격인 남산이 등을 돌리고 있는 형국이라 백성이 등을 돌리는 것같아 건좌로 틀었다 하는데, 지금 청와대는 등돌린 남산을 정면으로 바라보고 있는 형국인 셈이다. 바람 잘 날 없는 택상(宅相)이다.

최근 행정수도 건설 문제로 공원화 여부까지 거론되고 있는 청와대 전경.

양택은 그 안에서 살고 있는 주된 사람에게 영향을 미치는 것으로 본다면 택지 범역을 놓고 감정을 해야 하는 것이다. 지금의 청와대 경역(境域)이 경복궁의 신무문(神武門) 윗터라 기가 센 신들이 노니는 곳이라든가 형상론적으로 볼 때 여인의 국부(局部)에 해당하는 터라 어떻다 하는 것은 지안(地眼)을 갖춘 전문 풍수지리사로서의 감정에 무리가 있는 것으로 보인다.

지금의 청와대 본관 및 부속 건물로 진·출입하기 위해서는 7개의 정문을 드나들어야 되는데 물론 업무 수행 기능에 따른 조치이기는 해도 양택가상으로 볼 때는 건물에 비해 마당이 턱없이 넓고 문이 여럿이라 기가 모여 순행하지 아니하고 흩어지는 가상으로 여길 수가 있다. 짧은 소견으로는 본관의 위치를 경내의 건물 중 길좌에 자리한 현재의 어느 부속 건물과 바꾸어 시설하든가 본관 경내의 기를 보호하는 담장을 시설하면 다소의 시비가 가라앉을 성싶다.

가상학에서는 마당이 휑해 기가 흩어지면 기강이 해이해지고 문란하며 각종 구설수가 끊이지 아니하는 흉택상으로 보고 있기 때문이다. 편의상 공간평면 구성으로 보아 길흉가상의 예를 들어 본다. 문·주의 위치만을 예를 들어 일반적으로 기술하는만큼, 부엌의 위치에 따라 길흉이 크게 변해 작용함을 유의해야 한다.

(1) 길상가택(吉相家宅)

가) 동사택감진손리정배합(東舍宅坎震巽離正配合) 중 자기두오향(子起頭午向)—리문감주(離門坎主, 남문 북주)

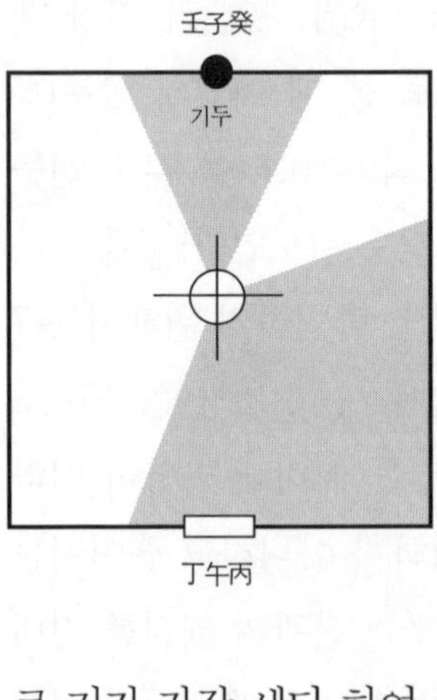

양택에서는 일반적으로 자좌오향의 감주리문(坎主離門)을 음양정배부귀국(陰陽正配富貴局)에 연년택(延年宅)으로 가장 길한 상으로 여긴다. 3대에 걸쳐 공덕적선(功德積善)을 해야 얻을 수 있는 가상으로 보고 있다. 사주역학에서는 자오충(子午沖)이라 해 충살(沖煞)로 보고 있으나, 풍수지리에서 자오는 지구 좌회전의 주축으로 기가 가장 세다 하여 음양의 조화가 가장 이상적으로 배합되었다고 보고 있다. 감궤는 북방 중남수요, 리궤는 남방 중녀화이니 남녀의 기운이 가장 왕성하고 조화롭고 찬물에 불이 들어와 따스하게 해주는 격이다, 집안의 위엄과 체계가 서고 가문이 융성하고 번성하며 복록을 두루 갖춰 1~2년, 10~20년, 1~2대 등에 걸쳐 발복을 이룰 수 있는 가상으로 보고 있다. 물론, 부엌의 위치가 북이나 동향, 남동향방에 정배합국으로 배치되어야만 길하다. 불배합으로 되면 길복보다는 흉화가 더 많게 된다. 이런 가상에서는 중장년층(中壯年層)이 가장으로 있다면 풍요롭다. 이 반대인 북문남주의 오좌자향방인 감문리주의 경우도 수화기제대길창국(水火旣濟大吉昌局)에 연년택(延年宅)으로 최길상택으로 보는데, 이 가상에서는 찬물이 들어와 불을 꺼버리는 격이라 안주인이 드세고 강해질 가능성이 있다. 오행으로는 수극화(水剋火)라 수(水)는 여자인 음으로 보기 때문이다.

이밖에 동사택 정배합 격국을 살펴보면 다음과 같다.

북문 동주〔坎門震主〕: 수뢰발복구절사국(水雷發福久絶嗣局)에 천을택(天乙宅)으로, 동방의 기운을 크게 해주니 부와 명예가 서서히 융성해지는 가상.

북문 동남주〔坎門巽主〕: 수목영화발여수국(水木榮華發女秀局)에 탐랑득위지택(貪狼得位之宅)으로, 여인들의 덕성이 온유하고 유복하여 집안이 화목하고 현모양처로 주위의 부러움을 사는 가상.

남문 동남주〔離門巽主〕: 화풍정희가호선국(火風丁稀家好善局)에 천을택(天乙宅)으로, 집안 남녀 모두 의기(義氣)롭고 부귀를 갖추어 발복이 빠르기는 하나 여성의 기가 세어 여성이 주도적으로 집안을 이끌어 가는 가상.

남문 동주〔離門震主〕: 화뢰발복부녀량국(火雷發福婦女良局)에 생기택(生氣宅)으로, 식솔들이 크게 귀해지고 부귀와 재물 발복이 강하고 꾸준히 이루어지며, 자라나는 나무에 활력이 붙어 3년, 8년 단위로 길운이 작용하는 가상으로 남동쪽 부엌이면 대길하다.

동문 북주〔震門坎主〕: 뇌화핍사다행선국(雷火乏嗣多行善局)에 천의택(天醫宅)으로, 드나드는 동방목의 기운을 생해 주니 많은 사람과 인재들의 교류가 원활해 사회적 활동을 많이 하고 베풀며, 가족들이 선행과 의로운 일을 자주 행해 주위의 칭송을 받는 가상.

동문 동남주〔震門巽主〕: 아녀간난시중풍국(兒女艱難是重風局)에 복위택(伏位宅)으로, 화기가 융성해 부녀자의 주장이 세져 집안을 주도적으로 이끌고 나가는 가상.

동문 남주〔震門離主〕: 뇌화광명부귀창국(雷火光明富貴昌局)에 생기택(生氣宅)이니, 여성의 덕이 왕해지며 자손이 효성스럽고 부부 화목·해로하고 살림이 넉넉하고 사업도 윤택하니 남성의 관용이 너그러운 가상.

동남문 남주〔巽門離主〕: 부귀핍사풍화당국(富貴乏嗣風火當局)에 천을택(天乙宅)이니, 부와 귀를 얻고 집안이 화기애애하고 대개 여자들이 활달하고 어질어 남을 이해하고 도우려 하는 가상.

동남문 북주〔巽門坎主〕: 오자등과시풍수국(五子登科是風水局)에 생기택(生氣宅)이니, 관운(官運)이 길하고 남녀 모두 준수해 자손 번성하고 부귀영화가 꾸준히 지속되고 현숙한 부녀자가 되는 가상으로, 부엌이 북쪽이나 남쪽으로 위치하면 대길하다.

동남문 동주〔巽門震主〕: 풍뢰공명여화최국(風雷功名如火催局)에 연년택(延年宅)이니, 아녀자의 덕성으로 부귀공명이 서서히 일고 가족들의 재주가 많아 주위의 부러움을 받는 가상으로, 북쪽 부엌이면 관운이 오래도록 지속되어 대길하다.

나) 서사택간건태곤정배합(西舍宅艮乾兌坤正配合) 중 간문태주(艮門兌主, 동북문서주)

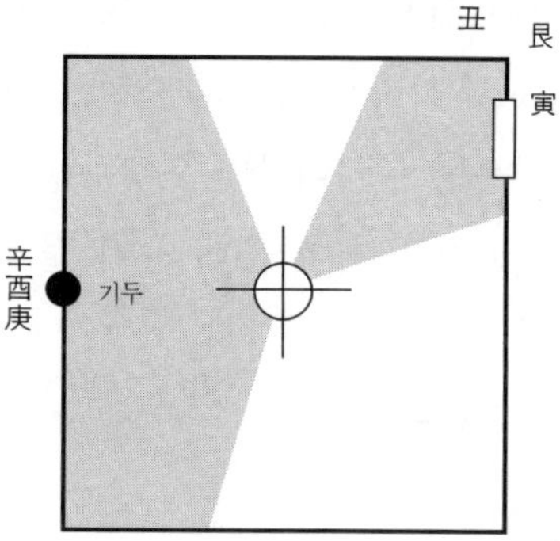

부격(富格)으로 보고 있는 서사택의 정배합 중 최길상으로 흔히들 여기고 있는 것이 서남문의 서북기두인 곤문건주(坤門乾主)이다. 이는 지기천문부귀창국(地起天門富貴昌局)의 연년택(延年宅)으로 가장의 권위가 바로 서고 위엄과 권세를 지녀 부부 해로 화락하고, 슬하에 자손 번성하며 득수복록(得壽福祿)을 누리는 가상으로 여기고 있다. 가장 원숙한 남녀의 힘과 화합으로 재물과 명예의 기운을 왕하게 해주는 가상이기는 하나, 권불십년(權不十年)이요, 화무십일홍(花無十日紅)이니 오히려 예시하는 간문태주(艮門兌主)보다도 길국이 덜하다고 볼 수도 있다.

동북문에 서주인 간문태주는 산택인왕가부귀국(山澤人旺家富貴局)에 연년득위금성등전지택(延年得位金星登殿之宅)이니, 남자는 총명하고 여자는 빼어나며 가정이 화목하고 생기가 돌아 웃음꽃이 그치질 않아 일찍 등과하고 부귀영달이 오래도록 꾸준하게 성장 지속되는 가상이다. 서사택에서 가히 최길상이 될 만한 가상이다. 소남토 문에 소녀금 기두이니 음양화합하고 크지는 아니해도 티끌 모아 태산이라고 꾸준한 재물과 명예가 적당하게 드나들고 모이고 하며, 어린 소년·소녀들의 해맑은 재롱과 총명함에 화기애애한 가풍이 그치질 아니한다. 묘목이 제때에 영양을 공급받아 올곧게 제대로 자라 성장하는 국이다. 큰 명예와 재물과 지위가 한낱 꿈에 불과하다면 남에게 업신당하지 않고 남에게 피해 안 입히고 평범하게 화락을 즐기니 오히려 남에게서 칭송받는 가상인 것이다. 서북방 부엌이라면 오행순행이 생동감이 있어 대길하다. 4~5년, 40~50년, 4~5대 등에 걸쳐 복록이 유효하다.

이외의 서사택 정배합 격국을 살펴 본다.

동북문 서남주〔艮門坤主〕:산지전산다진익국(山地田産多進益局)에 생기택(生氣宅)이니, 다져진 땅에 터가 더 단단해지듯 꾸준히 재산이 늘고해 웃음꽃이 그치지 아니하고 가화만사성(家和萬事成)이라 덕성스런 자손이 번성하는 가상.

동북문 서북주〔艮門乾主〕:산기천중자귀현국(山起天中子貴賢局)에 천을택(天乙宅)이니, 가장의 권위가 강하고 효성스런 자손들이 있어 재록도 겸전하나 부녀자들의 기가 다소 눌리게 되는 가상.

서남문 동북주〔坤門艮主〕:지산토중전산족국(地山土重田産足局)에 생기택(生氣宅)이니, 재물의 드나듦이 풍족해 집안이 일어나고 자손 번성하는 가상이나, 돈 씀씀이에 인색해 노랭이·구두

쇠가 많다.

서남문 서주〔坤門兌主〕: 지택진재절후사국(地澤進財絶後嗣局)에 천의택(天醫宅)이니, 재물이 모이기는 하나 부녀자들의 기운이 왕성해 남성들이 눌려 지낼 가능성이 있는 소위 여장부나 여걸의 가상.

서문 서북주〔兌門乾主〕: 택천과모장재원국(澤天寡母掌財源局)에 생기택(生氣宅)이니, 명예와 재물이 모여 남자의 기가 우세하나 귀가 여리고 색을 좋아해 소실(小室)을 거느릴 우려가 있는 가상으로, 금세 달구어진 냄비는 금세 식게 되니 문제가 다소 있다.

서문 서남주〔兌門坤主〕: 택지재륭이성거국(澤地財隆異姓居局)에 천을택(天乙宅)이니, 재물은 많으나 내주장(內主張)이 세고 외손과 딸 덕을 많이 보게 될 가상으로 자손이 귀하나, 동북·서북방의 부엌이면 가내(家內)가 순조롭고 장수를 이룰 가상.

서문 동북주〔兌門艮主〕: 택산증복소방영국(澤山增福小房榮局)에 연년택(延年宅)이니, 가정이 화목하고 부귀영화가 크지는 않아도 그치질 아니하고 큰자식보다는 작은자식들이 왕성해지는 가상.

서북문 서남주〔乾門坤主〕: 천문도지영화창국(天門到地榮華昌局)에 연년택(延年宅)이니, 곤문건주(坤門乾主)와 가상은 비슷하고 부부 모두 배짱이 크고 활달해 남부럽지 않으나, 여장부의 기를 남편이 살려 줘야 하는 가상.

서북문 서주〔乾門兌主〕: 천택재왕다음란국(天澤財旺多淫亂局)에 생기택(生氣宅)이니, 재물과 명예가 넉넉하기는 해도, 가장이나 집안 남자는 여왕벌에게 평생을 바쳐 봉사하는 성실한 일벌에 비유되어 주눅이 들 수 있는 가상.

서북문 동북주(乾門艮主): 천림산상가부귀국(天臨山上家富貴局)에 천을택(天乙宅)이니, 물려받은 재산도 있고 크게 재물과 명예도 얻으니 집안의 위엄이 서 길한 가상이나, 부녀자들은 내조형이 많아 속앓이를 할 수가 있다.

(2) 흉상가택과 개수(改修)

양택 3요인 문·주·조가 동·서사택에 불배합되거나 부동궁사택(不同宮舍宅)으로 이루어지면 길보다는 흉이, 복보다는 화가 더 미치는 가상으로 여기고 있다. 또한, 동궁으로 배합이 되었다 해도 네 귀가 반듯하지 않고 어느 한 쪽이 꺼지거나 허실한 경우에도 흉상으로 보고 있다.

다음의 예로 길흉화복의 감정을 하여 보겠다. 수많은 경우가 있겠으나 두 가지 정도만 예시를 한다.

〈예 1〉 일자구옥(一字舊屋)의 경우: 대문조정(大門調整)

이 가옥은 자좌오향(子坐午向)의 남향집으로 여길 수 있으나 실은 주(主)인 기두가 간좌(艮坐)로 서남향 집으로 보아야 한다.

문(門)과 주(主)로 보면 리문간주(離門艮主)의 집으로, 기두와 부엌이나 헛간을 고려한다면 서사택에 속하나 문의 위치가 달라 서사택부동궁(西舍宅不同宮) 혼합사택(混合舍宅)이다. 이러한 가상은 화산부강경부조국(火山婦岡經不調局)에 화해택(禍害宅)이라, 불의 기운이 강해 부녀자의 성정이 괄괄하고 온정(溫情)치 못해 내주장(內主張)이 강하니, 남편과 자식들을 내버려 두지 않고 들볶거나 어르고 추스르는 형국이라 음양이 순조롭지 못하다. 막내 아들이 안정을 못 찾고 귀한 아들 오냐오냐 하듯 대하니 방자한 성격과 방탕을 일삼을 수 있다. 집의 주인인 건(乾) 자리가 비어 있어 가장의 기세가 없어 망실부(亡失夫)할 수 있으며, 2~5년내에 가산이 탕진되는 가상이다. 식솔들의 건강은 위장과 비장 계통의 질병이 잦다.

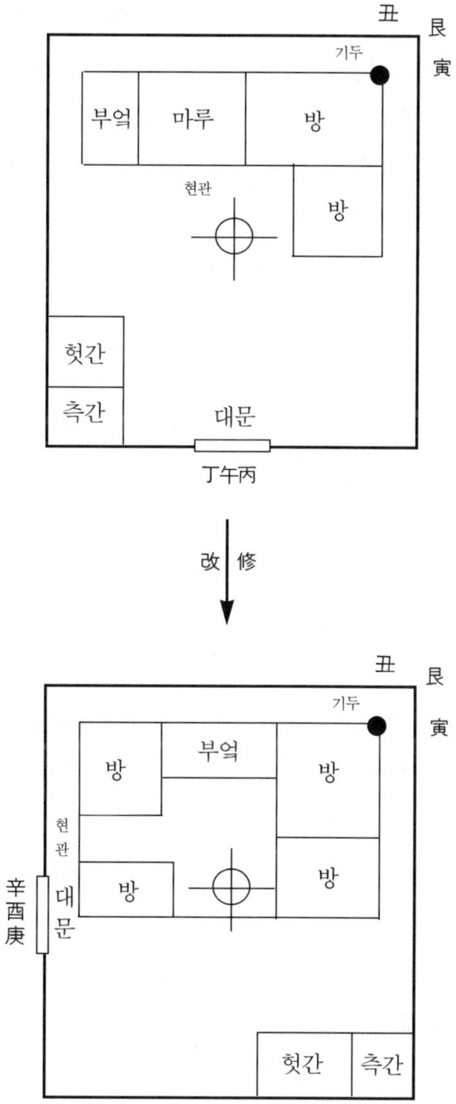

우선, 문·주를 간주(艮主)에 맞추어 서쪽 태문(兌門)의 서사택동궁(西舍宅同宮) 정배합(正配合)으로 맞추고 구옥 본채를 다소 늘리어 방을 분방(分房)하며, 헛간과 측간은 반대 동궁인 동사택방으로 옮겨 태문간주(兌門艮主)로 확실히 하였다.

이렇게 태문간주 서사택 정배합이 되면, 앞의 설명에도 있듯이 택산증복 소방영국(澤山增福小房榮局)에 연년택(延年宅)이 되어, 집안의 가풍이 바로 서고 부귀영화와 희망과 행복이 끊이지 않고 영달이 되는 가상이다. 사유축삼합(巳酉丑三合) 드는 해에 기쁜 일이 자주 발생한다. 서사택방에서 대길국의 하나로 여기는 가상이다.

〈예 2〉 현대식 평면가옥(平面家屋)의 경우:기두조정(起頭調整)

이 공간구조는 북문에 동남쪽 기두인 감문손주(坎門巽主)로 문·주로서는 대길국의 동사택방으로 볼 수 있으나, 주방의 위치가 서사택방에 위치하여 동사택부동궁(東舍宅不同宮) 혼합사택(混合舍宅)이다. 이러한 가상은 자녀 중에서 맏딸이 출세하는 가상이고, 큰아들은 마음이 떠 있어 안정을 못 찾으니 근심이 끊이질 아니한다.

곤방(坤方) 노모토(老母土)가 비어 있으니, 어머니의 위상은 약해 남편과 자식 뒷바라지하느라 좋은 세월 다 보내는 가상이다. 만약, 개수가 힘든 내부 공간구조라면 일시적인 기의 순행을 유도하고, 가능하다면 욕실을 방으로 하고 주방 옆에 욕실과 방을 새로이 꾸며 길국가상(吉局家相)으로 하도록 한다.

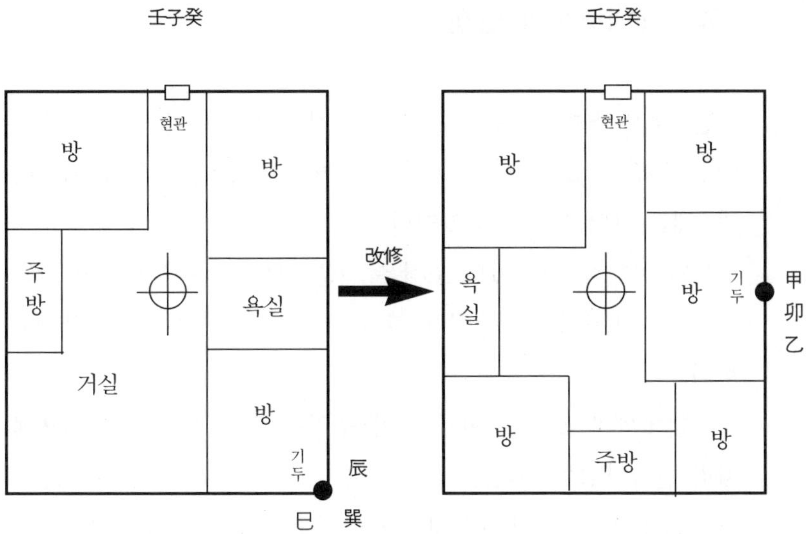

이는 북문에 동쪽 기두인 감문진주〔坎門震主〕로 수뢰발복구절사국(水雷發福久絶嗣局)에 천을택(天乙宅)으로 가난을 벗어나 부귀영화·자손 번영·수명 장수할 수 있는 가운을 지니게 되고, 화기애애한 가풍이 이루어지게 되는 가상이다. 부모의 권위가 서고 자식들이 총명하고 온전해 동사택방에서 대길국으로 여기는 가상의 하나이다.

더욱이, 주방이 남쪽방에 있어 재록(財祿)의 발복이 1~3년 사이에 왕성하다. 욕실이 서방에 있어 가상의 기운을 상하게 하는 듯하나, 전체적으로 볼 때는 무난하다. 출입문과 기두가 맞으니 아들들이 출세하는 가상이 되었고, 부모가 견실해진 가상이 되었다.

4. 양택조경의 방향

전통적인 양택 한옥 구조에서는 각각의 공간이 담·문·채로 연결이 되고 있다. 담은 공간을 구획하고, 문은 방향을 제시하며, 채는 마당을 구성하고 있다.

양택 공간에 있어서의 조경은 채울 그릇은 채워져야 제 기능을 하고, 채워지는 내용물에 따라 그 품격과 가치를 발휘한다고 한다.

양택에서의 조경도 이와 같아 주인에 의해 채워지는 내용에 따라 천차만별이 된다.

옛부터 그 집의 정원을 보면 3할 정도는 장인(匠人)의 인품을, 7할 정도는 주인의 인품을 알 수 있다고 했다. 물론 정원뿐만은 아니겠지만 꾸미고 가꿈에 따라 주인의 취향과 성정을 헤아릴 수 있다는 말일 게다. 양택조경의 보다 자세한 내용은 2부 상생풍수조경편에서 광범위하게 다루기로 하고, 양택조경의 전통적인 특징을 설명함으로써 그 방향을 가늠하고자 한다.

우리의 전통적 조경은 요란스럽지 않은 것이 특징이다. 자연에 순응하고 조화를 도모하면서, 수수하고 소박하고 화사하지 않으면서도 화기애애(和氣靄靄)하고 사유적(思惟的)인 조경 특성을 보이고 있다. 기하학적인 양태(樣態)보다는 자연스러운 선과 곡선을 즐겨 사용하였다.

정원은 이용하는 사람들의 특성과 취향에 맞추어 꾸미고 개개의 모든 소재에 철학적인 의미를 내재(內在)하여, 충(忠)·절(節)·효(孝)·자손 번영(子孫繁榮)·가문 번성(家門繁盛)·부귀영화(富貴榮華)·내세영생(來世永生) 등을 추구하기도 하였다. 숭천(崇天)과 자연순응(自然順應)이 기본이 되고 있다.

동양 조경의 대표적 특성이랄 수 있는 차경수법(借景手法)을 적극 활용하고 있다. 요란하게 조경하지 않는 대신에, 주위의 자연 경관을 최대한 활용해 안으로 끌어들이거나 배경으로 삼거나 하여 자연과의 일체를 연출하고 있다. 경치를 빌린다는 뜻의 차경에는 원경(遠景)·근경(近景)의 멀고 가까운 경치를 활용하거나, 부경(俯景)·앙경(仰景)의 눈 아래나 위로 전개되는 경치를 이용하기도 한다. 물정이입(物情移入)의 동양화적 인차구도(因借構圖)의 설정인 것이다.

또, 개개인의 개성과 특성을 존중해 인간적인 척도에 맞추어 시설이나 기능을 적절히 배분하고 식생에 있어서도 생태적인 측면을 고려해 전반적으로 환경친화적(環境親和的)인 조경 공간을 연출하고 있다. 식물의 생육 성장 추세를 감안하거나 식물 특성과 인간과의 교감(交感)을 이끌어낸다거나 하여, 인간의 정서와 호흡을 맞추고 자연과의 기(氣) 순행(順行)을 충분히 고려하고 있다. 결국 인간이 만들었으나 하늘이 만드는 것처럼 보이려 했다.

제2부 상생풍수조경

제4장 전통문화의 이해와 조경

1. 올바른 문화의 이해 | 2. 우리 민족문화의 사상적 배경 | 3. 우리 문화의 특질과 조경 특성 | 4. 전통조경의 계승 발전

제5장 상생조경의 설계

1. 음양오행의 기본 | 2. 사주오행의 기본 | 3. 상생조경 설계의 기본

제4장

전통문화의 이해와 조경

1. 올바른 문화의 이해

요즈음처럼 백리부동풍(百里不同風)이라든가 신토불이(身土不二)라는 말이 세인의 입에 자주 회자되고 있는 경우도 드물다. 그 나라 풍토의 고유성을 이르는 뜻일 게다.

한 나라의 문화전통(文化傳統)은 풍토 · 역사 · 사회문화 · 생태적 환경에 따라 그에 맞게 형성되어 온 특정 지역의 삶의 방식이며, 한 민족의 삶의 흐름이고, 미래에 활력을 불어넣는 원동력이자 뿌리인 것이다.

문화란 인간에게 집단적으로 나타나는 보편타당적인 여러 행위의 형식이나 삶의 방식 · 의미 · 정신 · 가치체계 등이다. 민속은 일상생활에 있어 매년 일정 시기에 집단성을 가지고 반복되는 관습으로서, 공동체간의 의식이나 행동의 통일을 통한 정신적 유대 강화·질서 유지·단결·결속·집단·총화의 도모라든가 단조로운 생활 리듬의 변화를 통한 삶의 재창조 기능을 하는 요소다. 문명은 이와 같은 보편적 가치집단의 생활표현인 것이다.

어느 한 민족에게 있어 문화의 원류라 하는 것은 역사적으로 동일한 권역에 장기간에 걸쳐 사회적·물리적 환경에 적응되어 형성된 동족의식(同族意識)을 갖는 인간 공동체가, 그들에게 맞는 공통의 언어·정치·경제·사회·문화·신앙체계 및 관습이나 민속·가치관들이 응결되어 총체성(總體性)을 지닐 때 나타나게 되는 것이다. 따라서 문화적 습성(文化的習性)은 시대가 변하면서도 축적되고, 세대를 이어 학습되며, 행위의 양식을 규정함으로써 집단 구성원이 익혀야만 하는 강제성을 띠고 있는 반면, 시대상황에 따라 가변(可變)하는 성질도 갖고 있다.

오랜 세월에 걸친 이민족(異民族) 상호간의 이동이나 관찰에 의해 문화의 접촉이 이루어지고, 거기서 어느 한 민족의 성향에 맞아 떨어져 적응되고 계승되는 것이 전통이 되기도 한다. 그렇기 때문에 생물학적 환경에의 적응방식이 개개 지역마다 다르고, 민족의 가치 기준, 삶의 방식, 언어, 표현방식, 관념, 습관 등이 상이함으로 해서 인류문화의 차이가 있게 마련이다. 이러한 차이는 인간의 본능적인 차이와는 사뭇 거리가 멀다. 가령 예를 들어 동·서양의 여성들이 갖고 있는 본능적인 모성애는 차이가 없다. 그러나 관습에서 오는 차이는 현저해 의아스럽기까지 하다.

동양에서 여성의 유방은 아이의 양육을 위해 기능하는 것으로 생각하기 때문에 때에 따라 주위를 인식함이 없이 아기에게 젖을 먹일 수 있는 데 반해, 서양에서는 이를 남편만을 위한 성적

매력물이라고 생각하기 때문에 그네들은 꼭 우유를 병에 담아 젖을 먹이는 것이다.

또, 인도인들이 타 민족과는 달리 소를 신성시하는 것은 유목민족인 그들이 농경사회에서부터 소의 소중함을 인식해 왔고, 소가 갖는 유용성(有用性)을 종교적인 관념이나 양태로 신성시하는 제도적 장치를 마련했기 때문이다.

이와 같이 각각의 문화양식은 나름대로의 이유와 유래가 있는 것이다.

인간은 합리적인 존재로서 문화를 만들고, 혁신과 수용을 통해 변화시키기도 한다.

문화의 전통은 과거에서 현재까지 연속성 있게 전승되어 오면서 현재에도 지배적인 관행으로 살아 있는 행위양식이며, 사회적 적절성(適切性)·동질성(同質性)·통합성(統合性)을 가진 요소가 계승·발전된 가치체계인 것이다. 그리고 문화의 혁신은 문화의 전파를 통해서 자체적 여과 과정을 거치는 창조적(創造的) 수용(受用) 속에서 가능해진다.

문화의 전파란 한 문화가 다른 문화의 이질적인 기술과 도구라든가 제도·신념들을 수용(受用)하고 차용(借用)하는 과정인 것이다. 이러한 과정이 있음으로 해서 어느 한 문화의 단절은 역사적으로 볼 때 문명의 멸망이라는 경우를 제외하고는 거의 이루어지지 않았다.

문화의 단절은 정치·경제·사회적 이념이나 가치가 송두리째 뒤집어지는 변혁(變革)의 상황(狀況)에서만 가능하리라고 보나, 꼭 그렇지만은 않다. 다만, 동화(同化)와 변질(變質)의 과정(過

程)은 거칠지언정 민족 내면의 뿌리는 끈끈하게 이어지는 것이 문화의 또 다른 속성이기도 하다.

일제가 그토록 우리의 민족정기를 말살하려 했어도 뜻을 이루지 못한 것은 바로 문화의 이러한 속성 때문이다.

내면적으로 흐르는 전통문화의 뿌리를 올바로 인식하고 이해해야 한다. 아울러 모든 문화를 고찰할 때 그 문화가 놓여 있는 역사적 · 자연적 환경 속에서의 연속성과 본질을 기능적으로 파악하려는 자세가 있어야 한다. 과거 · 현재 · 미래를 통틀어 생각하는 역사적(歷史的) 사고(思考)의 틀을 갖추어야 한다는 뜻이다.

나아가 문화가 존재하는 시대적 배경과 기능 · 효용을 예의 검토해 오늘의 감각에 맞도록 활용하는 자세가 필요한 것이다. 다른 문화와의 차이를 비교할 수 있는 기준을 설정하고 각기 다른 삶의 방식을 평가하거나 체험 · 이해함으로써, 오늘의 나를 비춰보는 거울을 찾는 것이 올바른 문화의 이해 태도인 것이다.

문화는 여러 사회적 제도와 관념체계가 합쳐진 총체적인 것이다. 이것은 그 사회의 모든 제도들간의 상호관련된 성격을 규명해야 비로소 문화를 올바로 파악한다는 뜻이 되며, 동시에 하나의 문화요소 또는 사회제도는 그 사회를 하나의 전체로서 존재하게 하기 위한 부분으로서의 의미를 지니고 있음을 뜻하는 것이기도 하다. 즉, 부분의 총화가 전체를 이루기 때문에 총체적인 맥락에서 문화의 해석이 있어야 한다.

앞에서도 언급한 문화적 차이는 이 같은 총체적인 해석에서 비교 검토함으로써 그 특수성과 보편성을 파악할 수 있다.

비슷한 형태의 문화적 특질이 어떤 의미와 기능을 하고 있으며, 동일한 의미가 각각의 사회에서 어떠한 형태로 표현되고 있는지를 알아야 한다. 이는 인류 문화의 보편성과 다양성의 이해·발견뿐 아니라 그 속에 숨어 있는 공통적인 법칙과 의미를 파악함으로써 타 문화에 대한 객관적 이해의 경험을 충분히 갖추게 해주며, 나아가 인간을 이해하여 자기 문화를 공정하고 정확하게 파악하는 안목과 능력을 넓혀 주게 한다. 그리하여 외래문화의 적절한 수용의 방향 설정은 물론 재래 고유문화의 보존과 계승에 올바르게 기여할 수가 있는 것이다.

게다가 자민족중심주의(自民族中心主義)에 의한 문화국수주의나 문화사대주의를 배격하기 위해서는, 문화를 그 문화가 존재하는 맥락 속에서 이해해야 하며, 그 문화의 담당자 입장에서 설명되어지는 것과 객관적 입장에서 분석되어지는 것을 구분할 줄 아는 안목이 있어야 한다.

우리 것과 차이가 나는 것을 자신의 주관적 가치 기준으로 보고 비난하거나 배척하는 자기 문화 우월주의라든가, 전통이라는 이름으로 무엇이든 좋다는 문화적 국수·획일·복고주의, 그리고 새로운 기능만을 우선하는 외세 의존적 문화사대주의나 무조건적인 개방주의, 또 식민사관적 열등주의 등은 파기해야 할 시대적 유산이다.

무분별한 가치관의 혼재로 공동체나 근린정신이 붕괴되고, 외부와 단절된 이기주의가 판을 치며, 과거의 정신적 지주였던 가치체계가 거추장스러운 문화유산으로 치부되는 문화적 대혼란이야말로 진정 파기해야 할 퇴행적·퇴폐적인 문화악습이고, 그릇된 문화이해 태도인 것이다.

지금 우리는, 과거의 사회문화 수준이 낮고 소규모 자급자족적 폐쇄사회에서나 적합했던 혈연·지연·학연·문벌·권위 지향주의 등의 정체적(停滯的) 사회유산(社會遺産)이, 오늘날과 같이 국제화·민주화·다양화·개방화되어 가는 동태적 사회(動態的 社會)에서도 혼재(混在)함으로써 문화의 2중 구조적 현상을 빚어, 가치체계나 의식구조에 있어 계층간이나 세대간의 문화적 혼란과 혼돈을 겪고 있다. 무언가에 가치의 중심이 흔들리고 현혹되어 전통적 의식이나 감각이 무뎌지고 있다.

흔히들 말하기를 우리 민족은 한(恨)을 품고 한(恨)을 이겨내온 민족이라고 한다. 우리 조상들은 한을 숙명적 멋으로 삼고 풍자와 해학·민담·속담·굿거리·규방가사 등으로 표현하며 한과 저주스러움을 망각하면서 신명나게 삶을 재조명하면서 살아왔다. 오랜 농경 위주의 생활을 통해 생겨난 우리의 고유한 정신과 의식, 문화로 공동체 사회를 유지해 왔던 것이다.

우리들은 윤리라든가 도덕·지식·정신적 가치가 부나 권력, 위세로 위장된 물질적 가치보다도 우선하여 개인적 가치를 중시하였으며, 이웃과의 만남·공동의 기도·인정의 교환·스스럼 없는 분배와 화합이 생활의 근본 틀로서 풍요로운 정의(情誼)가 샘솟았던 것이다. 그러나, 이러한 것들이 근세 들어 국권의 몰락과 개화(開化), 정치·사회적 혼란과 격동, 그리고 걷잡을 수 없는 도시화·산업화·근대화로 일컬어지는 경제개발 위주의 도시산업사회로 전환됨으로써, 재래의 풍속이라든가 전통 의식구조·생활방식이 일시에 파괴되거나 흐트러지는 등 급속한 변질(變質)을 가져와 정신적 혼란이 더욱 가중되고 있는 것이다. 마치 급류에 떠밀린 수초같이 부랑하고 있다.

아무리 하루가 다르게 가변(可變)하는 급격한 현대사회라 하더라도 근본을 굳건하게 하면 된다. 선진 산업화(先進 產業化)를 추구하느라 우리가 알게 모르게 미처 거르고 다듬을 새도 없이 밀어닥친 기능·편의 위주의 서구문물을 더 이상 무턱대고 수용한다는 것은 바람직스럽지 않다. 지금이라도 늦지 않았다.

반만년 역사의 우리 민족에게 연면히 흘러오는 우리 얼과 정신을 바로 되살리고 깨우쳐 우리 것을 더욱 발전시키고, 이 바탕위에 문물의 적절한 이행(移行)을 유도해야 한다. 올바른 문화이해의 태도를 확립하고 가치를 옳게 응집시키도록 노력하는 것이 중요하지, 입으로만 신토불이(身土不二)해서는 아무런 의미가 없다.

2. 우리 민족문화의 사상적 배경

무릇 한 나라의 거대한 사상적 흐름을 단견(短見)으로 논하는 것이 벅차기는 하다. 그러나 한 나라, 한 민족의 문화 형성의 기초가 되는 기본정신을 개략적으로나마 안다고 하는 것은 문화의 바른 이해를 돕는다고 생각한다.

우리 민족은 상고대로부터 단일민족으로서 고유한 언어와 풍습, 그리고 신앙을 배경으로 성장·발전하여 왔다. 일찍부터 중국과 인접하여 많은 영향을 받아 왔으며 중국을 통해 불교·도교·유교사상이 전래되어 왔고, 18세기 이후로는 서구의 정치·

철학종교사상이 기존 민족 사상과 서로 영향을 주고받으며 오늘에 이르기까지 혼재되어 있는 상태다.

1) 원시신앙(原始信仰)

일찍이 신석기시대부터 한반도에 정착하기 시작한 우리 민족의 신앙은 원시무속신앙에서부터 비롯된다.

원시시대 초기에 있어서 신앙의 대상은 태양(太陽)·거대한 산·바위·나무·신령스러운 동물 등 자연물이 주를 이루고 있으며, 점차 종교적인 현상으로 무속신앙(巫俗信仰)이 발전하게 되었다. 무속신앙은 사주팔자로 인생이 결정되어 있다고 믿는 점복예언사상(占卜豫言思想)·음양오행사상(陰陽五行思想)·풍수지리사상(風水地理思想) 등과 함께 우리 민족신앙의 주류를 이루고 있는 것이다.

원시 무속신앙(原始 巫俗信仰)을 간략히 살펴보면 다음과 같다.

(1) 토테미즘(Totemism)

이는 미개 원시사회에서 종족집단과 특별한 혈연관계를 갖는다고 생각되는 동·식물을 숭상하는 종교나 사회적 형태를 일컫고 있다. 이 사상은 만물(萬物)에는 정령(精靈)이 있다고 생각하는 만유영혼관념(萬有靈魂觀念)을 근저로 하고 있다.

자연(自然)에 대한 외경감(畏敬感), 무한(無限)한 힘과 생명력

(生命力), 신령(神靈)에의 희구(希求), 내세(來世)의 영생(永生), 번영(繁榮), 다산다작(多産多作), 무병장수(無病長壽) 등을 염원하여 태양·산악·거암·거석·거목·영험한 동물·성기 등에 대한 숭배사상을 복합화하여 표출하고 있다. 즉, 생존적 가치에 집결되는 현실주의적 인생관을 자연력에 바탕을 두고 있는 것이다.

(2) 샤머니즘(Shamanism)

토템적 사고방식이 점차 종교적인 의례를 통해, 초월적인 힘이 자신의 운명을 조절할 수 있다는 신념으로 변하면서 나타난 것이 무신(巫信)의 원형(原型)인 샤머니즘인 것이다.

샤먼은 무당 중 강신이 잘 되는 사람과 신지(神旨)된 사람을 일컫는 말이며, 샤머니즘은 신령이나 악령 따위의 영적 세계와의 교류는 오로지 샤먼을 통한 주술이나 기도로만 가능하다고 하는 신앙이나 행사를 말한다.

이것은 흔히 천손계(天孫系)와 해신계(海神系)로 나뉘어지는 건국·시조·부락신화 등에 나타나며, 제정일치시대(祭政一致時代)의 각종 제천의식(祭天儀式)에 내재(內在)되기도 한다.

2) 무속신앙(巫俗信仰)

무(巫)라는 한자어는 천(天)·지(地)·인(人)을 연계하는 형상을 띠고 있다. 따라서 무속(巫俗)은 샤먼(무당)이 춤을 추어 하늘(신)과 땅(인간)을 하나로 연결하게 하여 신령의 힘을 빌어 재앙을 없애고 복을 초래하고자 하는 원시종교 현상이다.

고대인들은 추수가 끝난 10월에 무속의례(巫俗儀禮)를 실시하였다(부여—영고, 고구려—동맹, 예—무천 등).

무속의 형태는 부락공동제사, 제재초복(制災招福)·송령(送靈) 등을 위한 굿, 전체의식(全體意識)을 위한 혼합종교(신라—화랑도, 고려—팔관회, 조선—동학 등) 양태 등으로 변화되었으며 아직도 동제(洞祭)나 당제(堂祭), 굿은 맥이 이어져 오고 있다.

무속의 신관(信觀)은 다신다령관(多神多靈觀)으로 도교·불교적 요소가 가미되어 우리 민족의식의 핵 속에 여전히 잔존하고 있다.

무당은 굿을 집행하는 강신무와 점복예언(占卜豫言)을 해주는 세습무로 나누어진다.

무속의 변형으로는 도깨비를 믿는다거나 가주(家主)를 위주로 하는 가신신앙(家神信仰), 마을의 번영을 위한 동신신앙(洞神信仰) 등이 있다.

3) 음양오행사상(陰陽五行思想)

이는 우주의 창조는 무기체인 무극(無極)에서 비롯되어 유기체인 태극(太極)이 형성되고, 태극에서 다시 음양(陰陽)으로 기(氣)가 나누어지며, 양명한 기운은 위로 올라가 하늘〔天〕이 되고, 무겁고 탁한 기운은 땅〔地〕이 되어 천지(天地)가 창조되었다고 믿는 사상이다.

음양(陰陽)은 다시 水·木·火·土·金의 5요소를 생산하고, 이

중 水·木이 양(陽), 火·金은 음(陰)이며 土는 음양의 조화로 생겨난 것으로 보고 있다.

이 음양오행사상이 발전하여 나타난 것이 풍수지리사상이다.

4) 풍수지리사상(風水地理思想)

이는 인생과 역사의 흥망성쇠를 풍수지리가 결정한다고 믿는 사상이다. 즉, 생기(生氣)와 감응사상(感應思想)으로 천지의 기운이 생사화복을 좌우한다고 보는 것이다.

풍수설의 시작은 신라 말 고려 초의 도선의 풍수도참설에서 비롯되며, 대표적인 것이 『정감록』이다.

풍수는 '장풍득수(藏風得水)'의 줄임말로 바람과 물에서 생산되는 신비한 힘과 땅의 생기(生氣), 즉 지덕(地德)의 힘을 입어 인간이 자연의 신비한 힘을 감응(感應)코자 하는 사상이다.

이 사상의 대전제는 음양오행설에 근거를 두고 자연을 대우주로, 인간을 소우주로 보고 자연의 생성원리가 같다는 데서 출발하고 있다.

생기(生氣)는 바람에 의해 틀어지기 쉬우므로 바람으로부터 깊숙이 감추어져야 하고, 물을 얻어야만 더욱 왕성하게 된다는 것이 기본원리이다. 이는 궁극적으로는 모태(母胎)를 상징하기도 한다. 모태(母胎)는 인간에 있어 가장 편안하고 영원한 안식처인 것이다.

이 사상은 배산임수(背山臨水), 전저후고(前低後高), 전착후관(前窄後寬)의 양택(陽宅) 3요결(要決)과 묘터를 보는 음택법(陰

宅法)으로 크게 구분되는데, 오늘날 생태적(生態的)인 환경(環境)을 고려하는 개념과 일맥이 있다.

한편 이 같은 민속신앙의 기조 위에서 우리 민족 신앙에 중요한 영향을 끼치고 있는 것이 전래사상(傳來思想)인 도교(道教) · 불교(佛教) · 유교(儒教) · 기독교 개화사상(基督教開化思想)이다.

5) 도교사상(道教思想)

도교(道教)는 선교(仙教)라고도 하며, 원시산악숭배사상(原始山岳崇拜思想)이 발전하여 신선사상(神仙思想) · 불로장생사상(不老長生思想)을 갖는 내세신앙(來世信仰)으로 변화한 것이다.

이 사상은 춘추시대 말기 노자(老子) · 장자(莊子)에 의해 싹이 텄고, 전국시대를 거쳐 진시황의 폭정으로 인한 허무 · 염세주의를 바탕으로, 한대에 토속신앙 · 무속 · 신화 · 음양오행설 · 도참설 등과 결합하여 신선(神仙) · 도인(道人)을 추구하는 종교로서 나타난 것이다.

중국에서는 송대에 전진교(全眞教), 정일교(正一教)로 분파(分派)되어 성행하였으나, 우리 나라에서는 샤머니즘적 성향이 워낙 강해 별다른 발전을 보지 못했다.

이는 무위자연적(無爲自然的)인 사고(思考)를 주조로 하고 무지(無知) · 무욕(無慾) · 무위(無爲)에 처신하는 것을 도덕으로 삼고 있다. 또, 만물(萬物)의 기능(機能)함과 효용(效用)은 비어 있기 때문이라고 하며 공사상(空思想)을 강조하고 있다.

노자(老子)의 무용(無用)편에 보면, "그릇은 무엇인가를 담기 위한 것이다. 그릇의 생명(기능)은 공간(空間)의 효용성(效用性)이 있기 때문이다"라는 어구(語句)가 있다. 즉, 유형적인 물건이 이롭게 쓰여지는 까닭은 결국은 비어 있는 공간이 있기 때문에 효용성을 갖는다는 의미인 것이다. 이러한 사상은 우리 민족의 근본정신과도 통하고 있는 것이다.

■ 原文

三十輻, 當其無, 爲其無, 有車之用.

埏埴以爲器, 當其無, 無器之用

鑿戶牖以孚室, 當基無, 有室之用.

서른 개의 바퀴살이 하나의 바퀴통에 다같이 꽂혀 있으나, 바퀴통한 복판 빈 곳에 바로 수레를 작용시키는 요인이 있다.

찰진 흙을 이겨서 기물을 만들지만, 기물의 텅 빈 곳에 바로 기물의 쓸모가 있다.

문이나 창을 뚫어 방을 만들지만, 방의 공간이 바로 쓸모 있게 쓰이는 곳이다.

6) 불교사상(佛敎思想)

불교는 B.C 6~5세기경 석가의 탄생을 기원으로 하고 있으며, A.D 1세기 대승불교(大乘佛敎)의 성립으로 종교로서의 체계를 갖추게 되었다. 이어 A.D 3세기경 중국에 전래된 후 우리 나라를 비롯, 일본·동남아 등에 전파되었다. 우리 나라에는 372년

고구려가 공식적으로 받아들임으로써 전파되기 시작했다.

불교는 자기 인식의 주인이 자신〔천상천하 유아독존(天上天下唯我獨尊)〕임을 강조하고, 삼라만상 모든 생명의 보편성을 추구하는 종교이다. 즉, 형이상학적이라기보다는 '내가 여기에 있다'는 현재의 존재를 중시하는 실존주의적 종교이며, 자아의 모든 것을 버릴 때 다시 말해 무소유(無所有) 상태에서 진실을 얻는다는 '깨달음〔각(覺)〕'을 통해 진리를 밝혀〔자등명, 법등명(自燈明, 法燈明)〕 해탈의 경지에 이른다는 사상이다.

이러한 불교사상은 한반도에 전파된 후 고구려 지배층의 종교적 무관심과 무단정책(武斷政策), 그리고 당시 중국 불교의 타락적 경향에서 쇄락을 맞이하였다. 이는 백제에서도 비슷해 염세적 · 기복적(祈福的)으로 흘러갔다.

신라에서는 초기에는 통일의 이상을 제시해 주었으나 점차 선(禪) · 교종(敎宗) 모두 대중과는 거리가 먼 상태에서 상류층에게 독점되었고, 대중의 절실한 종교적 요구에 부응하려다 보니 차차 기복신앙으로 변질되기에 이르렀으며, 오늘날까지도 이러한 조류가 근간을 이루고 있다.

이 같은 성향에도 불구하고 신라 · 고려시대의 불교문화적 소산(佛敎文化的 所産)은 우리의 민족문화 발전에 지대한 공을 끼쳤다. 그러나 조선에 들어서는 조정의 강력한 억불숭유정책(抑佛崇儒政策)으로 암흑시대를 맞기도 하였으나, 불교는 가난한 기층민중(基層民衆)에게는 위안과 용기를 주는 정신적 활력소가 되었고, 유사시에는 살신활인(殺身活人)의 저력을 발휘해 국가를 지키기도 하였다.

7) 유교사상(儒敎思想)

춘추전국시대 공자(孔子)로부터 비롯된 이 사상은 인도주의적 사상을 근간으로 하고 있다. 인간이 천(天)·지(地)의 중심이라는 천인합일사상(天人合一思想)을 바탕으로, 정신적 세계의 선(善)을 추구하는 사상이다. 다시 말해 천도(天道)가 인도(人道)에 내재하며, 인간은 물질의 주인으로서 물질이 인간에게 지배되는 가치체계를 갖고 있다.

이는 인(仁)·의(義)·예(禮)·지(智)·신(信)을 지키는 것이 도덕이며, 그를 토대로 군자(君子)나 성인(聖人)이 되는 것을 목적으로 하고 있다. 이 사상은 도덕적 기준에 맞는 감정표현의 조화는 성품이 모체가 된다고 보고 있다.

이를 바탕으로 수평이든, 수직이든 사람과 사람간의 간격을 사랑으로 다스린다는 인애정신(仁愛精神), 몸가짐을 반듯하게 하고 마음가짐을 바르게 하여 상호간의 몸과 마음을 함부로 하지 않는 공경정신(恭敬精神), 나와 남과의 관계가 물이 흐르듯 정기(精氣)가 흐를 수 있도록 도와주는 치인정신(治人精神)과 인간간의 예의·염치를 중시하는 덕목을 기리는 사상이다. 이러한 정신은 조상숭배(祖上崇拜)·남녀유별(男女有別)·장유유서(長幼有序) 등 가치규범을 설정하였으며, 이 가치규범은 우리 민족의 뿌리 깊은 사상적 틀이 되었다.

우리 나라의 유교사상은 은말주초(殷末周初)에 유입되기 시작하여 진한시대(秦漢時代)에 경학(왕경)사상[經學(王經)思想]을 도입하고, 여말선초(麗末鮮初)에는 송(宋)나라 주자(朱子)의 성리학(性理學)을 도입하였으며, 조선 중기 청조(淸朝)의 실학사상(實學思想) 유입으로 나누어 전래되었다.

오백년 조선사의 사상적 기둥을 받친 유교사상은 성리학(性理學)을 발전시킨 이퇴계·이율곡에 의해 한국적인 사상으로 고착되었다. 성리학은 인간의 성실성과 실존성을 통해 진리를 파악하는 것으로, 인간 주체성의 강조·합리주의의 추구·윤리적 순수성의 강조를 요체로 하고 있다.

이는 전형적인 양반사회에 있어 하나의 정신적 지주였던 셈이다. 그러나 조선의 봉건적 전제 정치와 왕공사대부(王公士大夫)를 중심으로 하는 사회제도는 16세기 말 임진(壬辰)·병자(丙子) 양 란(兩亂)을 겪으면서 서서히 와해되거나 붕괴되기 시작했다.

이 같은 사회적 변환기에 접어들면서 조선 후기에는 개신유교적 사상(改新儒敎的 思想)인 실학사상(實學思想)이 나타났다. 실학사상은 실사구시(實事求是)·이용후생(利用厚生)·부국강병(富國强兵)·경국제민(經國濟民) 등 민족의식을 바탕으로 과학적 사고방식을 추구한 사상이었는데, 국권(國權)의 상실(喪失)로 점차 쇠락해 갔다.

8) 개화사상(開化思想)

기독교 문화를 중심으로 하는 서구사상은 임진왜란 무렵 천주교의 유입으로 비롯되었으며, 점차 신분제도의 동요가 일기 시작하면서 확산되어 갔다.

19세기 말경 개항(開港)을 전후한 시기에 위정척사사상(衛正

斥邪思想)과 개화사상(開化思想)의 대립 양상이 뚜렷했고, 1894년 갑신정변(甲申政變) 이후 신분제도 폐지와 각종 개혁운동의 영향으로 전통사상과 혼합된 개화민족사상(開化民族思想)이 나타났다.

이 사상은 민족의 자주독립, 주체성 확보, 자유민권주의, 자강개혁(自强改革)을 기조로 하고 있으며, 3·1 운동을 계기로 민족의식의 융합을 보였으나 계속되는 사회 격변과 함께 침체되었고, 민중의 경제적 민주주의가 확대되면서 우리의 의식·사상·가치를 정립하고 조명할 사이도 없이 서구화의 가속적인 변화를 맞으며 오늘에 이르고 있다.

이상에서 개관(槪觀)한 바와 같이 우리의 민속종교는 기층민의 핵심적 사상으로 이어져 왔고, 전제군주체제하에서 지배계층의 존치를 위한 전래사상이 명맥을 유지해 왔으나, 기층민중에게는 전래사상들이 기복(祈福)이나 기구적 사상(祈求的 思想)으로 변질되어 왔음을 알 수 있다.

사상이 진정한 한 민족의 사상으로 발전하기 위해서는 기층민중의 의식적 사고를 바탕으로 역사의 추진력과 삶의 창조력을 발휘해야 한다. 그런데, 사상은 역사와 인생이 전진해야 할 방향과 목표와 의미를 부여해 주는 것뿐이지 세부적인 삶의 표현양식에는 포괄적이지 않다. 여기에 기복(祈福)·기구적(祈求的)인 민속사상이 지닌 한계성의 기준이 있다.

이제 우리 민족사상의 내면적 근거를 재정립하고 가치의 중심을 제대로 가다듬어 표류하고 있는 사상의 가닥을 잡아야 한다.

3. 우리 문화의 특질과 조경 특성

1) 우리 문화의 특질

우리 문화의 아름다움은 무엇일까? 한마디로 정의하기는 어렵지만 대체적으로 보아 부드러운 선과 소박한 색, 자연스러운 구성, 불필요한 치장의 배제, 그리고 익살스러우면서도 생동감 있는 표현 등을 들 수 있다.

한국적인 선(線)은 완만하고 부드러우며 간결하면서 무디고 온유하다. 산이나 강의 흐름, 파도의 선이 그렇고 울타리, 오솔길, 논밭길, 지붕, 처마선 등이 그렇다.

현대적인 선이 대량 생산에 의한 직선이나 모난 선으로 획일·규격화되고 있는 것에 반해, 우리의 선은 인위적인 것이라도 자연스러운 선을 그대로 살려 생명의 움직임을 연출하는 지혜를 보이고 있다.

전통 한옥의 지붕 선을 보더라도 지상과 연결되면서도 무게 중심을 느끼지 않게 꾸며 마치 하늘 위로 날아오르는 듯한 모습을 자아내는 훌륭한 감관(感官)을 엿볼 수가 있다. 날아갈 듯한 한복의 선과 그 속에 비쳐 보이는 희디흰 속치맛자락, 그리고 유연한 버선코는 그야말로 한국 여인의 멋이고 아름다움이다.

상원사 동종의 비천상을 보면 종소리가 울리고 선녀가 비상하는 생동감이 있다. 굽이굽이 치고 꿈틀거리며 날아오르려는 의미가 있는 것이 한국의 선이다.

장중하고 가녀리게 내어 뻗거나, 토하며 반복해 장단을 치는 가락이나 춤사위, 사물놀이, 가야금 산조 등을 보면 은은하고 온유하며 끈기 있는 선이 엿보이고, 네 귀가 정각(正角)이 안 되는 창틀이나 다소 일그러져 보이는 투박한 용기라도 그것을 완성품으로 생각하는 자유와 여유 있는 소박성이 보인다.

또, 십일면관음보살의 풍만한 육신이나, 기왓장 한 구석에서 우직스레 미소짓는 모습, 석등이나 비석을 받치고 있는 쌍사자의 익살스럽고 일그러진 모습 등에서도 생명력의 사실적인 표현을 읽을 수가 있다.

외래양식(外來樣式)을 수용할 때에도, 몇 해 전 출토된 능산리 백제 금동용봉봉래산향로(金銅龍鳳蓬萊山香爐)에서도 보듯 외래 도교사상(道敎思想)의 영향을 받고 박산양식(博山樣式)을 취하면서도 생략할 부분은 과감히 생략하거나 단순화시키고, 강조할 부분은 강조하며 또 한 켠에 화려하게 꾸밀 부분은 화려하게 하면서 전체를 도모하고 있다. 선과 면의 구도 배분에 있어서도 단순성과 충분한 여백·여유를 살려 간결한 선과 정리된 면 분할로 한국적 비례 감각을 살리고 있다.

건축물의 규모도 중국과 같이 장대하거나 권위주의적 규모를 배제하고 우리의 자연환경에 어울리는 규모와 기능을 갖는 자연스러움을 나타내어, 시각적으로 부담을 주지 않고 담박하게 꾸미고 있으며 하나의 중심성으로 하는 집약적 조화미(集約的 調和美)를 나타내고 있다.

건물 배치도 건축물과 건축물간의 조화를 중시하였으며, 자연스레 기능을 연결되도록 하였다. 공간의 분할은 담장 바깥의 자연이 담장 안으로 인입되도록 구획하고, 문과 문으로 연속성이 이어지게끔 처리하였다. 즉, 구조와 기능을 중시하여 조화의 흐름을 같이하였고 자연적 철리(自然的 哲理)를 이용해 오묘하게 처리하였다.

창을 통해 사람과 빛과 소리와 공기를 드나들도록 하고 있으며, 자연 재질의 한지를 사용하여 숨쉬는 자연을 방 안에 들여놓는 기분을 자아내고 있다. 견고성의 유지와 미적 감각 표현을 위해 여닫이 부분에 꽃·잎 치장을 하고, 눈곱떼기 창을 두어 외부를 관찰하는 면을 보이고 있다.

창호에 비치는 은은한 그림자와 소리는 그대로 한국적인 삶의 모습인 것이다. 대청마루 뒤를 터서 통풍과 차경(借景)을 구하는 지혜처럼 우리 문화는 닫혀 있는 듯하면서도 열려 있는 것이다. 이른 새벽 동틀 무렵이나 서녘에 석양이 비칠 무렵 울리는 산사의 종소리는 바로 신비스럽기만 한 우리의 멋이요, 맥인 것이다.

이와 같이 우리 문화에는 간결·여백·단순·단아·고요·소박·투박·소탈·생략·필요·조화·생동·집약·자연미가 있으며, 대범성(大凡性)·대의성(大意性)·선의성(善意性)·다양성(多樣性)·비례성(比例性)·해학성(諧謔性)·안정성(安定性)이 있다. 이는 중국이나 일본과 달리 조용하고 아담한 기질과 사계절이 뚜렷하고 한서(寒暑)의 차이가 심하며, 산수가 수려한 자연환경에 의한 영향으로 볼 수 있다. 서구화된 문물에서는 찾아보기 어려운 이 같은 특질은 진정으로 자연과 호흡하고자 하는 정신이 배어 있기 때문이다.

2) 조경 특성

(1) 조경관(造景觀)과 조경양식(造景樣式)

대체로 보아 한국인의 조경관 내지 자연관은 동양사상적 영향과 자연적 여건에 의한 영향을 받고 있다. 자연을 물질로 보고, 과학적이고 합리적인 사고로 자연을 이용하려 하는 서양에 비해 동양은 자연을 정신으로 보고 있다. 이렇듯 서로 상반된 사상적 성향은 인류 초기 고대사회에서는 출발을 같이하고 있다.

고대에는 자연을 외경스럽게 보고 신성시하였는데, 서양이 점차 학문적·합리적 사고방식으로 변환해 자연과 대립 내지 동등한 입장에서 자연을 이용하는 방향으로 이어져 왔다.

그에 반해 동양적 사상은 인간과 자연은 다른 것이 아니고 본질적으로 생명을 가지고 같이 존재하는 것이라는 입장을 취하고 있음으로 해서, 서양의 사상보다는 심오한 특성을 보이고 있다.

다시 말해 자연과 외적(外的)으로는 불변(不變)의, 내적(內的)으로는 무한(無限)한 관계를 유지하며 자연과 호흡하고 일치하고자 하는 사고를 통해 자아를 완성시켜 나가는 생각을 주류로 하고 있다. 그야말로 자연에 순응하며, 자연과 공생·동화하는 슬기로운 삶의 지혜인 것이다.

원래 우리의 전통적인 조경관은 도(道)·불(佛)·유교(儒教) 및 신선(神仙)·노장사상(老莊思想)에 입각한 숭천(崇天), 정토사상(淨土思想)과 풍수지리나 음양오행설에 근거를 두는 '자연에의 순응'인 만큼, 자연이 우리에게 주는 혜택을 고맙게 여기고 자연과 벗하며 더불어 이해하도록 노력하여야 한다.

동양의 조경이 양식으로 볼 때는 이해하기 어려우며 사상이나 문화적 요인에 의해 변천되어 온 반면, 서양의 조경은 양식으로 보아야 오히려 이해하기 쉬우며 정치·경제적 요인에 의해 변천이 이루어졌다고 할 수 있다.

사실 대다수 서양의 순수 기하정형적인 조경 공간의 창출보다는, 지나친 기교를 피하고 잔재주를 부리지 않아 투박하면서도 소박하게 조경 공간을 연출하고 있는 것이 우리의 특성인 것이다.

이는 문짝의 네 귀가 정각(正角)이 안 되면서도 훌륭히 문으로서의 기능을 다하고 있는 우리의 건축적인 멋이 그대로 조경에도 나타나고 있는 것이다.

게다가 역(逆)을 취하지 아니하고 사계의 변화를 수용, 인간적인 척도를 추구하고 있으며, 반드시 매개 공간을 두어 공간의 연속성을 자연스레 표출하고 있다. 특히 마무리되지 않은 듯하면서도 마무리를 하고, 여인의 희디흰 속치맛자락이 감칠맛나게 보일 듯 말 듯한 것처럼 여백과 여유를 두고 처리하는 것도 우리 조경의 또 하나의 특색인 것이다. 이러한 전통적인 특성은 현대 조경에서 중요하게 여기고 있는 생태적인 조경 처리에서 원용할 필요가 있다.

오늘날 무분별하게 인공처리된 도시적 경관에 자칫 잊어버리기 쉬운 전원적·농촌적 요소를 이제부터는 가미하고 전통성의 현대화에 각별한 노력을 기하여, 우리 것이 나름대로 소화되어 새로운 경관이 창출될 수 있도록 슬기를 발휘해야 한다. 이는 저

항할 수 없는 자연에 대해 인간이 예를 갖추어 행할 수 있는 의식의 발로와도 같다. 이 같은 관념상의 차이는 조경을 다루는 데 있어서도 서양과는 상이하다.

동양에서는 인간의 사유(思惟)를 토대로 형성된 사상이나 정서를 조경이라는 매체를 통해 상징적으로 표현하는, 즉 무형(無形)에서 유형(有形)의 창조(創造)라는 과정을 거쳐 자연이라는 대상에서 영적(靈的)인 형태를 꾸며내는 것에 반해, 서양에서는 존재하고 있는 하나의 자연 속에서 자연의 외형적인 아름다움을 사실적·객관적으로 추출해 자연을 재창조하는 조경 양상을 보이고 있다.

그 자세에 있어서도 동양은 어떻게 꾸몄느냐보다는 어떻게 꾸미느냐를 더 중시하기 때문에, 동양의 조경관은 사의주의적 자연관(寫意主意的 自然觀)에 기초하고 있다고 할 수 있겠는데 우리 나라와 중국과 일본이 다소의 차이가 있다.

중국은 대비미(對比美)를 통한 자연축조(自然縮造) 내지 재창조(再創造)이고, 일본은 조화미(調和美)를 통한 자연모방(自然模倣)이며, 우리 나라는 소박미(素朴美)를 통한 자연순응(自然順應)이다. 낮고 완만하며 수려한 산세(山勢)와 뚜렷한 사계를 갖는 자연환경에 소박한 민족성이 이루어낸 결과인 것이다.

우리의 자연순응관(自然順應觀)은 사상적으로 원시적인 산악숭배사상(山岳崇拜思想), 거석신앙(巨石信仰), 무속신앙(巫俗信仰)이라든가, 도교의 신선(神仙), 은일사상(隱逸思想), 불로장생관(不老長生觀), 물활론(物活論), 무위자연관(無爲自然觀), 인법지(人法地)·지법천(地法天)·천법도(天法道)·도법자연(道法自

〈표—3〉 사상적 배경에 의한 조경처리 양식

사상		이념		조경관	조경 처리
민속사상	토테미즘 샤머니즘	산악숭배사상 만유정령관(萬有精靈觀) 다신다령관(多神多靈觀)	거석신앙(巨石信仰), 제정일치관(祭政一致觀), 내세신앙(來世信仰)	산악숭배(山岳崇拜) + 무위자연(無爲自然) + 무공무욕(無空無慾) + 천인합일(天人合一) ↓ 자연순응(自然順應)	수석정원(樹石庭苑), 제단(神樹, 積石群), 묘원(墓苑), 능원(陵園)
	무속		천지인삼재사상(天地人三才思想)		원림(園林), 동신림(洞神林), 서낭당, 곡수연지(曲水宴址)
	음양오행사상	생기감응사상(生氣感應思想), 이기론(二氣論)	태극론(太極論), 천원지방설(天圓地方說)		조경입지 선정(造景立地選定), 배식처리(配植處理), 왕궁조원(王宮造苑) 민가조원(民家造苑) 화계(花階) 후원(後園) 지당축조(池塘築造)
	풍수지리사상		양택론(陽宅論), 음택론(陰宅論), 배산임수(背山臨水), 전저후고(前低後高), 전착후관(前窄後寬)		
도교사상		신선사상(神仙思想), 무위자연관(無爲自然觀), 은일사상(隱逸思想)	곤륜산(崑崙山), 三神山(봉래, 방장, 영주) 巫山十二峰(망하, 취병, 조운, 송만, 집선, 취학, 정단, 상승, 기운, 비봉, 등룡, 승천), 십장생		석가산(石假山), 괴석(怪石), 석함, 석조, 穿池造山(水中築島), 별서정원(別墅庭園) 별업(別業), 향거(鄕居), 농장(農莊), 정사(精舍), 사절유택(四節遊宅), 신원(神苑), 임천정원(林泉庭園), 구곡선경(九曲仙景), 담장문양장식
불교사상		정토사상(淨土思想) 무량수불사상(無量壽佛思想)	수미산(須彌山), 상구보리(上求菩提), 하화중생(下化衆生)		탑 · 금당(金堂) 중심, 山中寺刹(가람조원) 불탑, 부도(浮屠), 석연지(石蓮池), 선원(禪苑), 다원(茶苑)
유교사상		천인합일사상(天人合一思想) 인도주의사상(人道主義思想)	인의예지신(仁義禮智信), 조상숭배, 남녀유별, 장유유서		서원(書院), 향교(鄕校), 종묘, 가묘의 조성, 주택 정원의 틀 제공--안채 · 사랑채 · 별당 · 후원 · 채원 등
서구사상		합리주의(合理主義) 과학적 사고	기능, 편의주의	자연 개발 이용	현대적 각종 조경

然), 그리고 불교의 무량수불사상(無量壽佛思想), 정토사상(淨土思想), 무공사상(無空思想), 제행무상(諸行無常), 제법무아(諸法無我), 제법실상(諸法實相)과 유교의 천인합일사상(天人合一思想), 중용지도(中庸之道), 천원지방설(天圓地方說), 산수애(山水愛) 및 민속신앙인 풍수지리설, 음양오행설 등의 영향을 받아 이순득리(以順得利)하는 사고방식이 총체적으로 자연순응관(自然順應觀)으로 집약된 것이다.

자연에 역(逆)하지 않고 순리(順利)대로 살아가고자 하는 이러한 자세가 바로 우리 민족의 참모습인 것이다. 이 같은 조경관은 우리 조경양식에도 나타나고 있다. 이를 표로 정리하면 앞의 〈표—3〉과 같다.

(2) 조경의 처리와 표현

원시 식량채집 단계의 농경사회에서 식량생산 단계의 정착사회로 접어들면서 국가적 개념이 형성되고, 인간의 인간 지배가 이루어지며 소유라는 개념이 대두되었다. 바로 이 소유의 개념이 터를 가지고 꾸미게 되는 조경의 출발을 가져온 것이라고 본다. 이는 동·서양을 막론하고 지배자의 소유에서 출발하여 점차 상류 귀족의 지배계층, 그리고 부유층의 소유로 변화되었으며, 오늘날과 같은 대중적 소유로 인식되기는 근세의 일이다.

우리의 경우도 이와 마찬가지이기는 하나, 역사적인 개념이나 양식의 변화 등과 같은 일련의 흐름은 일단 접어 두기로 하고, 우리 조경에 있어 처리나 표현상의 몇 가지 특징점을 살펴보기로 한다.

우리 조경의 표현은 자연순응사상을 근간으로 하면서 크게는 동양산수화적 표현기법을 원용하고 있다.

동양산수화는 의경(意景)·사의적(寫意的) 관념산수(觀念山水)인 의재필선(意在筆先)이라든가 시정화의적(詩情畵意的) 개념을 갖고 있다.

동양화의 특성은 담백·아담·간결·고요함을 들 수 있는데, 이러한 특성은 우리 조경감각과 어울리고 있다.

동양화 기법에서 조경적으로 중요성을 갖고 있는 것은 포국(布局)에 관한 경영 위치(經營位置)이다. 이는 남제(南齊) 사혁(謝赫)이 『고화품록(古畵品錄)』에서 기운생동(氣韻生動, 현상 인식), 골법용필(骨法用筆, 정확한 감각), 응물상형(應物象形, 물체 형상의 표현), 수류부채(隨類賦彩, 명암 처리), 경영 위치(經營位置, 구도와 배치), 전이모사(轉移模寫, 표현작업) 등 화론(畵論) 6품(品)을 논한 것이 시작이다.

이밖에도 원근투시론(遠近透視論), 차경(借景)·축경(縮景)·의경(意景)의 3경법(景法)이라든가, 당대(唐代) 왕유(王維)의 산수결(山水訣)이나 산수론(山水論), 송대(宋代) 곽사(郭思)의 임천고치론(林泉高致論), 명대(明代) 계무부(計無否)의 원야(園冶), 청대(淸代) 개자원화전(芥子園畵傳) 등이 영향을 끼치고 있다. 특히 원야(園冶)의 흥조론(興造論)에 보면 객관적 환경 조건을 최대한 이용하여 조경을 꾸미도록 강조하고 있다.

동양산수화의 조경 표현은 자연과 동화되는 심상(心像)의 변화(變化)를 추구하여 창조의경(創造意景)을 하는 것이다. 이는 조선 후기의 진경산수화(眞景山水畵)에서도 엿볼 수 있다.

이와 같은 자연관과 공간구도상의 기본을 토대로 삭제에 있어서는 차경수법(借景手法)이나, 자연 그 자체를 이용하기 때문에 많은 식재를 하지는 않았고 위로 뻗는 나무보다 옆으로 무게 있게 퍼지는 나무를 애호하였다.

민가에서는 이용후생(利用厚生)에 따라 제례용(祭禮用)의 대추·밤·배·감·호도·자두·살구·앵두·유자·산수유 등 유실수와 화·관목 식재 및 첨경물들을 배치하여 조경 처리를 하였다. 그리고 음양오행설과 풍수지리설 등에 근거하여 입지를 선정하고, 생태적 특성을 감안한 기능적 배식을 하였다.

한편, 전통적인 외부 공간은 인간 척도에 맞추어 분할하고 공간의 여백성(余白性)과 삼투성(滲透性)을 두었으며, 낮은 토담이나 생울타리, 계단, 창으로 매개공간(媒介空間)을 두어 내·외부(內·外部) 공간(空間)의 간결한 연속성을 두었고, 각기의 공간마다 특색을 살리는 조경 처리를 하였다. 또 가능한 한 직선의 흐름보다는 자연스러운 곡선의 흐름을 주로 이용하고 있다.

현대의 조경에서 이 자연스러운 길의 흐름을 왜곡하고 있음은 안타깝기까지 하다.

(3) 조경 소재(造景素材)의 상징성

앞서 기술한 우리 문화의 특질 중 또 다른 하나로 상징성의 추구를 들 수 있겠다.

우리 문화의 상징성은 대체로 물질보다는 정신을 중시하는 동양적 사고와 사의적(寫意的) 생활태도에 기인하고 있다.

이는 수적(數的)인 것은 물론 색(色)이나 동·식물(動·植物)에게도 뜻을 부여하고 있으며, 부귀영화(富貴榮華), 무병장수(無病長壽), 다산다복(多産多福), 입신양명(立身揚名), 부부화락(夫婦和樂), 절개지조(節槪志操), 사시평안(四時平安), 벽사축귀(辟邪逐鬼) 등 기복(祈福)·기구적(祈求的)이고, 수(壽)·복(福)·희(喜)·부(富)·귀(貴)의 길상적(吉祥的) 의미를 추구하고 있다.

이는 인간을 우주 한가운데 놓고 모든 자연현상이나 자연물의 생태를 인간사와 결부시켜 해석하고 이해하며, 어느 대상에 대해 자연의 마음을 넣어 시공(時空)을 초월하는 입체적·추상적 감흥을 얻고자 함이었다.

수(數)적인 상징은 음양사상에 근거하고 있다.

음양사상에 있어 양수(기수, 홀수)는 남성·태양·생동·생명력을 뜻하며, 음수(우수, 짝수)는 여성·달·죽음을 뜻하므로 양수를 길수·상서로운 수로 여겨 왔다. 그래서 특별한 경우를 제외하고는 3·5·7·9 등의 양수를 즐겨 사용하였으며 특히, 중양수(重陽數)를 기운이 왕성하고 생명력이 충만한 수로 여겨 최길수로 삼았다.

1은 사물의 전체, 순양(純陽), 태극(太極), 부(父)로 보았고, 2는 최초의 단위, 순음(純陰), 음양의 조화, 모(母)로 보았다.

3은 완성된 하나, 안정, 조화, 변화, 천(天)·지(地)·인(人) 3재(才), 삼일신(三一神, 환인, 환웅, 환검), 자식(子息), 3신(神)할미, 3선(仙), 3보〔寶:불(佛)·법(法)·승보(僧寶)〕, 33천(天, 도리천) 등의 의미로 길(吉)한 신성수(神聖數)로 여겼다.

4는 자신을 둘러싼 완성된 전체로 보았고, 5는 완전한 전체, 천지만물의 중심체로 보았다.

이어 6은 3의 배수, 7은 3과 4의 결합, 8은 4의 배수, 9는 3의 3배수로 높고·길고·깊고·많음을 의미하였으며, 10은 한 굽이를 넘어선 일단락·매듭·완성의 수로 보았고, 11은 새로운 시작으로, 12는 순환의 수로 보았다.

이러한 수적 관념은 한국민의 음조와 가락에도 나타나고, 조경·건축·예술·민속 각 분야에도 나타난다.

한국인의 전통적인 색은 백(白)사상의 밝은 민족정신에서 보듯이 이상적이고 의미지향적인 민족성을 상징하는 백색이 주조를 이루고 있다.

태극(太極)을 보면 이 백색 바탕 위에 창조·지조·신생·생명·기개를 나타내는 청색과 태양·불·외경·생명력을 나타내는 적색을 사용하고 있는데, 이는 자연순응이나 자연 그대로를 지향하는 우리 민족의 심성을 상징화하고 있는 것이다.

이밖에 단청에서 보듯 황색이나 흑색 등 5색을 적절히 사용하고 조화를 도모하고 있다. 이러한 수적 개념이나 색상의 상징성은 조경을 하는 데 있어서도 활용되고 있다. 배색이나 배석에 있어서도 그렇고 식물에 있어서도 그렇다.

재료의 사용 단위는 홀수 선호의 상징성을 띠고 있으며, 소재 자체에도 사상적 영향과 함께 상징성을 부여하고 있다. 정원은 부단한 삶의 재창조적 요소로 불변하는 자연과의 일체를 뜻하고, 물은 영생과 재생을 뜻하며, 새는 초월성의 상징으로 보고 있다.

그리고 돌은 우주 공간의 골격으로서 모든 기(氣)의 원천으로 보아 신성, 불로장생, 초자연적인 것으로 간주하고, 돌의 형상에다 거북이나 용 · 호랑이 · 학 등의 상징성을 주고 있다.

식물에게도 상징성을 두고 있는데, 홍만선(洪萬選)의 『산림경제(山林經濟)』에 보면 가령 좌청룡(복숭아 · 느티 · 버들 · 벽오동 · 자두), 우백호(치자 · 느릅 · 석류 · 산뽕), 남주작(매화 · 대추), 북현무(벚 · 능금 · 살구 · 진달래) 등과 같은 의미를 주기도 하였고, 상징성에 따라 등급 및 품계를 매기기도 하였다.

대표적인 것으로 강희안(姜希顔)의 『양화소록(養花小錄)』에 보이는 화목구등품계론을 들 수 있는데, 이를 살펴보면 아래와 같다.

〈표-4〉 화목구등품계(花木九等品階)

1등: 매화, 국화, 연꽃, 대나무 2등: 모란, 작약, 파초, 해류(海柳) 3등: 동백, 사계화, 종려, 만년송 4등: 소철, 서향화(瑞香花), 포도, 귤 5등: 석류, 복숭아, 해당화, 장미, 수양버들 6등: 진달래, 살구, 백일홍, 감나무, 오동나무 7등: 배나무, 정향목, 목련, 앵두, 단풍 8등: 무궁화, 석죽, 옥잠화, 봉선화, 두충나무 9등: 해바라기, 금잔화, 석창포, 회양목, 전추라 등	1품: 소나무, 대나무, 연꽃, 국화, 매화 2품: 모란 3품: 사계화, 월계화, 왜철쭉, 영산홍, 진송, 석류, 벽오동 4품: 작약, 서향화, 노송, 단풍, 수양버들, 동백 5품: 치자, 해당화, 장미, 진달래, 홍도, 벽도 삼색도, 백두견, 파초, 금전화, 전추라 6품: 백일홍, 홍철쭉, 홍두견 두충나무 7품: 자두, 살구나무, 빈장화(賓薔花), 목련, 향, 정향목 8품: 촉규화(蜀葵花), 산주화(山舟花), 옥매, 산장화(山薔花), 해바라기 9품: 옥잠화, 연교화, 초국화, 석죽화, 앵속각, 계관화, 무궁화, 개나리, 봉선화 등

이는 조경의 모든 소재를 자연임과 동시에 자신과 일맥상통하는 내면적 제재(內面的 題材)로 간주하고, 자신의 뜻과 정서를 교호(交互)하는 매개체로서 상징성을 부여하며 관상을 한 것이다. 이것은 지나치게 외형만을 치중하는 현대인의 감각으로는 이해할 수 없을 것이다. 동양사상의 내면적 바탕 위에서 서구 문물의 기능적 흡수가 필요한 것이다.

자연물에 의한 상징적 의미의 추구는 동양사상의 영향이나 고사일화(古事逸話)에 관련하여 길상적(吉祥的)으로 나타내고 있는 것이 대부분이다.

예컨대, 연꽃은 불교에서는 만다라·청정(淸淨), 유교에서는 군자(君子)·초세(超世)·순결, 도교에서는 팔선녀(八仙女)를 상징하고 있다.

북송의 주돈이(周敦頤)는 「애련설(愛蓮說)」을 통해 "연꽃은 흙탕에서 나오지만 더럽혀지지 아니하고, 맑고 잔잔한 파도에 씻겨도 오염되지 아니한다"고 했다.

유교의 기본 덕목인 효(孝)·제(悌)·충(忠)·신(信)·예(禮)·의(義)·렴(廉)·치(恥)도 상징적으로 표현하고 있는데, 나타나는 소재를 보면 다음과 같다.

효(孝)—잉어, 죽순, 부채, 거문고, 귤

제(悌)—할미새, 산앵두나무

충(忠)—용, 잉어, 대나무, 새우, 대합, 거북

신(信)—청조(靑鳥), 흰기러기, 서신(書信)

예(禮)—거북, 책, 살구꽃

의(義)—복숭아꽃, 물수리, 연

렴(廉)—봉황, 소나무, 게

치(恥)—매화, 달

또, 어변성룡(魚變成龍)의 고사(故事)와 관련해 창덕궁 후원 부용지(芙蓉池)의 석축 모퉁이에 있는 잉어 조각이라든가 어수문(魚水門)을 지나 주합루(宙合樓)가 있고, 그 아래 규장각을 배치한 것과 같은 것은 등과(登科)와 학문의 경지를 유기적으로 연관시키는 상징적 의미를 나타내고 있다.

한편, 경복궁 교태전 후원 아미산(峨嵋山) 화계(花階)의 굴뚝과 석조(石漕), 자경전의 꽃담, 십장생(十長生) 굴뚝 등은 다분히 도교적 영향을 받고 있다. 이처럼 조경 소재의 상징성이 극히 자연동화적(自然同化的)임을 알 수 있다.

참고로 몇몇 조경 소재의 상징적 의미를 살펴보면 다음과 같다.

〈표—5〉 조경 소재의 상징성

상징성	소재
지조·절개·고귀한 기상	매화, 난, 국화, 대나무, 소나무, 연꽃, 오동나무
강직·운치	
부귀영화·고귀	모란, 작약, 배롱, 계수, 오동, 닭, 원앙
자손 번성·무병	석류, 포도, 대추, 복숭아, 고추, 밤
무릉도원·탈속초연	복숭아, 자두, 살구, 귤, 석류, 잣나무, 괴송(怪松), 거북
10장생	해, 산, 물, 돌, 구름, 소나무, 불로초(어성초), 거북, 학, 사슴
신선세계	주로 가산(假山)과 자연석으로 상징
벽사축귀(辟邪逐鬼)	노거수(老巨樹), 대나무, 용, 봉황, 곰, 소
길상(吉祥)	소나무, 연꽃, 매화, 버드나무, 감나무, 백합, 이화(梨花), 갈대, 용, 호랑이, 봉황, 학, 백로, 꾀꼬리, 까치, 두견새, 갈

	매기, 기러기, 물오리
입신 출세	연꽃, 맨드라미, 잉어, 닭
사계평안(四季平安)	장미
송구영신	매화, 수선화, 동백〔산다화(山茶花)〕
군자·순결·초세(超世)	연꽃, 살구
태평성세	오동, 벽오동, 대나무, 봉황
학자·무욕·분수	회화나무
열정·애정	동백, 앵두, 나비, 벌
우정	측백나무
부부금슬	자귀나무, 복숭아, 원앙
융성·번성·순결	무궁화〔목근화(木槿花)〕 등

4. 전통조경의 계승 발전

1) 전통조경의 소재

전통조경의 처리에 있어서는 고유 수종, 야생초화, 자연석, 기타 자연 소재 등 인위적이고 인공적인 것을 배제하는 요소가 주로 활용되고 있다.

일반적으로 전통적인 배석 처리는 고고한 기상과 고매한 품성을 연상하거나 부귀영화를 기원한다든가 운치나 풍정을 즐기려는 식으로 표현하였으며, 고유 수종을 중심으로 교목보다는 화(花)·관목류(灌木類)나 초화 위주로 식재하고, 경제성을 고려해 유실수를 많이 심었다.

대체적인 전통수종으로는 소나무, 설중매, 백자작, 대나무, 뚝버들, 매화, 느티, 회화, 치자, 월계수, 소철, 종려, 서향, 산다화,

산목련(함박꽃나무), 후박, 산단풍, 산철쭉, 병꽃나무, 산사나무, 탱자, 무궁화, 산벚나무, 주목, 목수국, 불두화, 수수꽃다리, 고광, 말채, 이팝, 조팝, 산찔레, 태산목, 눈향, 옥향, 산동백, 자귀나무, 개살구, 박달, 산싸리, 해당화, 계수나무, 버즘나무, 엄나무, 박태기, 꽃사과, 감탕나무, 당매자, 명자, 측백, 벽오동, 팽나무, 때죽나무, 꽝꽝나무, 무화과, 물철쭉, 오엽송, 배롱나무, 은행, 진달래, 모과, 포도, 석류, 살구, 자두, 감, 대추, 사과, 배, 호두, 유자, 밤, 앵두, 고염나무, 머루, 다래, 산딸기, 산수유, 모란, 작약, 복숭아, 장미, 산나리, 등꽃나무, 느릅나무, 모감주나무, 사철, 전나무, 천리향 등이며, 이용되는 야생초화류(野生草花類)로는 들국화, 메밀꽃, 도라지, 모싯대, 잔대, 접시꽃, 참깨꽃, 목화, 타래붓꽃, 원추리, 은방울꽃, 금강초롱, 할미꽃, 수련, 실난, 난초, 국화, 백일홍, 맨드라미, 봉선화, 분꽃, 해바라기, 나팔꽃, 민들레, 골담초, 제비꽃, 미나리아재비, 뱀딸기, 복수초, 양지꽃, 금란초, 붓꽃, 엉겅퀴, 금낭화, 돌앵초, 얼레지, 구절초, 자운영, 달맞이꽃, 금불초, 물매화, 메꽃, 백량금, 초롱꽃, 옥잠화, 물봉선, 패랭이꽃, 앵초꽃, 자운영, 백리향, 파초, 괭이눈, 돌단풍, 꽃창포, 석창포, 인동덩굴, 닭의장풀, 덩굴용담, 솔잎란, 담쟁이덩굴, 능소화, 한련화, 맥문동, 부채손, 산이끼, 바위솔, 고비 등이 있다.

조경 처리에 있어서 수목과 자연석의 관계는 마치 부부와 같은 관계로서 화(和)·락(樂)·애(愛)를 유지하도록 배치해야 하고, 적당한 위치를 잡아 첨식(添植)과 첨석(添石)을 한다.

자연석의 활용에 있어서도 주변 자연환경과의 조화를 기하기 위하여 가급적 재질을 동일시하여 사용하였으며, 특수한 경우에는 장대석, 괴석 등을 사용하였고 지형조건을 고려하고 있다.

자연석은 산석(山石)·수석(水石, 개울돌)·강석(江石)·해석(海石) 등으로 구분하며, 산석은 양지 속에 있던 돌을 택하되 자연스레 골이 패이고 이끼가 끼었으며 제 색을 가지고 하얀 반점이 찍힌 돌이나 산수경석(山水景石)의 돌을 상품으로 치고, 모가 지거나 붉은 빛이나 누런 빛이 나는 돌은 하품으로 친다.

개울돌은 물결 같은 무늬가 있고, 박색을 띄고 있는 것이 상품이다.

강돌은 호박돌이 대부분이며, 해석은 분필가루같이 하얀 돌로 그 자체는 효용이 없으나 짐승형·물고기형의 돌은 조경석으로 가치가 높다.

휴양지 진입부 조경, 소형폭포.

또한, 오늘날에도 전통적인 공간 체험에 있어 그 중요성이 강조되고 있는 수경 요소는 유수·계류·못·지당(池塘)·연당(蓮塘)·폭포·우물·약수터·곡지(曲池)·방지(方池)·구유·수조(水槽, 돌확)·석지(石池)·물레방아 등이 있으며, 이밖의 전통 소재로서 마을 어귀·정자목·담장(바자울, 토담, 돌담)·다리(징검다리, 통나무다리)·계단·가산(假山, 오늘날의 Mounding)·정자나 누각〔초정, 모정(茅亭), 기와정〕·성곽·탑·분화유물 그리고 일상 농기구(지게, 수레, 풀매, 맷돌, 여물통, 절구, 놋화로, 오지항아리 등) 등이 현대적 감각에 맞춰 새로운 수경 자원으로서 활용될 수 있겠다.

2) 전통조경의 조성

동양식의 우리 전통조경의 주류는 지형 특성을 최대한 살리고 자연과 인간의 일체를 추구한다는 점이다. 작정(作庭)에 있어서는 풍수오행에 따른 시설물의 방위와 규모·위치를 정하고 풍경을 살피게 된다.

조경에서의 경관 창출은 동양화의 수법을 원용하여 자연을 끌어들이고 품고, 또 자연에 가깝도록 처리하고 있다. 대표적인 수법이 인차(因借)를 이용한 차경수법(借景手法)이다. 차경에는 직경(直景)·인경(隣景)·원경(遠景)·앙경(仰景)·부경(俯景) 등의 경관을 정원의 일부로 삼고자 하는 심오함이 있다.

직경(直景)이나 인경(隣景)은 가까이 마주 대하는 경치를 이름하고, 원경(遠景)은 멀리 있는 경치, 앙경(仰景)은 위로 바라

범종루 아래에서 바라본 안양문(安養門)과 무량수전(無量壽殿)으로 차경 효과가 극대화되고 있다.

보이는 경치, 부경(俯景)은 안에서 굽어 보이는 경치를 이름한다. 이러한 여러 경치를 주위 여건에 따라 시간적·공간적 양 면을 고려하여 나와 감정이입(感情移入)이 되는 상태에서 '물정(物情)이 머무는 곳'에 시선이 가닿아, '보여지고 느껴지는 경관'으로써 '마음이 기대하는 것'을 상통하도록 하고자 하는 것이 차경수법의 본바탕인 것이다.

이는 '붓의 움직임에 앞서서 의도(意圖)가 있어야 한다'는 의재필선(意在筆先)의 동양화적 원리와 흡사한 조경기법이다.

또한, 공간 배분에 있어서도 여성과 남성을 구분해 여성은 화사·단아·우아·수수한 분위기로 자손 번성과 가문 융성을 기원하고, 남성은 활달·충효·기개 등을 취하는 분위기로 가족 구성원의 개성과 특성에 맞도록 처리하고, 요란함을 지양하고 있는 것이 전통조경의 처리이다.

과다하거나 모자란 듯하면서도 풍요롭게, 숭천(崇天)·숭조(崇祖)·순응(順應) 등의 철학과 의미를 가지면서 현세와 내세의 정신적 안정을 추구하고 있다.

조경수만 해도 자연 식생을 존중하고 주로 가까이 이용했던 10대 조경수가 소나무·대나무·버드나무·느티나무·회화나무·매화나무·복숭아나무·자두나무·살구나무·모란 등일 정도로 소박함을 보이고 있다.

공간적 구상의 골격이 어느 정도 갖추어지면 작정을 하는데, 지면 고르기와 함께 배수 처리, 못 조성, 담장, 화계 처리 등을 하고 첨경적인 굴뚝, 석가산 등등의 조경 요소들을 배열한다.

정원 조성에 관한 대략의 과정을 살펴보도록 한다.

우선, 마당의 지면을 울퉁불퉁한 요철(凹凸)이 없거나, 기울거나 패인 곳이 없게끔 높낮이를 매끈하고 고르게 다지고, 물이 고이고 새지 아니하도록 배수를 원활히 하도록 한다.

배수구는 화강석이나 벽돌 등으로 지면에 노출시켜 눈에 띄게 처리하는 양구(陽溝)인 거(渠)와 토관이나 기와를 땅에 묻어 눈에 띄지 않게 암거(暗渠)로 처리하는 음구(陰溝)인 제(溜)의 두 방법으로 지형 조건이나 주위 환경에 따라 처리한다.

물의 흐름은 서출동류식(西出東流式)을 원칙으로 하는데, 이는 오행의 순행인 금생수(金生水)의 이치를 따르고 있음이다.

물 흐름에 따라 연못을 만들고 수석(水石)·정사루각(亭榭樓閣)·수목배식(樹木配植) 등으로 치장해 경관성(景觀性)을 독특하게 처리하도록 하고 있다.

경복궁 서쪽 가에 물 맥이 많으니 경회루의 못을 동쪽으로 흐르게 하고 습지를 처리하는 방법으로 연못을 조성하였다.

창덕궁 후원인 비원(秘苑)의 연경당지(演慶堂池)는 대표적인 서출동류식 구조이다. 배산임수(背山臨水)의 지형조건에 따라 물 흐름을 잡고 있다. 못 주위에 4신사상(四神思想)에 근거하여 좌청룡(左青龍) · 우백호(右白虎) · 남주작(南朱雀) · 북현무(北玄武)에 맞도록 동쪽에는 복숭아(桃) · 수양버들(柳)을, 서쪽에는 석류(石榴), 남쪽에는 매화(梅) · 대추나무(棗), 북쪽에는 능금(檎) · 살구(杏)를 심어도 무방하다고 산림 경제에 이르고 있다.

또, 섬을 못 가운데 만들어 방지원도(方池圓島)로 꾸며 천원지방(天圓地方)이라 해, 둥그런 원은 하늘을 뜻하고 방형(方形)의 테는 땅을 상징하는 우주 음양의 이치를 따르고 있다.

못을 만들기가 여의치 아니한 곳에서는 석련지(石蓮池)를 조성하는데, 이는 신앙적인 요소와 소우주적 요소를 결합한 공간 시설이다.

공간 구획을 위한 담장은 높이 쌓아 답답하지 않도록 하고, 자연지형의 흐름을 따라 단 처리를 하며, 공기 순환과 햇볕이 잘 들도록 통풍(通風)과 채광(採光)에 유의하고, 후원 뜰에는 꽃계단이랄 수 있는 화계(花階)를 설치해 꽃을 가꾸도록 한다.

화계는 화단의 옛말로, 장대석 등으로 지형 조건에 맞추어 쌓아올려 분(盆)을 만들고, 갖가지 화관목(花觀木)을 심게 한 것이다. 분은 자연석으로 쌓기도 하고, 벽돌로 무늬를 놓아 만들기도 한다. 기괴석을 심는 분은 돌의 형상에 맞춰 만들어서 점경물(点

景物)로서의 역할도 곁들이게 하는 경우도 있다.

화계의 뒷면이 담장일 때는 화문장(花紋墻)으로 치장하기도 하는데, 벽돌로 여러 무늬를 놓으며 쌓는 것이 보통이다. 화문장의 대표적인 예는 경복궁, 창경궁, 비원 등에 있다. 경복궁 자경전(慈慶殿) 안뜰의 담은 예술적 가치도 높게 보이고 있다.

담장은 집 둘레나 일정 공간을 둘러막아 외부 위험으로부터의 보호 또는 방어를 하고 기(氣)의 흩어짐을 막고 순환시키게 하는 한편, 공간 성격을 명확히 구분하고 상하·장노·남녀간의 위계 질서를 엄격히 갖추게 하는 기능을 갖고 있다. 높이도 사회적 신분에 따라 높낮이의 차이를 두고 있으나, 대개 사람 가슴 높이 정도를 유지했다.

담에는 흙담(토담)·돌담·벽돌담·울섶·생울타리·바자울·화초담(화문장) 등이 있다. 울은 싸리·대나무·개나리·탱자·측백·구기자 등을 이용하고 있다.

화초담은 화문장을 주로 하는데, 수복(壽福)·강녕(康寧)·부귀(富貴)·다남(多男)·만수(萬壽)·대길(大吉) 등의 의미를 담은 길상문(吉祥文)을 각인하는가 하면, 자연 소재의 무늬도 각인하고 있다. 궁중이나 상류 세도가의 양택에서 주로 이용되고 있다.

자연 소재로는 십장생(十長生)·일월문(日月門) 등이 있고, 동물로는 사슴·학·거북이 등이, 식물로는 소나무·대나무·난초·국화·당초문 등이 이용되고 있다.

굴뚝은 장식적인 요소라든가 첨경적(添景的)인 요소로도 기능을 하고 있으며, 처마나 지붕 높이까지 쌓아올린 것이 대부분이다. 오지굴뚝이나 나무굴뚝이 보편적이나 궁궐의 굴뚝은 벽돌

치장을 하고 있다. 특히, 경복궁 자경전 뒤뜰의 아미산(蛾眉山) 굴뚝은 그 자체가 화려한 예술품이

▶▲창덕궁 후원에 있는 어수문과 주합루가 조화로운 모습을 보여주는 방지원도(方池圓島)의 부용지 일대. 이상정치의 구현을 상징화하고 있다.

▶화계와 함께 조화를 이루는 경복궁 교태전 후원의 아미산 모습으로 예술성이 높다.

▼경북 경주시 옥산서원을 둘러싸고 있는 담. 사람 키보다 높지 않게 조성되어 위압감을 주지 않는다.

다. 겹처마의 지붕마루로 꾸민 굴뚝은 아랫부분에는 십장생·사군자·만자문(卍字文)을 장식하고, 가운데는 봉황과 귀신 문양을, 윗부분은 당초 무늬를 그려 넣고 상단 꼭대기에는 연가(煙家) 지붕 장식을 하고 있다.

석가산(石伽山)을 인공적으로 조성하는 데 있어서는, 직각삼각형의 원리라 할 수 있는 구고현법(句股弦法)을 활용하고 있다. 세 개의 산석으로 봉우리를 세울 경우, 주봉은 직각삼각형의 높이(고:股)와 같은 크기로 잡는데 높이가 4척이라면 산석 밑둥(구:句)의 크기는 3척으로 잡고 좌·우측에 끼워 놓은 돌인 협봉(挾峰)의 거리(현:弦)는 5척으로 잡고 심는다. 마치 '피타고라스의 원리'를 적용하는 것과 같다. 연후에 화과수(花果樹)는 홍동백서(紅東白西)의 원리로 배식하기도 한다.

3) 전통조경 조성 사례

—경주 보문관광휴양지를 중심으로

여기에 소개하는 경주 보문관광휴양지의 조경 사례는 필자가 1988년 서울 올림픽 경기를 경축하기 위해 경주관광개발공사(현 경북관광개발공사)에 조경 책임자로 봉직하면서 전통성을 가미하며 현대적으로 조성한 것이다. 『환경과조경』지 1989년 3월호에 게재된 내용을 요약해 소개한다.

근자에 이르러 조경 처리에 있어 전통성을 구현하려는 일련의 움직임이 일고 있는데, 구체적인 시도가 비단 어렵기는 할지라도 많은 조경인들에 의해 날로 진일보하고 있음은 매우 다행스러운 일이다.

이러한 일련의 시도가 한동안 사방 조림적 조경의 차원을 벗어나지 못했던 경주 소재 보문관광휴양지에 최근 들어 몇 가지 나타나고 있는데, 아직은 미흡한 단계임에도 불구하고 그 노력을 평가받아 1988년 제3회 전국토공원화운동 직장 부문 대상을 수상하기에 이르렀다.

필자 나름대로 전통성이 구현되었다고 보는 몇 가지 사례를 살펴보면 다음과 같다.

(1) 휴양지 진입부 조경

여느 곳이나 마찬가지로 일단의 공간 진입부는 여타 공간보다는 그 특성이 강조되는 것이 일반적이다.

사실상 보문관광휴양지의 주 진입부가 되는 이곳은 전통성을 가미한 입구·소형폭포·인공동산 등을 조성하였고, 현대적 의미의 가로소공원 역할을 담당하도록 하였다.

가) 입구

이곳은 지형조건과 인문·사회적 특성을 감안하여 돌담(성곽형)으로 처리하여 고풍스럽게 했다. 이는 명활산성(明活山城)의 뿌리가 마을 어귀로 이어져 관문의 성격이 아닌 입구의 경계적 성격을 띠게 했으며, 내방객이 멈춰 서서 인식하거나 자연스레 진입의 경험을 체험하도록 조성하였다.

돌담은 전통 성곽 축석기법을 활용하여 축조하고, 군데군데 홈이 번듯하게 패인 공간을 두어 원시신앙의 흔적을 남겨 놓았다. 그리고 돌담 좌우 상단에는 상징석(형상석)을 배석하였는데, 이는 산속에서 동물이 기어나와 돌담 위에서 사방을 응시하며 오가는 내방객을 맞이하는 분위기를 연출한 것이다. 또한 한 귀퉁이에는 오랜 세월이 흐르는 동안 돌담이 자연스레 무너져 그 밑에 묻혀 있는 기분을 느끼도록 하였고, 돌계단은 산허리 중턱까지 오르도록 배석하여 마을로의 진입감을 느끼도록 하였다.

게다가 널찍한 어귀의 잔디 공간에는 우물이나 연당·장명등(長明燈)·정좌석(正座石, 돌의자)을 시설하고, 고목의 고유 수종을 식재하여 오래된 분위기를 고조시키도록 하였다.

나) 소형폭포

진입공간 좌측변의 꽃길을 지나며 보이는 비탈면에 심산유곡의 계폭(溪瀑)을 연상시키는 수경 효과를 기대하기 위해, 자연석으로 산을 비켜 눕혀진 형상의 소형폭포를 조성하고 고유 수종을 식재하였으며, 지형의 고저를 이용하여 낙차식 수류를 유도하고 수로를 조성하여 현대적인 cascade로의 단폭(段瀑) 성격을 띠게 하였다.

다) 인공 소나무동산

진입부의 끝 공간에 위치한 기존의 잡목동산을 토공작업을 통해 인공적인 동산으로 조성했는데, 이는 휴양지의 주요 경관자원인 보문호수의 조망을 용이하게 하고, 가로경관을 개선하여 상쾌한 진입을 유도하고자 함이다.

수목과 자연석은 통기하듯이 자연스레 처리하고 굴곡을 주되 어느 곳에서나 호수가 조망될 수 있도록 조성하였으며, 자연석은 뭍에서 뭇 동물들이 기어 나와 동산 언덕에 모여 휴식을 취하는 형국을 나타내고 있다. 이곳 역시 가로소공원의 기능을 담당하도록 하였다.

이상에서 살펴본 진입 공간의 식재 수종 및 시설, 특성 등을 요약하면 다음과 같다.

구분		면적	고유 수종	시설	특성	기능
진입공간조경	입구	2,180평	느티, 배롱, 산단풍, 감나무, 산목련, 목수국, 백철쭉, 소나무, 팽나무, 산철쭉, 진달래, 산벗나무, 모과나무, 앵두나무, 복숭아, 산장미, 수수꽃다리, 병꽃나무, 회양목, 무궁화, 꽃창포, 담쟁이넝쿨 등 3,500주	돌담(자연석 630톤), 우물, 연당, 정좌석(돌의자), 장명등, 돌계단 등	▪마을 어귀의 경계적 성격, ▪전통 성곽 기법의 돌담	가로소공원
	소형폭포	110평	소나무, 산단풍, 눈향, 산철쭉, 꽃창포 등 140주	자연석 90톤, 수로 30m	▪심산유곡의 계곡 연상	가로소공원
	인공동산	1,770평	소나무, 감나무, 벗나무, 산철쭉, 단풍나무, 해송 등 180주	자연석 150톤	▪상쾌한 진입 유도, ▪마을의 나지막한 동산 연상	가로소공원

(2) 전통물레방아광장 조경

소위 '물의 자원'을 끌어들임으로써 어느 주어진 공간에 생동감을 부여하고, 독특한 시각적 이미지를 부여하고자 하는 시도는 동서고금을 통틀어 일관되고 있다.

휴양지 중심부에 위치한 이 광장은 약 3,500평으로서 기존 야산을 정지하여 거대한 수경자원을 도입한 대표적인 사례로서 정적인 공간 분위기를 동적으로 바꾸는 한편, 전통풍물의 시설로 향토적 특성을 고양시키고, 교육적인 효과를 전달시키며, 강한 관광 체험을 얻도록 유도하고 있다. 이 광장에 시설된 물레방아는 108번뇌를 상징하는 108개의 살에다 직경이 13m이고, 폭포는 높이가 12m로서 그 규모로는 국내 최대인데, 이는 거대한 수직·수평적 수경 자원을 보며 늘 쫓기는 듯한 일상생활에서의 이탈을 통해 정서적인 순화를 얻도록 하기 위함이다.

혹자는 전통성을 구현한다면서 거대한 물레방아를 조성하였느냐는 반문이 있을 수 있겠으나, 이는 관광휴양지라는 입지적 특성을 고려할 때 '파격'에 가까운 상상 밖의 '볼거리'를 제공하는 '파격성'도 하나의 독특한 경관 요소가 된다는 사실을 입증하고 있는 것이다.

또한 자연석(약 3,000톤)으로만 조성된, 'ㄱ'형으로 세워 쌓은 폭포는 음폭(陰瀑)으로 주변에 벽천과 오봉(五峰) 그리고 연못·인공섬·거인 발자국 등을 축조하여, 오랜 세월 산수와 조화되는 자연적 분위기가 연출되도록 하였다.

게다가 전통적 광장의 분위기를 더욱 돋보이게 하기 위하여,

1차적으로 방앗간·우마차·연자방아·두꺼비복전(福錢) 등을 시설하였고, 2차적으로 꽃수레·돌확·석지·석등·수조·구유·선녀탕·포석정·팔각정·헛간·장독대·주막거리·놀이마당 등을 시설할 계획이었으며, 현대적인 파고라와 음수전·주차장 등을 가미하여 전통성이 깃든 현대적 광장으로서의 기능을 유지하도록 하였다.

수종 또한 고유 수종을 중심으로 소나무, 느티나무, 배롱나무, 앵두나무,

▶휴양지 진입부 조경, 인공 소나무 동산.
▼ 전통물레방아광장.

뚝버들, 팽나무, 감나무, 복숭아, 자두나무, 산철쭉, 진달래, 주목, 꽝꽝나무, 산단풍, 자귀나무, 대추나무, 조릿대, 구갑죽, 왕대 등 1,600여 주를 식재하였으며, 봉선화, 한련화, 백일홍, 분꽃, 들국화, 돌이끼, 부채손, 담쟁이넝쿨 등의 야생초화류를 군식하고 있다.

특히 제24회 서울 올림픽 경기를 경축하기 위하여 기존의 일반적인 상식을 벗어나, 고대 신라의 천문관측 시설인 첨성대를 실물 크기로 재현한 철제 '첨성대 경축 꽃탑'을 이 광장에 시설함으로써 광장의 분위기를 한층 밝게 한 것도 특이한 점이라 할 수 있겠다. 이 '첨성대 경축 꽃탑'은 필자의 구상대로 조성된 첨경 구조물(添景構造物)로 당시 국·내외의 언론과 관광객에게

제24회 서울 올림픽 경기 기념 첨성대 경축 꽃탑 전경.

극찬을 받았고, 요즈음도 인기가 매우 높아 늘 뿌듯함을 갖고 있다.

(3) 솔밭약수터 및 후정 조경

가) 솔밭약수터

보문골프장을 비켜 서면서 비스듬히 입지한 기존 솔밭(면적:2,500평)을 청소년·단체 및 가족 단위의 임간 피크닉을 위한 휴식터로 조성하기 위하여, 일부 잡목과 쇠약 소나무를 간벌하고 자연석을 배석하였으며 약간의 편익시설을 시설하였다.

이 송림은 거의 평탄한 자연림으로써 많은 이용이 있으며, 인접한 곳에 시설된 140여 종의 수목관찰원과 함께 다목적적인 공원 기능을 담당하고 있다.

이 솔밭에 이용객의 편의를 위해 자연생수를 이용한 약수터를 조성하였는데, 토속적인 샘터의 분위기를 연출하고자 자연석(40톤)으로 터를 조성하고 전통적인 농기구인 풀매·맷돌·돌확을 조경소재로 하여 식수가 가능하게 하였으며, 강자갈을 이용한 개울도 조성해 현대적 의미의 음수전 기능을 담당토록 하였으며, 이용객의 건강을 위한 자갈 산책로도 시설했다. 아울러 이곳의 분위기를 살리기 위해 적송, 해송, 눈향, 목수국, 함박꽃나무, 꽃창포, 석창포, 맥문동, 돌이끼 등 고유 수종을 식재하고, 돌의자 등을 배치하였다.

◀솔밭약수터.
◀▼후정.

나) 후정(後庭)

지금은 유실되었으나, 꾸밀 당시에는 보문관광휴양지 중심부에 위치한 한옥의 국제회의장 뒤뜰(면적:1,200평)을 광장으로 처리하는 대신 전통적인 조원수법으로 후정을 조성하였는데, 이는 주위 건물군과의 조화를 고려하였기 때문이다.

이곳은 보문호수와 인접한 특성을 살려 호숫가에서 뭍으로 기어오른 거북들이 정원 마당에 모여 회의를 하는 형국을 취하도록 자연석을 배석하였으며, 첨경물로 석등(전북 실상사 백장암 보물 제10호 모형)을 시설하였고, 소나무, 단풍나무, 눈향, 목련, 조릿대, 영산홍, 목백일홍, 장미 등 고유 수종을 식재하였다.

이상에서 살펴본 바와 같은, 전통성이나 전통 소재를 발굴해서 현대적 의미의 기능을 부여하고자 하는 시도는 앞으로도 계속되어야 할 것이다.

4) 전통조경 계승의 방향

서양식 조경이 우리 문화 환경에 이식되어 온 지도 어느덧 30여 년이 되어 오고 있는 바, 서구식 조경이 우리에게 많은 시사를 주었고 나름대로 우리의 조경 분야를 발전시켜 온 것이 사실이다.

초기에 조경(造景)이 고래 잡는 조경(釣鯨)으로까지 잘못 이해되었던 것에 비해, 30년이라는 그다지 짧지 않은 세월이 가까워 오고 있는 지금 조경(造景)이 하나의 확고한 예술 영역으로서의 기반을 구축한 것을 상기하면 격세지감을 느끼게 된다.

그렇지만 주지하는 바와 같이 장년이 되어 가고 있는 이제부터는 현대적인 시각에서 우리 것을 되찾고 소화하도록 하여야 한다는 생각이 든다. 다시 말해, 햄버거나 치즈 맛이 나는 서구식 조경에서 김치·깍두기에 장국 맛이 나는 우리 식의 조경을 꾸미고 가꾸어야 할 시점에 이른 것이다. 그렇게 하기 위해서는 우리 전통조경의 원류를 이해하고 전통조경 소재를 적극 개발·활용하는 것이 바람직스럽다고 생각한다.

'옛 문화를 충분히 익히고 새로운 것을 알아야 한다〔온고이지신(溫故而知新)〕'는 옛말이 있다. 이는 역사에서 본질을 발견하여 현재를 파악하고 미래를 선택함으로써, 궁극적으로는 자아(自我)의 재발견(再發見)을 통한 역사의 계승·발전을 부단히 기하자는 것이다.

문화의 올바른 이해를 통해 시대적 배경에 의한 삶의 방식과 슬기·의미 등 본질적인 특성을 규명하고 나아가 현대적 감각과의 조화를 추구해야 한다. 그렇게 함으로써 문화의 연속성과 창조적 변화를 통해 한국적인 형태를 찾도록 노력해야 한다.

5천 년에 걸쳐 이어 온 우리 고유의 전통이나 가치·의식·습성·민속 등이 지난 40여 년간의 급속한 도시화·산업화 과정에서 붕괴되어 가고 있다. 물질 위주의 기능·편의 위주만을 중시하는 현대적 생활 모습에서, 과거의 우리 것이 우리 것이 아닌 양 생소해 보이는 그러한 거품과도 같은 의식구조는 조속히 개선되어야 하겠다.

현대 의식이 갖는 Speed·Smart·Short에서는 은근과 끈기를 맛볼 수가 없다.

여과 과정이 없는 외래 문물의 수용은 오히려 가치체계만을 혼란스럽게 할 뿐이다.

외래문화의 수용은 재래문화와의 수수관계(授受關係)가 성립될 때 비로소 가능한 것임에도 우리는 그렇지 못했다. 격동의 세월이 오랫동안 지속되어 왔기에 우리 것을 등한히 했다고 말하기에는 이젠 너무 늦다. 외세(外勢)에 밀려 전통적 가치의 중심(重心)이 흔들릴 때는 그 무엇도 기대하기가 어려우나, 그렇다고 언제까지 모른 체할 수야 있겠는가.

진정한 문화의 창달(暢達)은 국력이 있을 때 좋은 정신적 토양 위에서 높은 문화의식이 고양되면서 이루어지는 것이다.

또한, 국력은 내 것을 제대로 소화할 때 강해지는 것이다.

제 것의 소화도 제대로 못 하고, 서구화에 치중하는 정중지와(井中之蛙)의 소견이나, 한단지보(邯鄲之步)의 자세로 어중떠중 어줍게 껍신거리다 보면 결국은 이도저도 아닌 팔푼수가 되기 십상이다.

외래의 것을 무턱대고 전수하거나 수용하려는 자세는 이제는 비난받아야 한다.

먼저, 한국적인 것이 무엇이고 우리가 좋아하는 것 · 아끼는 것은 무엇이며 우리 민족의 특성은 무엇인지를 깊이 파악하고, 그 흐름의 원류를 근저로 하여 현대적으로 표현하는 노력이 필요하다. 역사의 틀을 정확하게 바로잡아 제대로 된 틀을 세워야 할 때이다.

외양이 아무리 변해도 우리 민족 의식 속에 깊숙이 배어 있는 김치맛은 변하지 아니한다.

한국인의 의식구조가 규격화 · 계량화 · 기계화 · 자동화가 되고 있는 지금에도 "사과 대여섯 개 주시오" 하지 "사과 몇 그램 주시오" 하는 데는 익숙하지가 않다. 쌀 말에 얹어 주는 덤의 크기가 갈수록 얇아지기는 해도 아직은 완전히 밀어 버리지 않으며,

길에 차량이 밀려 지체되어도 화내지 않고 기다릴 줄 아는 자세를 보이는 소박함이 있다.

이는 계량화할 수 없는 그 무엇인가 뿌듯한 내면의 기다림이 있기 때문이고, 더불어 살고자 하는 슬기로움이 있기 때문이다. 이러한 것이 심연(深淵)에 자리잡은 우리 민족의 심성인 것이다. 앞으로는 이 같은 심성을 바탕으로 하는 창조가 이루어져야 한다.

조경도 마찬가지이다. 조경이란 놓여질 곳에 제대로 놓여지고 심겨질 곳에 제대로 심겨져, 보는 이들로 하여금 편안하게 느껴지도록 해주는 것이다.

전통을 잇는다고 해서 무조건 재래수종이나 재래시설을 단지 이용되는 기능만이 유사한 듯하다 하여, 아무 데나 끌어들이며 무턱대고 활용하는 것은 현대적 감각으로 볼 때도, 옳은 자세가 아니다. 가령, 장독대나 원두막을 분위기도 맞지 않는 곳에 시설해 놓고서 전통을 이었다고 할 수는 없는 노릇이다.

어느 것이든지 전통으로 자리잡게 된 환경적 분위기와 시대적 배경, 그리고 의미가 있는 것이다. 때문에 우리의 전통적인 생활 습성에서 보여지는 현대 조경이 되어야지, 현대 속에서 보여지는 현대 조경이 되어서는 안 된다. 그렇다고 전통만을 고집하는 것은 아니다.

현대적인 것이라도 우리 취향에 맞게 소화한다면 그것이 곧 전통이 되는 것인 만큼, 다만 지나친 서구 지향적 도시 조경만은 지양하도록 해야 한다.

인성이 메말라 가고 삭막한 도시 환경에 찌들어 염증을 느끼는 도시인들에게 도시화 이전의 순수한 자연적인 숲을 접하고, 원시의 복고적 향수를 맛볼 수 있게끔 풍토적이고도 토속적인 공간을 제공해 주어야 한다.

복고적인 것이 현대인에게 거북하게 느껴지거나 불편하게 느껴지지 않도록, 공간적으로는 동적이면서 복합 기능적인 문명의 이기를 한편으로는 수용하면서, 시간적으로는 정적이면서 자연적인 우리 고유의 문화적 만족을 느끼게끔 유도하여야 한다.

자연과 과거 전통문화와 현대적 감각이 시·공간(時·空間)의 한 축에서 영속되도록 하여야겠다. 지나치게 현대적인 것에 싫증을 느끼고 도시 공해에 무덤덤해진 현대인들이 자연 속에 파묻혀 휴식을 취할 수 있도록, 내부는 현대적 기능을 유지하되, 외부는 복고적 향수를 느끼게끔 해준다면 무리가 없을 것이다.

이런 의미에서 단순한 민속촌과는 구분이 되어야 한다. 색조와 형체가 고풍스러운 찻집이나 음식점에 눈길이 가는 것은 자연복귀적 향수에의 발로이기 때문이다. 공간이 적더라도, 자연 속에 깊이 파묻혀 들어가다 눈을 떠보니 현대적인 것이 새롭게 나타나는 그러한 기법도 매력적일 수 있다.

다음으로, 우리 조상들의 슬기로운 지혜에서 엿볼 수 있었던 생태적인 조경과의 가치 지향적인 표현을 하도록 한다.

개발로 인한 생태적 환경 파괴를 회복하기 위한 생태적 조경으로, 식재 구조를 다층화하고 현지 주변의 자생 수목에 가까운 식생 중심으로 식재하도록 한다. 단순히 수종의 종류나 선정의 다양성을 나열하기보다는 단순화·집단화되는 방향으로 생태적 기능이 유지되도록 하여야 한다.

경관 연출에 있어서도 복합적인 다양한 기능을 살릴 수 있도록 하고 연속성·식별성·독창성 등을 가미한 설계와 유지 관리를 고려한 조경 표현이 되도록 한다.

그리고 혼이 깃들어져 있어야 된다. 내 것도 소화하지 못하면서 현대적이고 교교한 기술에만 전념(專念)하여 마음을 어지럽히지 말고, 무념무심(無念無心)의 경지에서 소박한 자신의 혼을 불태울 때 비로소 진정한 한국적 조경을 꾸밀 수가 있다.

자신의 천성을 자연의 천성에 합치시키고, 자연에 순응하는 덕목이 요구되고 있는 지금이다.

제5장

상생조경(相生造景)의 설계

1. 음양오행의 기본

1) 음양오행의 의미와 특성

(1) 음양오행의 의미

주역(周易)에서 비롯된 음양오행설은 한마디로 우주의 변화를 축약(縮約)한 것이다.

변하지 않는 본체인 태극(太極)에서 음양(陰陽)의 변화가 시작되고, 우주 만물의 음양의 변화는 양(陽)은 태양(太陽)·소양(少陽)으로, 음(陰)은 태음(太陰)·소음(少陰)으로 사상분화(四象分化)되어 다시 팔방(八方)·팔괘(八卦)로 세분(細分)되었다.

팔괘는 우주의 사방팔방에서 나타나는 자연의 변화를 함유(含

有)하고 있는데, 그 특성을 살펴 하늘—노부금—머리〔건(乾)〕, 땅—노모토—배(〔곤(坤)〕, 우뢰—장남목—발〔진(震)〕, 바람—장녀목—다리〔손(巽)〕, 물—중남수—귀〔감(坎)〕, 불—중녀화—눈〔리(離)〕, 산—소남토—손〔간(艮)〕, 못—소녀금—입〔태(兌)〕으로, 인간의 가족 구성 특성과 인체에 비유해 풀이하고 있다.

오행은 태양계의 태양을 중심으로 움직이는 아홉 행성인 수성·금성·지구·화성·목성·토성·천왕성·해왕성·명왕성 중에 지구 가까이에 보이고 있는 수성(水)·금성(金)·화성(火)·목성(木)·토성(土)의 다섯 행성에서 다섯 원소를 만물의 반응과 현상을 살펴 추출하고, 다섯의 기(氣)가 상호변화하며 역학적으로 작용한다고 보고 오행을 설정하였다.

오행은 양의 우주인 하늘이 갖춘 사물의 근본 원리 즉, 네 가지 덕(德)인 원형이정(元亨利貞)을 근간으로 해 무궁무진한 변화를 하고 있다.

역(易)에서 이야기하는 천도사덕(天道四德)인 원(元)은 만물의 시초이며 물질의 근본이다. 계절로는 봄이며, 오행으로는 동방 목(木)에 해당되고, 군자의 덕목으로는 인(仁)에 해당한다.

형(亨)은 만물의 생육·성장이며 물질의 교호형통(交互亨通)이다. 계절로는 여름이며, 오행으로는 남방 화(火)에 해당되고 군자의 덕목으로는 질서를 나타내는 예(禮)에 해당된다.

이(利)는 만물의 결실이며 물질의 형체를 이름이다. 계절로는 가을이며, 오행으로는 서방 금(金)에 해당되고 군자의 덕목으로는 이로움을 취하는 의(義)에 해당된다. 나아가 정(貞)은 만물의 바른 수확이고, 물질의 저장과 충족이다. 계절로는 겨울이고, 오행으로는 북방 수(水)에 해당되며, 군자의 덕목으로는 모든 일을 바르게 완성하는 지(智)에 해당이 된다.

이 하늘의 4덕은 민속적으로 4신(四神)·5방신(五方神) 등으로 변화되어 지구인 땅과 어우러져 음양의 조화를 이루고, 일월신앙(日月神仰)·사신사상(四神思想)·태극음양오행사상(太極陰陽五行思想) 등에 영향을 끼치고 있다. 땅을 군자의 덕목으로는 신(信)으로 보아 옛부터 군자 5덕을 인·의·예·지·신으로 삼고도 있다.

실제로 우리 나라의 국기인 태극기도 태극음양오행사상이 반영되어 있다.

음양의 태극, 하늘과 땅인 원(圓)과 방(方), 팔괘의 하늘과 땅인 건(乾:☰)·곤(坤:☷) 그리고 민족인 남·녀의 감(坎:☵)·리(離:☲)와 함께 오행오방의 의미로 백·청·홍·흑·황색의 오행색을 나타내어 만방에 우리 민족의 영원한 발전과 웅장한 기상을 함축하고 있다.

역(易)의 중심사상이 음과 양이다. 양은 홀수이고, 음은 짝수이고 여성이다. 인간과 우주만물의 성질을 음양으로 나누어 동정강유(動靜剛柔)로 표현하고 있다.

즉, 강건한 성질은 양이요 유순한 성정은 음이다. 하늘·해·아버지·남성·어짐·위·앞·밝음·감·낮·움직임·귀함·복 등은 양이고, 땅·달·어머니·여자·외로움·아래·뒤·어둠·멈춤·옴·밤·천박·재앙 등은 음이다.

이렇게 본다면 음과 양은 대립하는 듯이 보이나, 실은 음양이 서로 조화되고 상응(相應)하는 것이 만물의 정한 이치이다.

음이 극에 달하면 양이 되고, 양이 극에 달하면 음이 된다.

태양을 양으로 보고 달을 음으로 보고 있는데, 태양과 지구에서는 태양이 양이고, 지구와 달에서는 지구가 양이 되고, 달이 음이 되고 있다. 이 때문에 음양의 오묘함은 만물에 적용되고 있는데, 그 해석을 할 때에는 양중에 음이 있고〔陽中陰〕, 음중에 양이 있음〔陰中陽〕을 간과해서는 아니 된다. 이는 동양철학에서 근간을 세우고 있는 정중동(靜中動)·동중정(動中靜)이라든가, 강중유(剛中柔)·유중강(柔中剛), 또는 양으로써 음을 다스리고 음으로써 양을 좇도록 하는 법도자연(法道自然)의 이치와 맥이 상통하고 있다. 풍수지리오행에서도 이러한 원리는 적용되고 있다. 같은 산과 강이라도 해석이 차이가 난다.

음택에서는 산을 양으로 보고 혈을 음으로 보아 양과 음의 순환을 얘기하고 있고, 양택에서는 크게 산을 음으로 보고 강을 양으로 보며 좁게는 마을을 양으로 볼 때는 강을 음으로 보고 있다. 가택에 있어서는 기옥은 양이고 남자이며, 마당은 음이고 여자로, 재산으로 해석하고 있다. 건물과 대문의 관계에서는 건물을 음으로 보고 대문을 양으로 보며, 기두와 대문의 관계에서도 기두는 주인 음으로 보고 대문은 객인 양으로 보고 있다.

이와 같이 사물(事物)과 주관(主觀)과 대상(對象)의 보는 관점의 변화에 따라 음양을 바꾸어 해석을 하니 음양의 이치가 오묘함을 터득해야 한다.

음양오행사상이 우리 실생활에도 깊숙이 배어 있는 흔적은 헤아릴 수 없을 정도이다. 몇 가지만 예를 든다 해도, 오방색이라든가 오방신·오곡밥·가택·부엌 등에도 스며들어 있다.

마을의 길라잡이이며 지킴이 신인 천하대장군은 양각을 하고, 지하여장군은 음각으로 나타내고 있다. 또한 만족의 고유 춤사위인 강강수월래도 태극의 음양조화를 상징하고 있다.

가택에서도 오행방을 살려, 자좌오향의 경우 동쪽에는 가주와 아들의 기거공간인 사랑채를, 서쪽에는 안주인의 기거공간인 안채, 남쪽에는 대문, 생산을 의미하는 모태와 같은 북쪽에는 부엌을 두고 서남쪽으로는 곡간을 두며, 동북쪽으로는 사당을 원칙적으로 배치하고 있다.

부엌에 있어 오행은 물 수(水) · 땔나무(木) · 불(火) · 밥(金) · 솥(土)로 보고 있고, 오곡밥에서도 쌀(金) · 콩(水) · 조(木) · 수수(火) · 보리(土)로 나타낸다.

인생에 있어서도 유아기(水) · 청 · 장년기(木) · 중년기(火) · 노년기(金) · 운명(土)으로 오행에 빗대어 보고 있는데, 이것이 음양오행의 원리를 몸으로 체득한 우리 선현들의 소박한 지혜인 것이다.

(2) 음양오행의 특성

만물의 생성(生成)과 소멸(消滅)은 자연의 순환이치이며, 음양(陰陽)이 태양계와 지구계, 그리고 인간계의 남 · 녀를 중심으로 구분되어 있음은 설명하였다.

음양은 상호 대립적이기도 하나 상생보완적이기도 하며, 어느 한쪽이 기울게 되면 극(剋)과 극(剋)으로 변하고, 또 상생순환하며 돌고 돌게 되는 것이 음양의 이치이다.

음양은 태양계의 9행성과 지구와의 밀접한 관계를 유지하며 순행하고, 이 행성 중 물·나무·불·흙·쇠의 다섯가지 원소를 추려 오행으로 삼아 음과 양과 더불어 순환한다고 보아 정립되기 시작한 것이 음양오행의 원리이다.

이를 역(易)에서 하늘의 천도사덕과 땅의 덕을 살펴, 오행성의 원소가 갖는 특성과 자연 이치의 특성을 결부해 오행의 특성을 밝히고 있다.

오행의 특성에 관한 기록은 중국 은(殷)나라 때 『서경(書經)』과 주(周)나라의 주서(周書) 『홍범(洪範)』에서 나타난다.

● 물(水): ↓

물은 인간을 포함한 우주만물의 생명의 원천(源泉)으로서, 양인 하늘의 기와 결합되어 생성된 것이라 할 수 있고, 특히 지구의 축소판인 인간의 구조에 절대적 비중을 차지하고 있다.

이렇게 본다면 물이 갖는 중요성은 만물의 으뜸으로 여길 수가 있다. 물은 윤(潤)과 하(下)로서 윤택하며 높은 곳에서 낮은 곳으로 흘러가는 성질이 있기 때문에, 물은 지혜롭고 유동적이며 추상적이고 생명력과 원동력을 상징한다.

5대양 6대주의 지구와 5장 6부를 갖춘 인체구조가 비슷하고, 지구 표면적의 70%가 바다이고, 인체의 70%가 물인 것도 비슷하다. 바다의 성분이 염분인데 태아가 모태에서 10개월 머물며 보호되고 있는 보호막인 양수(羊水)가 염분수이다.

물은 북방에 속하며, 물의 과다와 상대오행에 따라 차고 고집스럽고 지혜롭고 독단적이고 묵묵하며 희생정신이 강해 베풀기를 잘하는 속성이 있는 한편, 용기가 적고 계획성이 없고 실천력이 약하며 황량하기도 한 속성을 갖고 있다. 오행의 수(水)로는 1·6을 나타낸다. 직업은 봉사직이나 서비스직이 무난하다.

● 나무(木): ↑

나무는 세상 만물의 성장을 뜻하고, 곡(曲)과 직(直)으로 곧게 위로 올라가는 성질이 있다. 방위는 동방에 속해 태양의 정기를 가장 강하게 흡수하고 있다.

나무는 솟아오르고 솟구쳐 자라나기도 하나 자연의 변화에 영향을 많이 받기 때문에 흔들리기도 쉬운 특성이 있다. 나무의 기운이 너무 강하면 왕성한 생명력으로 욕심이 많고 출세욕이 강하며 고집이 센 속성이 있는 한편, 다른 오행과 더불어 청렴하고 포근하며 선비풍으로 학문적 성취를 이룰 수 있고 지도력을 지닐 수 있는 속성도 있으며, 허장성세(虛張聲勢)나 신경질환·관재 구설수 등에 휘말릴 수 있는 상황도 있다.

오행의 수로는 3·8을 나타낸다. 직업은 교직·성직·학자·연구직 등이 무난하다.

● 불(火): ✥

불은 염(炎)과 상(上)으로 타오르며 위로 사방으로 퍼지는 성질이 있다. 방위로는 남방에 속한다.

불은 강렬하게 자신을 태워 주위를 밝히는 특성 때문에 성격이 활달하고 급하고 솔직하며 욱하기도 하나 남을 보살펴 주는 속성이 있는 한편 상대 오행의 과다에 따라 질병·정신질환·관재 구설수·주색잡기 등에 시달릴 수가 있다.

오행의 수로는 2·7을 나타낸다. 직업으로는 의사나 봉사직이 무난하다.

● 흙(土): —

흙은 대지의 품으로 농사를 일컫는 가색(稼穡)을 나타내며 만물의 씨앗을 저장하고, 자연계의 순환을 중재(仲裁)하고 중화(中和)시키는 성질을 갖고 있어 평형스러운 특성이 있다. 방위로는 중앙을 나타낸다.

흙은 도량이 넓고 말수가 적고 포용력이 있는 반면, 신의가 있고 인내심이 강하고 우둔하며 순종적이고 긍정적이며 헌신적이고 온화한 특성도 갖고 있다.

이 또한 다른 오행과의 과다에 따라 의뭉스럽고 비밀이 많다거나 또 실속이 없거나 느리고 게으르거나 난잡할 수 있지만, 성실한 면으로 재산을 모으는 속성도 갖고 있다.

오행의 수로는 5·10이다. 직업은 농림·원예·임산가공·산림·부동산 직종이 무난하다.

● 쇠(金): → ← (↓ ↑)

쇠는 종(從)과 혁(革)으로 좇고 새로이 변하고 또 만물의 결실을 뜻하며, 이로 인해 안으로 기운이 모이는 특성이 있다.

쇠의 특성은 한랭하고 서늘하며 몸을 변화해 물질이 되는 기질이 있어 변화무쌍하기도 하다. 또한, 금속성이라 소리를 내며 단단하고 무겁고 차고 예리하고 날카로워 권위적이고 결단성과 개혁성·총명성·용감성도 있는 한편, 단순하고 치밀하고 청결하기도 한 속성이 있다.

금도 다른 오행과 마찬가지로 과다에 따라서는 의구심·초조함·우유부단하거나 몰인정한 속성도 있다. 방위로는 서방이며, 오행의 수로는 4·9이다.

직업은 공무원, 판·검사, 변호사, 관리직종이 무난하다.

이 오행의 특성은 사주역학에서 중요한 위치를 차지하고 있으며, 양택·음택풍수에서도 그 오묘한 변화에 따라 화복을 논하는 잣대가 되고 있다.

풍수지리역학에서 기초가 되는 천간지지(天干地支)의 십간십이지(十干十二支)도 음양오행의 이치를 근간으로 하고 있다.

〈표—6〉 오행의 특성과 의미

구분		수(水)	목(木)	화(火)	토(土)	금(金)
정오행	천간	임(壬), 계(癸), 감(坎)	갑(甲), 을(乙), 진(震), 손(巽)	병(丙), 정(丁), 리(離)	무(戊), 기(己), 간(艮), 곤(坤)	경(庚), 신(辛), 태(兌), 건(乾)
	지지	해(亥), 자(子)	인(寅), 묘(卯)	사(巳), 오(午)	진(辰), 술(戌), 축(丑), 미(未)	신(申), 유(酉)
삼합	천간	곤(坤), 을(乙), 임(壬)	건(乾), 갑(甲), 정(丁)	간(艮), 병(丙), 신(辛)	—	손(巽), 경(庚), 계(癸)
	지지	신(申), 자(子), 진(辰)	해(亥), 묘(卯), 미(未)	인(寅), 오(午), 술(戌)	—	사(巳), 유(酉), 축(丑)
팔괘		감(坎)	진(辰), 손(巽)	리(離)	간(艮), 곤(坤)	건(乾), 태(兌)
가족		중남	장남, 장녀	중녀	소남, 노모	소녀, 노부
오방(五方)		북	동	남	서남, 중앙, 동북	서
오색(五色)		흑	청·록	적·홍	황	백
오감(五感)		청(聽)	시(視)	촉(燭)	미(味)	후(嗅)
오령(五靈)		현무, 거북, 자라	청룡	주작, 봉황, 공작	기린, 사슴	백호, 호랑이

구분	수(水)	목(木)	화(火)	토(土)	금(金)
오정(五情)	욕(慾)	로(怒)	희(喜)	애(哀)	락(樂)
오미(五味)	짠맛	신맛	쓴맛	단맛	매운맛
오기(五氣)	한(寒)	풍(風)	열(熱)	습(濕)	조(操)
오계(五季)	겨울	봄	여름	늦여름, 늦겨울	가을
오덕(五德)	지(智)	인(仁)	예(禮)	신(信)	의(義)
오채(五菜)	콩잎	부추	염교(부추잎)	아욱	파
오과(五果)	밤	자두	은행	대추	복숭아
오곡(五穀)	콩	조	수수	보리	쌀
오방택(五方宅)	부엌, 후원	사랑채	대문	곡간(서남방), 사당(동북방)	안채
오금(五金)	철	주석	구리	은	금
신체기관	신장, 방광, 콩팥, 자궁, 성기	간, 담, 발	심장, 소장	위장, 비장, 관절	폐, 대장, 기관지
오화(五畵)	매화 그림	난초 그림	대나무 그림	산수화	국화 그림
오체(五體)	귀	눈	머리	입	코
용도지역	업무지역	녹지지역	주거지역	상업지역	공업지역
계열	이·농학계열	인문·사회·교육계열	예·체능계열	상·경계열	자연계·공학·법학계열
직업 적성	기초·생명과학 분야, 주류·음식·수영장·목욕업·기획·연구 분야 등.	어문학 분야, 작가·인테리어·목공예·한식업·가구점·한약업·꽃집·농장·분재·교육계·개발 분야 등.	예술·연예·방송·종교·화가·외국어·외국계 본 투자업·무속인·의류·난방·봉사업·영업 분야 등.	신용사업·부동산·건축·고고문화재·골동품업·도자기 공예·복고풍업·상업·관리 분야 등.	군·관·검·경·정계, 은행원·기자·금은방·철물·철공·금속공예·자동차 정비·기계·현장·노무·생산 분야 등.

2) 간지음양오행(干支陰陽五行)의 기초

(1) 천간(天干)의 특성과 오행

천간십간(天干十干)은 하늘의 기(氣)를 다스리며, 갑(甲)·을(乙)·병(丙)·정(丁)·무(戊)·기(己)·경(庚)·신(辛)·임(壬)·계

(癸)이다.

이 십간은 양간(陽干)·음간(陰干)으로 나누는데, 이를 만유십분법(萬有十分法)이라고도 한다. 즉, 갑은 양이고, 을은 음으로 이어 양음으로 구성이 되고, 오행으로 나누어지고 있다. 양간은 활동적·공격적·직선적·지배적·적극적이고, 음간은 정적·방어적·곡선적·이성적·소극적인 특성을 갖고 있다.

양간(+)으로는 갑·병·무·경·임이고, 음간(-)으로는 을·정·기·신·계가 해당이 된다.

오행에 있어 갑을은 목(木), 병정은 화(火), 무기는 토(土), 경신은 금(金), 임계는 수(水)로 구분된다.

〈표—7〉 천간의 음양오행

천간(天干)	갑(甲)	을(乙)	병(丙)	정(丁)	무(戊)	기(己)	경(庚)	신(辛)	임(壬)	계(癸)
음양(陰陽)	+	-	+	-	+	-	+	-	+	-
오행(五行)	목(木)		화(火)		토(土)		금(金)		수(水)	

천간의 우두머리는 갑(甲)으로 나머지를 거느리는 것으로 보는데, 사주에서는 이것을 팔통사주격(八通四柱格)으로 다루고 있다.

십간의 특성을 간단하게 살펴보면 다음과 같다.

● 갑(甲):+·木

숲을 지배하는 거목으로 큰 나무·큰 재목·상기둥·두목·반장 격의 특성을 갖고 있다.

성정(性情)은 군자의 덕이 있어 인자하고 머리가 좋으며 자존심·독립심·리더십이 강한 한편, 고집과 낭비·고독의 특성이 있다.

계절로는 봄이고 방위로는 동방이며 색은 청색, 맛은 신맛, 인체에서는 간·허리에 해당이 된다.

● 을(乙):-·木

이는 어린 나무인 묘목이나 관목(灌木)·잡초나 풀·갈대·약초·곡식 등에 해당이 되어 신료나 부하격의 특성을 갖고 있다.

성정은 민첩하고 유약하며 예민하거나 쇠약하고 허약한 반면에, 마음의 변화에 기복이 심하고 모반의 우려가 있으며 은근과 끈기가 있고 내성적이며 영리하고 다소 고집이 있다.

오행의 특성적 의미는 갑목에 따른다.

● 병(丙):+·火

이는 태양, 큰 불과 같은 것이니 남성적인 정열과 기개·맹렬성을 띠고 있다.

불길이 크게 번지고 있으니 추진력이 강하고 명랑하고 개방적이고 적극적인 반면, 자기 주장이 강해 독불장군 격이거나 성격이 급하고 과장·허영·염세적 성정도 갖고 있다.

계절은 여름을 나타내며 방위로는 남방이고 색은 적색, 맛은 쓴맛, 인체에서는 심장에 해당이 된다.

● 정(丁):-·火

병화의 큰 불에 비해 이것은 초롱불·전등불·반딧불·촛불·

화롯불 등과 같은 불이라, 영리하며 계획적이고 정열적이며 명예스럽고 학구적인 반면, 감정 기복이 많고 병약스러운 특성을 갖고 있다.

오행의 특성적 의미는 병화에 따른다.

● 무(戊):+·土

비옥한 넓은 대지를 나타내어 만물의 터전이나 태산·큰 산·초원·사막 그리고 부농(富農) 등을 뜻하고, 덕성이 강해 포용정신과 희생정신도 뛰어나고, 협동과 신의를 중시해 중립과 중용을 지키는 특성이 있는 한편, 고지식하고 우둔·우직한 특성도 갖고 있다.

계절은 4계절에 걸쳐 있고 오행방으로 중앙을 뜻하며, 맛은 단맛, 색은 황색, 인체로는 위장·비장 등에 해당된다.

● 기(己):-·土

기토는 무토에 비해 작은 토로서 전답·언덕·둔덕·뚝방 등을 뜻하고, 사리분별을 알고 융통성도 있고 자기 중심이 확실하며 겸손한 성격으로 충실·온화·근검·순정·절약정신이 강하나, 언행이 가볍고 남을 무시하는 경향도 띨 수 있다.

● 경(庚):+·金

광산·철광석·원석 등과 같이 강한 금의 특성을 갖고 있기 때문에, 과감·의협·용단·냉정하며 정의롭기도 하나, 양이면서도 음금(陰金)의 특성을 갖고 있으며, 내면적 욕구를 속으로 새겨

외로움을 많이 느끼고 우아함과 화사함을 좇기도 한다. 강한 수(水)를 만나면 주저앉는다.

오행의 특성으로는 계절은 가을이고, 서방을 뜻하며, 맛은 매운맛, 색은 흰색, 인체로는 폐기관을 나타낸다.

● 신(辛):-·金

경금에 비해 작은 금이니 가공석·반지·팔찌·목걸이·액세서리·보석 등에 해당되어, 단순·치밀·섬세·분석적이고 화려하며 심기가 곧아 이성적(理性的) 판단력과 위엄성도 갖추고 있다.

오행의 특성은 경금에 따르며, 상대 오행에 따라 심약하거나 의기소침하는 특성을 갖고 있다.

● 임(壬):+·水

덩치가 큰 물이기 때문에 바다·강·폭우·폭포·호수·계곡물·소나기 등을 이르고, 활달하고 희생적이며 지략과 사려가 깊어 인자하고 포용력이 강한 반면에 속이 깊고 의뭉스럽기도 하며 냉정하고 폭력적이고 보스 기질도 있다.

오행의 특성은 계절은 겨울, 방위는 북방, 맛은 짠맛, 색은 흑색, 인체로는 총기(聰氣)에 해당되는 신장·방광에 해당된다.

● 계(癸):-·水

샘·우물·옹달샘·빗물·실개천·시냇물 등과 같아, 소극적이고 겸손하며 냉정하고 민감하나, 지혜롭고 과묵하며 의리(義理)

와 충절(忠節)이 강하기도 하다. 허나 상대 오행의 과다에 따라 집중력 · 추진력 · 결단력 · 실천력 등이 미흡할 수도 있다.

오행의 특성은 임수에 따르고 있다.

(2) 지지(地支)의 특성과 오행

우주 만물의 기운(氣運)은 천지의 조화와 변화에서 비롯된다.

역에서 하늘을 천간(天干)으로 보고 땅을 지지(地支)로 보고 있다. 십천간은 하늘에서 오행으로 기(氣)를 다스리고 십이지지는 땅에서 체(體)를 다스리며 움직이기 때문에 이 천지의 조화로 기운(氣運)이 생동(生動)한다고 하는 것이다.

십이지지는 지구와 달의 지구계(地球界)에 의한 자전과 공전 현상의 변화와 특성을 살펴 12동물의 특성과 인간 세상사의 인물 특성과 맞추어 나타내고 있으며. 12방으로 구분하고 있다. 태어난 해는 12띠로 나타낸다.

십이지지(十二地支)는 자(子) · 축(丑) · 인(寅) · 묘(卯) · 진(辰) · 사(巳) · 오(午) · 미(未) · 신(申) · 유(酉) · 술(戌) · 해(亥)로 구분한다.

이 십이지지도 음양오행으로 나누는데, 우선 상징하는 동물의 발톱 숫자가 홀수인 경우는 양(陽)으로, 짝수인 경우는 음(陰)으로 정하고 있다.

즉, 자(쥐) · 인(호랑이) · 진(용) · 오(말) · 신(원숭이) · 술(개)는 양이고, 축(소) · 묘(토끼) · 사(뱀) · 미(양) · 유(닭) · 해(돼지)는 음에 해당이 된다.

오행으로는 자·해는 수(水), 인·묘는 목(木), 사·오는 화(火), 진·술·축·미는 토(土), 신·유는 금(金)으로 나누었다.

〈표—8〉 지지의 음양오행

지명(地名)	子	丑	寅	卯	辰	巳	午	未	申	酉	戌	亥
음양(陰陽)	+	−	+	−	+	−	+	−	+	−	+	−
오행(五行)	水	土	木	木	土	火	火	土	金	金	土	水

십이지지도 천간과 마찬가지로 특성을 갖고 있는데, 동물과 사람의 특성을 비유해 풀이하고 있다.

● 자(子, 쥐): ＋·水

쥐의 특성은 활달하고 영리하며 나돌아다니기를 좋아한다. 민첩하고 재능이 있고 예민하나 유혹에 약하고 의심이 많다.

모성애는 강하며 자녀와의 정이 깊고 잔정도 많아 손해도 많이 보나, 쥐 구멍에도 볕들 날이 있다 하듯이 음양의 조화·변화 기복이 심해 운세의 영향을 많이 받는 편이다.

번식력이 강해 주색잡기·풍류에 물들 우려도 많다. 또한, 병해를 옮기는 특성으로 파렴치한 몰인간성(沒人間性)을 보일 수도 있다.

큰 강물·냇물에 비교되고, 생명수의 원천을 지니고 있다.

방위로는 북방이고, 절기로는 대설, 음력으로는 11월을 나타낸다.

● 축(丑, 소):-·土

소는 정직하고 우직하며 순박하고 우둔해 손해를 보는 듯하나 인내심과 충실함이 강하다. 재물복도 있고 무릎을 꿇고 새끼에게 젖을 먹이므로, 자녀에 대한 정이 깊고 묵직하다.

언덕·뚝방·제방 등에 비교되고, 방위로는 동북북방이고, 절기로는 소한, 음력으로는 12월을 나타낸다.

● 인(寅, 호랑이):+·木

호랑이는 용맹스러운 기상을 가지고 있어 적극적이고 활달하며 외향적이고 솔직하며 의협심도 강해 추진력·지도력·결단력이 뛰어난 반면에, 예시·투지·추리력이 있기도 하나 자기 자만에 도취되거나 지나치면 패망하거나 자멸해 멸문지화를 당할 수도 있다.

인은 음기도 양기와 못지않아 은둔·신앙·수도·고행·득도(得道) 생활도 즐겨 하게 된다. 살아 있는 먹이만 먹는 특성으로 운명의 굴곡이 많을 수도 있다. 인자유덕(仁者有德)이다.

거목·고목·상기둥·대들보 등에 해당되고, 방위는 동북동방, 절기는 입춘, 책력으로는 음력 1월 정월에 해당된다.

● 묘(卯, 토끼):-·木

해뜨는 동쪽으로 머리를 두며 나돌아 다니기를 좋아하나 낯선 곳은 잘 아니 가고 자기가 늘 다니던 길만 다니는 속성이 있고, 앞다리가 짧아 위로

올라가는 것을 좋아하는 특성이 있으며, 모질지가 아니하다. 때문에, 인정이 많고 잔정이 있으며 변화·이동이 많고 변덕이 심하다. 온화하고 재치가 있고 영리하고 번식력이 많으나, 유행·사치가 심하고 남의 유혹에 잘 넘어가는 특성이 있다. 역경에 대처하는 특성이 다소 미흡하고 현실도피 성향도 약간 있다. 무사분주(無事奔走) 성향이다.

작물이나 풀·화초 등에 해당되고, 방위는 동방, 절기는 경칩, 음력으로는 2월에 해당된다.

● 진(辰, 용):+·土

상상 속의 동물이기 때문에 공상력이 풍부하고 승천(昇天)·비상(飛翔)의 웅지가 있어 지혜와 포부가 크다. 자존심·고집·신앙심이 깊고, 두목이나 갑부의 성향이 있으나 모반과 투기 성향도 짙다. 여기출세지향적(與機出世指向的) 성향이 크다. 용두사미격(龍頭蛇尾格)이거나 허장성세도 센 편이다.

태산·대지·평야·곡창에 해당되고, 방위는 동동남방, 절기는 청명, 음력 3월에 해당된다.

● 사(巳, 뱀):-·火

징그럽고 혐오스럽게 느껴지는 동물이기는 하나 뱀처럼 깨끗하고 정직한 동물이 없다. 자기를 해코지하지 않으면 상대를 절대 물지 않고, 아침 이슬을 먹고 지내며 살아 있는 먹이만을 취하는 특성이 있다. 머리

회전이 빠르고 영악스러운 면과 예지력이 있어 신앙심·수도 정신이 돈독하나 의심이 많고, 지략과 권모술수가 능한 반면 사색적이고 매혹적이기도 하다. 허나 음습하고 게으르고 변태적이고 변덕적인 특성도 지니고 있다. 독기(毒氣)를 쉬 내차지 아니하는 특성으로 간혹 손해를 본다.

촛불·등불·반딧불 등에 해당되고, 방위는 동남남방, 절기는 입하, 음력 4월에 해당된다.

● 오(午, 말):+·火

다리가 튼튼하고 기상이 높아 활동성·독립성·용맹성·진취성 등이 강하고 주위의 신임이 두텁다. 다혈질적이고 충성적이며 낭만적이고 사교적인 반면에, 남과의 관계에서 쉬 달궈진 쇠가 쉬 식듯이 열정이 쉬 식고 허풍이 세고 뒷북을 치기도 하며, 아집도 있어 남을 잘 믿지 아니하려는 특성이 있다.

태양·화산불·큰 불·번갯불 등에 해당되고, 방위는 남방, 절기는 망종, 음력 5월에 해당된다.

● 미(未, 양):-·土

대체적으로 온순하고 정직하고 성실하며 남을 해칠 줄 모르는 심성이 있다. 예지력이 있고 신앙·수도정신이 돈독하다.

새끼에게 젖을 먹일 때는 엎드려 고개 숙이고 먹이며 다 먹이고 나면 하늘을 쳐다보고 감사드리는 특성이 있어, 자식에게 정이 깊고 남에게 희생·봉사정신이 강하다. 단순하고 정(靜)적이기 때문에 분주해야 되나 한 군데 머물지 못해 이동·변동수도 심한 특성이 있다

전답·채소밭·공터 등에 해당되고, 방위는 서남남방, 절기는 소서, 음력 6월에 해당된다.

● 신(申, 원숭이):+·金

인간의 특성과 유사성이 많은 동물로 공동체 생활을 하고 있다. 재주가 좋고 익살스럽고 영리하며 순발력·분별력·임기응변력 등이 강하고 처세술이 있어 조직에 순응하는 반면에, 승부욕이 강하고 성격이 까다롭고 신경이 예민하여 감정 조절이 요구되고 있다.

인덕이 따르게 되어 명예운도 있는 편이나, 제 꾀에 제가 넘어갈 우려도 다분히 있다. 남의 것을 모방하거나 많은 재주로 제 욕심을 너무 내는 속성도 있어 조심해야 한다.

광산·철광석·원석 등에 비교되고, 방위는 서서남방, 절기는 입추, 음력으로는 7월에 해당된다.

● 유(酉, 닭):-·金

닭의 목을 비틀어도 새벽이 온다고 했듯이, 예지력이 뛰어나고 천부적인 영감이 있어 기지가 있고 활발하고 부지런한 속성을 띤다.

시간을 정확히 지키는 속성이 있어 신의와 신뢰성이 인정되는 데 반해, 이기적이거나 천방지축으로 남과의 시비·불화도 잦

다. 말이 많고 행동이 가벼워 구설수도 있으나, 영적인 교감 능력이 있어 철학·신학·점술·무속 등에 뛰어나다.

가공석·보석·팔찌·금반지·액세서리 등에 비교되고, 방위는 서방으로 지구에서 가장 기를 바로 받는 방위인 자·오·묘·유(북남동서)의 사정방(四正方)에 해당된다. 절기는 백로이며, 음력으로는 8월에 해당된다.

● 술(戌, 개):+·土

인류와 함께 육축의 가축으로 오랜 역사를 지니고 있어 인간과 매우 친한 동물 중의 하나이다.

매우 지능적이고 정직하고 주인에 대한 복종심과 충성심이 강하다. 조용한 것을 좋아하고 질서를 존중하나 난봉기가 잠재되어 있고, 사방팔방 나돌고 싶은 속마음이 있어 일생을 다사분주(多事奔走)하게 지내는 속성이 있다.

자존심과 인내심이 강하나 원한을 사면 복수심이 드세고, 주위와 가족·아랫사람에 대해서는 변심(變心)이 잦아 불운을 맞기도 한다.

태산·들판·평야 등에 비유되고, 방위는 서서북방으로 음기가 강한 진·술·축·미·인·신·사·해·방인 사우방(四隅方)에 해당된다. 절기는 한로이고, 음력 9월에 해당된다.

● 해(亥, 돼지):-·水

배가 터질 때까지 먹어댄다고 해 음식 욕심이 많으나, 실은 물질적인 욕심은 주위의 생각 만큼 많지가 않다.

성질이 차갑고 단순하고 충실하며 우둔하고 미련한 듯하나 그로 말미암아 흔히 제물(祭物)로 오르고, 정직하고 영리하며 안으로 끌어모으는 기운이 있어 행운과 재물을 상징한다. 금전·융통에 수완이 있고 남에게 베풀기를 잘하고, 개울·옹달샘·개천·빗물 등에 비유되며 생명력의 원천이 되기도 한다. 방위로는 서북북방에 해당되고, 절기는 입동이며, 음력 10월에 해당된다.

(3) 간지합충(干支合沖)

천간지지는 오행생극(五行生剋)의 원리에 따라 음양은 서로 짝을 이루어 조화되는 것을 좋아하고, 같은 것끼리는 기피하는 특성이 있다.

천간십간과 지지십이지를 반으로 나누면 음양에 따라 합(合)과 충(沖)을 하게 된다. 합은 조화와 타협을, 충은 충돌을 예시한다. 이는 사주오행의 운세 흐름을 해석하는 데 중요하게 작용하고, 나아가 오행의 변화에 따라 길흉화복(吉凶禍福)을 예견하게 해준다. 보다 자세한 것은 추후 역학에서 다루겠지만 본서에서는 음양상의 특성으로만 살피고자 한다. 다만 유의할 것은 간지합충이 그 자체대로만 해석되지 아니하고 사주원국의 구성과 변화하는 운수(運數)와 오행에 따라 해석이 달라질 수 있어, 그 의미를 정확히 해석할 수 있는 능력이 요구된다.

합도 서로 좋지 않으면 미워하는 것과 같고, 충도 서로 자극과 분발을 요구한다면 오히려 좋아하게 될 수 있는 것과 같다.

간합(干合)	오행(五行)	합(合)의 성격
갑기(甲己)	土	중정지합(中正之合)
을경(乙庚)	金	인의지합(仁義之合)
병신(丙辛)	水	위엄지합(威嚴之合)
정임(丁壬)	木	인수지합(仁水之合)
무계(戊癸)	火	무정지합(無情之合)

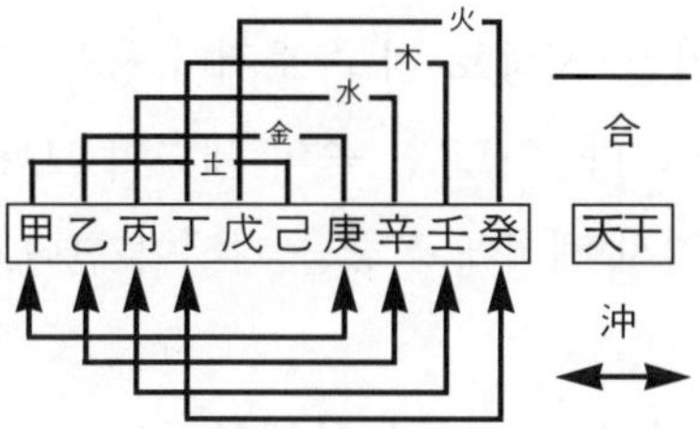

간충(干沖)	성격
갑경(甲庚)	금극목(金剋木)
을신(乙辛)	금극목(金剋木)
병임(丙壬)	수극화(水剋火)
정계(丁癸)	수극화(水剋火)
무기(戊己)	중앙토 무충(無沖)

〈도-35〉 천간합충도(天干合沖圖)

천간에서 갑기는 합이 되어 토로 되고, 을경은 금, 병신은 수, 정임은 목, 무계는 화로 변한다. 또한, 갑경·을신·병임·정계·무기는 서로 충이 되어 다투는 격이나 다만, 무기(戊己)는 같은 중앙 토이니 음양만 다를 뿐 합도 충도 되지 않는다.

지지십이지도 천간과 마찬가지로 합·충을 하는데, 이 또한 합은 유정(有情)이고, 충은 무정(無情)이라고만 해석해서는 아니 된다. 사주구성원국이나 풍수 상황에 따라 여러 해석이 있을 수 있다.

지지육합은 자축은 합이 되어 토로 되고, 인해는 목, 묘술은 화, 진유는 금, 사신은 수로 변하나, 오미는 합

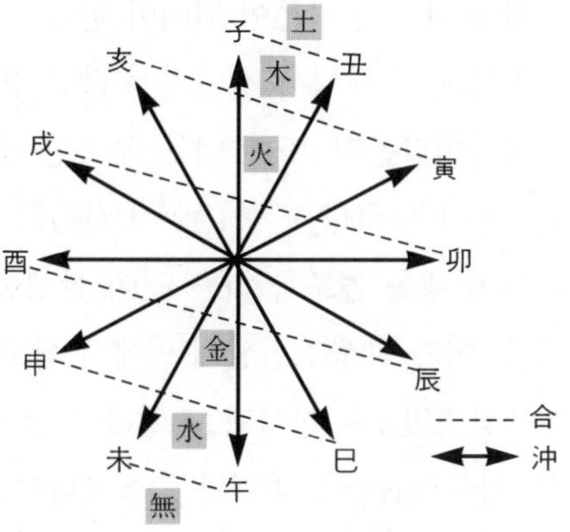

〈도-36〉 지지합충도(地支合沖圖)

은 되어도 다른 오행으로 변하지 않는다.

지지의 육충은 칠층살(七層煞)이라고 한다. 즉, 자오·묘유·진술·축미·인신·사해로 마주 보거나 등을 지고 있는 7층의 세력끼리 7충을 하나, 어느 한 쪽의 세력이 보태지면 보태진 세력이 강해지니 역시 해석에 신중을 기해야 한다.

3) 음양오행(陰陽五行)의 상생상극(相生相剋)

음양은 우주만물의 물질과 생명체를 반복해서 생성소멸(生成消滅)시키는 기운을 말하고, 오행은 음양이 혼합되는 과정에서 나타나는 수·목·화·토·금의 다섯 원소의 기운이다.

이 음양오행은 서로 상생(相生)과 상극(相剋) 작용을 하면서 변화·순환되고 있다.

이 상생·상극의 조화를 생활풍수에 적용하고 친환경적인 생활환경을 조성하여, 기의 순행을 바르게 하고자 하는 것이 음양오행을 다루는 기본이 되어야 한다.

예컨대, 오행에서 지나치게 많고 강하거나 왕성한 것이라든가 지배적이라든가 또한 너무 부족한 것들은 균형을 잃은 상태이니, 생(生)·극(剋)·종(從)·보(補)의 원리로서 오행의 균형·조화와 순행을 돕도록 하는 것이 상생풍수(相生風水)의 본뜻인 것이다. 이는 상생조경설계 편에서 심도 있게 다룰 것이다.

상생(相生)은 질서가 순행하며 전진적인 자연의 순리를 뜻하고, 상극(相剋)은 대립과 충돌보다는 자연의 역리현상인 상호간의 파괴와 지배를 뜻하고 있는데, 음양오행은 생하기도 하고 극하기도 한다.

이 상생의 원리는 사주역학이나 풍수지리에서 사상적 기초를 이루고 있으며, 그 오묘한 변화를 감지하는 데 아주 중요한 비중을 차지하고 있다.

생극의 특성은 다음과 같다.

■ 상생(相生)

—수생목(水生木): 물은 나무를 키운다.

물은 나무나 식물에 있어서 중요한 영양소로 적당한 영양분을 주어 생명이 자라게 한다. 너무 물이 지나치면 나무 뿌리가 물러 썩는다.

—목생화(木生火): 나무는 불을 태운다.

빛과 열을 얻을 수 있는 물질인 나무는 불에 태워짐으로 다른 유익한 물질로 변하게 되어 순행을 돕는다. 과다하면 이로울 것이 없다.

—화생토(火生土): 불이 타면 땅이 비옥해진다.

불이 타고 남은 재는 땅을 기름지게 하거나, 그 열은 대지를 데우는 데 적당함이 좋다.

—토생금(土生金): 땅은 쇠를 품고 있다.

대지가 비옥해지면 곡식이 잘되고, 굳으면 많은 광물 자원이 내장되어 있다.

쇠가 지나치면 땅이 약해지니, 이는 지나친 환경 개발은 환경에 위해를 주는 이치와 같다.

—금생수(金生水): 쇠가 녹으면 액체(물)가 되니 쇠는 물을 배

설한다.

가을이 되면 열매를 맺듯이 열매에는 과액(果液)이 있고, 용광로의 쇠는 액체로 녹아 다른 물질로 변하며 순행을 한다.

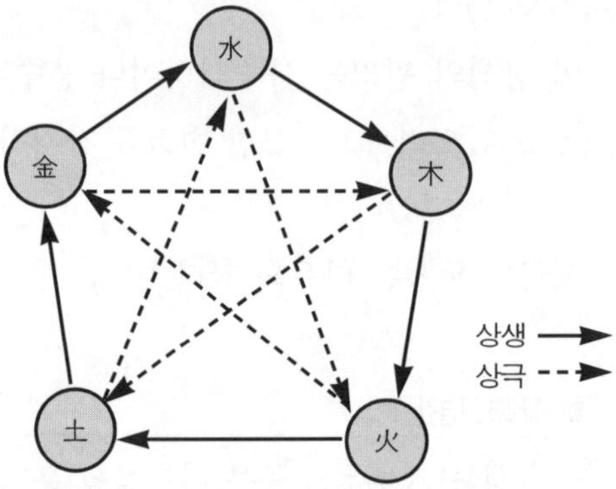

〈도-37〉 오행상생상극도(五行相生相剋圖)

쇠가 너무 지나치면 금은 물을 배설하지 못하고 물에 잠기는 성질이 있다.

■ 상극(相剋)

—수극화(水剋火):물이 강하면 불은 물에 의해서 꺼진다.

—화극금(火克金):불이 강하면 쇠는 불에 의해 녹아 버린다.

—금극목(金克木):쇠가 강하면 나무는 쇠에 의해 베어지고 꺾여진다.

—목극토(木剋土):나무가 강하면 흙이 나무에 의해 영양분을 뺏기거나, 나무의 뿌리가 흙을 나누어 놓기도 한다.

—토극수(土克水):흙이 강하면 물은 흙 속에 잠기는데, 산사태나 매립·매몰 등이 좋은 예이다.

2. 사주오행의 기본

1) 사주오행의 기초

상생풍수조경에서 사주(四柱)를 언급한다는 것이 생급스럽고 생게망게하게 느껴질지 모르나, 이는 가주(家主)·소유주(所有主)·사용주(使用主) 등의 사주를 해석하여 사주내에서 넘치고 모자라고 강하고 약한 오행을 찾아 나를 도울 수 있기 위한 사주용신(四柱用神)을 바로잡아, 조경을 포함한 생활환경과의 조화를 이룸으로써 생기(生氣)의 순환을 순조롭게 하고 쾌적한 생활환경과 삶의 질적 수준을 높이고자 함이다. 결국 무턱댄 마구잡이식 조경이 아니라, 풀 한 포기를 심고 나무를 하나 심고 돌을 하나 심는다 하더라도 자연의 이치와 음양오행의 순리가 내재(內在)된 철학이 담겨진 조경이 되어야 된다. 투자를 해도 제대로 된 투자를 하고 제대로 된 기술자에 의해 제대로 된 조경을 창출해 뭇 사람들과 후대에도 부끄럼이 없는 참조경을 이루고자 함이 보다 진솔할 것이다.

사주조경(四柱造景)을 하는 데 사주원국(四柱元局)의 명리해석(命理解釋)이 매우 중요하나, 그 하나만으로도 별도의 저술을 요구할 만큼 범위가 방대하고 독립적이어서, 원하는 독자와의 개별적인 상담이나 강연 등을 통해 후일 자세히 하기로 하고, 본서에서는 사주조경을 이루는 데 필요한 간단한 개요만을 소개하기로 한다. 사주역학에 대해 보다 더 깊은 연구와 관심을 갖고자 한다면, 시중의 많은 역서나 『연해자평(淵海子平)』 『적천수(適天

髓)』『명리통정(命理通情)』이라든가 한국자연지리협회가 발간한 제반 서적들을 필독하여 정진하기 바란다.

(1) 사주(四柱)의 구성

사주(四柱)는 인간이 태어난 연·월·일·시의 간지(干支)를 60갑자(六十甲子)에서 찾아 천간지지 여덟 자로 년주(年柱)·월주(月柱)·일주(日柱)·시주(時柱)의 네 기둥을 세우고 각각의 간지 오행을 원국(元局)으로 해서 구성이 된다. 사주팔자(四柱八字)라는 말은 이에서 비롯된다. 연·월·일·시주는 과거에는 당사주(唐四柱)라 해 년주를 중심으로 했으나, 요즈음은 일주를 본인의 몸체로 보고 중심으로 삼고 있다.

연주는 자신의 근본태세(根本態勢)로 자신의 뿌리에 해당되고 조상(祖上)이나 선조(先祖)궁으로 보며 유소년기로 삼고 있다(15%). 월주는 줄기로 자신의 부모궁으로 보며 청·장년기 운세로 보고 있다(50%). 일주는 가지로서 본인궁으로 보며 이를 중심으로 모든 운세의 화복을 감정하고 중년기로 삼고 있다(100%). 시주는 자녀와 후손궁으로 보아 열매나 꽃으로 여기며 자신의 말년 운세로 감정을 한다(35%). 의학이 발달하지 않은 과거에는 일생을 60년 정도로 보았으나 요즈음은 75년 정도로 보고 감정을 한다.

사주 구성에 필요한 육십갑자는 십천간 십이지지가 같은 음양으로 만나 결합하여 60갑자를 만들고, 다시 갑자가 시작되어 이어 계속 반복·운행하고 있다.

〈표—9〉 육십갑자조견표(六十甲子早見表)와 사주의 구성

甲子	乙丑	丙寅	丁卯	戊辰	己巳	庚午	辛未	壬申	癸酉
갑자	을축	병인	정묘	무진	기사	경오	신미	임신	계유
甲戌	乙亥	丙子	丁丑	戊寅	己卯	庚辰	辛巳	壬午	癸未
갑술	을해	병자	정축	무인	기묘	경진	신사	임오	계미
甲申	乙酉	丙戌	丁亥	戊子	己丑	庚寅	辛卯	壬辰	癸巳
갑신	을유	병술	정해	무자	기축	경인	신묘	임진	계사
甲午	乙未	丙申	丁酉	戊戌	己亥	庚子	辛丑	壬寅	癸卯
갑오	을미	병신	정유	무술	기해	경자	신축	임인	계묘
甲辰	乙巳	丙午	丁未	戊申	己酉	庚戌	辛亥	壬子	癸丑
갑진	을사	병오	정미	무신	기유	경술	신해	임자	계축
甲寅	乙卯	丙辰	丁巳	戊午	己未	庚申	辛酉	壬戌	癸亥
갑인	을묘	병진	정사	무오	기미	경신	신유	임술	계해

구분	연주	월주	일주	시주
육친	조상·선조	부모·형제	자신·부부	자녀·후손
나이	1~25세	25~50세	50~75세	75세~
인생	유·소년	청·장년	중년	노년
원목	뿌리	줄기	가지	꽃·열매
가통(家統)	가문·문벌	가세(家勢)	가운(家運)	가계 번성
사식(四食)	아침	점심	저녁	밤
사계(四季)	봄	여름	가을	겨울
사격(四格)	원격(元格)	형격(亨格)	이격(利格)	정격(貞格)

(2) 사주명식(四柱命式)의 작성

가) 사주팔자의 간지 책정

사주의 명식은 만세력의 음력을 기준으로 하며 책정을 한다.

연주는 태어난 해의 간지를 세우고, 월주는 태어난 날 해당 월의 절후(節候)를 찾아 세우며, 일주는 태어난 날의 절후표와 시지조견표를 참고하도록 한다.

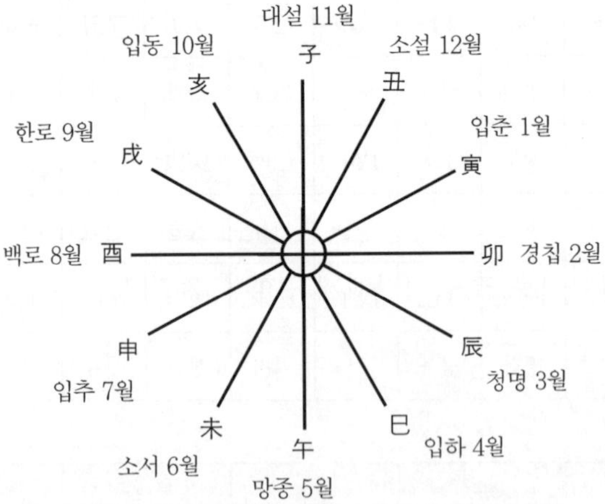

〈도-38〉 절후표(節候表)

〈표-10〉 시지조견표(時支早見表)

시간과 시지	甲己日	乙庚日	丙申日	丁壬日	戊癸日
오전 0시~1시 正子시	甲子	丙子	戊子	庚子	壬子
오전 1시~3시 丑시	乙丑	丁丑	己丑	辛丑	癸丑
오전 3시~5시 寅시	丙寅	戊寅	庚寅	壬寅	甲寅
오전 5시~7시 卯시	丁卯	己卯	辛卯	癸卯	乙卯

시간과 시지	甲己日	乙庚日	丙申日	丁壬日	戊癸日
오전 7시~9시 辰시	戊辰	庚辰	壬辰	甲辰	丙辰
오전 9시~11시 巳시	己巳	辛巳	癸巳	乙巳	丁巳
오전 11시~오후 1시 午시	庚午	壬午	甲午	丙午	戊午
오후 1시~3시 未시	辛未	癸未	乙未	丁未	己未
오후 3시~5시 申시	壬申	甲申	丙申	戊申	庚申
오후 5시~7시 酉시	癸酉	乙酉	丁酉	己酉	辛酉
오후 7시~9시 戌시	甲戌	丙戌	戊戌	庚戌	壬戌
오후 9시~11시 亥시	乙亥	丁亥	己亥	辛亥	癸亥
오후 11시~오전 0시 夜子시	丙子	戊子	庚子	壬子	甲子

나) 대운(大運)과 입운수(入運數)의 책정

사주원국이 구성되면, 운세의 변화는 10년 단위로 계절의 변화와 마찬가지로 크게 인간에게 영향을 끼친다고 본다.

매년마다 변하는 운세는 세운(歲運)이라고 하며, 대운은 주인의 사주팔자를 자동차에 태우고 달리는 운전기사로서 그 오행의 제반 작용에 따라 주인에게 10년마다 바뀌어 탄탄대로를 운전해 나간다든가, 아니면 협로나 자갈길 등을 힘겹게 나간다든가 하는 등 길흉화복의 운명을 크게 이끌어 나가고 있다. 일반적으로 천간지지 10년운의 천간 5년·지지 5년운으로 보나, 현실적으로는 천간 3년·지지 7년으로 보는 것이 적절하다.

사주원국이 아무리 좋아도 대운이 뒷받침하지 않으면 일생 고전을 하는가 하면, 사주원국이 나쁘다 해도 대운이 길하게 받쳐주면 일생을 안락하게 지낼 수도 있다. '천운(天運)을 타고났다'

라는 말이 있다. 이는 사주천간에서 나를 돕는 세력이 있고 지지운도 나를 도와주고, 나아가 대운도 나를 따라 도와주는 팔자를 말하고 있다. 대운은 나중에 기술하겠지만 용신(用神)이 따라서 받쳐 주면 더더욱 길하다. 용신은 대운이라는 기사가 모는 운명의 자동차를 더욱 잘 달리게 하고, 성능을 더욱더 좋게 해주는 윤활유와 같은 것이다.

대운은 순행(順行)과 역행(逆行)이 있다. 양년생(陽年生) 남자와 음년생(陰年生) 여자는 순행하고, 음년생 남자와 양년생 여자는 역행을 한다. 출발하는 대운의 기준은 남녀 모두 월주를 기준으로 하여 간지를 배열한다. 예를 들어 갑자(甲子)생 갑자(甲子)월 남녀의 경우로 볼 때. 남자는 천간 갑의 양년생으로 음양이 같아 순행이니, 대운의 배열이 갑월 다음부터 순행으로 을(乙)·병(丙)·정(丁)·무(戊)·기(己)의 순으로 된다.

여자는 천간 갑이 양목(陽木)이나 여자는 음으로 보니, 음양이 다르게 되어 역행을 하게 된다. 따라서 계(癸)·임(壬)·신(辛)·경(庚)의 순으로 대운이 정해진다.

입운수(入運數)는 10년마다 들어오는 대운의 나이이다. 사주에서 대운의 순행·역행을 확인한 후, 순행이라면 태어난 날에서 다음 절후가 시작되는 날까지를 날수 계산을 하여 그것을 3으로 나눈 뒤 남아 떨어지는 수가 입운수이다. 즉, 3으로 나누어 바로 떨어지면 그 수가 해당되고, 1이 남는 경우에는 1을 털어낸 남는 수로, 2가 남는 경우에는 반올림한 수를 입운수로 본다(27÷3=9에서는 9가, 16÷3=5…1에서는 5가, 17÷3=5…2에서는 6이 입운수가 된다). 역행인 경우에는 태어난 날에서 앞의 절후까지의 날수를 계산하여 입운수를 정한다.

다) 사주명식의 작성

생년·월·일·시가 정하여지면 천간지지와 간지오행이 확정되고, 대운과 입운수가 아울러 확정되게 된다. 이를 하나의 양식으로 작성해 사주오행의 운세를 예견하는 것이다. 가령, 서기 2003년 2월 28일 20:00에 태어난 남·녀의 사주명식을 예로 들어 보겠다. 만세력에서 보면 2003. 2. 28. 20:00은 癸未年 甲寅月 壬申日 庚戌時가 된다.

2002. 2. 28. 20:00 출생 남·녀의 사주명식 예

남자(역행)

	水2		五行圖
金2	土2	木2	
	火0		

사주	일주	월주	연주	
庚$^{+}$	壬$^{+}$	甲$^{+}$	癸$^{+}$	四柱五行
戌$^{+}$	申$^{+}$	寅$^{+}$	未$^{-}$	
金	水	木	水	
土	金	木	土	

88	78	68	58	48	38	28	18	8	入運數
乙	丙	丁	戊	己	庚	辛	壬	癸	大運
巳	午	未	申	酉	戌	亥	子	丑	

여자(순행)

五行圖

	水2	
金2	土2	木2
	火0	

四柱五行

사주	일주	월주	연주
庚$^{+}$	壬$^{+}$	甲$^{+}$	癸$^{-}$
戌$^{+}$	申$^{-}$	寅$^{+}$	未$^{-}$
木	水	木	水
水	金	木	土

82	72	62	52	42	32	22	12	2	入運數
癸	壬	辛	庚	己	戊	丁	丙	乙	大運
亥	戌	酉	申	未	午	巳	辰	卯	

(3) 사주오행(四柱五行)의 해석

음력을 기준으로 하는 사주가 나올 수 있는 궤는 1년×12개월×1개월×30일×12시간대×60갑자×남×녀=518,400수로 엄청난 수이다.

사주오행의 판별이 무한한 가능성과 잠재력을 지니고 있기 때문에 그 오묘함을 다 터득할 수는 없다. 다만, 오행의 특성과 의미를 함축하고 있는 자연의 변화 이치를 정교하게 터득해 해석을 하도록 해야 된다. 단순하게 사주원국에 보이는 대로 합(合)이니 살(煞)이니 충(沖)이니 길(吉)이니 십이포태운성(十二胞胎

運星)이니 공망(空亡)이니 등등 하여, 그 자체대로 해석을 한다면 상당한 오류(誤謬)를 범할 수가 있다.

충·살이라도 구성에 따라 자극제도 보약도 될 수 있고, 합·길이라 하더라도 해로울 수가 있다. 무조건 이로운 것이 아니라 지나칠 경우는 오히려 충보다도 못하다. 예컨대, 수형이 빼어난 소나무와 한 무더기의 개나리·진달래가 원국으로 보면 각기 나름대로의 자태와 위용을 자랑하고 있지만, 생육 환경의 조건이나 나타나는 양·불량(良·不良), 혹은 호·불호(好·不好) 등 여건 변화에 따라 다르고 태풍·폭우·자연 재해 등에 따라 큰 차이가 있다.

그러니 사주의 오행이 적당히 자리하고 균형을 이루며, 대운·세운이나 용신이 적당히 받쳐 주어 순행이 되어야 한다. 가장 편안한 사주는 오행의 기복이 심하지 않은 평범한 사주라고 하는 소이도 이 때문이다.

사주는 원국을 기본으로 하여 오행의 변화를 살피기 때문에 원국의 해석을 중시하고 있다. 오행의 특성과 생극을 살피고, 육친(六親) 관계에 따른 비견(比肩)·겁재(劫財), 식신(食神)·상관(傷官), 편재(偏財)·정재(正財), 편관(偏官)·정관(正官), 편인(偏印)·정인(正印) 등의 상관관계를 살피면서 의미와 함께 각종 길흉 관계를 면밀히 해독해, 대운이나 세운·용신 등과의 분석을 해야 한다.

사주에서 합이나 충이 동시에 나타나면 합을 우선 해석한다. 본인에게 유리한 쪽으로 해석을 하고 충·살이 두세 개 나타나면 아예 없는 것으로 한다든가 합으로 상대하기도 한다.

아무튼 사주에서는 충(沖) · 원진(怨嗔) · 형살(刑煞) · 파(破) · 해(害) 순으로 흉운(凶運)의 영향을 받는다고 보아 유심히 살피게 되며, 길운(吉運)의 영향을 삼합(三合) · 방합(方合) · 육합(六合) · 귀인(貴人) · 금여(金輿) 순으로 받는다고 본다.

사주에서 삼합이 차지하는 비중이나 변화는 상당한 것으로 이것을 기준으로 명리해석(命理解釋)을 한다 해도 과언이 아닐 정도다. 풍수지리오행에서도 이를 기초로 하는 경우가 많다. 음택풍수에서는 더욱 요긴하게 이용되고 있음을 앞부분에서도 설명을 한 바 있다. 참고로, 우리가 흔히 상사(喪事)를 접할 때 흔히 듣는 호충(呼沖)이라는 것도 삼합을 근간으로 함을 일러 둔다. 천수를 다하고 죽은 사람의 경우에는 호상(好喪)이라 해 호충이 별로 닿질 아니하나, 단명 · 횡액사를 당하여 죽은 사람의 경우에는 애상(哀喪)으로 호충에 닿기 때문에 염습(殮襲)이나 하관(下官)시 일진으로 보아 삼합삼충(三合三沖)에 걸리는 해당 삼합띠는 피하라는 것이 호충이다.

즉, 인오술 · 사유축 · 신자진 · 해묘미 삼합 일진이라면 신자진 · 해묘미 · 인오술 · 사유축생띠는 피하라고 하는 것이다. 사주의 해석에는 상당한 식견과 자연에 대한 깊은 통찰이 요구되고 있는데, 이를 두루 설명한다는 것은 역부족도 역부족이지만 기회를 닿아 추후에 행하기로 하고, 사주오행 해석에 필요한 길흉 요인들과 사주육친(四柱六親) 관계 등은 시중의 역학 서적을 참고하기 바란다.

2) 사주용신오행(四柱用神五行)

(1) 사주용신오행의 책정

인간의 사주를 판독함에 있어 나의 일주천간(日柱天干)을 도울 수 있는 세력 용신(用神)을 찾는 것이 사주학의 진수(眞髓)라고도 일컫고 있다.

용신을 찾는다는 것은 심마니가 산삼을 찾는 것과 마찬가지로 해석하여 음택에서는 명당명혈을, 양택에서는 기두점을 찾는 것과 함께 셋을 다 찾을 줄 알면 개안(開眼)이나 도안(道眼)이 되었다고 말할 정도로 어렵다. 어찌 보면 진정한 사주대가(四柱大家)는 없다고 볼 수도 있다.

용신은 사주원국을 보아 일신(一身)이 강한가 · 왕한가 · 약한가 · 마르고 · 메마른가 · 습한가 · 너무 한쪽으로 치우쳐 과다한가 등을 잘 파악해, 너무 왕하면 운기를 중화시키고 쇠한 경우에는 보해 주는 식으로 나를 도울 수 있는 오행을 찾도록 해야 한다. 생극(生剋)의 작용에 따라 강왕과다극생(强旺過多剋生) · 과사허보(過瀉虛補) · 다실유종(多實有從) 등의 원리를 적용하도록 한다.

사주는 따뜻하고, 시원하고, 촉촉하고, 단단하게 되어야만 무난하다. 오행에서 화가 부족하면 불을 돋아 따스하게 해주고, 화가 많으면 불을 조절해 시원하게 해주며, 화나 목이 많으면 물을 대어 생육을 도와주고, 물이 모자란 땅에는 물을 대어 비옥하게 해주는 것이 사주용신의 의무이기도 하다. 용신을 도와주는 세력인 희신(喜神)도 나의 사주를 돕게 한다.

용신을 잡고자 할 때는 천간지지를 살피고 나서 오행으로 무엇이 필요한가를 파악해 보고 용신천간을 정하는데, 여의치 않으면 다음으로 지지 내장간인 지장간(支藏干)을 살펴 그 속에 돌출된 천간오행이 있나를 보고 정하도록 한다. 그래도 여의치가 않다면 내장된 지장간을 다시 살펴 그 중에서 그나마 내 신을 도울 수 있는 천간오행을 찾아 용신으로 정하도록 한다. 이렇게 해서라도 용신이 없다라고 본다면, 그 사주는 용신이 없는 사주로 크게 발흥발복(發興發福)을 기대하기가 곤란하다고 본다.

지장간을 살필 때는 몇 날 몇 시에 출생한 그 시점의 기운이, 해당 절후에서부터 여기(餘氣)·중기(中氣)·정기(正氣)의 어느 기운에 해당되는지를 찾아 기용을 해야 된다. 월절 초기라면 여

〈표-11〉 지장간조견표(支藏干早見表)

地支	장간(藏干)과 월절(月節)에서 생시(生時)까지의 경과일시(經過日時)		
	여기(餘氣)	중기(中氣)	정기(正氣)
子	임(壬) 십일네시간	계(癸) 이십일시간	
丑	계(癸) 구일세시간	신(辛) 삼일한시간	기(己) 십팔일여섯시간
寅	무(戊) 칠일두시간	병(丙) 칠일두시간	신(辛) 십육일여섯시간
卯	갑(甲) 십일네시간	을(乙) 이십일여섯시간	
辰	을(乙) 구일세시간	계(癸) 삼일한시간	무(戊) 십팔일여섯시간
巳	무(戊) 칠일두시간	경(庚) 칠일두시간	병(丙) 십육일여섯시간
午	병(丙) 십일두시간	기(己) 구일세시간	정(丁) 십일일다섯시간
未	정(丁) 구일세시간	을(乙) 삼일한시간	기(己) 십팔일여섯시간
申	무(戊) 칠일두시간	임(壬) 칠일두시간	경(庚) 십육일여섯시간
酉	경(庚) 십일네시간	신(辛) 이십일여섯시간	
戌	신(辛) 구일세시간	정(丁) 삼일한시간	무(戊) 십팔일여섯시간
亥	무(戊) 칠일두시간	갑(甲) 칠일두시간	임(壬) 십육일여섯시간

기가 사주에서 본인에게 강하게 작용한다는 뜻이다.

지장간은 십이지지에 각각 2~3개씩 천간이 암장되어 있는데 자(子)에는 임(壬)·계(癸)가, 해(亥)에는 무(戊)·갑·임(壬)이 내장되었다고 본다. 일반적으로 해중갑(亥中甲)·술중정(戌中丁) 등처럼 중기의 경우로 대표하고 있다.

용신에는 격국용신(格局用神)·억부용신(抑扶用神)·전왕용신(專旺用神)·조후용신(調侯用神)·병약용신(病藥用神)·통관용신(通關用神) 등이 있다.

격국용신(格局用神)은 내 몸 사주의 일주를 중심으로 격국을 정해 내 일주천간이 신약(身弱)인지 신강(身强)인지 신왕(身旺)인지를 살펴, 강하면 설기(洩氣)시키고 약하면 생보(生補)해 주는 오행의 용신을 말한다.

억부용신(抑扶用神)은 일주천간이 강하면 강한 신(身)을 억제해 주고 약하면 생조(生助)해 주는 용신이다.

전왕용신(專旺用神)은 사주의 오행이 고르게 있질 아니하고 어느 한 쪽으로 치우쳐, 편파적일 경우 오히려 강한 쪽으로 내 몸을 의탁하는 종격용신(從格用神)을 말한다.

조후용신(調侯用神)은 사주오행의 자연의 기후와 같아, 차고 냉하면 따스하게 해주고 건조하면 습하게 해주고 너무 더우면 시원하게 해주고 하는 용신을 말한다.

병약용신(病弱用身)은 신이 허약하면 생보(生補)해 주어야 됨에도 내가 생하게 되면 오히려 몸을 축내게 할 수 있는 경우가 있는데, 이 경우 생하는 것을 억제해 주는 약이 되는 용신을 말한다.

통관용신(通關用神)은 오행의 양대 세력이 막상막하로 대립되어 있을 때 중간에서 오행을 설기시켜 순행하게 해주는 용신을 말한다. 금과 목이 대치할 때 수가 오게 되면 금생수 수생목해 기의 순행이 이루어진다. 이 사주오행의 용신은 후술하는 상생조경에 있어 내게 맞는 사주조경(四柱造景)을 설계하는 데 기초가 되고 있다.

(2) 사주용신오행(四柱用神五行)의 예

가) 수(水) 용신

	水1	
金1	土3	木2
	火1	

時	日	月	年
戊	癸	庚	乙
午	卯	辰	未
土	水	金	木
火	木	土	土

62	52	42	32	22	12	2	2
癸	甲	乙	丙	丁	戊	己	大
酉	戌	亥	子	丑	寅	卯	運

- 일주 계수가 약한데 묘목이 물을 실기해 가고 있으며, 해묘미 목국격으로 신이 약한 사주로 되어 있으니, 시지 천간 무

와 합해 무계 화로 변하는 것이 일주를 유리한 쪽으로 보강하게 된다. 일주 계수를 보강하고 화의 기운을 제어하기 위해 수(水)로 용신을 잡는다.

- 연주의 미토는 사(巳)화와 비슷한 성격이고, 진(辰)토는 물의 창고이니 진 운에는 일주 계수가 물로 있다가 불이 들어오면 불길이 왕해지니 평생 무계화로 합국을 이룬다.
- 42대운은 해묘미 목국으로 화해 불구덩이로 변하며, 일주 묘목의 기운을 빼 가니 운세가 매우 부진했다.
- 52대운은 갑 목이 들어와 왕한 불이 뜨는데 갑경충이 되니 전직운이 있다.
- 62대운부터는 유금운이 재로 들어오니 운이 개선되었다.

나) 목(木) 용신

	水2	
金3	土1	木1
	火1	

時	日	月	年
壬	己	辛	乙
申	酉	巳	亥
水	土	金	木
金	金	火	水

79	69	59	49	39	29	19	9	9
癸	甲	乙	丙	丁	戊	己	庚	大
酉	戌	亥	子	丑	寅	卯	辰	運

- 얼핏 보면 신(身)이 약한 듯하나 금기운이 왕왕해, 신이 강한 사주이며 목(木)운이 용신으로 와야 금기운을 제어해 대성하는 운세임.
- 임(壬)년 세운에는 일주 기토의 재(財)가 되고, 해 중 갑 목이 기 토의 관(冠)이 되며, 69대운 갑대운이 갑기토(甲己土)해 역시 관으로 되니 68세 이후부터 호운(好運)이 계속된다.
- 62세 해(亥)대운에는 토기운을 설기하고 몸이 부대끼는 데다 재인 해 수를 극하려니 노력한 만큼 만족할 만한 결과가 없었으나, 다음의 갑대운이 받치고 있다. 조상의 음덕이 매우 크다.
- 49병자대운은 굴곡이 심했으나, 59대운에 을 목이 와 일신에 어느 정도 자극을 주어 왕한 금기운도 숨을 트이게 해 상승운을 가져왔다.
- 69대운 이후 말년이 순조롭다.

다) 화(火) 용신

- 오행이 고르고 천간이 나를 도와주는 데다 지지 또한 받쳐주니 천운을 타고난 사주로 볼 수가 있다.
- 천간이 토생금으로 흐르고, 지지 자해 수가 갑 목을 키우는 데다, 시주·일주 갑 기 합 토로 일주 천간 기를 도와주니 길한 운이다. 일주를 돕는 화(火)기운이 용신이다.
- 나를 겁(劫)하는 오행이 없는 데다, 년주 신금이 왕한 토를 설기하니 길하다.
- 일주 사 화가 기 토를 보해 주나, 기토가 작은 토로 신약사주

水2

金1 土2 木2

火1

時	日	月	年
甲	己	己	辛
子	巳	亥	卯
木	土	土	金
水	火	水	木

66	56	46	36	26	16	6	6
壬	癸	甲	乙	丙	丁	戊	大
辰	巳	午	未	申	酉	戌	運

이지만 갑기합토로 신을 왕하게 해주고 있다.

그런데, 49 오(午)대운에다 오(午)세운이 들면 오화에 오화가 더해져 갑기토를 더욱 강왕(强旺)하게 해주니, 너무 강한 쇠는 쉬 부러지기가 쉽다.

또, 기토의 재는 수인데 임오년에는 토가 더욱 왕해지고, 토극수로 수의 기운을 흡수해 물이 고갈되는 형국이니, 재산을 탕진하게 된다.

- 사주의 갑목이 천간 우두머리로 목극토로 제 역할을 해야 되는데, 갑기합으로 갑목이 제 구실을 못 하니 실익이 없다.
- 연주의 묘목이 기토의 관이 되어 조상 덕을 보는 격이고, 일주·월주가 사해충을 하니 모친과 일찍 헤어졌을 수도 있다.
- 56세 계대운 이후 운은 순조로우나, 69 진(辰)대운이 부진하다.

라) 토(土) 용신

	水2			時	日	月	年
金2	土1	木1		辛	壬	庚	甲
	火2			丑	子	午	午
				金	水	金	木
				土	水	火	火

64	54	44	34	24	14	4	4
丁	丙	乙	甲	癸	壬	辛	大
丑	子	亥	戌	酉	申	未	運

- 일주 수기운을 왕하게 해주는 신왕격사주이다. 너무 왕한 수를 토로 제압해야 하니 토(土)용신으로 본다. 화·목으로 용신을 잡기에는 화·목이 너무 크고, 신이 왕해 목이 들어와 흡수하기에는 임·자수가 좀체로 응대하질 않고 있다.
- 자오충·갑경충으로 천간지지가 충을 하니 부모·조상과 일찍 이별수나 불운수가 있다.
- 일주 간여지동에 양인격이니 부부운도 좋질 않고, 여자 관계도 복잡하며, 34 갑대운이 갑경충으로 되어 부친과 이별수가 있었겠고, 37 술대운에 파경수나 불운이 와 고생을 크게 하였다.
- 33 유대운 청·장년기까지는 호운이 지속되었으나, 47 해대

운은 꽁꽁 얼어붙은 국이라 힘들다.

- 그렇기는 하나 말년운이 해자축 수국으로 흘러 저수지에 물이 가득 채워지는 경우이니, 많이 벌어 남에게 많이 베푸는 선덕을 쌓도록 해야 된다.

마) 금(金) 용신

	水0			時	日	月	年	
金1	土2	木1		丙	丁	戊	丁	
	火4			午	卯	申	未	
				火	火	土	火	
				火	木	金	土	
78	68	58	48	38	28	18	8	8
庚	辛	壬	癸	甲	乙	丙	丁	大
子	丑	寅	卯	辰	巳	午	未	運

- 사주오행상 일주 화가 왕한 사주이고 수가 없어 수(水)를 용신으로 삼기 쉬우나, 수로 용신을 잡게 되면 묘목에 붙어 화기를 더 왕하게 해주니 차라리 금(金)으로 용신을 잡아 왕한 불의 기운을 제어해 주도록 해야 한다.
- 37세까지는 그런 대로 어려움이 있었겠으나(몸의 수술을 두 번 정도 하였겠고, 중년운은 38대운 진이 신진 수국이 되고 일국

과 대립하며 48대운 계 수가 무계화로 되어 불덩어리 용광로에 금이 녹듯 대치하는 격이라 어려우며) 말년 68대운 이후에는 좋은 운이 따르겠다.

- 시주 병오가 간여지동이고 일주·시주천간이 겁재이니 자식과의 덕이 박복할 수 있다.
- 사주에 비견·겁재가 많아 오히려 직장 생활이 무난하다.
- 부인이 금이 왕한 사람을 만나면 처덕으로 호강을 하겠다.
- 불기운이 왕해 태양에 가까운 소양 체질이다.

바) 무용신(女)

	水1	
金1	土4	木0
	火2	

時	日	月	年
丁	庚	壬	丙
丑	戌	辰	辰
火	金	水	火
土	土	土	土

68	58	48	38	28	18	8	8
乙	丙	丁	戊	己	庚	辛	大
酉	戌	亥	子	丑	寅	卯	運

- 오행상으로는 늦겨울 해동 무렵 습한 땅에 나무가 자라고 하면 무난할 듯해 진에 내장된 목이 있어 목용신으로 잡기가 쉽겠으나, 을(乙)목으로 용신을 잡게 되면 일주천간과 을경합으

로 해 금으로 되니 잡을 수가 없다. 또, 화로 용신을 잡으면 화극금해 내 기운을 빼 가니 그럴 수도 없고, 투출된 오행이나 내장된 오행도 여의치 않으니 용신을 잡을 수가 없다.

- 용신이 없는 사주는 크게 발복을 기대하기 어려우나 대운·세운에서 기대를 하게 된다.
- 숨어 있는 재(財)인 을목이 많아 결혼운도 두 번이나 된다. 재는 여자에게 있어서는 시어머니이니, 시어머니가 두 명이라는 뜻이다.
- 금이 왕한 사주인데 시주 정 화의 관이 약해 내주장이 세고, 건강은 위장·간이 약하다.
- 정서적인 불안정이 있겠고, 41자 대운에 다소 운이 호전되겠다. 물이 들어와 금의 기운을 설기하기 때문이다.
- 연하의 남성을 선호하고 있으며, 이민을 고려한다면 서방이나 서북 쪽이 무난하겠다.

3) 사주오행(四柱五行)과 사상체질(四象體質)

요즈음 회자되고 있는 사상체질론(四象體質論)은 인체를 태양(太陽)·태음(太陰)·소양(小陽)·소음(少陰)으로 나누어 그 체질에 맞게 양생(養生)이나 치료를 해야 한다는 구한말 성리의학자 동무(東武) 이제마(李濟馬, 1837~1900)에 의해 창안된 학문이다.

사상체질에서 비롯된 사상의학은, 체질은 사상별로 유전적이고 선천적이며 다양한 개개의 성정(性情)과 심성을 갖고 있다는 전제로 이를 고려해 양생을 통한 치료를 근본으로 삼고 있다. 나타난 증상만 보고 치료하는 대증요법적(對症療法的) 치료가 아니라, 병의 원인을 제거하고 다스려 병인(病因)에 따라 치료하는 예방적 차원의 병인요법적(病因療法的) 치료를 강조한다.

체질에 따른 사상별 분류는 사주 특성으로도 분류할 수 있어 사주오행과 겸존하면 그 정확도가 한결 높아질 수가 있다. 사상의학의 양생치료와 마찬가지로 사주용신오행을 찾아 처방을 하면 무난하다. 사주에서도 왕하고 강한 것은 극(剋)·사(瀉)로, 허하고 약한 것은 생조(生助)·보(補)로, 아주 치우친 것은 종강(從強)으로 사주오행을 도와 용신을 잡듯이 체질적 병인을 찾는 것과 맥을 같이하고 있다. 예컨대, 태양 체질은 화(火)가 왕하고 강하기 때문에 화기운을 설기(火生土)하거나 다스리는(水剋火) 토(土)·수(水) 오행 특성을 찾아 맞추도록 하고, 음식도 냉한 음식이나 소화 기능을 보강하는 음식을 권하도록 한다.

사주오행과 결부한 사상체질의 특성을 표로 살펴본다.

〈표-12〉 사주오행과 사상체질의 특성

	태양인	소양인	태음인	소음인
구분				
사주오행 특성	양화(+火)·양금(+金)·음목(-木)이 있고 음목(-木)이 화(火)를 왕·강하게 해줌.	양토(+土)·음수(-水)·음목(+木)·음화(-火)가 있으며, 음목(-木)이 적당히 많아 다소 화(火)기운을 북돋워줌.	양목(+木)·양수(+水)·양토(+土)·음금(-金)이 있고, 목(木)기운이 강한 데다 수(水)·토(土)기운이 왕함.	양수(+水)·음금(-金)·음목(-木)·음토(-土)가 있으며, 목(木)이 적당히 있고 금(金)·수(水) 기운이 왕함.
기조색	적·홍·청색 계열	연홍·청·자주·보라색 계열	흑·황·감청색 계열	흑·백·회색 계열

구분		태양인	소양인	태음인	소음인
상생색		흑 · 감청 · 적 · 홍 · 청 · 록 계열	청 · 록 · 백 · 연미 · 흑 · 연자홍 계열	백 · 연미 · 청 · 록 · 황색 계열	황 · 적 · 홍 · 청 · 녹색 계열
신체 기능		폐가 강하고 위와 간이 약함.	비장이 크고 신장이 약함.	신장과 위장 기능이 좋고 폐가 작으며 심장 · 대장 · 피부 기능이 약함.	신장이 크고 췌장 · 위장 · 비장이 작아 소화 기능이 약하고 냉한 체질임.
외모		바짝 마르고 광대뼈가 나왔으며 키가 큼. 눈에 광채가 나고 이목구비가 뚜렷함. 가슴 윗부분이 발달되어 있음.	적당히 마르고 가슴 · 어깨가 충실하며 키가 적음. 날카롭고 날렵하고 민첩해 보이나 경박스러워 보이기도 함.	아주 뚱뚱하고 목이 짧으며 허리가 굵고 체격이 장대해 보임.	약간 뚱뚱하고 키가 작아 보이며, 상체보다 하체가 균형 있게 발달되어 있음.
성격		성정이 급하고 호방하며 진취적이고 붙임성이 있으나 치밀하지 못함. 과감하고 공격적이며 호인적이나 저돌적 · 독선적 · 보스적인 성향이 있고, 방탕 · 분노 · 자기도취적 · 풍류한량적인 기질이 있음.	신경질적이고 충동적 성격이 있으나 대외 활동성은 강함. 정리정돈과 절약 정신이 미흡하고 위험을 분산시키는 경향이 있음. 부지런하고 충직스러우며 명예를 중시하고 포용력도 있으나, 인내심이 부족하고 외부간섭적 기질이 있음.	성취욕이 강하고 집요하며 자기 중심 성향이 강해 여기출세적이고 이기주의적임. 과묵하고 모험심도 강하고 끈기가 있으나, 행동이 느리고 겁도 많음. 참견 · 간섭이 많은 성격임.	신중하고 침착하며 기획 · 분석력이 뛰어나나 소심하고 답답함. 여성적이고 내성적이며 소극적이고 도전정신이 약해 현실 안주 성향이 강함. 권위주의적이고 설득력이 강한 면모도 있음.
적성		외판 · 외근 · 조직 구성 분야	영업 · 판매 분야	총무 · 관리 분야	기획 · 분석 분야
음식	기본 전제	맵고 뜨겁고 자극성 있는 것이나 더운 것보다는 냉한 것과 고칼로리보다는 담백한 음식을 취함.	좌와 비슷하나 다소 태양보다는 융통적임.	자극성 있거나 과지방질 음식은 피함.	소화 기능이 약하고 냉한 체질이니, 지방질 · 찬음식 · 날음식은 피하도록 하고, 소화하기 쉽고 따스한 음식을 취하도록 함.
	호(好)	메밀, 냉면, 새우, 조개류, 게, 해삼, 붕어, 순채나물, 솔잎, 포	냉수, 냉면, 보리, 팥, 녹두, 육류, 돼지고기, 오리고기, 계란,	밀, 콩, 고구마, 소고기, 오리고기, 우유, 치즈, 명란, 우렁이,	쌀, 치즈, 감자, 사과, 귤, 복숭아, 수박, 토마토, 마늘, 고추, 대

구분	태양인	소양인	태음인	소음인
	도, 머루, 다래, 감, 앵두, 모과, 참외, 송화, 모과차, 감잎차, 오가피차 등	생굴, 해삼, 멍게, 전복, 북어. 잉어, 야채, 배추, 오이, 호박, 참외, 생맥주, 빙과류, 구기자차, 당근즙, 녹즙 등	뱀장어, 대구, 밤, 잣, 호두, 무, 수박, 도라지, 당근, 더덕, 고사리, 마, 버섯, 들깨차, 율무차, 칡차 등	추, 닭고기, 개고기, 노루고기, 시금치, 벌꿀, 명태, 도미, 조기, 멸치, 양배추, 미나리, 계피차, 인삼차, 생강차, 꿀차, 쌍화차 등
불호(不好)	개고기, 닭고기, 고추, 생강, 파, 마늘, 겨자, 카레, 노루고기, 염소고기, 꿀, 인삼 등	좌와 유사.	닭고기, 돼지고기, 개고기, 삼계탕 등	냉면, 냉우유, 빙과류, 생맥주, 보리, 돼지고기, 오징어, 밀가루 음식 등

3. 상생조경 설계의 기본

오늘날 다양하고 기교적인 조경에 비해, 전통적인 우리의 조경은 소박하면서도 사의적(寫意的)이고 실용적인 것으로 자연에 순응하면서 내부에 그리 많은 식재나 시설을 하지 않았다.

'자연이 곧 정원이요, 정원이 곧 자연'이었기 때문에, 자연을 안으로 끌어들이거나 밖으로 바라보는 지혜를 활용하였다. 그러기에 공간 성격도 사유적(思惟的)이나 전이적(轉移的) 특성이 강해 정원을 꾸미고 조경함에 있어서 과욕을 부리지 않았다. 어느 경우든 역(逆)을 취하기보다는 순(順)을 취해 물정(物情)을 모으고 있다. 공간도 그다 넓게 욕심을 내지 않고 안빈자족의 법도를 지키는 수준이었다. 물론 왕궁이나 관아·사대부·토호 등의 경우는 별림이나 별서를 두어 원유(苑遊)를 즐기기도 하였으나, 이럴 경우에도 조영에 욕심을 내지 않았다.

꽃 한 포기·나무 한 그루·돌 한 무더기를 심고 가꾸는 데 있어서도 생태적 특성을 감안해, 주어진 지리적·지형적 여건에 맞춰 정성을 다해 신중한 처리를 하고 있다.

풍수에 맞춰 부지를 고른다든지, 음·양의 성상을 고려하고 오행에 따라 소재를 선택하고 사유적 의미를 부여하며 순리에 따라 생태적 조경을 하고자 하는 슬기로움이 있었다. 천·지·인의 조화를 도모하고, 상생(相生)을 추구하는 지혜로운 조경을 하고 있다.

1) 설계 적용의 기본방향

상생적 조경이라 함은 생태적인 자연의 질서를 유지하며, 모든 사물이 인간과 물정을 나누며 생기감응(生氣感應)을 이루게끔 처리하는 것을 뜻한다. 주변의 지형, 지세, 지질, 식생, 수계, 토양 건·습도, 풍향, 태양각(음영), 내염, 내조, 미기후 등 기후조건, 오행 등을 충분히 고려하여 가급적 주위 여건과 맞추도록 계획하고 있다. 요즈음은 공해가 심각하여 이 또한 검토의 한 요소가 되고 있지만, 식생의 연계를 기하고 생육 여건이 최적 상태로 유지되어 생기가 왕성하도록 초기 작정(作庭)에서부터 신중을 기하게 된다. 본서에서는 태양각에 따른 음영관계, 오행원리에 따른 상생관계, 다층식재구조의 재현, 디자인의 원리, 조감도적 설계의 구상, 그리고 민속적 측면 등을 주로 살펴 방위에 따른 생기감응적 조경식재의 얼개를 짜보고자 한다.

(1) 태양각의 변화에 따른 음영(陰影)

음영은 수목 생육의 중요 요소인 광도에 직접적 영향을 주고 있으며, 식재 설계의 기준이 되기도 한다. 태양각의 계절별 변화에 따라 나타나는 최대각의 음영은 동지의 경우 30°, 하지 60°, 춘·추분은 50° 범위이다. 이는 음영의 범위가 하절기에는 동—북—서간에 걸쳐 길게 펼쳐지고, 춘·추절기에는 북북서—북북동간이, 동절기에는 북서—북동간에 펼쳐짐을 의미한다.

따라서 남향은 대부분이 양수, 북서—북동향은 음수, 서—북서 및 동—북동향은 중용수의 특성을 가진 수목이 생육할 수 있는 방위로 생각하면 무난하겠다.

〈표—13〉 음영에 따른 음·양 수종

음양성	수종
음수	해송(곰솔), 구상, 비자, 섬잣(오엽송), 전나무, 편백, 스트로브잣, 주목, 눈주목, 참식나무, 까마귀밥나무, 분비나무, 감탕나무, 생달나무, 서향, 가시나무, 아왜나무, 굴거리, 팔손이나무, 백량금, 자금우, 물참대, 조릿대, 가막살나무, 붉나무, 칠엽수, 팥배나무, 붉나무, 안개나무, 복장나무, 노각나무, 마가목, 화살나무, 귀룽나무, 함박꽃나무, 산목련, 당단풍, 생강나무, 병꽃나무, 병아리꽃나무, 산딸나무, 가시오갈피, 삼지닥나무, 소사나무, 물싸리, 낙상홍, 철쭉, 백철쭉, 매자, 오미자, 만병초, 으름, 맥문동, 줄사철 등
양수	소나무, 백송, 측백, 독일가문비, 삼나무, 향나무, 옥향, 눈향, 모감주, 개야광나무, 동백나무, 구실잣밤나무, 돈나무, 후피향나무, 다정큼나무, 우묵사스레피, 호랑가시나무, 목서, 산당화, 차나무, 담팔수, 치자나무, 귤나무, 유자나무, 협죽도(유도화), 야자, 소철, 왕대, 오죽, 황철나무, 비파나무, 낙우송, 메타세콰이어, 일본잎갈나무, 일본목련, 자목련, 때죽나무, 오동, 참오동, 버드나무, 굴피나무, 자작나무, 왕벚나무, 산벚나무, 산사나무, 누리장나무, 배롱나무(목백일홍), 붉가시나무, 소귀나무, 오리나무, 가래나무, 개암나무, 고광나무, 으아리, 복자기, 거제수나무, 들쭉나무, 소태나무, 자귀나무, 위성류, 미루나무, 푸조나무, 닥나무, 불두화, 박태기, 정향나무, 목수국, 야광나무, 팥꽃나무, 아그

	배나무, 네군도단풍, 은단풍, 홍단풍, 무궁화, 부용, 등나무, 매화나무, 옥매, 황매, 장미, 찔레, 싸리, 산철쭉, 영산홍, 진달래, 명자나무, 분꽃나무, 백정화, 영춘화, 풍년화, 골담초, 해당화, 은행나무, 호도나무, 감나무, 고욤나무, 살구나무, 모과나무, 배나무, 머루, 밤나무, 앵두나무, 복숭아나무, 구기자, 자두나무, 산수유, 산초나무, 춘백, 모란, 작약, 석류, 월계화, 능소화, 칸나, 파초, 마삭줄 등
중용수	히말라야시다(개잎갈나무), 화백나무, 반송, 녹나무, 먼나무, 후박나무, 태산목, 종가시, 무화과, 탱자나무, 애기동백, 짝짝나무, 광나무, 피라칸사, 댕강, 꽃댕강, 남천, 종려, 이대, 죽순대, 사철나무, 멀구슬나무, 쪽동백, 백당나무, 붓순나무, 팽나무, 회화나무, 느티나무, 푸조나무, 벽오동, 목련, 백목련, 가중나무, 염주나무, 뽕나무, 백당나무, 헛개나무, 계수나무, 목백합(튜립나무), 보리수, 느릅나무, 채진목, 층층나무, 사시나무, 참나무, 좀작살나무, 국수나무, 노린재나무, 중국단풍, 단풍, 말채나무, 대추나무, 사과나무, 라일락, 수수꽃다리, 진달래, 자산홍, 백철쭉, 홍철쭉, 황철쭉, 미선나무, 개나리, 황매, 조팝나무, 만리화, 쥐똥나무, 회양목, 백리향, 유카, 실란, 송악, 비비추, 옥잠화, 수련, 난초, 파초, 다래, 상사화, 창포, 구절초, 국화, 들국, 인동덩굴, 담쟁이덩굴, 꽃잔디, 후록스(석죽) 등

최대 태양각의 범위 및 사계절 변화를 도식화하면 다음 〈도-39〉, 〈도-40〉과 같다.

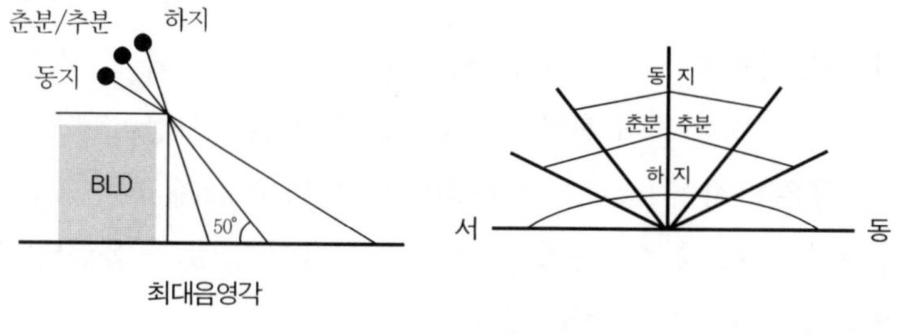

〈도-39〉 최대 태양각의 범위

(2) 음양오행설과 풍수지리사상에 따른 상생

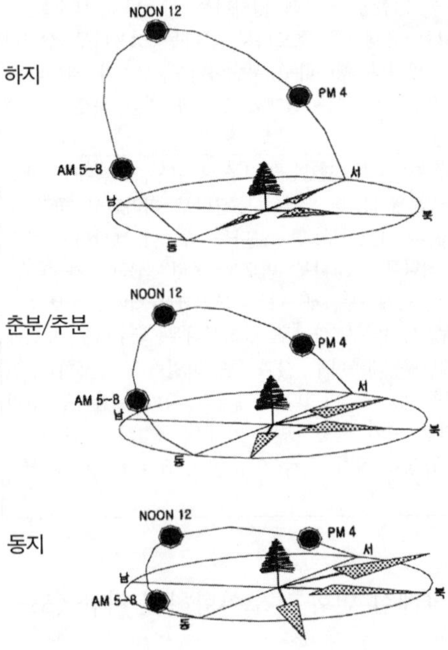

〈도-40〉 태양각의 사계 변화

작정을 하는 데 있어서 옛부터 음양오행설과 풍수지리사상은 중요한 고려사항이었다.

앞에서도 여러 번 언급했듯이, 음양오행사상은 '우주의 창조는 무기체인 무극(無極)에서 비롯되어 유기체인 태극(太極)이 형성되고, 태극에서 다시 음양으로 기(氣)가 나누어지며, 양명한 기는 위로 올라가 하늘이 되고, 무겁고 탁한 기는 땅이 되어 천지가 창조되었다'고 믿는 사상이다.

음양은 다시 수(水)·목(木)·화(火)·토(土)·금(金)의 5요소를 생산하고, 이 중 수·목이 양, 화·금은 음이며, 토는 음양의 조화로 생겨난 것이라 보고 있다.

천지만물의 생성을 음양오행으로 보고 있는데, 하늘의 음양은 달과 해이고, 오행은 목·금·화·수·토의 오행성을 이룬다 했다. 땅의 음양은 바다와 육지이고 오행은 동·서·남·북·중앙의 오행방을 이르고 있다. 지상만물의 음양은 자웅(雌雄)이고 오행은 목·금·화·수·토의 오행물질을 이룬다 했다. 산에도 음양오행산이 있고, 물에도 지하·지상수의 음양과 온(溫)·냉(冷)·열(熱)·한(寒)·정(靜)수의 오행수가 있으며, 바람에도 지천풍의 음양과 온·냉·열·한·정의 오행풍이 있다고 생각하였다.

음양오행은 음양의 조화와 오행의 상생상극(相生相剋)으로 정기가 순환합충(循環合沖)하여 만물의 생성소멸이 이루어짐을 설명하고 있는 것이다. 오행상생상극은 오행방에 따른 수목화토금의 성상을 상호관계로 해석하는 것으로, 방위별로는 동쪽을 목으로 보고 서쪽을 금, 남쪽을 화, 북쪽을 수로 보며, 중앙을 토로 보고 있다. 팔괘에 따르는 방위별 오행을 도로 살펴보면 다음 〈도-41〉과 같다.

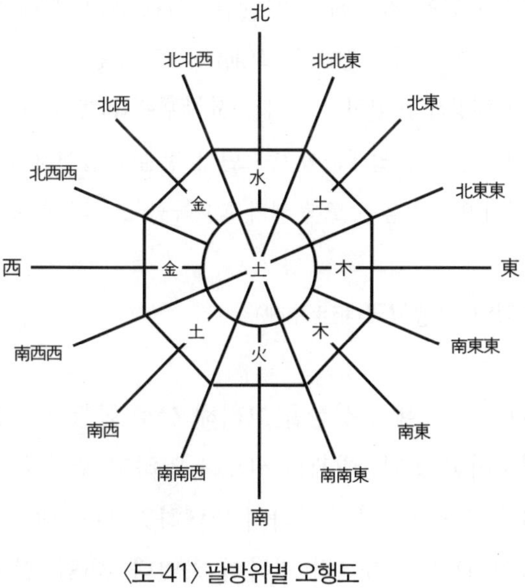

〈도-41〉 팔방위별 오행도

한편, 음양오행사상을 근거로 해 자연을 대우주로 보고 인간을 소우주로 보아 만물의 생성원리를 설명하는 풍수지리사상은 생기감응이 만물의 생사길흉화복(生死吉凶禍福)을 좌우한다고 보고 있다.

땅에서 나오는 생기〔地德〕는 바람에 틀어지기 쉬우므로 바람으로부터 깊숙이 감추어져야 하고 물을 얻어 더욱 왕성히 되게 함으로써 인간에게 자연의 신비한 힘을 감응토록 해준다는 사상이다. 이 사상은 주거지를 고르는 양택론과 묘터를 잡는 음택론으로 크게 구분되는데, 이는 오늘날 생태적 환경을 고려하는 개념과 일맥을 같이하고 있다.

이 사상도 음양오행설과 마찬가지로 상생식재라든가 생기의 원활한 흐름을 돕는 통기(通氣)를 중시하고 있으며, 양택론에 의한 공간구성에 있어서는 배산임수(背山臨水:뒤에 산이 있고 부근에 물이 있어야 함), 전저후고(前低後高:주건물이 높은 데 위치하고 정원과 행랑채는 낮아야 한다), 전착후관(前窄後寬:앞이 좁고 뒤가 넓어야 함, 즉 출입대문이 좁으면서 정원에 들어서면 건물에 비해 정원이 넓어 안정감을 주도록 해야 함) 등을 중점시하고 있다.

가) 오행의 상생상극(相生相剋)

오행에서는 오행의 성상을 고려해 서로 화합하고 상충하는 관계를 제시하고 있다. 대체로 서로 유익하고 조화를 이루는 상생의 관계를 추구하거나 유시하려 노력하였으며, 대립하고 갈등하는 상극의 관계는 가급적 피하려 하였다. 대립·갈등보다는 조화를 추구하려는 것이 우리의 전통적 조경관인 순응·조화에서도 여실히 보여지고 있다.

오행에서의 상생관계는 목생화(木生火:나무는 불을 일으킬 수 있고 태울 수 있음), 화생토(火生土:불은 흙을 돋아 주고 생기게 함), 토생금(土生金:흙은 쇠를 보호하고 생길 수 있게 함), 금생수(金生水:쇠는 물속에서 빛을 발할 수 있고 물을 낳을 수 있음), 수생목(水生木:물은 나무를 살리고 자라게 함)이다.

상극관계는 목극토(木剋土:나무는 흙에 뿌리를 내려 흙을 뚫고 올라와 흙을 갈라 놓을 수 있음), 토극수(土剋水:흙은 물에 씻겨 나가거나 물의 흐름을 막을 수 있음), 수극화(水剋火:물은 불을 꺼버림), 화극금(火剋金:불은 쇠를 녹이고 다스림), 금극목(金剋木:쇠는 나무를 베어 죽게 함)이다.

이렇게 오행을 자연의 성상에 비추어 순환관계에 있어 생극을

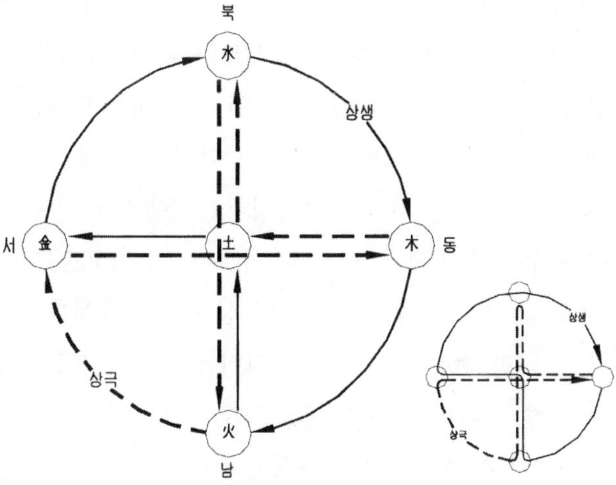

〈도-42〉 오행 상생상극관계

설명하고 있는 것은 생태계의 질서와 생성과정을 사유화한 것으로 어찌 보면 자연의 법칙을 풀이하고 있다고도 할 수 있다. 이와 같은 오행의 상생상극관계를 이해하기 쉽게 도식화하면 앞의 〈도-42〉와 같다.

나) 오행의 상징성

오행은 이미 살펴보았듯 나름대로의 상징적 의미를 내재하고 있다. 인간의 신체감각을 방위대로 구분 해석하기도 하고, 맛이라든가 가족 구성원들의 위치는 물론 4계절을 나타내기도 하며, 색상을 상징화하기도 한다. 여기서는 이 중 오행의 색상 의미를 살펴보고 상생되는 색상을 알아보기로 한다.

오행에 있어 동방의 목은 청·녹색계를 상징하고, 서방의 금은 백색·연미색·연회색계를, 남방의 화는 적색·분홍색계, 북방의 수는 흑·감청색계를 상징하며 중앙의 토는 황색·황갈색·고동색계를 상징하고 있다. 이는 민속사상인 사신사상(四神思想)의 좌청룡·우백호·남주작·북현무의 상징 색상과도 맥을 같이하고 있다. 이 오행사상을 전술한 상생상극관계에 연관하여, 조경계획에 있어 수종의 수색(樹色)·화색(花色)·과색(果色)이나 사물의 색상 등을 살펴 가급적 서로간의 상생색상 관계를 유지토록 하는 것이 바람직하다. 이 오행의 의미를 사주와 결합해 본인에게 맞는 오행에 따라 기의 순행을 도모하여 풍요로움과 안온함을 추구하고자 하는 것이 사주조경인 것이다.

오행의 상생색상을 표로 나타내면 다음 〈표-14〉와 같다.

〈표-14〉 오행상생색상

방위	오행	중심색	상생색
북북서 북 북북동	수	흑·감청계	청·녹계, 백·연미·연회계
북동 북동동	토	황·황갈·고동계	백·연미·연회계, 적·분홍계
동 남동동 남동 남남동	목	청·녹계	적·분홍계, 흑·감청계
남 남남서	화	적·분홍계	황·황갈·고동계, 청·녹계
남서 남서서	토	황·황갈·고동계	백·연미·연회계, 적·분홍계
서 북서서 북서 북북서	금	백·연미·연회계	흑·감청계, 황·황갈·고동계

(3) 다층식재구조(多層植栽構造)의 재현(再現)

우리 조경의 본질은 사의적(寫意的) 자연주의사상(自然主義思想)을 근간으로 자연생태계(自然生態系)의 질서와 조화를 존중하고 있는 것이다.

현재 인위적인 조경이 우리의 고유한 틀을 벗어나 제어력(制御力)을 상실한 듯 무분별하게 착색(着色)되고 있는 현실을 볼 때 아연함을 느낀다.

아무리 인위적이고 그것이 독창성을 추구한다고 해도 우리의 조경은 진경산수(眞景山水)의 틀을 벗어나서는 곤란하다. 외부의 우리 모습이 안으로도 이어져야 된다. 최소한의 재현 노력은 있어야 된다.

조경 수목의 선정과 설계 적용에 있어서도 그것이 갖고 있는 내재적(內在的) 특성과 생태적 특성·성장·기대 수명·식생 패턴 등을 고려해, 주위와 어떻게 조화되는가를 파악하고 배식 계획을 해야 된다.

나무 한 그루를 심고 계획하더라도 그것은 조경가가 해야지, 주위에서 흔히 보듯 건축가나 토목가 등이 '나도 할 수 있다'는 식으로 한다면, 그것이 설령 옳게 된 듯하더라도 거부감이 일게 된다. 전문가의 전문 영역은 인간적·제도적으로 보호되고 지켜져야 한다.

식생구조는 수평구조와 수직구조가 있다.

수평구조는 수목, 지피, 초화류 등으로 군락을 이루는 군락식재와 하천변의 복층수관(複層樹冠)으로 형성되는 복층식재를 예로 들 수 있겠다.

수직구조는 다음 그림과 같이 조경 패턴의 일반적 구조로서 기조(基調)·경관(景觀)·주연부(周延部)·지피식재(地被植栽)의 수직적 구조로 이루어져 자연형의 스카이·라인을 형성하고 있다.

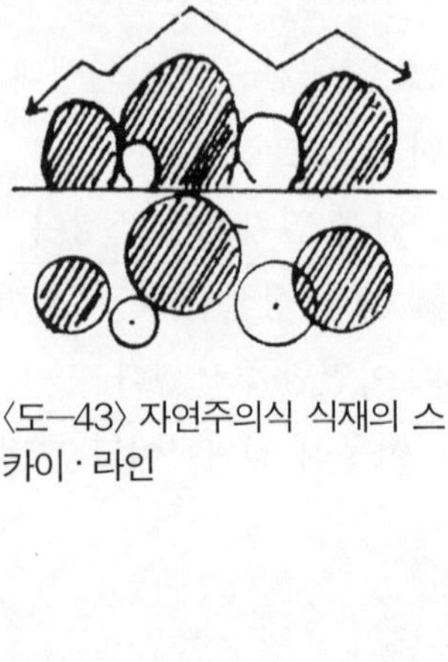
〈도-43〉 자연주의식 식재의 스카이·라인

정형식이 요구되는 경우가 아니고는 자연식으로 틀에 따라 계획하도록 해야 한다(참고: 건설부, 조경설계기준, 1975).

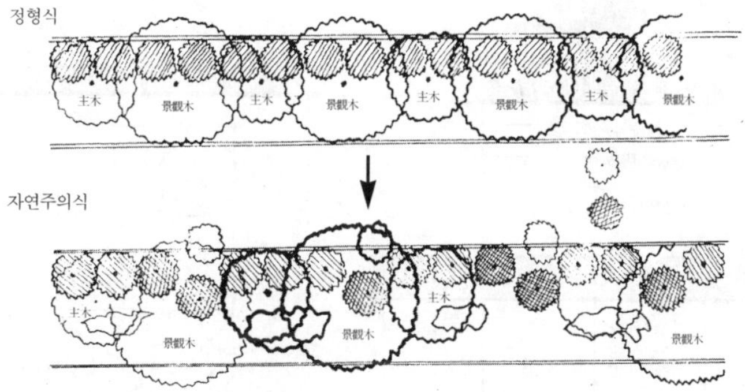

〈도-44〉 정형식 배식에서 자연주의식으로 전환한 예

〈도-45〉 자연주의식 식재 패턴의 예

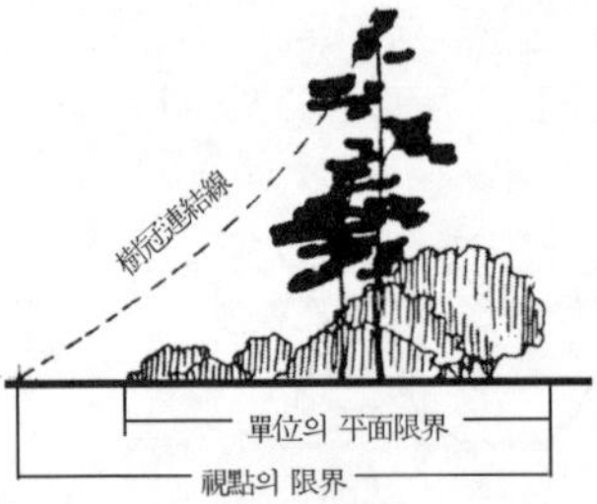

植栽單位의 前線

크기 번호	구분	미터	인간 척도
1	덩쿨식물		무릎 높이
2	지피식물	0.5	발목 높이
3	소관목	0.5~1	허리 높이
4	소관목	1~2	머리 위
5	대관목	2~4	머리 위
6	대관목, 소교목	4~8	머리 위
7	중교목	8~16	머리 위
8	대교목	16 이상	머리 위

Late professor Ralph W. Curtis of Cornell University

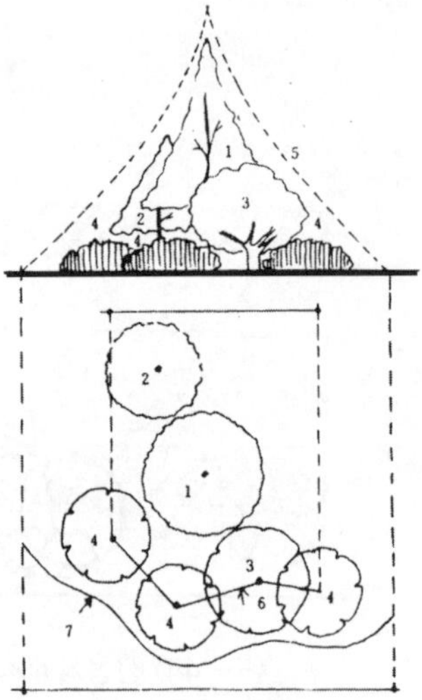

1. 主木 2. 곁들이기 3. 對木 4. 앞붙이기 5. 樹冠連結線 6. 植栽位置線 7. 植栽前線

植栽位置와 樹冠連結線

樹冠連結線과 地表와의 교차점으로 생각될 수 있는 植栽點線과 植栽位置線과의 관계를 나타낸 것으로서 植栽位置까지를 植栽의 범위로 취급해야 한다.

〈도-46〉 수목의 구분과 다층식재구조의 모형

(4) 디자인 원리의 적용

현대 우리의 조경은 동양적인 것에 바탕을 두고 서양적인 것이 첨가되어야 조경의 맛이 우러난다. 서양적인 것에 익숙해 동양적인 것이 어색하게 느껴지는 현실은 반드시 시정되어야만 한다.

우리 조경의 요체라고 할 수 있는 진경산수는 동양화의 구도에서 읽을 수 있고, 공간 구성과 표현의 황금비라든가 서양 디자인의 원리가 수용되면서 조경의 질적 수준이 향상될 수가 있다. 적용할 만한 최소한의 기본내용을 살펴보기로 한다.

가) 동양화의 구도원리

① 기본 정신

동양화에서는 '무엇을 그리는 것이 문제가 아니라 어떻게 그리느냐 하는 것'이 중요하다.

표현의 철학이 중요함을 깨우쳐 주는 것으로, 우리 조경 계획에 그대로 적용한다 해도 손색이 없다.

동양화는 무형에서 유형을 창작하는 것으로서, 자연을 대상으로 하되 물질 속에 있는 영적(靈的)인 형태를 그려내는 의경공령(意境空靈)인 것이다.

동양화는 음양오행 · 오색 · 사계절 · 사방사신 · 팔궤 · 우주 등 주역의 동양철학을 근원으로 하고 있다.

그 철학의 정신은 의재필선(意在筆先:초연한 자세로 붓을 그림)·기운생동(氣韻生動:그림의 정신, 객관적 인격, 주관적 정신 등을 통한 현상의 인식)·골법용필(骨法用筆:정확한 감각, 구도상의 윤곽)·응물상형(應物象形:물체의 형상을 사실적으로 묘사해 사실에 가깝게 함)·수류부채(隨類賦彩:물체에 따른 채색을 명암, 본래의 색 등을 참고로 우아하게 현실미를 표현)·경영위치(經營位置:척도와 수량에 비례하여 화면의 구도와 위치를 설정)·전이모사(轉移模寫:재료 공구나 사용 기법 등을 통해 작품의 지면에 옮김) 등으로 주로 이루어지고 있다.

② 구도의 원리

철학을 내재하며 표현이나 구도를 함에 있어서는 다음의 몇 가지가 유용하다.

- **취사(取捨)**:취함과 버림을 명확히 하도록 하여 복잡성을 피하도록 한다. 여백을 유도한다.
- **주객(主客)**:주체와 객체로 전체를 지배하는 주체의 대상이 뚜렷하게 되어야 표현 전달의 정확성과 작품 성격의 선명성이 확보된다. 객체는 배경으로서의 역할을 수행한다.
- **원근(遠近)**:멀고 가까운 것이 구분이 되어야 사실성이 강조된다.
- **대소(大小)**:크고 작음에 따라 대상의 위계와 공간적 질서가 유지된다. 작은 것은 흩어지고 모여도 무난하다.
- **흑백(黑白)**:명암과 사물의 식별·배경·표현의 이해가 명료

▲▲ 서초동 법원•검찰청 청사의 전정(前庭)으로 수목의 스카이 라인은 무난하나, 자연석의 산만한 배치로 객체의 배경적 역할이 허술하다.
▲ 가장 아름다운 도로의 설경. 2002년 건설교통부가 전국에서 가장 아름다운 도로로 선정한 제주도 북제주군 소재 비자림로로 소밀의 대표적 사례이다.
▲▶ 수목의 근장미(根張美)가 돋보이면서 주객의 구분이 선명하다.

하도록 되어야 한다.

- 허실(虛失): 실한 것이 강조되어야 할 경우에는 주변을 허하게 함으로써 실한 것을 유추하게 할 수도 있으나 고난도 기법에 속한다. 감춤과 노출(藏路)·숨김과 드러냄(隱顯) 등도 비슷하다.
- 소밀(疏密): 성김과 빽빽함으로 의사 전달의 분명함과 배경의 입체성·상상력을 강화해 준다. 변화와 반복을 주는 기법으로도 이용이 되며, 느슨함과 긴밀

함도 유사하다.

- 취산(聚散) : 모임과 흩어짐으로 기운의 변화와 의미의 전달 이행을 일깨워 주고 있다. 모아서 뜻을 강하게 전달하기도 한다.
- 경중(輕重) : 가벼움과 무거움으로 인식의 정도나 균형적 구도에 요구되고 있다.
- 개합(開合) : 변화의 시작과 맺음이 추정되며, 표현의 완성을 유도하고 있다.

이상과 같은 동양화의 철학과 구도의 원리는 인식하고 숙지하기에 따라 조경 처리에 있어서, 자연과 동화하고 순응하며 표현과 배치에서 기교적이고 단순·명료한 서양적인 것에 비해 보다 더 작정(作庭) 의도를 분명히 하면서, 우리 나름의 한국적인 자연스러움을 가꿀 수가 있다. 물론 질적으로도 우수한 향상을 기할 수가 있다. 이러한 것은 결국 우리 조경이 장점으로 갖고 있는 공간적 여백(餘白)의 추구이며, 장래에 대한 여유로움이다.

나) 현대 디자인의 원리

① 설계 개념

뚜렷한 설계 의도와 명확한 소재를 가지고 공간 구성을 하는데 있어 주로 인용되고 있는 설계 개념은 다음과 같다.*

* 참고 : 기획단, 행정수도 건설을 위한 백지 계획, 도시기본구조계획보고서, 1979.

● 핵화(核化:FOCALIZATION)

조경공간 속에서 위치감·방향감·거리감을 명확하게 부여할 수 있는 핵 또는 초점을 설정한다. 핵은 주된 기운을 갖는 요소나 시각적으로 가장 지배적인 요소가 되며, 이 핵으로 구심(求心)을 하는 동시에 이 핵이 가진 매력이 주변으로 확산되게 한다.

● 위요(圍繞:ENCIRCLEMENT)

주제가 정해지면 부제가 있듯이 핵은 주변이 있음으로 해서 존재 의식을 갖게 된다. 핵을 둘러싼 주변은 핵의 영향권을 뚜렷하게 해주고, 핵의 성격을 부각시킨다.

● 결절화(結節化:NODALIZATION)

두 개 이상의 방향성을 가진 조경요소가 만나 결절점을 형성하고, 각 요소가 가진 특성과 용도를 복합적으로 적절하게 활용되도록 한다.

● 중첩(重疊:SUPERIMPOSITION)

정연한 공간 질서 위에 자유롭고 가변성이 큰 요소를 중첩시킴으로써, 정형성이 줄 수 있는 과도함을 완화시키고 접근성을 높인다.

● 관통(貫通:PENETRATION)

선형의 조경요소가 공간적 소속감·변화감·다양성·대조감

등을 주며 과도한 공간적 정형성을 완화시키고, 휴식·사색의 활동 기능을 제공토록 한다.

● 계기(繼起:SEQUENCE)

개개 조경요소들의 특성과 의미를 인식하고 일정한 변화의 흐름으로 연결되어, 결과적으로 총체적인 공간적 체험을 느끼도록 한다.

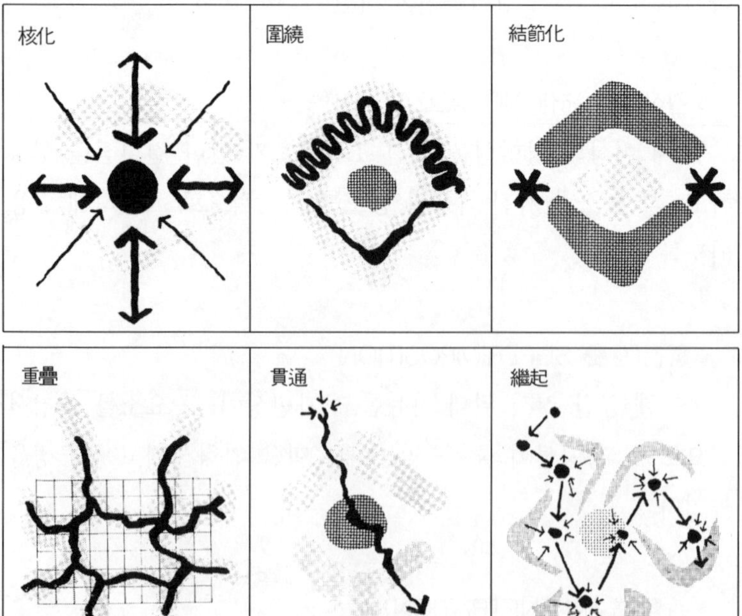

다) 설계 원리

① 황금비(黃金比: GOLDEN RATION)*

황금비는 고대 그리스에서 발견되었고, 가장 조화가 잡힌 비(比)로서 이와 같이 이름하게 된 것인데, 르네상스에서 볼로냐의 수도승(修道僧) 루카 바티리오에 의하여 '신성비례(神聖比例)'라고 이름할 정도로 중요시되었다. 특히 시각에 호소하는 도형이나 입체 등에서는 이 비를 많이 이용해 왔으며, 예를 들면 직사각형의 두 변의 비가 황금분할이 되는 것은 여러 가지 비례의 직사각형 중에서 가장 정돈된 직사각형이라 하였다.

건축·조각·회화·조경·공예 등 조형예술의 분야에서는 다양한 통일원리의 하나로서 널리 활용되고 있다. 또, 자연의 조화가 잡힌 형태 중, 예를 들면 입맥〔葉脈〕, 종자의 형상, 조개껍데기, 소용돌이, 세포의 성장 등에서 이 비를 찾아내려고 하는 사람도 있다. 근년에는 음악 영역에서도 이것을 작곡에 활용한 예가 있다. 황금비는 일상생활 속에서 쉽게 찾을 수 있다. 예를 들면 엽서, 담배갑이나 명함의 치수 등도 두 변의 비가 황금비에 가깝다. 물건을 선택할 때 대부분의 사람은 무의식 중에 황금비의 치수를 취하고 있다.

지금까지 남아 있는 유물 중 황금분할을 적용한 가장 오래된 예는 기원전 4,700여 년 전에 건설된 피라미드에서 찾을 수 있다. 이런 면에서 미루어 보아 인류가 황금분할의 개념과 효용 가치를 안 것은 훨씬 그 이전부터일 것이라는 추측이 가능하다. 이

* 참고: 인터넷 검색 자료.

집트인들이 발견한 황금분할의 개념과 효용 가치는 그 뒤 그리스로 전해져 그리스의 조각, 회화, 건축 등에 철저히 적용된다. 결국 '황금분할(Golden Section)' 또는 '황금비율(Golden Ration)'이라는 명칭도 그리스의 수학자 에우독소스에 의해 붙여지게 되고, 황금비율을 나타내는 파이(ф 1.6781)도 이 비율을 조각에 이용하였던 피디아스의 그리스 머릿글자에서 따왔다.

황금분할이라 함은 전체 속에서 두 개의 크기가 다른 부분 사이의 독특한 상호관계이며, 황금분할이란 용어는 이 비율 관계의 절묘함에서 나온 말이다.

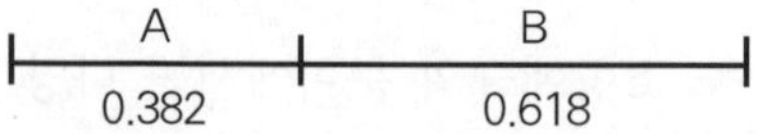

인간의 시각에서 볼 때 파이(ф 1.6781)의 비율을 응용하여 만든 물건, 건축물 등은 다른 비율을 사용해 만든 것에 비해 가장 안정적으로 느껴진다. 꽃의 꽃잎 속에서도 파이의 비율을 발견할 수 있으며, 우리가 느끼는 아름다운 화음에서도 이 비율이 적용된다고 한다. 심지어 우리가 일반적으로 볼 때 아름답다고 느껴지는 몸매를 가진 팔등신의 여인들도 확인해 보면 그들의 몸 전체에서 배꼽의 위치가 발바닥에서부터 정확히 몸 전체의 61.8%에 해당된다. 더불어 주식시장에서도 황금분할의 법칙에 의해 행동하는 인간의 행태가 나타난다. 파이가 인간에게 호감과 조화감을 준다는 사실은 고대부터 인정된 사실이었으며, 지난 세기말 이래로 많은 과학적 실험으로도 증명되어 왔다.

등식의 형태로 나타내면 A:B=B:(A+B)가 되며 이것이 바로 황금분할 또는 황금비율의 등식이며, 일반적으로 황금비율을 말할 때는 0.618 또는 1.618을 의미한다. 어떤 주어진 선이 있다고 하자. 이 직선상에서 A:B=B:(A+B)의 등식이 충족되게 나눌 수 있는 점은 오직 한 점이며, 이 점을 황금분할의 점(전체의 61.8%에 해당하는 점)이라 한다.

그렇다면 왜 파이가 인간에게 호감과 조화감을 줄까? 그 이유는 아직 과학적으로 정확히 설명이 안 되고 있다. 일부 사람들은 이런 숨겨진 현상을 자연적인 우연이라고 믿고 싶을 수도 있을 것이다. 그러나 이러한 우연이 규칙성을 갖고 반복한다면 그 우연은 평범한 우연이 아닐 것이다. 분명히 파이는 인간의 심리에 영향을 미치는 보이지 않는 질서가 있다. 이러한 인식은 '모든 것의 근원은 수'라고 생각했던 고대 피타고라스 학파의 사람들에게는 경이적인 당연한 사실로 받아들여졌으며, 파이(61.8%) 안에서 우주질서의 비밀을 느꼈다. 그들은 파이를 단순한 숫자로 생각하기보다는 신성한 하나의 상징으로 인식했고, 파이로 말미암아 숫자의 신비스러움에 그들의 신뢰를 높여 주었다.

고대 피타고라스학파는 정오각형 안에 미의 기본인 황금비가 있는 것을 발견하고, 정오각형으로 만들어진 별을 그들의 심볼 마크로 만들어 자랑스럽게 가슴에 달고 다녔다. 황금비는 선분의 분할로 정의할 수 있는데, '전체 길이:긴 길이=긴 길이:짧은 길이'를 만족하는 분할의 비를 말한다. 황금비는 무리수(√5+1)/2로 나타나는데, 보통 소수점 세 번째 자리까지인 1.618을 사용한다. 피타고라스 학파는 정오각형의 한 대각선이 다른 대각선의 의해 분할될 때 생기는 두 부분의 길이의 비가 황금비가 됨을 발견했던 것이다. 직사각형의 경우 가로와 세로의 길이의 비가 황금비를 이룰 때, 가장 안정감 있고 균형 있는 아름다운 직사각형으로 사람들이 느낀다는 것은 놀라운 일이다. 파롯테는 신전의 외곽 모양이나 카드의 가로 세로비는 대표적인 황금비의 적용 예이다.

황금분할은 앞서 보았듯이 자연에서도 흔히 발견된다. 이것은 계란의 가로·세로비에서, 그리고 소라껍질이나 조개껍데기의 각 줄간의 비율에서도 발견된다. 그것은 식물들의 잎차례·가지치기·꽃잎 등에서 발견될 뿐 아니라 초식동물의 뿔, 바다의 파도, 물의 흐름, 나아가 태풍·은하수의 형태 등에서도 발견된다. 또한 이것은 우리의 인체 속에서도 반영되어 있다. 인간의 신체가 이 비율

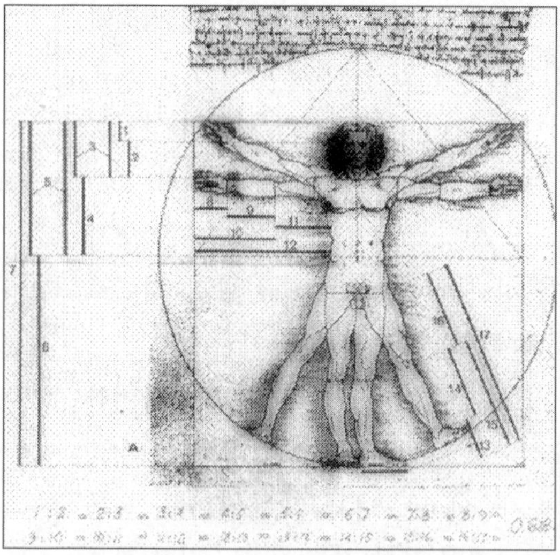

앵무조개의 껍질이 여기에 딱 들어맞는 형상이다.

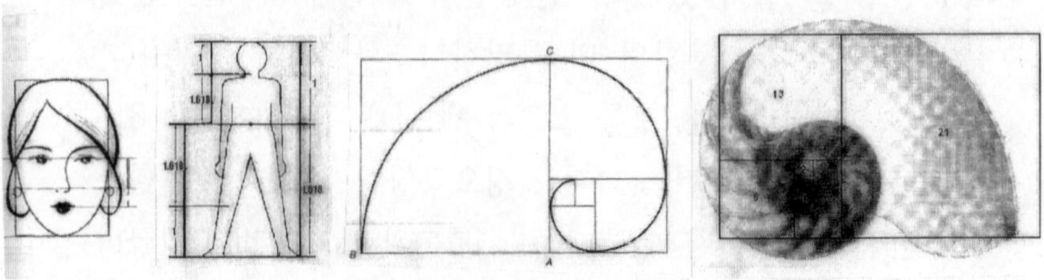

〈도-47〉 황금비율의 적용 예

에 의해서 분할되어 있으며, 이것이 아름다운 몸의 보편적 기준이 되고 있다. 아래 그림은 Le Corbusier가 찾아낸 이상적 인간의 각 신체 부위의 비율이다. 이것은 레오나르도 다빈치의 인체 비율에 대한 그림에서도 찾아볼 수 있다. 또한 이상적인 운동선수의 인체를 보여주는 데서도 배꼽의 위치가 몸 전체를 황금분할하고 있다. 또 어깨 폭에 대한 팔 길이의 비도 황금비를 이룬다. 여자의 키를 배꼽까지의 높이로 나눈 값의 평균이 1.618이라는 연구 결과도 최근 나온 바 있다.

② 일반적인 원리

일반적으로 선(LINE) · 형태(FORM) · 질감(TEXTURE) · 색상(COLOR) 등의 4가지 기본요소를 활용하여 적용되는 원리는 다음과 같다.

● 반복(REPETITION)

동일한 소재나 형식으로 혼란을 피하고 통일감을 표현하며, 공간감을 선명하게 한다.

● 대비(CONTRAST)

두 개의 대립되는 조경 요소가 시 · 공간적으로 접근하여 대립

될 때 그 특성이 서로 강하게 비교되어, 주제를 선명하게 하거나 강한 의미 전달을 한다.

● 균형(BALANCE)

공간 구성상에 면적·부피·무게·배분 등의 균형을 유지하여 안정성과 주체의 식별성을 확보한다. 한의학에서는 균형을 이루는 점을 상응점(相應占)·대칭점(對稱占)으로 표현한다. 상응·대칭·대응으로 표현되기도 한다.

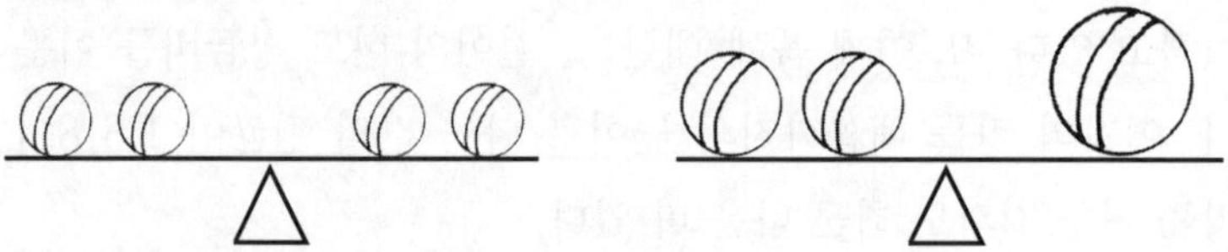

● 리듬(RHYTHM)

공간 구성 표현의 일정한 흐름이며, 강약이나 고저장단(高低長短)의 감정적 변화와 인식 체험의 다양성 및 중복감·점증감·교대감·지시감 등을 나타낸다.

● 조화(HARMONY)

각각의 조경 요소가 서로 잘 어우러져 쾌적하고 온화한 공간적 분위기를 연출하고, 생동감·평화로움·질서·화합을 나타낸다.

● 통일(UNITY)

표현의 목적을 이루는 하나의 질서와 귀결을 의미하며, 이를 전달하기 위해 이미지·색채·의미 등을 통합하기도 한다. 공간의 정체성과 미적 쾌감을 확보하고, 의미 전달을 명확하게 하기 위해 안내 체계

▶▲▲▲ 대비와 리듬으로 주제가 선명하다.
▶▲▲ 균형과 반복을 주제로 균제감(均齊感)을 주고 있는 창경궁의 식물원.
▶▲ 강조의 미로 소나무 군락의 인식이 강렬하게 전달되고 있다.
▶ 공간적인 전이감과 연계성을 부여하고 있다.

를 통합하는 C·I(Corporate Identity) 체계가 대표적이다.

● 강조(EMPHASIS)

공간 구성에서 의도적으로 강조해 공간 표현의 의미를 강하게 전달하고자 하는 것으로, 설계 기본요소에서 임의 선택해 활용한다.

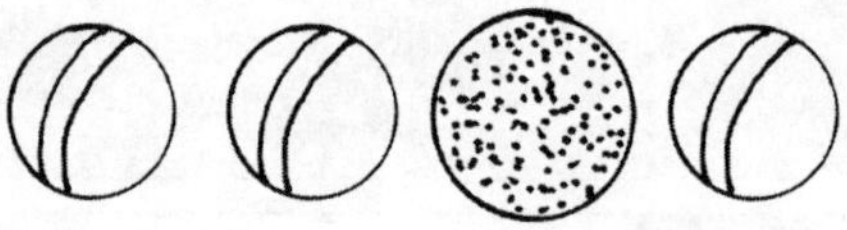

● 변화(VARIETY)

흥미를 더해 주는 요소로 공간적 전이감(轉移感)과 쾌적성(快適性) 등을 유발한다.

(5) 조감도적 설계(鳥瞰圖的 設計)의 구상

현재에 있어 앞으로 일어날 미래나 가상현실에 대해 미리 예견을 할 줄 아는 사람이 훌륭한 계획가이고 설계가이다.

필자는 후학(後學)들이나 직원들에게 조경 설계에 있어 진취성은 물론 철학을 가질 것과 조감도적 설계의 능력을 갖출 것을 강조해 오고 있다. 이는 입체적인 설계의 사고방식이다. 요즈음 컴퓨터적 설계에 있어 가상공간 설계(cybertic design)의 방식을 강조하고 있는 것과 유사하고, 동양화의 정신은 의경공령(意境

空靈)의 실체화와 같다고 할 수 있다.

예컨대, 어느 대상의 조경설계를 하면서 우선은 주변 환경의 상황을 머릿속에 입력을 해놓는다. 그러고 나서 주변과의 조화와 상생적 설계의 틀을 부단하게 구상한다.

어느 자리에 어느 것을 심고, 어떻게 어떤 모습으로 배치하며, 동선(動線)의 흐름을 어떻게 설정할 것인가 등을 함축적(含蓄的)이고 총체적(總體的)으로 구상하며, 내재된 의미와 설계자의 의도, 변화된 모습 등을 고려해 실제로 표현화하기 시작한다.

특히, 수목은 성장을 하는 생물체이기 때문에 장래 성장도 고려해야 한다. 이렇게 표현을 하면서 그것이 실체화(實體化)되었을 때의 모습을 실제와 똑같이 눈을 감고 상상을 해본다.

실제로, 가상화된 공간을 거닐어 보면서 표현된 모습이라든가 동선 흐름의 편안함이라든가 한 바퀴 돌 때의 소요 시간이 과연 적정한가, 놓여야 할 곳에 제대로들 놓여지고 심어야 할 데 제대로 심었는지, 어디 어색한 구석은 없는지, 혹여 누락시킨 부분이라도 없는지 등을 가상으로 체험하도록 해야 된다. 이러한 체험을 계속하면서 원래의 설계 표현과 의도를 수정(修正)·반복(反復)하고 최선의 최적(最適)의 설계가 되도록 노력해야 한다.

이러한 훈련은 단기간에 이루어지는 것은 아니다. 그러나 내가 설계하는 것은 나를 위함이라기보다는 이용하는 남을 위하여 하는 것이니만큼, 어느 정도의 경지에 오르기까지 노력을 게을리하지 말아야 된다. 풍수에서도 지안(地眼)을 하니, 도안(道眼)을 하니 해야 된다는 말을 한다. 화가가 어느 하나에만 능해서는 곤란하고 시(詩)·서(書)·화(畵)에 능해야 되듯이, 명풍수·명지관이 되려면 의(醫)·복(卜)·풍(風)의 세 가지에 능해야 땅을 볼 수 있다고 한다. 의는 인체, 복은 주역, 풍은 풍수를 이름한다. 이는 하나의 나타나는 결과에 대한 장색(匠色)의 정신이기도 하다. 실제로, 모든 경우에 대해 찰색(察色)을 해야만 그것이 진정한 나의 완성을 의미한다.

(6) 전래 민속적 금기사항

옛부터 축정을 함에 있어, 가급적 거목을 피하고 정원을 개방시키는 성향을 보여 왔다.

이는 현대와 달리 정원 조성의 목적이 실용성을 추구한다기보다는 감상(鑑賞)을 위주로 했기 때문에, 오늘날의 전정(前庭) 중심의 조경과는 달리 후원(後苑)·후정(後庭)을 중요시하였다. 쉽게 얘기하면 집 주위의 경치를 활용하고, 안으로는 조경을 크게 끌어들이지 않았다.

건물을 가리는 거목은 건물을 그늘지게 하고 땅의 생기를 흡수해 양기를 상실시키며, 수목의 뿌리가 지반을 약화시키므로 건물을 해치고, 야간에 방출되는 유해 탄산 가스의 영향으로 건강을 해쳐 각종 병해나 질병을 유발시키고 있어 꺼렸다. 심지어 속성교목류인 아까시나무, 버드나무, 대추나무, 모과나무 등 수분을 많이 취하는 나무는 외부에서 볼 때 표적이 될 뿐 아니라, 태풍에 쓰러지거나 벼락을 끌어들일 염려도 있어 통기의 문제와 함께 피했다. 다분히 생태적 조경의 측면이 있는 대목이다. 유지관리와 식물 생육 정도까지 고려한 것이다. 이와 함께 흙의 생기를 살려 기의 원활한 순행을 위해 내정(內庭)에서는 잔디나 화·관목류를 자연스럽게 애호하였으며, 자연석도 열과 습도를 흡수해 기를 빼앗는다고 보아 거대한 것이나 과대한 치장을 배제하고, 정원의 첨경적 요소로 괴석(怪石) 정도는 치장을 하고 있다.

대문 안팎이나 거실 창문가, 건물 가까이 북—남서간에는 대개 거목은 심지 않는다. 다만, 중문이 있는 경우 중문 옆에는 공간 분할의 지표를 삼기 위해 느티나무나 회화나무, 팽나무 등을 식재하는 경우는 있었다.

유래되어 오는 바로는 통기나 그늘 등의 문제 외에도 글자로 풀이하여 상서롭지 못하다 해서 기피하는 경우도 있다. 예를 들어, 정원의 큰 나무는 곤란할 곤(困)자, 대문 앞의 큰 나무는 한가할 한(閑)자, 대문 앞의 연못이 양 옆으로 나란히 있으면 통곡할 곡(哭)자가 된다고 믿어 피했다. 또한 대문 앞이나 마당가의 큰 나무 두 그루를 나란히 하는 것은 가시 극(棘)자 모습이라 금했으며, 여인들의 기거 공간인 안채나 후원, 별당 주변에 숲이 이루어지도록 나무를 심으면 탐할 람(婪)자가 되어 음탕한 기나 잡기를 불러모으게 되어 부정스럽다 하여 피하고 대개 화·관목류로 대개 꾸몄다. 금기사항과는 달리, 무속인이 사는 집에 대나무를 심어 점칠 서(筮)자를 의미해 점집임을 알리는 경우도 있었다.

어느 경우든 금기하는 것이 상서로움을 추구하는 뜻도 있겠지만 그보다는 주로 생기감응을 고려했으리라 생각된다.

집담도 사람 키보다 약간 낮게 하여 반 개방식(semi-open style)으로 처리함으로써 통기를 중시하였으며, 화장실도 바람의 방향을 피했다. 작정에서는 담장 부근이나 집 주위로는 복숭아, 자두, 느티, 느릅, 버드나무, 벽오동, 대나무, 소나무, 대추나무 등을 심어 풍향에 응했고, 대청 앞마당에는 앵두, 유실수, 들국화를, 뜰 안이나 중정에는 석류, 화목류 등을 심고, 그늘진 곳에는 단풍을 심었다. 서쪽으로는 습도를 어느 정도 유지하고 우물 등을 파, 파초나 수련 등을 식재하였다.

동쪽 울타리에는 치자, 느릅, 산뽕, 국화울을, 후원 넓은 뜰에는 척사(斥邪)의 의미로 느릅나무를 심었다. 나무는 집을 향하도록 심었고, 우물 곁에는 복숭아나무를 피했다.

2) 음양오행상생조경(陰陽五行相生造景)의 설계

(1) 생기감응적 상생식재의 기본틀

앞에서 살펴본 바를 토대로 생태적이며 생기감응적인 상생식재의 기본틀을 짜보면 다음 〈도―48〉, 〈도―49〉와 같다.

〈도―48〉에서 보듯, **수(水)인 북북서―북북동**간은 해송, 구상나무 비자나무, 섬잣나무, 전나무, 편백, 스트로브잣나무, 주목, 눈주목, 조릿대, 칠엽수, 팥배나무, 노각나무, 마가목, 함박꽃나무, 설중매, 산목련, 가시오갈피, 삼지닥나무, 산딸나무, 백철쭉, 매자나무, 맥문동, 줄사철 등의 수종이 적합하고, 암석원을 조성하거나, 자연석, 괴석을 심도록 한다. 동방향의 계류는 무방하다.

토(土)인 북북동―북동동간은 거목은 사제하도록 하고 생달, 서향, 붉나무, 안개나무, 복장나무, 백량금, 자금우, 함박꽃나무,

산목련, 당단풍, 병꽃나무, 산딸나무, 가시오갈지, 삼지닥나무, 물싸리, 낙상홍, 매자나무, 오미자나무, 만병초, 반송, 무화과, 탱자나무, 애기동백, 댕강나무, 진달래, 앵두나무, 자산홍, 홍철쭉, 황철쭉, 개나리, 국화류, 상사화, 파초, 황매화 등이 적합하다.

목(木)인 북동동—남동동간 역시 거목은 자제하되, **남동—남남동**간에는 소나무, 대나무, 오죽, 오동, 참오동, 감나무, 느티나무, 회화나무 등의 거목 1~3그루는 무난하고, 암석원을 조성하거나 자연석, 괴석을 심어도 무방하다. 작은 연못의 조성도 무난하다.

산당화, 치자나무, 담팔수, 후피향, 협죽도, 복자기, 박태기,

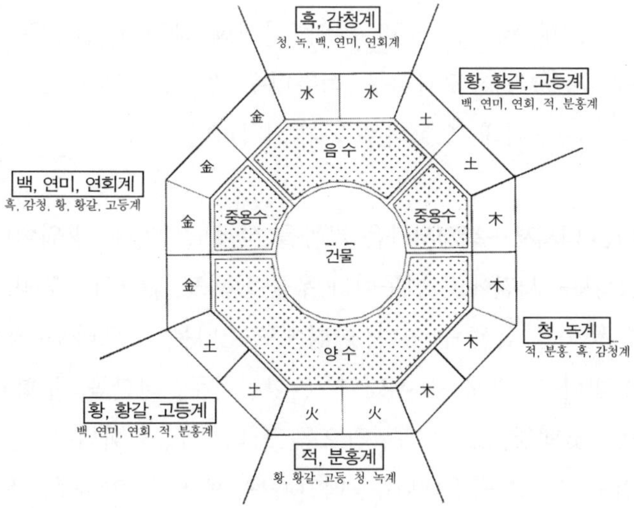

〈도—48〉 상생색상도(□ 안은 중심색)

모감주, 구기자, 홍단풍, 모란, 작약, 석류, 춘백, 월계화, 진달래, 칸나, 앵두나무, 난초류 등의 화관목·초화류를 심도록 한다.

화(火)인 남남동—남남서간은 배롱나무, 자목련, 복자기, 박태기, 으아리, 네군도단풍, 홍단풍, 무궁화, 부용, 등나무, 매화나무, 황매화, 장미, 싸리, 산철쭉, 영산홍, 진달래, 영춘화, 풍년화, 창포, 살구, 앵두, 자두, 산수유, 모란, 작약, 석류, 능소화, 파초 등을 심도록 한다.

토(土)인 남남서—남서서간은 산당화, 차나무, 다정큼나무, 일본목련, 자목련, 자귀나무, 불두화, 박태기, 무궁화, 옥매, 황매, 찔레, 장미, 황칠나무, 헛개나무, 비파나무, 복자기, 감나무, 명자나무, 진달래, 영산홍, 모란, 작약, 월계화, 해당화, 산수유, 복숭아나무, 자두나무, 모과나무, 석류나무, 능소화, 부용, 고광나무, 싸리, 남천, 이대, 오동나무 등이 적합하다.

금(金)인 남서서—북서서간은 거목을 심어도 무방한 방위이다. 또한, **남서서—서**간에는 연못이나 우물을 파도 무난하므로 버드나무, 수련 등을 심을 수 있다. 이밖에도 소나무, 측백나무, 왕벚나무, 산벚나무, 백목련, 후박나무, 황철나무, 태산목, 무화과, 탱자나무, 꽃댕강, 오동나무, 참오동, 느티나무, 회화나무, 팽나무, 칠엽수, 느릅나무, 대나무, 떡갈나무, 백송, 개암나무, 푸조나무, 계수나무, 목백합, 중국단풍, 치자나무, 감나무, 대추나무,

귤나무, 유자나무, 개나리, 산수유, 진달래, 홍철쭉, 황철쭉, 병꽃나무, 싸리나무, 국화류 등을 심을 수 있고, 화계나 정자의 조성도 무난하다.

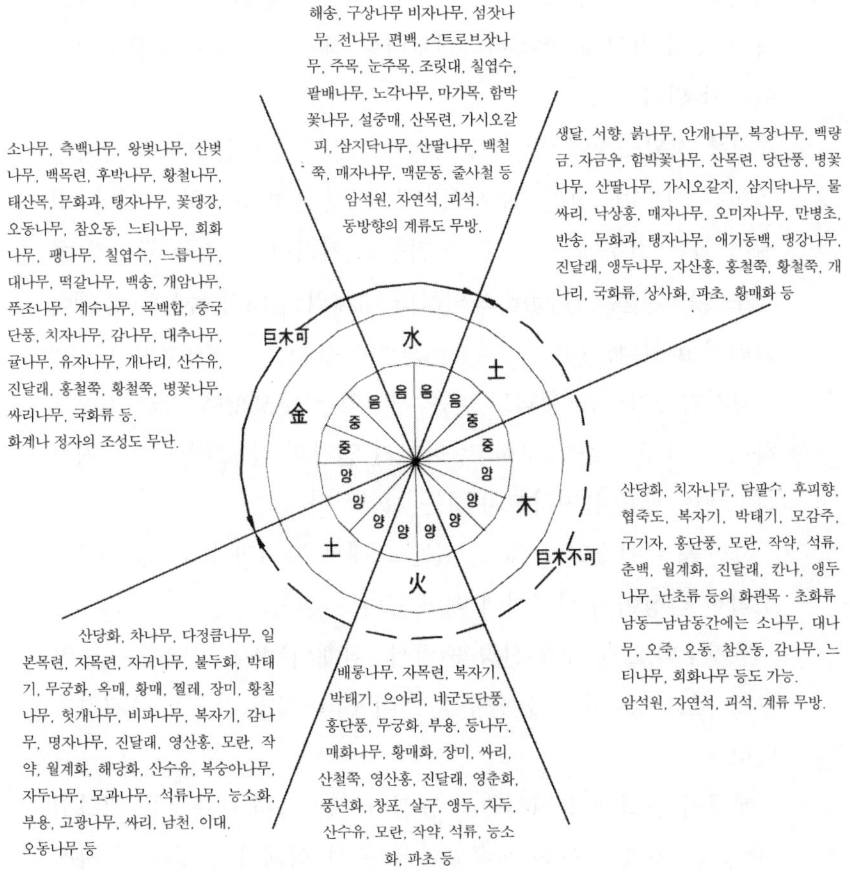

〈도-49〉 생기감응적 상생식재도

(2) 오행상생(五行相生)의 사주조경(四柱造景)

앞서 제시한 음양오행에 따른 상생식재 모형은 다분히 일반적 준거(準據)의 틀을 제시한 것에 불과하다. 실제 작정에 있어서는 주변 환경 여건이나 지형 조건의 충분한 검토·분석이 이루어지고 참고로 이 틀을 적용해 이루어져야 한다. 어느 방위간은 꼭 이렇게 저렇게 해야 한다기보다는 적용의 신축성과 융통성이 있어야 된다.

전통 정원조경에 있어서는 많은 식재를 하지 않고도 건물과의 조화를 이루며, 정원으로서의 기능을 충분히 유지하고 있다. 정원이 좁은 경우에는 화·관목 위주로 처리하고, 조금 규모가 큰 경우에는 기본적인 것에 유의하며 개개의 생태적 특성을 충분히 고려하고 있다.

생기감응이라는 개념도 실은 개인의 사주오행에 맞는 조경을 하여 기의 순행을 도모하고, 나아가 인간이 살고 지내기에 쾌적하고 편안함을 유지하고자 하는 개념이다.

자연을 끌어들인다 해도, 있는 그대로 자연과 동화·순응하는 소박한 심성이 구석구석에 배어 있다.

무엇보다도 통기에 신경을 써서, 식재의 비도 낙엽수종을 양수로 보고 상록수종을 음수로 보아 6:4~7:3 정도로 유지하고 있다.

계절의 변화에 유의하면서 동절기에는 북서 대륙풍을 피하고자 방충·차폐 기능의 상록교목을 중점 식재하고, 춘·추·하절기에는 녹음과 통기를 의해 서방이나 남동방 곁에 낙엽교목을 심어 생활이나 생체의 리듬을 맞추었다.

전정이나 측정, 후정에는 화관목이나 유실수를 심어 실용성과 미적 감관(鑑觀)을 강조하며, 안빈낙도를 즐겼다.

결과적으로 남을 위한 조경이기는 하나 어느 한켠에는 나 자신을 위한 조경이기도 하므로, 그 시행에 있어서는 우리 조상들의 슬기를 본받아 하나하나에 신경을 쓰고 정성을 모아야 한다.

정성과 혼이 깃들여진 조경은 화려해 보이지는 않을지라도 견실하고 무게가 있어 보고 즐기는 이들로 하여금 깊고 많은 생각을 하게 한다.

사주조경(四柱造景)이라는 용어가 아직은 우리들에게 생소하기는 하나, 사주조경의 근본은 균형(均衡)과 보완(補完)이다. 사람마다 체질에 맞는 음식이 있고 안 맞는 음식이 있듯이 사주오행에도 내게 맞고 안 맞는 오행이 있다. 내 사주오행의 생극을 살피고 내 사주의 격국(格局)을 살려 찬 것을 따뜻하게, 더운 것은 식혀 주고, 응어리가 맺힌 것은 풀어 주고, 기(氣)를 다스려 나와 우주와의 상생을 도모하도록 조경을 하자는 것이다.

근자에 들어서 사상의학에 근거해 체질에 상응하는 조경을 시도한다든가, 조경 분야는 아니라도 인체의 형상·체질·생김새·성격 등을 오행에 결부시켜 사주오행 용신에 맞게 생극(生剋)의 원리에 따라 종합진단·치료를 행한다는 형상의학(形象醫學)이 태동되는 것을 보고 동양사상의 실생활 접목이 보다 더 활발해지기를 바라는 마음이다.

사상체질에 의한 조경은 태양·태음·소양·소음이 갖는 오행상의 특성을 상생적·철학적·내재적 의미와 함께 보다 세밀히 살펴 보완해야 한다. 즉, 각 체질의 오행방과 오행특성 그리고 체질의 성격에 따른 조경 표현 등이 요구된다. 단순히 체질에 따라 조경 공간을 임의 배분하는 식이라면, 노력한 것에 비해 그 의미를 깊이 있게 하지 못한다. 그릇은 채워져야 하고 채워지는 내용에 따라 그 효용가치가 있지, 채우는 기능만으로 그릇을 얘기하기는 아니한 것만 못할 수가 있다.

이보다 형상의학에서는 보다 적극적인 면이 보인다. 토체형은 소화기가 약하니 위를 보하고, 금체형은 폐 관련 기관을 보하고, 목체형은 간 기능과 근육 기능을 강화토록 하고, 수체형은 소화 기능과 신장 기능을 보하며, 화체형은 심장 기능을 강화시킨다는 처방을 유심히 살펴보면 사주오행의 사주조경이 이와 같다고 할 수 있다.

오행상생의 조경은 공공적(公共的)인 것과 개인적(個人的)인 것으로 크게 나뉜다.

공공적인 측면이 강한 다중이용(多衆利用)의 공공시설이라든가 아파트·다중집합(多重集合) 시설 등은 어느 개개인에 맞추기가 어려우니, 오행의 중앙으로 중심 오행인 토(土) 오행에 맞추어 좌향에 따른 생태 특성과 앞서의 오행상생 기본틀에 의해 조경 처리를 하면 무리가 없다.

개인적인 측면에서 주로 다루는 오행상생의 사주조경 역시 오행상생조경의 기본틀을 우선적으로 고려하고 있다.

개인마다 사주오행이 다르고 성격·취향·체질이 다르듯이, 이를 감안해 오행의 색·의미·질감 등을 고려하면서 주 오행색상을 중심으로 처리하는 것이 사주조경의 요체이다.

사주에서 일주 신이 강하고 왕하면 신(身)의 기운을 극(剋)하거나 설기(洩氣)시켜 순행을 유도하고, 왕하다 해도 내 신이 실(失)해지는 경우는 내 신을 생보(生補)해 주거나 생조(生助)하여 내 신을 맞추어야 된다.

또, 내 신이 허약하면 내 신을 생보(生補)해 주고, 내 신이 한 덩어리라면 생극(生剋)보다도 그에 종(從)해 따르도록 하는 것이다. 과사허보(過瀉虛補), 왕다강극설(旺多强剋洩), 보합(補合), 실가(失加), 다실다종(多失多從) 등의 사주용신(四柱用神) 원리를 이용하여 사주조경을 시행하도록 한다.

사주용신에 따른 사주조경의 틀을 다음 표로 살펴보기로 한다.

〈표—15〉 왕강극사(旺强剋瀉): 내 신(身)오행을 극(剋)하거나 설기(洩氣)시킴

사주격국 (身旺·身强)			용신격국		사주조경의 오행색				
일주오행	극	생(사)	극	생	오행의 배분 (25:50:25)			중심색	상생색
수	토	목	토〈수	수〉목	토	수	목	흑·감청계	황·황갈·고동·청·녹계
목	금	화	금〈목	목〉화	금	목	화	청·녹계	백·연미·연회·적·분홍계
화	수	토	수〈화	화〉토	수	화	토	적·분홍계	흑·감청·황·황갈·고동계
토	목	금	목〈토	토〉금	목	토	금	황·황갈·고동계	청·녹·백·연미·연회계
금	화	수	화〈금	금〉수	화	금	수	백·연미·연회계	적·분홍·흑·감청계

〈표–16〉 허보실가(虛補失加) : 허약하고 병든 내 신(身)오행을 생조(生助)시킴

사주격국 (身虛 · 身弱 · 身失虛旺)			용신격국		사주조경의 오행색				
일주오행	생보	보합 (가)	생보	보합	오행의 배분 (25:50:25)			중심색	상생색
수	금	수	금〈수	수+수	금	수	수	흑 · 감청계	흑 · 감청 · 백 · 연미 · 연회계
목	수	목	수〈목	목+목	수	목	목	청 · 녹계	청 · 녹 · 흑 · 감청계
화	목	화	목〈화	화+화	목	화	화	적 · 분홍계	적 · 분홍 · 청 · 녹계
토	화	토	화〈토	토+토	화	토	토	황 · 황갈 · 고동계	황 · 황갈 · 고동 · 적 · 분홍계
금	토	금	토〈금	금+금	토	금	금	백 · 연미 · 연회계	백 · 연미 · 연회 · 황 · 황갈 · 고동계

〈표–17〉 다실다종(多實多從) : 주류를 이루는 내 신(身)오행에 종(從)함

사주격국 (身實)		용신격국	사주조경의 오행색			
일주오행	종	종	오행의 배분 (25:75)		중심색	상생색
수	수	수+수	수	수	흑 · 감청계	좌의 중심색에 다소 보강
목	목	목+목	목	목	청 · 녹계	좌의 중심색에 다소 보강
화	화	화+화	화	화	적 · 분홍계	좌의 중심색에 다소 보강
토	토	토+토	토	토	황 · 황갈 · 고동계	좌의 중심색에 다소 보강
금	금	금+금	금	금	백 · 연미 · 연회계	좌의 중심색에 다소 보강

과거는 현재를 낳고 현재는 미래를 낳고, 또 현재는 과거를 먹고 미래는 현재를 먹고 하면서 한 치의 오차도 없이 자연은 순환하고 있다. 이러한 자연적인 순환이 오랜 기간이 지나면 어떤 독특한 특성을 갖고 그 자체가 역사가 되고 문화가 되는 것이다. 우리는 흔히 그와 같은 특성을 정체성이라고 한다. 정체성은 시대 변화에 따라 약간의 변모는 있을지언정, 그 근본은 바뀌지 않는 특성도 함께 가지고 있다. 그런데 산업화 · 도시화 이후 정체성을 갖는 전통 문화가 훼손되고 단절되는 현상이 일어 안타까움을 금할 수가 없다. 다행히 근자에 들어 지나친 서구 문물에 대한 무분별한 수용을 반성하고, 단절의 우리 문화를 이어 계승하려는 움직임이 일고 있어 안심이 된다.

살아 있는 것들이 살아 있는 자리에서 자연스럽게 이어 살아가게 해주는 것이 살아 있는 자들의 도리이고 의무이며 순리이다. 조경문화도 그래야만 했다.

현대에서처럼 지식은 많고 지혜가 없다면, 마치 청자든 백자든 제 색이

나지 않는다면 형(形)은 아무 소용이 없는 것과 같이, 그 지식은 아무 소용이 없다. 형태의 외적 아름다움과 장인의 내적 진심의 접합이 이루어져야 비로소 존재의 가치가 빛나는 것이다.

우리들의 오랜 생활문화 속에 배어 온 풍수지리·음양오행의 이치가 옛것이라고는 하나, 동양철학에 근거하고 있는 삶의 지혜인 것이다.

낯선 듯하면서도 결코 낯선 것이 아닌 이 삶의 지혜를 현대 감각에 익숙한 현대인들에게 주지시킴으로써, 우리 조경의 참모습을 찾고 우리의 얼이 진하게 배어나올 수 있게 하고자 하는 마음이 간절하다.

이 책이 내 자신의 그릇 모자람과 글줄로 연결되지 아니한 구상들이기는 하나, 음양오행의 상생풍수가 우리 조경의 한 분야로 접목되고 인식되는 계기가 되었으면 하는 진솔한 바람이다.

조경가의 장인 정신을 기리고 참조경 연출에 투자를 인색하게 하지 않을 분들이 내게 용기와 힘을 주었으면 한다. 겉치레를 하는 과다한 투자와 욕심에서 만들어지는 헛된 조경보다는 질적으로 우수하고 알차며, 제대로 된 참조경을 해야 할 시기다.

주위 여건에 따라서는 돈을 덜 들이고도 얼마든지 제대로 된 조경을 할 수 있는 경우도 있고, 딱히 투자를 해서 어느 정도 꾸며야 할 경우도 있다.

이럴 때, 조경가의 진실함이 요구된다. 참 조경가라면 제대로 주위 여건을 파악하고 제대로 할 것이다. 그렇지만 필자 자신도 그런 면에서는 부족함이 너무 많아 독자들에게 용서받고 싶은 마음이다. 부록에서는 일반 독자들의 상생풍수조경에 대한 이해를 돕고자 조경설계의 사례를 몇 가지 들어 보았고, 동양적인 것에 관심이 많은 외국인들에게 우리의 상생풍수조경을 알리는 기회로 삼고자 영문초록도 곁들였다.

덧붙이는 〈회심곡(回心曲)〉은 서산대사(西山大師)가 지은 노래로, 생전의 어머님께 효를 다하지 못한 뉘우침과 함께 많은 사람들이 필자의 경우를 되풀이하지 않았으면 하는 바람으로 수록했다. 마음을 돌려 바른 길로 들어서고 선(善)함과 공덕(公德)을 쌓아 순행(順行)의 기(氣)를 다스리기 바라는 마음이다.

상생조경 설계(相生造景設計)의 사례(事例)

상생조경의 설계는 천(天)·지(地)·인(人)의 3재일치(三才一致)와 순천순응(順天順應)으로 우주만물의 기가 순행하고 조화를 이룸으로써, 풍요롭고 쾌적한 인간정주환경(人間定住環境)을 조성하고자 함이다. 기가 순행하면 심성도 고와질 것이고, 편안해질 것이니 자연 삶의 의욕이 일고 생동감이 흘러 길한 운기를 가져올 것이다.

상생조경설계에서 중시하고 있는 것이 현세를 살아가는 인간들의 사주오행이다.

팔자대로 산다고 한다. 타고난 사주팔자야 마음대로 고칠 수 없겠지만, 팔자를 윤택하게 할 수 있다면 최소한 운기가 트이는 방향으로 맞추도록 해야 된다.

사주오행에 맞추어 설계하고자 하는 사주조경은 최소한의 노력일 수 있다.

땅은 살아 숨쉬고 있다. 숨쉬고 있는 땅에 나의 사주오행을 생동감 있게 맞추어 생기(生氣)가 흐르도록 해야 한다. 사주조경은 자신의 사주용신오행을 잡아 처리하는 것이 기본이고, 나아가 개개인의 체질·취향·자연생태적 특성·조경 소재가 갖는 의미와 특성 등을 고려해 기본 구상을 하고, 오행의 생극 관계를 파악해 배치토록 한다.

양택풍수조경에 있어서 개인의 주택이나 사무실·가게라든가 공공건물 등의 오행상생조경은 어느 경우든 양택 3요결과 동·서사택에 맞추도록 하는 것이 우선이다.

1) 개인주택·사무실 등의 사적 조경(私的造景)의 경우

공공 건물이야 다중시설이니 조금 미뤄 놓는다 하더라도, 개인적인 주택 · 정원 · 사무실 · 점포 등은 양택 기본 배치원칙 다음으로 사주오행에 따른 사주조경을 해야 된다.

사무실이 주된 기능이라면 사무실의 출입문과 나의 책상 위치를, 장사·사업이 주된 기능이라면 출입문과 카운터 위치, 공부하는 학생의 공부방이라면 출입문과 책상을 양택기본배치원칙에 맞추도록 한다.

주택인 경우는 대문·기둥·부엌 등과 동·서사택에 따른 구조배치를 맞추고, 사주오행에 따른 조경계획을 해야 된다.

요즈음 널리 관심이 증대되고 있는 인테리어도 사주오행조경의 범주에서 처리되어야 한다.

가령, 사주의 오행국에서 수(水)기운이 왕하고 음토(陰土)기운을 안고 있는 태음 체질의 사람인 경우, 용신오행이 토(土)라고 가정해 본다. 우선적으로 사주오행과 체질이 냉하니 사주 자체를 따스히 해주어야 한다. 토(土)가 들어와 강한 수(水)를 제어하고, 희신인 화(火)가 물배인 땅을 따스히 적절하게 마르도록 해주니 땅의 활력이 돋는 것과 같다. 그렇다면 이 사람은 이에 맞는 조경을 한다거나 인테리어를 행해야 하는데, 엉뚱하게 수(水)가 강한 쪽으로 처리를 한다면 오히려 해가 되고, 불행을 맞을 수가 있다. 왕하고 강한 데다 더 왕하고 강하게 하면 배탈이 나거나 부러지는 경우와 같다. 기본적인 오행 특성에다 토(土)기운을 보강하고 화(火)기운을 적절히 보태 조경을 하도록 한다. 오행방에 따라 오행 특성과 의미를 살펴, 재료와 수종 · 색상 등을 배치토록 한다. 목(木) · 금(金)기운은 어느 정도 처리한다고 해도 토(土) · 수(水) · 화(火)의 기운은 적절히 조절해 배치하도록 한다. 토(土)기운은 강하게 하고, 수(水)기운에는 대 · 교목을 자제하고, 화(火)기운은 적정히 보완하도록 처리하는 데 앞서 깊이 있게 살펴본 오행상생 기본틀과 사주용신조경의 틀을 참고하도록 한다. 연못을 조성하는 것은 가급적 피하되, 연못 관상이 주인의 취향이라면 서출동류수(西出東流水)로 물흐름을 잡고 조그맣게 시설하도록 하면 무난하다.

이를 간략하게 도식화하여 살펴보면 다음과 같다.

■ 토용신태음체질(土用身太陰體質)의 사주조경(四柱造景) 예

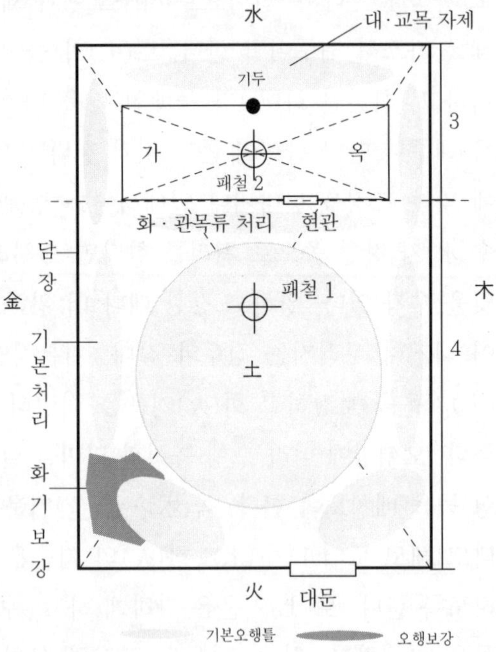

—가옥과 정원의 공간비를 3:4로 구획하고, 좌향을 맞춤.

—환경생태적 여건과 오행상생틀에 의한 기본적 배치를 구상함.

—사주오행에서 수(水)가 강하고, 음토(-土)이니 토(土)를 용신으로 잡아 토(土)기운을 보강하고, 수(水)기운을 억제하며 화(火)기운을 보완해 토(土)기운을 윤택하게 함.

—목(木)·금(金)의 기운은 기본틀을 유지함.

—수(水)기운은 강하니 수방(水方)에는 대·교목을 자제하고 중·저목이나 화·관목 위주로 처리함.

—토(土)기운은 중앙으로 기의 원활한 순행을 위하고 통기·채광을 고려해 잔디 공간 위주로 처리함.

—화방(火方)은 기존의 틀에다 다소 보강 처리를 하는데, 오행특성상의 의미를 살려 화(火)의 기운이 움직이도록 함.

다음으로 실내 인테리어의 조경도 주택의 경우와 기본은 같다.

우선, 개인 사무실이라면 양택 배치 기본 등을 살피고 그 사람의 사주용신을 잡아내어서 현재나 앞으로의 사무실 구조를 감정한다. 그리하여 적정한 오방·오행특성의 기본을 지키고, 양택가상(家相)에 따른 허실(虛實)을 살펴, 사주오행용신과 함께 보사(補瀉)의 조치를 취한다. 일반 사무실이라면 그 사무실의 책임자를 기준으로 검토하는 것도 무난하다.

인테리어에 있어서 색상·가구·집기·조명·실내 조경 식물·실내 연못 등이 주 소재가 되며, 공간 기능과 성격 그리고 구성원 개개인의 취향과 기호에 따라 달리 적용이 될 수 있다.

기본적으로는 오행에 따라 배치를 하는데 기본 오행방의 특성에다 보(補)하고, 사(瀉)하고 생조(生助)하는 방향으로 처리하면 무난하다.

단독주택이나 아파트의 경우도 마찬가지이다.

동쪽은 양의 기운이 왕성한 곳이니 엷고 밝은 청·록계의 톤을 기조로 하고, 소품은 톤의 정도에 따라 흑·감청·적·분홍계를 적절히 가감토록 한다.

서북·남서·동북방은 토(土)와 금(金)의 기운을 황색계로 백색·미색계의 기운을 생조하도록 하고, 서북방은 흠결이 없도록 처리한다. 서북방은 양택구조상에서는 권위의 상징이니 이러한 쪽으로 현관 등은 피하는 것이 길하다. 남방은 청·록계로, 서방은 황색계로 생조토록 한다.

북방은 대개 생명의 원천으로 보기 때문에 백색계로 생조하거나, 공간구조상 수(水)의 기운이 너무 왕하다면 청·록계로 설기

(洩氣)하도록 한다. 오행방의 길흉 여부는 양택풍수편에서 비중 있게 다루었다.

가령, 다음과 같은 공간구조에 당사자의 사주오행용신이 목(木)이라 한다면, 인테리어의 방향은 아래처럼 행하면 무난하다.

■ 목용신태문손주가택(木用神兌門巽主家宅)의 실내조경 예

—유금문손기두(酉金門巽起頭)이니 불배합사택으로, 가상의 길흉화복은 3~4년내에 장녀가 횡액을 당하고 장남이 진득하지 못하며, 부녀자의 내주장이 드세고, 차녀와 차남은 오히려 잘되는 구조임.

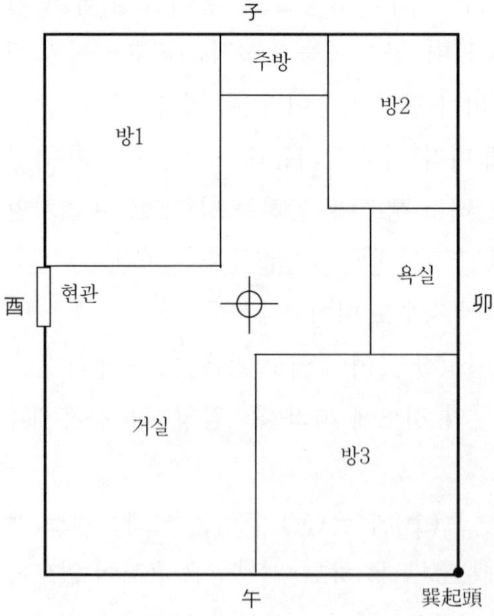

—유문이기 때문에 방1·방2·거실에서 생활하도록 하고, 방2는 창고용으로 사용하면 사는 동안은 그런대로 횡액은 면함.

—구조변경을 해 동궁사택으로 맞추던가 이사를 가도록 함.

—전반적으로 태(兌)·건(乾)의 금(金)기운이 왕하니 인테리어로 그 기운을 제압하도록 함.

—당사자의 사주용신인 목(木)을 살려 목(木)·화(火)·수(水) 계통의

오행특성을 활용토록 함.

—출입문 입구에 수족관을 시설해 금기운의 출입을 둔화시키고(金生水) 흑·적색계로 도배를 하거나〔火剋金 金生水〕, 목재가구·고가구·분재 등을 장식토록 함〔金剋木〕.

—오행의 기가 나오는 목·화·수 계통의 그림을 걸어 두어도 됨(목:난초, 화:대나무, 수:매화).

실내 조경식물은 인테리어에 있어 가장 중요한 비중을 차지하는데, 이 또한 오행 특성에 맞춰 상생토록 하고 가급적이면 쉬 자라거나 허리 높이 이상 되는 식물들은 자제하는 것이 무난하다.

조경식물은 전자파를 감소시키고 이산화질소·이산아황·냄새 등 유해 가스를 제거해 주기도 하고 정화 작용을 하며, 정서적 안정·실내 분위기 쇄신·교육적 효과 증대 등의 기여를 하고 있으나, 너무 식물이 무성하고 많거나 우람하고 크면 오히려 내부의 생기를 빼앗아 가기도 한다.

2) 공공조경(公共造景)의 경우

개인주택 정원의 조경이나 인테리어 조경 등의 사례는 다 예시할 수 없고 천차만별이니 개별적인 상담을 통해 설명하기로 하고, 공공조경(公共造景)에 있어서 필자가 계획·설계한 몇 가지 사례를 예로 들어 본다.

예로 드는 '올림픽·홀'의 경우는 송파구 올림픽 공원내에 시설된 것으로 국민체육진흥관리공단에서 시행한 설계 경기의 당선작이다.

또한 '대전 예술의전당' 조경의 경우는 당초 설계·확정된 것을 상생조경의 틀로 검토하여 설계변경해 조성된 경우이다.

'팔현사 프로젝트 조경'의 경우는 P씨가 사적으로 추진하기 위해 필자에게 의뢰했던 펜션형 묘지공원의 종합계획 기본구상이나, 실현 여부는 현재 P씨의 일방적인 연락 두절로 확인되지 않고 있다. 결과적으로는 무상으로 설계만 해주고 만 경우이다.

설계 내용은 경기도 남양주시 오남면 팔현리 산1번지 일대 30여만 평의 부지에 대한 계획의 배경·개발방향·입지여건 분석·토지이용계획·공간별 시설계획·시설물 계획·조경계획·안내체계·관리운영계획 그리고 기본계획구상(안) 등이지만 지면관계상 유인물을 축소해 수록한다.

①올림픽 · 홀 조경 설계

올림픽 · 홀

The Olympic Hall Landscape Design Works

사업개요

대지위치 서울특별시 송파구 방이동 88-2번지(기존 테니스 1번 코트)

대지면적 11,792m²(3,567평)

건축면적 3,700m²(1,119평)

연면적 9,810m²(2,968평)

층수 지하 1층, 지상 2층(약 23m)

총공사비 12,456백만 원

조경설계 성림조경ENG

사업목적

올림픽 · 홀을 건립하여 청소년 및 대중들에게 여가선용 · 정서 함양의 장소를 제공하며, 주변 녹지공간과 연계하여 도시 자연

공원으로서의 기능을 강화함.

계획방향 및 개념

■ 계획의 기본방향

1) 정서함양 · 여가선용의 공간

공원 전체의 통일감과 조화

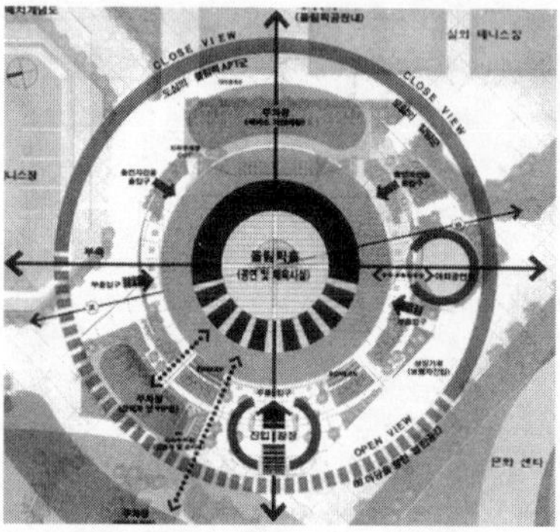

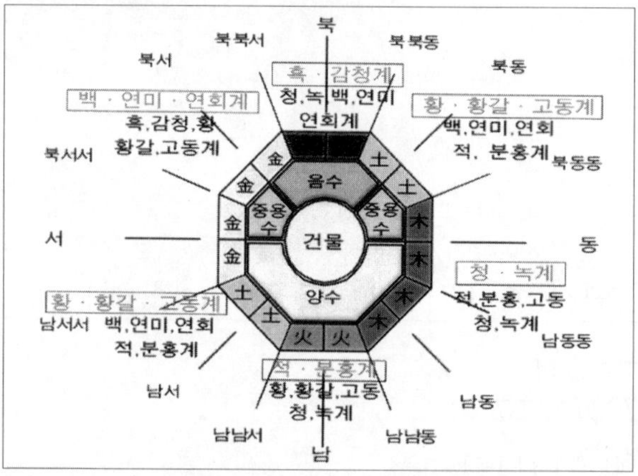

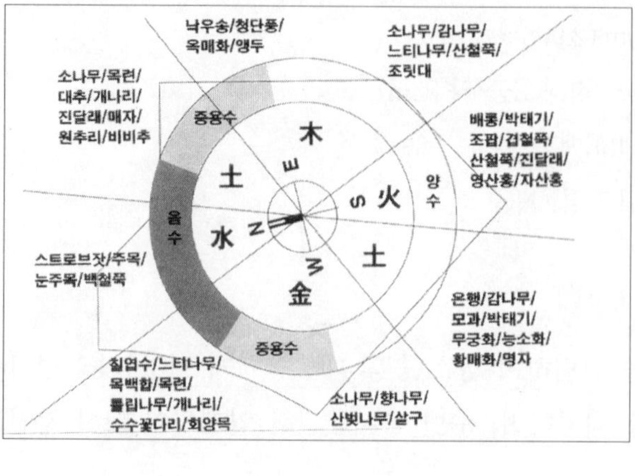

◀▲▲ 〈도—50〉 공간배치도.

◀▲ 〈도—51〉 생기감응적 상생식 재기법.

〈참고〉 모식도

• 음양오행에 따른 생기감응적 상생조경의 의의

—상생조경은 생태적인 자연의 질서를 유지하며, 모든 사물이 인간과 물정을 나누어 생기감응(生氣感應)을 이루도록 처리하는 우리의 전통적 조경방식임.

—생태적 환경 여건과 태양각에 따른 음양관계, 오행원리에 따른 상생 · 상극관계와 상징색 등을 고려해 수종을 선정하고 최적 생육 식생상태를 유지하고자 함.

◀ 〈도—52〉 상생식재기법 적용 모식도.

를 고려하고 방문자를 위한 휴식·담소 공간 마련.

2) 자연순응 및 심성 순화의 공간

외부공간과 주변 경관·식생과의 조화를 유도하기 위한 '전체 속의 부분 최적화' 개념으로 인위적 배식을 최대한 자제하되, 강조·지표성을 갖는 지점에는 대형 교목으로 요점식재하였고, 기존 식생을 가급적 재활용하는 한편, 생기감응적 상생식재로 한국적 이미지 연출.

3)올림픽·홀 고유의 정체성 확보

건축물과 조화된 옥외공간을 계획하며 체육·문화시설의 연계성을 중시.

■ **공간배치개념**

· 올림픽 공원내 시설물 축에 순응.
· 독자적이면서도 주변 환경과 연계 및 조화.
· 주진입 및 부진입구 전면에 진입 광장을 계획하여 접근성과 흡인력을 높임.
· 입장 및 퇴장 동선, SERVICE 동선의 안전성을 고려하며 CORE

〈도-53〉 이미지 전개도

이미지

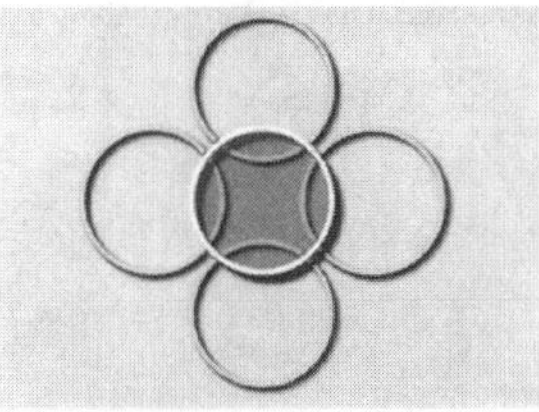

변형

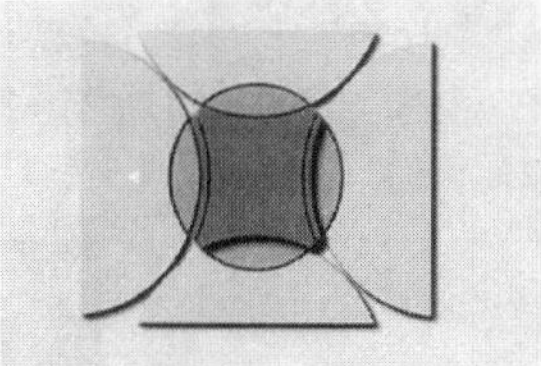

중첩

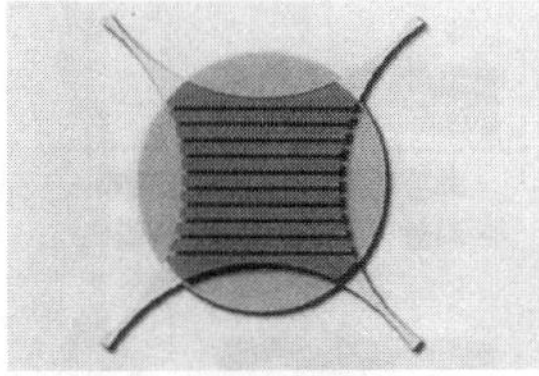

연결

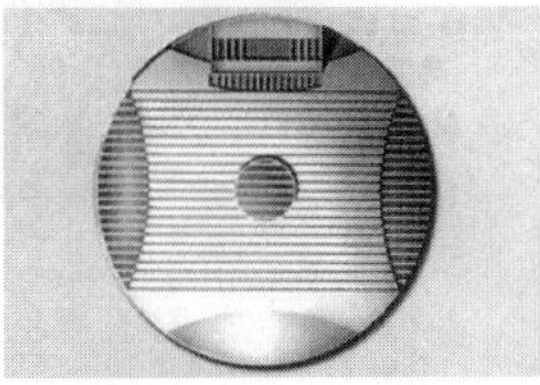

완성

의 균등한 배치.

■ 식재배치개념

· 음·양의 성상을 고려하고, 오행에 따라 소재 선택.

· 전통조경수법인 생기감응적 상생식재로 수종의 수색, 화색, 과색이나 사물의 색상 등이 서로간에 상생관계를 유지하도록 배치.

주요 공간별 식재계획

■ 진입광장

· 건축물의 시각적 위압감을 둔화시키고 안정감을 확보하기

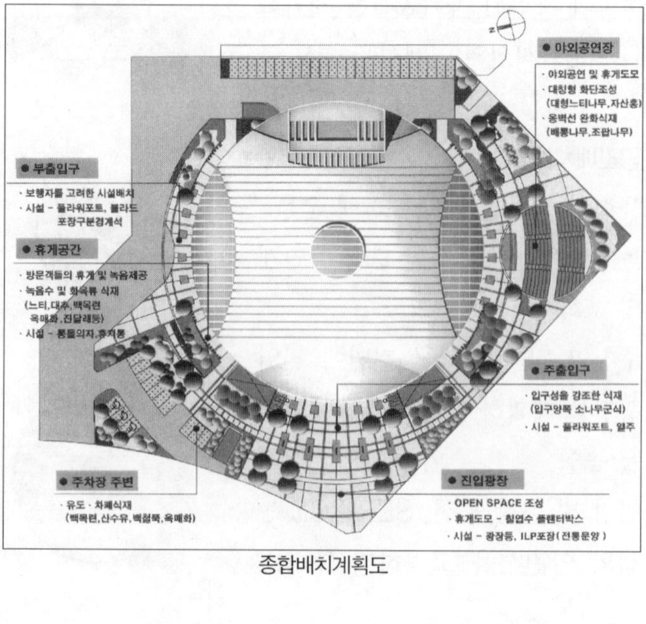

종합배치계획도

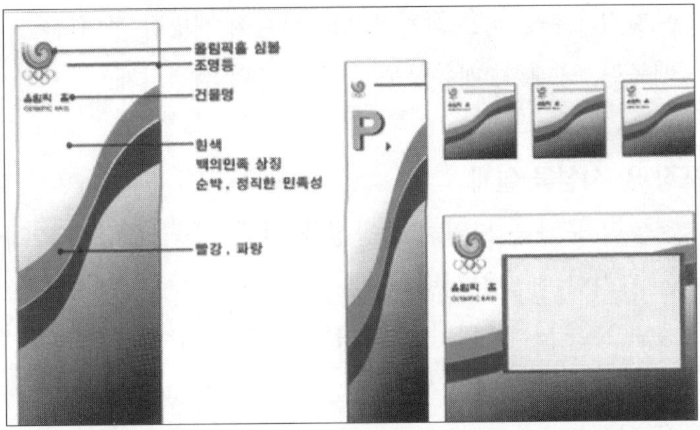

위해 전면부에 Landmark적 기능을 겸하는 대형목(칠엽수)을 요점식재.

· 주출입구 양쪽으로 소나무 군식과 하부에 조릿대와 자연석 배치로, 한국적인 미와 조형성 강조.

■ **휴게공간**

· 녹음공간을 위한 느티나무, 대추나무, 백목련 등 녹음수 식재.

· 산수유, 백철쭉, 진달래 등 화관목 식재로 아늑하고 쾌적한 휴식공간 제공.

■ **주차장 주변**

· 주차장 주변으로 유도·차폐식재.

· 주차대에 인접한 버즘나무 열식으로 주차그늘 제공.

· 주차장은 잔디 블럭을 깔아 친환경성 고취.

■ **기타 건물 주변 녹지**

· 계절풍, 음양 등을 고려한 사계절 조화식재.

· 부지경계부는 낮은 화관목으로 시각적 개방감 부여.
· 백목련, 목매화, 배롱나무 등 화목류의 점경식재.

포장 및 시설물 설계

· 전통적 문양을 도입해 독창성을 갖되, 주변 포장과 연계성을 고려한 재질을 선택.
· 공원으로서의 분위기 및 자연과의 조화가 잘 이루어질 수 있는 포장공법.
· 외부공간 비례와 인간 척도에 맞는 크기 선정.
· 친환경성을 고려한 C.I.P.(Corporate Identity Program) 개념의 시설물 적극 도입.

C.I.(Corporate Identity) 계획

■ 기본방향

· 올림픽·홀의 정체성 및 미래지향적, 현대적인 이미지 상징화.
· 간결·명확한 효율적 안내체계로서의 기능.
· 조형적 오브제로서의 역할 수행.

■ 개념

· 올림픽공원 및 올림픽·홀의 정정당당한 스포츠 정신의 위상 표현.
· 우리 민족의 역사성·문화성·예술성이 어우러진 독창적 디자인 연출.
· 주변환경과 조화를 이루는 상징적 재료 및 색채 도입.

② 대전 종합예술의 전당 조경 설계

대전 종합예술의 전당 조경공사 검토의견서

1. 사업명

대전 종합예술의 전당 조경공사

2. 검토방법

설계 도면 체크 및 현장 답사.

3. 검토내용

가. 목적

- 다양한 계층의 문화 향유를 위한 다목적 복합문화예술공간의 창조.
- 대전광역시의 선진적 문화발전 이미지 구현.

나. 조경방향

- 현대적 조형성이 가미된 건축 외관의 상징성을 강조하고, 인접 시립미술관과 둔산 근린공원과의 시각적 연계를 도모함.
- 정갈하고 절제된 조경으로 다양한 계층의 문화 향유를 위한 다목적 복합문화예술 공간의 특성을 유지하도록 함.

다. 설계도면 검토

- 대체로 무난한 듯하나, 건축 외관과 공간별 특성이 상치되어 스카이·라인 상의 부조화를 기하고 있음.
- 도입 수종에 대한 생태적 특성과 식재 계획의 공간별 개념 및 상·중·하층의 입체적·다층적 식재구조의 개념이 미흡함.
- 도입 수종의 성장도와 관련해 장래 성목 후의 경관 구성에 대한 고려가 미흡함.

라. 개선방향

- 조경 설계 기본원리에 따라 건축 외관의 조형성이 강조되어야 할 곳은 식재를 자제해 상징성을 유지하도록 함.
- 놀이마당 주변 녹지대는 시각적 변화를 주기 위해 마운딩 처리로 자연스러움을 강조하도록 함.
- 공간별 특성을 강화하고, 다층적이고 입체적인 식생구조의 틀로 변화감 있는 스카이·라인을 설정하며, 원근투시도적 기법을 적용하여 트인 공간의 확보를 기하도록 함.
  —대상부지 외곽부는 통행과 경계의 개념을 도입해 특정 수

종 열식으로 공간 특성을 유지하도록 함: 메타세콰이어.

—경계부위는 경계식재로 처리하여 공간감을 확보하도록 함: 회양목.

● 음양오행의 생기감응적 상생조경기법을 도입하여 수종의 생태적 특성과 생육환경을 양호하게 유지하도록 함.

● 유지관리를 고려하여 경제적이고 관리가 용이한 유실수를 도입하도록 함.

—주·부동선 부분은 특화 수종으로 진·출입감을 강조하도록 함.

—주차장 부근은 내공해성과 녹음성을 갖는 수종을 도입함.

마. 기타

● 현 식생토양을 비옥 상태로 조성하기 위한 식생환경의 전반적 개선 필요성이 요구됨.

● 식재밀도는 해당 지자체 조례 기준을 적용하되, 경관 구조상 시각적 개방경관을 유도하기 위해 수직성장형 교목은 자연수고를 최대한 활용해 적용하도록 하는 것이 바람직함.

● 조경시설물의 경우, 조형성이 강조되는 열주나 시비 등은 조형미를 유지하되, 종합안내판이나 방향표지판 등은 대전광역시의 상징 마크나 캐릭터를 표기하여 시의 인지성을 높이도록 하는 것이 바람직함.

● 조형 열주의 마감을 콘크리트 타설 위 쪼아내기로 계획한 것은 추후 콘크리트 구조물의 노후화에 따른 제 현상(균열·박리·층 분리·박락·백태 등)이 진행될 경우, 시각적인 이질감

조성과 주변과의 부조화가 예상되므로 영구적 질감을 유지할 수 있는 마감재료로 교체하는 것이 바람직함.

- 단체사무실 로비·소도구실·분장실 등에 자리한 내부 공간의 실내조경은 소교목과 화관목으로 정갈하게 플랜터·박스 처리하여 식재하되, 수종은 투명창 내부에 적응할 수 있는 남부성 수종으로 선택하도록 함.

4. 공간 위치별 식재 방안

대상 부지내 공간을 3개 공간으로 나누어 검토하도록 하고, 식재 수종은 당초 설계 수종 중에서 활용하되, 유지관리의 애로사항과 하자 빈도가 높다고 우려되는 수종 및 주변과 부조화가 예상되는 수종 등은 배제하였음.

1) 종합예술의 전당 주변(도면 L-24)

〈검토〉

- 현대적 조형성을 갖는 건축물의 상징성을 강조하고, 건축물 외관과의 조화를 최대한 유지하도록 함.
- 예술의 전당 전면 진입 옥외공간 주변은 식재를 자제하되 대교목으로 요점식재 처리하여 트인 공간으로서의 정체성을 확보하고, 광장 상단에는 상징성을 부각시키기 위해 대전광역시의 시목을 상징적으로 배식토록 함(조형소나무 R35).
- 진·출입부분은 인지성을 강화하고, 주변 녹지는 자연식생 구조를 유지하여 경관의 질적 수준을 높이도록 함.

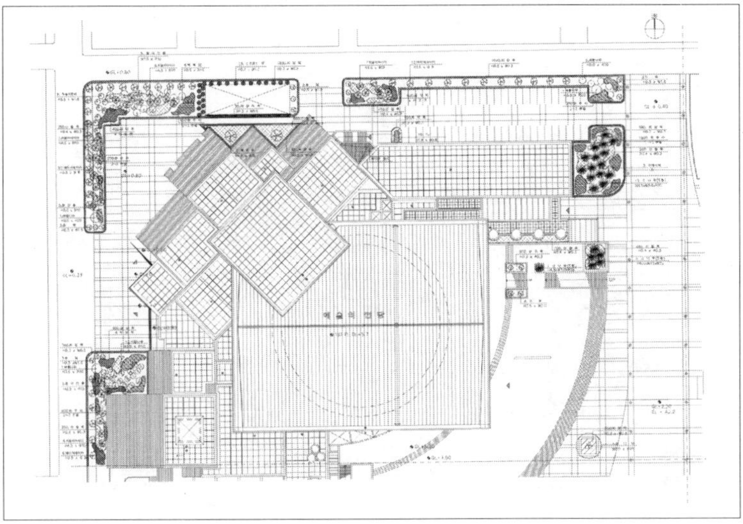

〈도입수종〉

- 소나무, 히말라야시다, 주목, 팽나무, 메타세콰이어, 이팝나무, 배롱나무, 산철쭉, 회양목, 원추리, 금낭화, 옥잠화 등.

2) 놀이마당 주변(도면 L-25)

〈검토〉

- 건물 주 · 부축 및 동선 주변은 정형성을 강조하고, 가로공간의 분위기를 연출하기 위해 대형교목 위주로 열식처리토록 함.
- 놀이마당 중심부는 조형성을 강조·보완하는 식생으로 처리하도록 함.
- 놀이마당 주변 녹지는 자연스러운 식생 패턴으로 숲과 같은

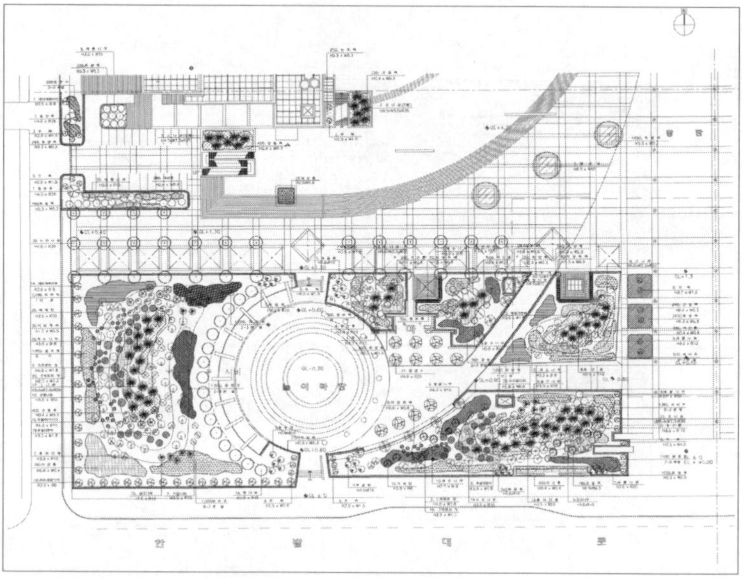

분위기를 연출하도록 함.

—Mounding 처리를 하고 다층구조적 생태특성과 사계감을 유지.

—생기감응적 상생조경기법을 도입해 쾌적하고 편안한 조경 분위기를 연출.

—주변 경계부는 원근투시도 기법상의 시각적 개방감을 강화하기 위하여 잔디 공간을 충분하게 확보.

〈도입수종〉

●소나무, 히말라야시다, 주목, 서양측백, 스트로브잣나무, 메타세콰이어, 낙우송, 독일가문비, 계수나무, 왕벚나무, 백목련, 자귀나무, 이팝나무, 은행나무, 배롱나무, 칠엽수, 삼각

단풍, 모과나무, 살구나무, 산수유, 무궁화, 낙상홍, 자산홍, 회양목, 비비추, 산철쭉, 회양목, 원추리, 비비추, 도라지, 범부채 등.

3) 주차장 주변(도면 L-26)

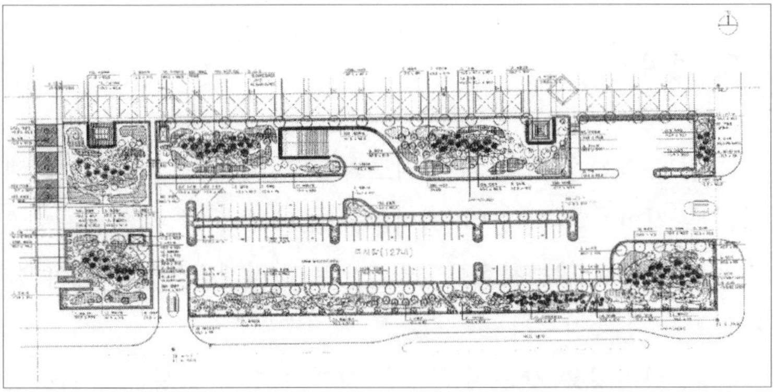

〈검토〉

- 자연스러운 주차 진·출입을 유도하기 위한 경관·녹음식재 처리를 하도록 함.
- 다층구조적 생태 특성을 유지하되, 다수종의 식생보다는 소수종의 식생으로 군집성을 갖도록 함.
  - —주변과의 조화와 상생을 고려하고, 내공해성과 경관 특성을 유지할 수 있는 수종으로 군집 처리.
  - —유도·경관 식재는 초화류, 화관목 위주로 처리.
  - —주차장 부분은 녹음 식재(Shadow Parking)를 위한 녹음수

처리.

〈도입수종〉

- 소나무, 스트로브잣나무, 모과나무, 배롱나무, 자목련, 계수나무, 이팝나무, 삼각단풍, 산수유, 자산홍, 산철쭉, 구절초, 금낭화, 옥잠화 등.

5. 건의

본 검토 의견은 당초 설계 의도와 현지 여건을 가급적 고려해 살펴본 것이지만, 전술한 미비점을 보완해 선진 대전광역시의 정체성이 확보되는 문화예술공간으로 자리매김하도록 해야 할 것임.

특히, 상징성을 갖는 수목들은 자연적 수형 특성을 유지하도록 하고, 주간 상부 절단 등의 전정은 피하도록 함.

상토의 개선으로 추후 생육 여건의 향상을 기해야 할 것임.

③ 팔현사 프로젝트 조경 설계 기본구상(안)

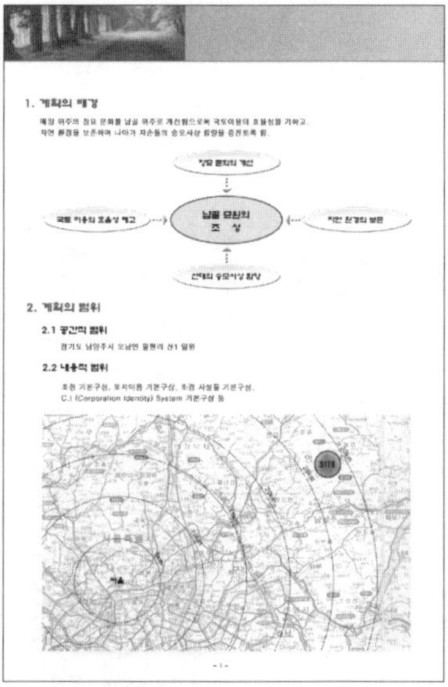

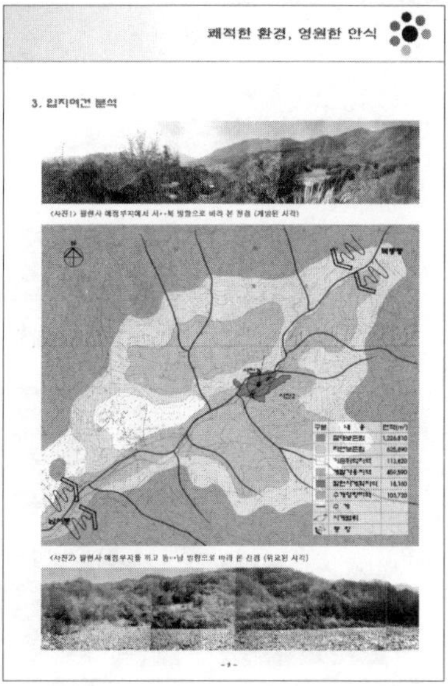

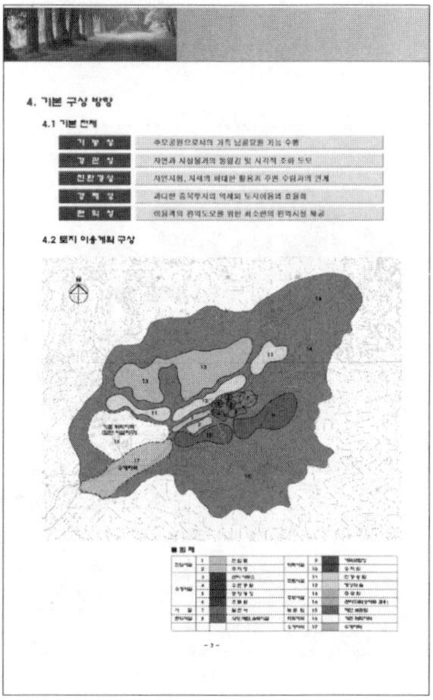

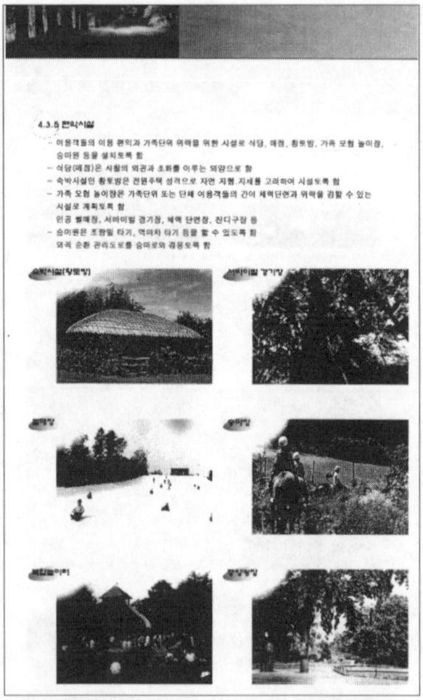
4.3.5 편익시설
- 이용객들의 이용 편익과 가족단위 위락을 위한 시설로 식당, 매점, 황토방, 가족 모험 놀이장, 승마원 등을 설치토록 함
- 식당(매점)은 사찰의 외관과 조화를 이루는 외양으로 함
- 숙박시설인 황토방은 전원주택 성격으로 자연 지형, 지세를 고려하여 시설토록 함
- 가족 모험 놀이장은 가족단위 또는 단체 이용객들의 간이 체력단련과 위락을 겸할 수 있는 시설로 계획토록 함
인공 썰매장, 서바이벌 경기장, 체력 단련장, 잔디구장 등
- 승마원은 조랑말 타기, 역마차 타기 등을 할 수 있도록 함
외곽 순환 관리도로를 승마로와 겸용토록 함
숙박시설(황토방)
서바이벌 경기장

쾌적한 환경, 영원한 안식
4.3.6 추모시설
A. 서구식 납골묘
B. 재래식 납골묘
4.3.7 자연 보존림

4.4 조경 시설물 계획
4.4.1 기본 방향
- 건물 및 주변환경과 조화를 이룰 수 있는 형태와 재료 선택
- 외부공간 비례와 인간척도(Human Scale)에 맞는 크기 선정
- 친환경성을 고려한 C.I.P(Corporate Identity Program)개념의 시설물 적극 도입
4.4.2 주요 조경 시설물
4.5 포장계획

쾌적한 환경, 영원한 안식
4.6 식재계획
- 현지 지역특성에 맞는 자생수종 위주의 배식
- 사계절의 변화와 안식에 비중을 둔 조화 식재
< 주요 식재 수종 >
소나무
느티나무
계수나무
목련
무궁화

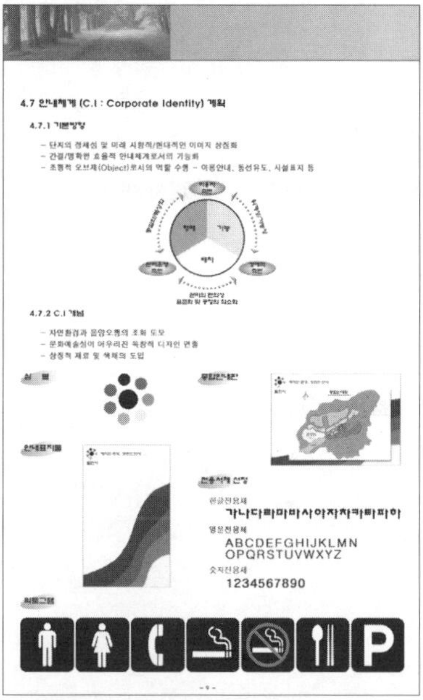

4.7 안내체계 (C.I : Corporate Identity) 계획

4.7.1 기본방향

- 단지의 정체성 및 미래 지향적/현대적인 이미지 상징화
- 간결/명확한 효율적 안내체계로서의 기능화
- 조형적 오브제(Object)로서의 역할 수행 - 이용안내, 동선유도, 시설표지 등

4.7.2 C.I 개념

- 자연환경과 음양오행의 조화 도모
- 문화예술성이 어우러진 독창적 디자인 연출
- 상징적 재료 및 색채의 도입

- 9 -

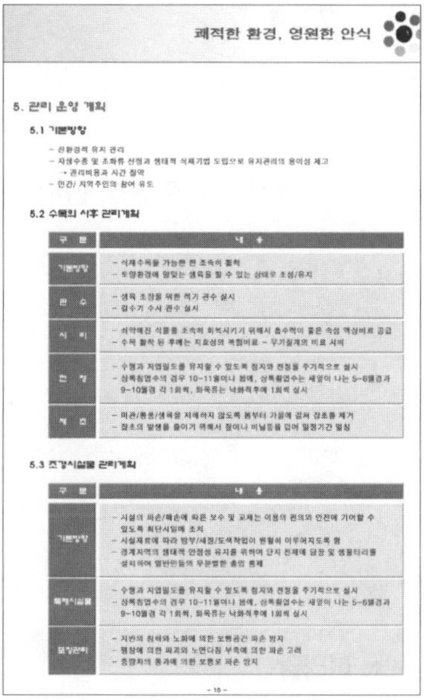

5. 관리 운영 계획

5.1 기본방향

- 친환경적 유지 관리
- 자생수종 및 초화류 선정과 생태적 식재기법 도입으로 유지관리의 용이성 제고
 → 관리비용과 시간 절약
- 민간/ 지역주민의 참여 유도

5.2 수목의 사후 관리계획

구 분	내 용
기본방향	- 식재수목을 가능한 한 조속히 활착 - 토양환경에 알맞는 생육을 할 수 있는 상태로 조성/유지
관 수	- 생육 조장을 위한 적기 관수 실시 - 갈수기 수시 관수 실시
시 비	- 쇠약해진 식물을 조속히 회복시키기 위해서 흡수력이 좋은 속성 액상비료 공급 - 수목 활착 된 후에는 지효성의 복합비료 - 무기질계의 비료 시비
전 정	- 수형과 지엽밀도를 유지할 수 있도록 정지와 전정을 주기적으로 실시 - 상록침엽수의 경우 10~11월이나 봄에, 상록활엽수는 새잎이 나는 5~6월경과 9~10월경 각 1회씩, 화목류는 낙화직후에 1회씩 실시
제 초	- 미관/통풍/생육을 저해하지 않도록 봄부터 가을에 걸쳐 잡초를 제거 - 잡초의 발생을 줄이기 위해서 짚이나 비닐등을 덮어 일정기간 멀칭

5.3 조경시설물 관리계획

구 분	내 용
기본방향	- 시설의 파손/훼손에 따른 보수 및 교체는 이용의 편의와 안전에 기여할 수 있도록 최단시일에 조치 - 시설재료에 따라 방부/세정/도색작업이 원활히 이루어지도록 함 - 경계지역의 생태적 안정성 유지를 위하여 단지 전체에 담장 및 생울타리를 설치하여 일반인들의 무분별한 출입 통제
휴게시설물	- 수형과 지엽밀도를 유지할 수 있도록 정지와 전정을 주기적으로 실시 - 상록침엽수의 경우 10~11월이나 봄에, 상록활엽수는 새잎이 나는 5~6월경과 9~10월경 각 1회씩, 화목류는 낙화직후에 1회씩 실시
포장관리	- 지반의 침하와 노화에 의한 포장공간 파손 방지 - 팽창에 의한 파괴와 노면다짐 부족에 의한 파손 고려 - 중량차의 통과에 의한 포장로 파손 방지

- 10 -

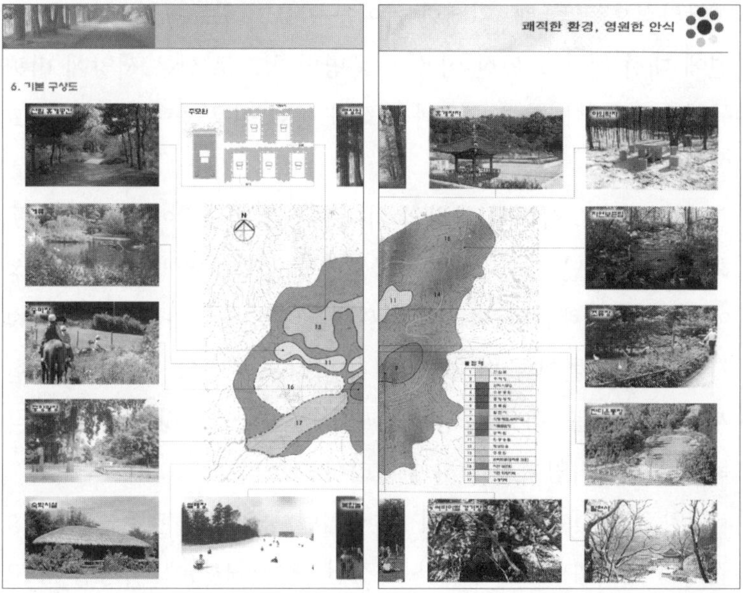

6. 기본 구상도

■ 국문 초록

풍수조경

—전통 생활풍수로 꾸미는 음택·주택·사주역학의 상생조경

■ 머리말

역사적으로 볼 때, 미세한 차이는 있을지라도 크게 나누어 '자연에 대한 정복을 통한 이용'을 문명의 척도로 삼은 서양에 비해 동양은 '자연에 대한 순응과 조화를 통한 이용'을 우선으로 삼고 있다.

이렇게 서로 상반된 관점의 차이는 상호대립적이고 동등한 듯하면서도, 지난 세기 동안 서구문명의 동양문명에 대한 우월성이 상당히 오랫동안 지속되어 왔음을 부인하기가 어렵다. 그렇지만 금세기 들어 끝이 없을 것 같던 서구 문명의 우월주의가 한계를 노정(露呈)하고 동양문명과의 접목을 시도하면서 이를 극복하려는 움직임이 현저하게 나타나고 있다.

서양적인 것에 비해 크게 비어 있던 동양적인 것은 한자문명권(漢字文明圈)의 공통적인 특징인 주역(周易)에 바탕을 두고

있는 사상적인 틀이었다. 이 틀의 한가운데 크게 각광받지 못하고 미신으로 터부시되어 온 풍수지리역학(風水地理易學)과 음양오행사상(陰陽五行思想)이 크게 자리하고 있는 것이다. 따라서 다가오는 변화의 시대에는 이를 적극 활용하고, 실생활에 대입(代入)하여 새로운 문명의 패러다임을 정립해야 하는 것이 현세를 사는 우리들의 과제인 것이다.

조경에서도 마찬가지다. 서양적인 것이 우리 것처럼 된 현실을 냉철히 돌아보고, 동양적인 우리 것에 대해 관심을 가져야 한다. 우리 맛과 멋이 갖고 있는 전통적인 가치와 내재(內在)된 의미를 파악하고, 자연의 법도(法道)를 깨우치고 그에 순응하여 인간과 자연이 하나되는 진정한 생활환경을 꾸미도록 해야 한다.

자연과의 상생(相生)을 통한 삶의 질(Quality of life)이 보다 자유로워지고 인간의 주체성이 확보되는 친환경적이고 인간 중심의 신인본주의(NEO-RENAISSANT HUMANISM)가 자리를 잡아야 한다. 이를 위한 하나의 수단으로 제기하고 있는 것이 생활풍수사상을 활용한 상생조경의 발전인 것이다.

따라서 본 서에서는 생활풍수조경과 이를 이용한 상생풍수조경의 기본틀을 제시하고, 그 방향을 설명하고 있다.

■ 생활풍수조경

주역과 음양오행 이론에 근거하고 있는 풍수지리학은 인간사(人間事)와 밀접한 관계를 맺고 있는 우리 생활의 지혜이고 삶의 길잡이다.

풍수지리학은 산(山) · 수(水) · 방위(方位) 등의 자연지리적 요소를 합리적으로 평가하여 천지인(天地人)의 조화를 기하는 과학적인 학문으로, 하늘과 땅의 섭리를 인간이 순응하고 조화를 도모함으로써 삼여일체(三如一體)를 이루고 궁극적으로는 공동선(共同善)을 추구하고자 하는 사유적(思惟的) 동양철학이다.

이는 현재의 조경학과 매우 유사해 어느 의미에서는 고전조경학(古典造景學)이라고도 할 수 있다. 생활풍수는 풍수지리·음양오행의 사상을 실생활과 인간의 사주오행에 결부하여 자연과의 공생(共生)의 길을 추구하는 방도라고 할 수 있다. 생활풍수의 근본은 우주만물·자연·인간 사이의 상생의 도를 찾는 것이다.

우주만물은 무(無)에서 음양(陰陽)의 태극(太極)이 생성되고, 다시 음양의 순환 변화를 통하여 수(水) · 목(木) · 화(火) · 토(土) · 금(金)의 오행이 생기고, 이 오행의 상호작용으로 다시 만물이 형성되고 있다. 우주만물의 모든 기본과 현상은 음양을 바탕으로 이루어지고 있는 것이다.

자연과의 상생은 자연에 대한 역행(逆行)보다는 순행(順行)을 도모해 생활력의 근원을 찾고자 함이다. 인간과의 상생은 조상과 자손과의 유대를 풍수지리사상의 근본 중의 하나인 효(孝) 사상에서 연원을 찾을 수 있으며, 나아가 살아 있는 사람들의 관계에서 보다 나은 생활을 영위하고자 하는 바람에서 비롯된다.

인간과의 상생을 풍수지리에서는 동기감응(同氣感應) 또는 기운생동(氣運生動)의 추구로 설명하고 있다. 이는 발전되어 음택풍수(陰宅風水)와 양택풍수(陽宅風水)로 크게 나뉘어 왔다.

■ **패철(佩鐵)의 사용**

이와 함께 발전되어 온 패철(佩鐵, GYROCOMPASS)은 풍수지리학에서 매우 중요한 용도로 활용되고 있다.

패철은 북극의 자기장(磁氣場)의 원리에 따라 자침(磁針)이 정확하게 남극과 남북을 가리키는 특성을 이용해 만든 기구이다. 패철은 태양과 지구, 지구와 달의 공·자전 주기의 철리(哲理)를 사물과 동물의 특성에 따라 적용한 주역팔괘(周易八卦)와 음양오행 원리를 24방위와 60갑자(甲子)로 함축하여 해석해 놓은 우주의 축소판이라 할 수 있다.

패철은 기원전 수천 년부터 중국에서 유래되어 온 것으로 당초 군사 전략이나 치산치수(治山治水)에 활용이 되다가, 중국 황실의 황궁 터나 황제의 묘자리를 잡는 데 본격적으로 이용되어 왔다. 현재 통용되는 원형은 1683년 청(淸)나라 때 인황제(仁黃帝)가 제작한 것이라 한다.

패철은 양택풍수에서는 택지의 좌향(坐向)이나 출입문 등을 측정해 가상(家相)의 길흉화복(吉凶禍福)을 예견하고 피흉추길(避凶趨吉)의 지혜를 알도록 일러 주고 있다. 음택풍수에서는 망인(亡人)의 영원한 안식처를 명당길지(明堂吉地)에 바르게 자리하도록 함으로써 영생을 누리게 해준다.

■ **음택풍수**

음택풍수에서 거론되는 이론들은 학리적(學理的) 해석에 근거하는 이기론(理氣論), 사물의 경관적 형태에 비추어 형세를 논하는 형상론(形象論), 명당명혈(明堂明穴)의 진혈(眞穴) 여부에 중점을 두고 있는 형기론(形氣論) 또는 혈기론(穴氣論) 등 세 가지로 나뉘어져 있다.

본서에서는 혈기론의 입장에서 기술하고 있다.

명당명혈은 토색(土色)이 오색토이고, 토질(土質)은 비석비토(非石非土)의 향토질이며, 과일의 열매에 비유되어 혈상(穴象)이 설명된다.

혈이 진혈(眞穴)이 되기 위한 결혈오악(結穴五嶽)은 꽃꼭지인 입수취기처(入首聚氣處)·꽃받침인 좌우(左右)의 선익(蟬翼)·씨방인 혈판(穴板·穴場)·꽃술인 전순(氈脣) 등으로, 이를 갖춘 곳이 명혈지(明穴地)다.

명혈은 황골(黃骨)이 되고 정연하고 반듯한 자세의 형국을 갖추는 한편 발복(發福)이 되는 길지로 인식된다.

현존의 가장 대표적인 명당명혈은 동구릉에 자리한 태조 이성계 대왕의 건원릉(建元陵)이다. 음택조경의 조성은 기본적으로는 자연 생태계의 식생을 우선 보존하고, 묘역은 잔디와 뿌리가 얕게 뻗는 화관목 위주로 치장하며, 묘역 외곽은 소나무나 오리나무류를 심도록 한다.

■ **양택풍수**

양택풍수는 궁궐·도읍지·주택·사찰·서원·향교·사당 등 택지의 조성 개발에 활용되고 있다. 택지의 좌향은 물론이고 가택(家宅)의 길흉화복에도 영향을 끼친다.

양택 입지의 기본은 풍수지리사상과 천문사신사상(天文四神思想)에 근거하고 있고, 양택3요결(陽宅三要訣)을 따르고 있다.

양택3요결은 뒤로 산이 있고, 앞으로 물이 흐르는 배산임수(背山臨水)·앞은 낮고 뒤는 높은 전저후고(前低後高)·앞은 좁고 뒤는 넓어야 한다는 전착후관(前窄後寬)의 지형적 3대 조건을 양택의 입지 여건으로 제시하고 있다.

양택의 공간은 기본적으로는 주역팔괘에 따른 팔방위를 동기(同氣)를 갖는 양사택(陽舍宅)·음사택(陰舍宅)의 두 범역(範域)으로 나누고 있다. 즉, 감(坎:北方)·간(艮:東北方)·진(震:東方)·손(巽:東南方)·리(離:南方)·곤(坤:西南方)·태(兌:西方)·건(乾:西北方)의 팔방을, 감·진·손·리는 양사택동궁(陽舍宅同宮)으로 간·곤·태·건은 음사택동궁(陰舍宅同宮)으로 구분해 공간 배분을 한다. 이 동궁방(東宮方)에 맞추어 대문(門)·안방(主)·부엌(竈)을 배치하는 것을 길하다고 보았다.

양택에 있어 가장 많은 비중을 차지하고 있는 전통 한옥의 경우 가족 구성원에 따른 공간 배치는 남·녀 유별의 공간을 엄격히 구분하고 있다.

한옥에 있어 우선시했던 공간은 안주인이 기거하는 안채이다. 자손 생산과 가문 번성을 상징하는 공간으로 가택의 중심이 되고, 서방이나 서북방에 배치하였다. 집주인과 장남이 기거하는 공간은 동방이나 동남방에 배치하고, 가묘(家廟)인 사당(祠堂)은 좌조우사(左祖右社)의 원칙에 따라 동북방에 배치했다.

양택조경의 조성은 전통적으로 소박하고 단순하며, 차경수법(借景手法)을 통한 자연과의 조화 도모와 인간적 척도에 맞추었고, 공간 성격에 따라 효(孝)·충(忠)·절개·부귀·번영·평화 등을 상징하는 수목으로 처리하였다.

■ **상생풍수조경의 얼개**

상생조경이라 함은 풍수지리사상과 음양오행사상을 실생활에 적용하여 인위적(人爲的)으로 생기적(生氣的) 환경을 꾸미는 데 있다.

우주 만물의 흐름과 생태적(ECOLOGICAL) 자연의 질서를 존중하고 순응하여, 모든 사물과 인간의 생기감응(生氣感應)적 감정이입(感情移入)이 이루어지도록 추구하는 것을 이르고 있다.

주변의 자연지형 · 지세 · 지질 · 식생(植生) · 수계(水界) · 토양조건 · 풍향 · 태양각(太陽角) · 미기후(MICRO CLIMATE) 등 자연지리적 조건과 역사 · 문화 · 사회적 인문환경을 풍수지리 · 음양오행 등과 고려하여 조경을 함으로써 최적의 정주환경상태를 유지하도록 조성하고자 하는 것이 목표이다.

상생풍수조경을 이루기 위해 적용되는 원리들은 다음과 같다.

- 자연지형지세를 변경하지 않고 최대한 살려, 있는 그대로의 조건을 강조하는 전통조경의 특성을 도입함.
- 동양지리사상인 풍수지리설 · 음양오행설 · 사신사상 · 양택입지론 · 가상론(家相論) · 전통문화사상 · 회화 기법 · 디자인 원리 등을 적용함.
- 상생조경 설계의 기본틀은 음양오행에 따른 상생상극(相生相剋)의 원리와 오방색상을 원용(援用)하여 설정함.
  - 음양오행의 상생은 오행의 순환을 도와주는 것으로 水生木 · 木生火 · 火生土 · 土生金 · 金生水로 기의 순행을 이루게 하며, 오방색(五方色)인 오행의 색은 水 · 木 · 火 · 土 · 金

의 흑·청·홍·황·백색을 기본으로 함.

—동시에 오행의 의미와 특성을 파악해 활용함.

●사주역학오행에 따른 사주에 맞는 사주조경을 하도록 함.

—사주는 서양의 점성술과 같이 태어난 연월일시의 오행에 따라 타고난 운명을 말하고 있음.

—하늘의 기운인 자연 사물의 十天干(甲·乙·丙·丁·戊·己·庚·辛·壬·癸)과 땅의 기운인 동물의 十二地支(子·丑·寅·卯·辰·巳·午·未·申·酉·戌·亥)를 가지고 오행으로 구분한 다음, 태어난 시점에 맞는 사주오행을 추려 사주팔자를 이루게 됨.

—사주오행에 따라 나를 돕는 용신오행(用身五行)에 의거, 사주에 맞는 사주조경을 오행상생상극의 원리와 오행의 특성, 그리고 과한 것은 빼주고 허한 것은 보하는 과사허보(過瀉虛補)의 원칙을 적용하여 꾸밈.

●상생조경설계의 설계 원리는 동양화의 구도 원리와 현대 디자인의 원리를 활용함.

—동양화는 의경공령(意境空靈)이라고 해 무(無)에서 유(有)를 창조하는 것으로, '무엇을 그리는 것이 중요한 것이 아니라 어떻게 그리느냐 하는 것이 중요한 것'이라고 보고 있음. 동양화의 구도(構圖) 원리는 취사(取捨)·주객(主客)·원근(遠近)·대소(大小)·흑백(黑白)·허실(虛實)·소밀(小密)·취산(聚散)·경중(輕重)·개합(開合) 등임.

—현대 디자인의 원리는 황금비(黃金比:GOLDEN RATION)에 의한 인간적 척도의 사용을 기본으로 하며, 대비

(CONTRAST) · 반복(REPETITION) · 균형(BALANCE) · 리듬(RHYTHM) · 조화(HARMONY) · 통일(UNITY) · 강조(EMPHASIS) · 변화(VARIETY) 등임.

- 상생조경설계는 기본적인 구상이 되고 나면 조감도적(鳥瞰圖的)인 설계 안목으로 가상공간 실현에 따른 문제점 · 보완점 · 미비점 등을 계속 환류(還流:FEED BACK)하여 검토하여야 함.

■ **맺음말**

인간은 태어날 때부터 사주오행에 의한 자신만의 체질과 기질을 가지고 있다.

음식도 체질에 따라 맞고 맞지 않듯이 조경도 사주오행에 따라 기호(嗜好)의 차이가 나게 된다. 이러함에도 그 동안 무분별하게 수용하고 개발한 서양 조경의 틀을 벗어나 이제는 동양적이고 자연의 순리에 따르는 우리의 조경을 해야 하는 시점이다.

서양 문물을 무분별하게 받아들였다 해도 우리의 동양적 사상과 철학을 바탕으로 전통 조경의 맥이 되살아나도록 해야 한다.

동양사상의 하나인 풍수지리역학 · 음양오행 · 사주오행 등을 현대적인 것에 접목시켜 나름대로의 우리 것을 찾아 우리의 참 조경을 이루고자 하는 방향으로 나가야 한다.

본 서가 자연과 하나 되는 우리의 조경이 이루어지는 계기를 마련할 수 있었으면 한다.

THE ESSENTIAL MEANING OF FENG-SHUI LANDSCAPE ARCHITECTURE

BASED ON NATURE AND HUMAN RELATIONS MUTUALITY

LHEE, DAE WOO

GEOMANCER LANDSCAPE ARCHITECT
P.E.of NATL LAND DEV'T
APEC ENGINEER(CIVIL L.A)

■ Preface

Although there is a minute incoherence, East has largely emphasized accommodating and harmonizing with nature while the West has primarily conquered and utilized nature.

Such a contrasting perspectives is not only conflicting but they reflect Western Culture perpetuating domination over Eastern Culture's for the past century.

However, the new century shows that Western Culture's domination is nearing its limit and how it attempts to unite with Eastern Culture to overcome its shortcoming.

Eastern Culture's submission to Western Culture is typical of Chinese Cultural Zone where its ideological frame is based on The CHU BOOK of CHANGES (The CHU I).

Feng-Shui I Hsiao and Yin Yang Wu Hsing Ssu Hsiang is in the middle of this frame.

Therefore, we are responsible for utilizing it and substituting it in real life to establish cultural paradigm in this transient era.

Feng-Shui is the same way.

We must realize how the Western Culture has become like our own, and show attention to our Eastern Root.

We must understand the innate meaning and cultural value of our own taste and flavor, and create a living environment where human and nature unite as one by realizing natural law and submitting to it.

Anthropocentric Neo-Renaissant Humanism, freer quality of life, and human identity must be established through mutualism with nature.

Mutuality Landscape achieved through Living Feng-Shui Landscape Architecture is one of the methods to arrive at such a goal.

Therefore, this book suggests Living Feng-Shui Landscape and its framework, and it provides explanation for its direction.

■ Living Feng-Shui Landscape Architecture

Feng-Shui Based on The CHU I and Yin Yang Wu Hsing Shuo is

closely related to human history, and it provides daily wisdom as a living guideline.

Feng-Shui is a scientific study of natural geographic elements such as Mountain, Water, and Direction to learn to manifest harmony as Heavenly Body, and to establish Trinity by causing human to submit to universal law of nature. Its ultimately an Eastern Philosophy that attempts to pursue the Highest Good. This has many similar points as today's Landscape Architecture, and it could be perceived as ancient Landscape Architecture. Living Feng-Shui connects Feng-Shui, Yin Yang Wu Hsing principles into daily human lives to achieve mutualism with nature.

Living Feng-Shui's origin is based on finding way to mutualism between omnipresent matter, nature, and human.

All matter is created from emptiness to Yin Yang's The Great Absolute. water, wood, fire, earth, and gold("Wu Hsing"-meaning five elements) are created through Yin Yang's circular change. Wu Hsing's interaction creates all matter.

All matter's fundamental shape is based on Yin Yang.

Mutualism with nature is finding life power by flowing with nature instead of flowing against nature.

Mutualism with human could be discovered in relationship between ancestors and descendent based on filial piety, which is one of Feng-Shui's fundamental principles. Furthermore, it is manifested by desire to enhance living relationships.

Human Mutualism in Feng-Shui is explained as achieving Siblings inspiration, or Vitality lifelikeness. This could be divided into Yin Che Feng Shui (Grave Site) and Yang Che Feng Shui (Housing Site).

■ Gyrocompass

Gyrocompass, which has advanced along with Feng-Shui, is used in important part of Living Feng-Shui. Gyrocompass is based on the characteristic of a magnetic needle, which points to north and south due to magnetism of North Pole. Gyrocompass is a microcosm of universe that applies Sun, Earth, and Moon's revolution and rotation principles to matter and animal according to the Eight Trigrams for Divination of The CHU I and Yin Yang Wu Hsing in 24 Directions and 60 Heaven and Earth's stems..

Gyrocompass originated in China for military purpose, and it later became useful in finding land for emperor's grave or royal palace. Currently used Gyrocompass was manufactured by Emperor JEN in 1683.

Gyrocompass in Yang Che Feng Shui is used for predicting the Aspect of a house's fortune by measuring Geomantic Aspect or entrance of selected landscape.

In Yin Che Feng Shui, it is used to find the propitious site for a grave of a deceased for eternal rest.

■ Yin Che Feng Shui

Principles discussed in Yin Che Feng Shui are divided into Li Chi Luen based on scholarly interpretation, Hsing Hsiang Luen based on matter's shape of Natural Scenic, and Hsing Chi Luen or Hsueh Chi Luen based on the excellent grave good site.

This book is based on Hsing Chi Luen.

The Excellent Grave Good Site's earth color is five colors of soil and earth quality is non stone-soil's with yellow soil.

The Five necessary set in stone conditions that is needed for excellent grave to become real grave are flower top as if to chu chi of grave, flower base as if left-right wing sites of grave, flower septum as if grave field, flower stamens as if mouth and bill of grave. Landscape including all of these are the excellent grave good site.

The excellent grave with straight and ordered landscape that brings luck is considered propitious land.

Currently, the best representation of the excellent grave is 'Geonwoneung' Tomb of Lhee Sung Gye, who was the first king of Choson Dynasty.

A Grave Site Landscape Architecture's basic configuration must preserve nature's plant lives, embellish grave site with shallow rooted grass, and plant pine tree along the outer edges of the grave.

■ Yang Che Feng Shui

Yang Che Feng Shui is used for developing the structures of royal palace, capital, residence, temples, a past lecture hall, a past local school, and a shrine. It influences selected landscape's geomantic aspect, as well as the family's fortune.

Housing Site's basis is Feng-Shui and Ssu Shen Ssu Hsiang, it follows The three necessary conditions of Housing Site.

It suggests Pei Shan Lin Shuei(mountain in the back and water flow in the front), Chien Ti Hou Kao(low front and high posterior), and Chien Chai Hou Kuan(narrow front and wide posterior) as its 3 geographical requirements.

Yang Che's space should be fundamentally divided into Yang She Che and Yin She Che areas according to 8 directions of the Eight Trigrams for Divination of the CHU Book.

Among N, NE, E, SE, S, SW, W, NW of 8 directions, N, E, SE, S are attributed to Yang She Che Same Value Threshold while NE, SW, W, NW are attributed to Yin She Che Same Value Threshold to divide the space.

It is auspicious to configure main entrance, master bedroom, and kitchen according to this Same Value Threshold.

The most prevalent type of Yang Che is Korean traditional House 'Han Ok', and its space configuration according to family members are strictly segregated by gender.

'Han Ok' primarily emphasized a main building 'An Chae', which was a place for lady of the house. Placed in center of the house facing west or northwest, it symbolized propagation of descendents and family name. Man of the house and his oldest son resides in a room facing east or southeast. a shrine, which is a family shrine, is configured to face northeast according to the principles of Left royal shrine Right the state deities.

Housing Site's Landscape architecture is traditionally simple and plain and uses Borrowing Scenery Technique, which promotes harmony with nature at human level. Space characteristics were dealt accordingly with plants that symbolize filial piety, patriotism, integrity, wealth, prosperity, and peace.

■ Mutuality Feng Shui Landscape Architecture

Mutuality Landscape Architecture refers to applying Feng-Shui ideology and Yin Yang Wu Hsing Ssu Hsiang in everyday life to artificially create an lively environment.

It pursues all matters to divide human and State of things to accomplish empathy of vitality inspiration by respecting the flow of universe and submitting to ecological orders.

Its goal is to create the sustainable environment by considering Yin Yang Wu Hsing with culture, history, social civilization environment such as surrounding geographic nature, topography, geology, plant, water, earth, wind direction, angle of the sun, and micro climate.

Principles applied to creating Muruality Feng Shui Landscape Architecture are as follows:

Introduces characteristics of traditional architecture, which emphasizes maximal enhancing of natural geological features without altering.

Applies Eastern geographic concept such as Feng Shui Ti Li Shuo, Yin Yang Wu Hsing Shuo, Ssu Shen Ssu Hsiang, Site Analysis, The Aspect of a house, Traditional Cultural Thoughts, Pictorial Techniques, and Design concepts.

Mutuality Feng-Shui's basic frame work follows Yin Yang Wu Hsing's Mutually Aid-destructive concept and Five Symbolic Colors of directors's quote.

Yin Yang Wu Hsing's mutuality aides circulation of Wu Hsing, which is ordered. Imitation colors, are basically black, blue, red, yellow, and white.

Understand and apply the meaning and characteristic of Wu Hsing simultaneously.

Perform The Four Pillars Landscape Architecture that accommodates The Four Pillars of one's Birth and Fortune-telling lore with Wu Hsing.

The Four Pillars refers to innate fate decided by date and time of one's birth like the astrology of the West.

Selecting Celestial spirits called The Ten Heaven's Stems(Chia, I, Ping, Ting, Mao, Chi, Keng, Hsin, Jen, Kuei) and The Earth's 12 Spirit Branches Wu Hsing(Rat, Ox, Tiger, Hare, Dragon, Snake, Horse, Sheep, Monkey, Cock, Dog, Pig) that fits point of birth according to Wu Hsing establishes The Four Pillars and The Cyclic Eight Characters of one's.

By adding what's lacking and subtracting what's replete, create and apply The Four Pillars Landscape Architecture that fits my The four Pillars and assists me through Wu Hsing.

Mutuality Feng-Shui Architecture utilizes principles of Oriental painting's composition and modern design.

Oriental painting is called I Ching Kung Ling(creating something out of nothing) which views that painting is not important but how its painted is important.

Oriental painting's compositional concepts are Take-Leave, Subject-Object, Perspective, Size, Black-White, True-False, Densimetry, Gather-Distribute, Weight, and Open-Closed.

Modern designing concepts have use of human perspective by golden ration as its basis. They are contrast, repetition, balance, rhythm, harmony, unity, emphasis, and variety.

After conceiving basic structure, Mutuality Feng-Shui Landscape Architecture needs to be proofed by continuous feedback of problem and imperfection with An Airscape-Scope design perspective that actualizes cyber space.

■ Conclusion

Human being is born with its unique body type and characteristic according to our The Four Pillars Wu Hsing.

Even food could be agreeable or disagreeable accordingly. Likewise, architecture differs according to The Four Pillars Wu Hsing for one's Fortunate Life.

Thus, we need to escape from western framework that we have ignorantly developed and encompassed. We must discover our oriental architecture that follows laws of nature and displays eastern taste.

Although we have indiscreetly accepted western culture, we must revive traditional architecture based on eastern philosophy and ideology.

We must discover our own taste by combining Feng Shui Ti Li I Hsiao, Yin Yang Wu Hsing, The Four Pillars Wu Hsing into what's modern.

This should be the cause of establishing our landscape architecture that follows laws of nature, and unites us with nature.

THE ECOLOGICAL ENV'TAL MUTUALITY
FENG SHUI L.A. RESEARCH INSTITUTE
E-MAIL:pungsuland@korea.com

DAE WOO, LHEE

■ 참고문헌

ERNST CASSIRER 著, 최명관 譯, 『인간이란 무엇인가』, 훈복문화사, 서울, 1969.

金瑞京, 『家相의 科學』, 玄岩社, 서울, 1972.

申榮勳, 「한옥과 그 역사—한국건축사서설」, 『한국건축사대계 1』, 에밀레미술관, 서울, 1975.

건설부, 『조경설계기준』, 서울, 1975.

尹張燮, 『韓國建築史』, 東明社, 서울, 1976.

말리노프스키 著, 韓完相 譯, 『文化의 科學的 理論』, 三省出版社, 서울, 1976.

一然 外 著, 李丙燾 外 譯, 『韓國의 民俗·宗敎思想』, 三省出版社, 서울, 1976.

변우혁, 『이조시대 정원의 수목과 배식에 관한 연구』, 서울대 환경대학원 조경학 석사학위 논문, 1976.

李大雨, 『공지(OPEN SPACE)의 規制라는 側面에서 본 우리 나라의 公園政策에 關한 硏究』, 서울대 환경대학원 조경학 석사학위 논문, 1977.

李準基, 『地理眞寶』, 계축문화사, 서울, 1978.

企劃團, 『行政首都建設을 위한 白紙計劃』, 서울, 1979.
朱南哲, 『韓國住宅建築』, 一志社, 서울, 1980.
金圭植 外 1人, 『韓國紋樣文形圖集』, 大方出版社, 서울, 1980.
鄭寅承 外 1人 譯, 『价子園畵傳』, 昊造出版社, 서울, 1981.
張保雄, 『韓國의 民家研究』, 寶晋薺出版社, 서울, 1981.
盧隆熙, 『環境과 都市』, 綠苑出版社, 서울. 1984.
崔昌祚, 『韓國의 風水思想』, 민음사, 서울, 1984.
壬勝彬, 『環境心理 · 行態論』, 普成文化社, 서울, 1984.
尹國炳, 『造景配植學』, 一潮閣, 서울, 1987.
金鍾太, 『中國繪畵史』, 一志社, 서울, 1987.
兪炳林 外 2人, 『朝鮮朝 庭園의 原理』, 서울대 환경계획연구소, 1989.
김호년, 『한국의 明堂』, 동학사, 서울, 1989.
이대우, 「전통적인 조경 소재의 응용」, 『환경과조경』, 환경과조경사, 서울, 1989. 3.
明 · 計無否 著, 『園冶 影印本』, 조경사, 서울, 1990.
李澤厚 著, 權湖 譯, 『華夏美學』, 東文選, 서울, 1990.
金鍾喆, 『明堂要訣』, 오성출판사, 서울, 1991.
왕백민 著, 강관식 譯, 『동양화구도론』, 미진사, 서울, 1991.
壬勝彬, 『景觀分析論』, 서울대학교출판부, 서울, 1991.
추송학, 『풍수비결』, 생활문화사, 1992.
국립중앙박물관, 『한국전통문화』, 한국박물관회, 서울, 1992.
鄭暲午, 『東洋造景文化史』, 전남대출판부, 광주, 1992.
디터 프린츠 저, 윤정섭 역, 『都市景觀方法論』, 대우출판사, 서울, 1992.
김대은 外, 『기본완성 풍수지리』, 우성상사, 서울, 1993.
具美來, 『한국인의 상징세계』, 교보문고, 서울, 1993.
유홍준, 『나의 문화유산답사기』, 창작과비평사, 서울, 1993.
Christopher Alexander 著, 韓根培 譯, 『建築 · 都市形態論 Ⅱ』, 泰林文化史, 서울, 1993.
이대우, 「전통문화의 이해를 통한 도시조경개발 방향」, 『도시문제』, 대한지방

행정공제회, 서울, 1994. 1.
최영진 · 이기동, 『주역』, 동아출판사, 서울, 1994.
이대우, 「제4회 서울특별시 조경상 심사총평」, 『환경과조경』, 환경과조경사, 서울, 1995. 12.
———, 『세계의 도시 조경 답사기』, 시간과공간사, 서울, 1997.
———, 「음양오행설에 근거한 상생 조경 식재」, 『환경과조경』, 환경과조경사, 서울, 1999. 10.
모종수, 『기풍수(氣風水)』, 동학사, 서울, 1999.
高光喆 譯, 『周易』, 고려문학사, 서울, 2000.
신영훈, 『한옥의 향기』, 대원사, 서울, 2000.
김광언, 『우리 생활 100년 · 집』, 방일영문화재단 한국문화예술총서 16, 현암사, 서울, 2000.
김병호, 『기와 수맥 · 명당 인테리어』, 태웅출판사, 서울, 2001.
한국자연지리협회, 『역학의 비결』, 자연출판사, 서울, 2001.
———————, 『양택의 비결』, 자연출판사, 서울, 2001.
———————, 『양택풍수』, 자연출판사, 서울, 2002.
———————, 『명당의 기운』, 자연출판사, 서울, 2002.

■ 후기

미완(未完)의 완성(完成)을 찾아

필자는 생활이 답답하거나 지루하고, 설계가 선뜻 진전되지 아니하고 막힌다든가 할 때, 아니면 어떤 영감을 얻고자 할 때 오대산을 찾는다.

오대산을 꼽아 얘기한다고 해서 오대산이 다른 곳보다 빼어난 것은 결코 아니다. 다만, 가을이면 생각날 때 찾아본다는 이유 외에는 뾰족한 것이 없다. 그보다는 우리 산하에서 보여지는 조경의 진수를 찾아보고자 함이 오히려 진솔한 변명일 게다.

월정사 찾아가는 길에 청태산 자연휴양림도 들러 보고, 방아다리 휴게소에서 막국수도 먹어 보고, 내친 김에 6번 국도변 월정사 길목에 자리한 한국자생식물원에도 들러 우리 토종 꽃들을 실컷 감상하고, 느지막히 월정사 진입로를 지난다.

0.7km 정도 되는 전나무 터널이 반색을 하고, 소채밭, 침목울타리,이끼 낀 개울을 가까이 하고 있는 산장에서 하룻밤을 보낸

다. 오랜만에 시도 지어 본다.

산장에 밤이 찾아드니/속세를 절로 잊는구나.
별 무리 쏟아지는 뜨락에/개울 소리 청정도 하다.
오가는 길손도 뜸한 이녁에/삿갓주로 벗을 삼으니
고즈넉한 산속일망정/하늘과 땅이 지척이로구나.

다음날, 어느 것 하나 인위적이며 또 모가 나고 직선적인 구조물과는 비할 수 없이 자연스러운 선을 연출하며 생명의 움직임을 느끼게 해주는 오솔길, 개울, 논·밭길 등을 지난다. 능선의 완만함과 부드러움을 느끼며 지상과 연결되어 하늘로 날아오르는 월정사의 처마선을 보고, 상원사의 종소리에 선녀가 비상하는 맑은 모습을 담아내면서 자연의 맛을 느끼면 생기감응(生氣感應)이 절로 인다.

세월의 인고가 이루어낸 당느릅의 '두 나무 같은 한 나무, 한 나무 같은 두 나무'의 연리지(連理枝)인 부부 모습을 보고 비로봉을 비켜 지나 계곡으로 접하면 피곤함도 일시에 걷히고 만다. 경관적으로 볼 때 화려하지는 않아도 옛모습을 잃지 않고 있다. 세련된 눈으로 볼 경우에는 볼품없을 수도 있다. 우리의 문화경관이다. 그러나 편익성을 내세운 토목공사가 진행되고 있다.

아차 싶었다. 정동진이 생각났다. TV 드라마를 통해 알려진 초기의 풍광인 바닷가의 소나무 한 그루가 비록 허(虛)하기는 하나, 명성을 얻고자 할 때에는 보(補)하지 말고 그대로 내버려 둘 줄도 알아야 제 멋이 나고 제 가치를 지니는 것인데…….

문화경관적 가치는 당시의 환경으로 보전되어야 그 진면목이 있는 것이다. 골동품은 값으로 매겨지니 생명력이 없지만, 무형의 문화 가치는 영원한 것으로 값을 매길 수가 없다. 돋보이게 한답시고 덕지덕지 화장을 한 모습에는 이미 순수함이 없다.

● 2~3년 전 K대학교 조경학과 학생들에게 강의를 하면서 『한국의 백경』이라는 비디오를 교재로 삼은 적이 있다. 몇 군데를 보여주고 나서 학생들에게 느낀 점을 기술해 보라고 했다. 대강 이런 내용들이었다.

나무들이 서로 마주보고 인사하는 형태, 휘감아 처리되는 자연 식생, 자연스럽고 비정형 스타일의 식생 패턴, 산의 능선과 계곡과의 자연스러운 연계, 인간과의 상호보완, 계절적 변화, 곡선과 여백의 미, 진경산수화, 산과 골의 중첩에 따른 원근미, 차경 효과, 물리적인 경계가 아닌 자연스러운 경계, 어우러지고 풀어졌다 다시 어우러지는 경계, 편안하고 아늑함, 개성 있는 여럿이 한데 섞여 한 덩어리로 되며 보여지는 경관의 연출, 한국적 사상과 상징성을 은근하게 부여하는 자연.

학생들의 소감은 에누리없이 우리 조경의 실체를 이야기하고 있었다. 진한 감동이 왔다. 학생들은 조경의 실체에 대해 접근하고 있었던 것이다. 눈에는 경계가 없듯이 자연과 사람은 일체다. 조경은 커다란 의미의 자연이다. 인간은 자연 속의 작은 존재일 뿐이다. 조경을 통해 인간을 자연 세계의 심연에 닿게 하는 것이 조경가의 역할이다.

이런 한국의 산하에서, 우리는 예로부터 자연을 거스르지 않고 미를 찾고 순응하며 동화해 온 것이다. 이것이 우리의전통적인 조경관이고, 우리네 참조경의 실체가 되어야 할 소이다.

● 조경을 하고 있거나, 하고자 하는 많은 사람들이 우리 조경의 실체를 모르고, 철학 또한 부재되어 있다고 믿고 싶지는 않다. 하나, 근본이 없이 겉치레에만 능숙한 기계적 사고방식에 익숙해져 있지는 않은가 살펴볼 필요는 있다. 배울 때는 제대로 배워 놓고도, 실상은 현란한 표현과 기교에다가만 강제성을 두고 능숙하려 하는 현실을 볼 때 안타깝기만 하다. 마치 패션의 중요한 의미 중 하나가 개성을 살리는 것임에도 불구하고, 진정한 패션은 없고 일시적 유행만 있는 꼴이다. 오래되고 낡은 것이 거추장스러워 보이는 상황에서는 제대로 된 형상을 볼 수도, 갖출 수도 없다. 물은 가다가 웅덩이를 만나면 쉬어서 가고, 사방의 물줄기를 받아들이면서 고일 때를 참고 기다리다 또 넘치면 흘러흘러 보편의 바다에 다다른다. 조경은 단순히 꾸미는 것이 아니고 자연스러움을 생성해내는 것이다. 예술의 본질은 보이지 않는 쪽에 있고, 형태는 보이는 쪽에 있다. 형태만 보고 사물을 선호할 것이 아니라 안 보이는 내면의 세계에서 본질을 찾도록 해야 한다. 비록 그것이 어눌하고 힘들지라도 본질에 가까워지려고 내 자신에게 강제하고 애쓰는 도정(道程)에서 조경이라는 예술의 참의미가 남에게도 전해지게 된다. 미완(未完)의 완성(完成)을 찾을 수도 있고, 불각(不刻)의 미도 느낄 수 있어야 하며,

여백도 갖출 수 있어야 한다.

아무리 옷감이 좋고 디자인이 빼어나다 하더라도, 몸에서 자신의 모습이 배어나오는 옷이 되어야지, 몸 따로 옷 따로 노는 옷이 되어서는 아니 된다. 화려한 기법이나 요란한 표현을 지양하고, 소박한 듯하면서도 내실 있는 조경을 연출하도록 노력해야 한다.

● 기능을 갖고 있는 개개 요소들의 설계는 그 나름대로의 해석과 음미가 있어야 하겠고, 이것이 종합되어 하나의 표출된 예술적 창조성을 갖추어야 한다. 주변의 환경적 리듬과의 조화를 도모하고, 삭히면 삭힐수록 깊은 맛을 주는 후심적(後深的) 공간처리가 무엇보다도 중요시된다.

명작이 오래도록 감동을 주고 있는 것은 작품의 독특성이나 희귀성보다도 상징과 의미의 전달에 적합한 설득력을 갖고, 미적·용적 기능(用的 機能)이 서로 조화를 이루고 있기 때문이다. 예술에서의 보편타당적 대중성이 요구되는 것도 여기에 있다. 어느 대상을 보고 충실하게 자기 자신 쪽으로 반영시킬 때 명품·명작이 나온다.

현대 속에서 추구하고자 하는 조경의 방향이 어디로 가야 할 것인가에 대한 설정이 불분명했던 점도 간과할 수가 없다.

관념적 단순화와 선(線)의 명쾌성을 갖고 있는 미니멀·아트 성향의 모더니즘이 과연 한국적 추상성이 갖고 있는 여백이라든가 여유, 그리고 긴장의 이완 등 최소한의 한국적 정서에 제대로 접목되고 있는지를 이제는 유의해 볼 필요가 있겠다.

외래 문화의 차용과 수용의 과정에서 초기 모방의 단계를 어느 정도 지나게 되면 창조의 단계로 접어들게 되는 것이 일반적 경향이다. 그렇지만 어느 시대를 모방할 수는 있어도 한 시대의 보편적 감정이나 양식을 모방할 수는 없다.

손끝의 정성에서 배어 나오는 장인적 창의성인 '오직, 그 맛'이 못내 아쉽고, 변화의 과정에서 한국적 정서를 제대로 이어내지 못하고 있는 현실은 실로 안타깝기 때문이다. 세련된 조형감각과 정연성을 띄우려는 노력이 있음에도 불구하고 표현이나 기교의 잔재주만 수연(秀然)해 보이려는 자세는 속 빈 강정인 것이다.

현대적인 관행이 일상화되어 가고 있는 지금, 전통조경을 구현하자고 하는 것이 아주 옛것으로 되돌아가자고 하는 것을 의미하는 것은 아니다. 다만 오랜 세월의 변화 속에서도 연면히 이어져 오고 있는 우리 것을 되찾아 새로운 변화에 맞춰 소화하자는 것이다.

조경가는 열과 성과 믿음을 갖고 하나의 예술작품을 창조한다는 자세로 임해야 한다. 조경에 대한 많은 정의가 있기는 하나 한마디로 '조경이란 공공을 위해 바람직스럽고 쾌적한 환경을 제공하고자 어떤 일단의 공간을 변화시키는 창조적 예술활동'이라고 할 수 있겠다.

조경이 자연을 이해하고 다루고 가꾸며 꾸미는 작품이기 때문에 절대로 조급함을 갖고 쇠뿔 빼듯 단김에 어떤 결과나 변화가 이루어지기를 기대하는 것은 금물이다. 오랜 세월 풍상을 겪어온 수목이 모두에게 그 품위를 더해 주는 것과 같이 모두의 인내와 끈기가 필요한 것이다.

조경가가 아무리 훌륭한 식견과 이론을 갖추었다 하더라도 단순한 조경가여서는 안 된다. 비록 조경가가 어떠한 결정을 할 수 있는 입장이 아니라 하더라도, 결정권자를 충분히 설득하고 자문하고 이해시킴으로써 소망하는 바의 올바른 방향으로 결정이 이루어질 수 있도록 부단한 노력을 경주해야 한다.

이러한 방향으로 앞으로 우리의 조경이 계속 새롭게 발전하기를 기대한다.

필자도 이러한 기대에 부응하여 풍수상생조경을 시도함에 있어 '욕심을 버리고 마음을 편안히 가지며, 약속은 반드시 지킨다'는 염허수약(恬虛守約)의 신조를 가슴속 깊이 아로새긴다.

회심곡(回心曲)

세상천지만물중에 사람밖에또있는가 여보시요시주님네
이내말씀들어보소 이세상에나온사람 뉘덕으로나왔는가
석가여래공덕으로 아버님전뼈를빌고 어머님전살을빌며
칠성님전명을빌고 제석님전복을빌어 이내일신탄생하니
한두살에철을몰라 부모은덕알을손가 이삼십일당하여도
부모은공못다갚아 어이없고애닯고나 무정세월여류하야
원수백발돌아오니 없든망령절로난다 망령이라흉을보고
구석구석웃는모양 애닯고도설은지고 절통하고통분하다
할수없다할수없다 홍안백발늙어가면 인간에-이공도를
누가능히막을손가 춘초는년년록이나 왕-손은 귀불귀라
우리인생늙어지면 다시젊지못하리라 인간백년다살아도
병든날과잠든날과 걱정근심다제하면 단사십도못살인생
어제오늘성튼몸이 저녁나절병이들어 섬섬약질가는몸에

태산같은병이드니 부르나니어머니요 찾는것이냉수로다
인삼녹용약을쓰나 약효험이있을손가 판수불러경읽은들
경의덕을입을손가 무녀불러굿을하나 굿덕인들있을손가
재미쌀을쓸고쓸어 명산대천찾아가서 상-탕에 메를짓고
중-탕에 목욕하고 하-탕에 수족씻고 촉대한쌍벌여놓고
향로향합불갖추고 소지한장든연후에 비나이다비나이다
부처님전비나이다 칠성님전발원하고 신장님전공양한들
어느성현아름있어 감응이나할까보냐 제일전에진광대왕
제이전에초강대왕 제삼전에송제대왕 제사전에오관대왕
제오전에염라대왕 제육전에변성대왕 제칠전에태산대왕
제팔전에평등대왕 제구전에도시대왕 제십전에전륜대왕
열시왕의부린사자 일직사자월직사자 열시왕의명을받아
한-손에 철봉들고 또한손에창검들며 쇠사슬을빗겨차고
활등같이굽은길로 살대같이달려와서 닫은문을박차면서
뇌성같이소리하고 성명삼자불러내여 어서가자바삐가자
뉘분부라거역하며 뉘영이라지체할까 실낱같은이내목에
팔뚝같은쇠사슬로 결박하야끌어내니 혼비백산나죽겠네
여보시오사자님네 노자돈도갖고가게 만단계유애걸한들
어느사자들을손가 애고답답설은지고 이를어이하잔말가
불쌍하다이내일신 인간하직망극하다 명사십리해당화야
꽃진다고설워마라 명년삼월봄이오면 너는다시피련만은
우리인생한번가면 다시오기어려워라 북망-산 돌아갈제
어찌갈고심산험로 한정없는길이로다 언제다시돌아오랴
이세상을하직하니 불쌍하고가련하다 처자의-손을잡고

만단설화다못하여 정신차려살펴보니 약탕-관 버려놓고
지성구호극진한들 죽을목숨살릴손가 옛늙은이말들으니
저승길이멀다드니 오늘내게당하여선 대문밖에저승이라
친구벗이많다한들 어느누가동행할까 구사당에하직하고
신사당에예배하고 대문밖을썩나서니 적삼내여손에들고
혼백불러초혼하니 없든곡성낭자하다 일직사자손을끌고
월직사자등을밀어 풍우같이재촉하여 천방지방몰아갈제
높은데는낮아지고 낮은데는높아진다 악의악식모은재산
먹고가며쓰고가랴 사자님아사자님아 내말잠깐들어주오
시장한데점심하고 신발이나고쳐신고 쉬여가자애걸한들
들은체도아니하고 쇠뭉치로등을치며 어서가자바삐가자
이렁저렁여러날에 저승원문다다르니 우두나찰마두나찰
소리치며달려들어 인정달라비는구나 인정쓸돈반푼없다
단배골로모은재산 인정한푼써볼손가 저생으로옮겨볼까
환전부처가져올까 의복벗어인정쓰며 열두대문들어가니
무섭기도끝이없고 두렵기도측량없다 대명하고기다리니
옥사장이분부듣고 남녀죄인등대할제 정신차려살펴보니
열시왕이좌개하고 최판관이문서잡고 남녀죄인잡아들여
다짐받고봉초할제 어두귀면나찰들은 전후좌우벌려서서
기치창검삼열한데 형벌기구차려놓고 대상호령기다리니
엄숙하기측량없다 남자죄인잡아들여 형벌하며묻는말이
이놈들아들어보라 선심하랴발원하고 인세간에나아가서
무슨선심하였는가 바른대로아뢰여라 용방비간뽄을받아
임금님께극간하여 나라에는충성하며 부모님께효도하여

가범을-세웠으며 배고픈이밥을주어 아사구제하였는가
헐벗은이옷을주어 구란공덕하였는가 좋은곳에집을지어
행인공덕하였는가 깊은물에다리놓아 월천공덕하였는가
목마른이물을주어 급수공덕하였는가 병든사람약을주어
활인공덕하였는가 높은산에불당지어 중생공덕하였는가
좋은밭에원두심어 행인해살하였는가 부처님께공양드려
마음닦고선심하야 염불공덕하였는가 어진사람모해하고
불의행사많이하며 탐재함이극심하니 너의죄목어찌하리
죄악이-심중하니 풍도옥에가두리라 착한사람불러들여
위로하고대접하며 못쓸놈들구경하라 이사람은선심으로
극락세계가올지니 이-아니 좋을손가 소원대로물을적에
네원대로하여주마 극락으로가려느냐 연화대로가려느냐
선경으로가려느냐 장생불사하려느냐 서왕모의사환되어
반도소임하려느냐 네소원을아뢰어라 옥제에게주품하사
남중절색되어나서 요지연에가려느냐 백만군중도독되어
장수몸이되겠느냐 어서바삐아뢰어라 옥제전에주문하며
석가여래아미타불 제도하게이문하자 산신불러의논하며
어서바삐시행하자 저런사람선심으로 귀히되어가나니라
대웅전에초대하야 다과올려대접하며 못쓸놈들잡아내어
착한사람구경하라 너희놈은죄중하니 풍도옥에가두리라
남자죄인처결한후 여자죄인잡아들여 엄형국문하는말이
너의죄목들어봐라 시부모와친부모께 지성효도하였느냐
동생할열우애하며 친척화목하였느냐 괴악하고간특한년
부모말씀거역하고 동생간에이간하고 형제불목하게하여

세상간악다부리며 열두시로마음변화 못든데-욕을하고
마주앉아웃음낙담 군말하고성내는년 남의말을일삼는년
시기하기좋아한년 풍도옥에가두리라 죄목-을 물은후에
온갖형벌하는구나 죄지경중가리어서 차례대로처결할세
도신지옥화산지옥 한빙지옥감수지옥 발설지옥독사지옥
아침지옥거해지옥 각처지옥분부하야 모든죄인처결한후
대연을-배설하고 착한여자불러들여 공경하며하는말이
소원대로다일러라 선녀되어가려느냐 요지연에가려느냐
남자되어가려느냐 재상부인되려느냐 제실황후되려느냐
제후왕비되려느냐 부귀공명하려느냐 네원대로하여주마
소회대로다일러라 선녀불러분부하야 극락으로가게하니
그-아니좋을손가 선심하고마음닦아 불의행사하지마소
회심곡을업신여겨 선심공덕아니하면 우마형상못면하고
구렁배암못면하네 조심하여수신하라 수신제가능히하면
치국안민하오리니 아무쪼록힘을쓰오 적-덕을아니하면
신후사가참혹하니 바라나니우리형제 자선사업많이하여
내생길을잘닦아서 극락으로나아가세

나무 아미타—불
나무 관세음보살

■ 저자 약력

저자: 이대우(李大雨)

1949년 서울 출생.

1977년 서울대학교 환경대학원 환경조경학과 졸업(조경학 석사).

대통령 비서실 행정수도 건설기획단 조경담당, 서울시 조경전문위원, 경주관광개발공사 조경담당 부서장, 동일기술공사·성림종합건축 전무 등 역임. 기타 한국조경수협회 조경수 생산·유통 심의위원, 제4회 서울특별시 조경상 작품 심의위원, 국토개발(조경)기술사 시험 검정위원, 한국건설감리협회 수석감리사 면접위원(현) 등 역임. 현재 송현 R&D 전무·풍수조경연구소 대표.

한국 조경학회, 국립공원협회, 한국기술사회, 한국도시계획기술사회, 건설기술인협회, 한국자연지리협회 정회원.

국토개발(조경·도시계획부문) 기술사, 문화재 수리(조경) 기술자, APEC ENGINEER(CIVIL L.A.), 풍수지리 역학사 등 자격 보유.

신구대학, 원주상지대학, 경주관광대학, 경희대학교, 서울시립대학교 도시과학대학원 등에 출강.

경주보문관광휴양지 조성 및 제주중문·보문·기흥·자유골프장 조경 설계·시공 경력이 풍부.

공원정책 관련 석사학위 논문 외 조경 관련 논문 다수 발표. 저서로는 『세계의 도시 조경 답사기』(1977)와 역서 『공공시설물 유지 관리 전략』(1986)과 공저 『도시의 안전』(1998) 등이 있다.

E-MAIL:pungsuland@korea.com